이승만이 대한민국이다

대륙문명권에서 해양문명권으로

이승만이 대한민국이다

대륙문명권에서 해양문명권으로

초판 1쇄 2022년 8월 25일
2쇄 2022년 10월 20일

지은이 | 이주영

펴낸곳 | 북앤피플
대 표 | 김진술
펴낸이 | 김혜숙
디자인 | 박원섭
마케팅 | 박광규

등 록 | 제2016-000006호(2012. 4. 13)
주 소 | 서울시 송파구 성내천로37길 37, 112-302
전 화 | 02-2277-0220
팩 스 | 02-2277-0280
이메일 | jujucc@naver.com

ISBN 978-89-97871-58-2 03340

이승만이 대한민국이다

대륙문명권에서 해양문명권으로

이주영 지음

북앤피플

이승만의 교훈

이 책은 한국현대사의 중요한 인물인 우남 이승만(雩南 李承晩, Syngman Rhee, 1875-1965)의 생애를 그가 살았던 시대(時代) 상황에 비추어 서술한 전기(傳記)이다. 필자는 그의 생애에서 우리 국민이 참조해야 할 귀중한 경험(經驗)과 유산(遺産)을 찾을 수 있다고 생각한다.

이승만은 조선왕조 시대에 태어난 사람으로는 드물게 90년의 긴 세월을 살면서 1890년대 말의 애국계몽운동, 일제시대의 독립운동, 해방 후의 건국운동, 6·25전쟁 수행, 1950년대의 국가경영에서 많은 족적을 남겼다. 따라서 그의 생애는 여러 역사적 인물들의 일생을 합친 것만큼 많아 보인다. 게다가 그의 활동은 제1차 세계대전, 제2차 세계대전, 냉전 등 세계현대사의 거대한 사건들과도 복잡하게 얽혀 있다.

따라서 필자는 그의 세부 활동들을 연구한 뒤에 전기를 쓰는 것이 어렵다고 보고 그의 생애를 총체적(總體的)으로 이해하기 위해 작은 전기부터 쓰기 시작했다. 그래서 3권의 작은 전기를 쓰게 되었는데, 그것들은 (1)《우남 이승만, 그는 누구인가》(윤영노 회장의 배재학당동창회/김&정, 2008); (2)《이승만과 그의 시대》(건국이념보급회/기파랑, 2011); (3)《이승만평전》(살림출판사, 2014)이다. 필자는 이 책들이 일관된 생각을 유지하고 있다는 점에서 여전히 가치가 있는 것으로 생각하고 있다.

이승만은 조선왕국의 가난한 백성으로 태어나 청년기에 나라까지 잃었던 "불쌍한" 조선인의 한 사람이었다. 그래서 그는 국적 없는 망명객 신분으로 나라를 찾는다며 낯설은 외국 땅을 헤매며 갖은 수모를 당해야 했다. 그 과정에서 그가 얻은 교훈은 간단했다. 약소민족의 운명은 강대국(强大國)들의 국제관계에 의해 결정된다는 것, 따라서 군사력이 없는 한(韓)민족이 독립을 찾고 유지하기 위해서는 강대국의 도움을 받아야 한다는 것이었다. 그래서 그의 독립운동은 미국의 도움을 받으려는 외교독립론(外交獨立論)으로 나타났고, 독립 후의 국가수호 전략은 미국과의 동맹을 강조하는 한미동맹론(韓美同盟論)으로 구현되었다.

그러나 오늘날의 한국인들은 이 같은 이승만의 교훈을 잘 이해하지 못하고 있다. 왜냐하면 한국인들의 상당수는 민족의 자주성과 통일을 최고의 가치로 여기는 민족주의(民族主義)와 엘리트에 대항한 민중을 예찬하는 민중주의(民衆主義)의 감정에 휩싸여 있기 때문이다.

따라서 오늘날 한국인들이 약소민족의 지도자 이승만을 제대로 이해하기 위해서는 추상적인 명분론(名分論)에서 벗어나 강대국들의 냉혹한 현실정치(現實政治)에 비추어 역사를 보는 것이 중요하다. 약소국의 현실을 무시한 채 지도자는 어떻게 행동했어야 했다는 당위(當爲)의 관점에서 역사를 보는 태도는 삶의 실제와는 동떨어진 추상적인 해석(解釋)에 지나지 않는 것이다.

역사해석이 그처럼 비현실적이 되는 것을 우려해 역사학계에는 오래전부터 사용되는 경구(警句)가 있다. 그것은 역사책을 읽기 전에 먼저 그 저자가 어떤 사람인지부터 알아보라는 말이다. 저자들은 자신의 이해관계, 출신 지역, 신분, 종교, 이념에서 오는 편견 때문에 "있었던 그대로" 써야 한다는 객관성(客觀性)을 유지하기 어렵다는 말이다.

끝으로 이 책이 나오도록 격려해주신 뉴데일리·이승만포럼의 인보길(印輔吉) 선생님과 건국이념보급회의 김효선(金孝善) 선생님, 그리고 우남애국상을 운영해 오신 대한민국사랑회의 김길자(金吉子) 회장님께 감사를 드린다.

2022년 7월

이 주 영(李柱郢)

차례

차례

1

서양문명과의 만남

(1) 위정척사파 나라에서 성장

해양세력이 밀려오던 시대

우남 이승만(雩南 李承晩, Syngman Rhee, 1875-1965)은 1875년 3월 26일(음력 2월 19일) 황해도 평산군 마산면 대경리 능안골(능내동)에서 태어났다. 그러나 그가 두 살 때인 1877년에 그의 가족은 서울로 이사해 계속 살았기 때문에 그는 평생 서울 사람으로 통했다. 일제시대에 독립운동가들이 지역에 따라 분열을 보였을 때도 그는 언제나 기호파(畿湖派)로 분류되곤 했다.

그가 태어난 해 8월에는 일본 군함 운양호가 강화도 수역으로 침입했다. 그러고는 초지진과 영종진을 위협하며 수교를 요구했다(강화도 사건). 그 사건은 '은둔의 나라' '위정척사파들의 나라'인 조선왕국이 밀려오는 해양세력 앞에서 더 이상 쇄국정책을 유지할 수 없게 되었다는 것을 알려 주는 신호였다. 그러므로 조선왕국 정부는 오랫동안 종주국 행세를 해 온 청나라와 상의한 뒤 일본인들에게 나라의 문을 열기로 결정했다.

그래서 조선왕국은 다음 해인 1876년에 일본과 강화도 조약(조일수교조규)을 맺고 인천, 부산, 원산의 세 항구를 열게 되었다. 그것은 개항장에서 일본인들의 치외법권(治外法權)을 특권으로 인정해 준 불평등 조약이었다. 그 특권은 미국, 러시아, 영국, 프랑스, 독일 등과도 맺은 수교 조약에도 적용되었다. 그것은 조선왕국이 해양세력과 대륙세력의 각축전이 벌어지는 위험한 국제관계에 휘말리게 되는 빌미가 되었다.

두 살 때 황해도에서 서울로 이사

이승만의 집안은 대대로 서울에서 살았다. 하지만 증조부 때 가세가 기울어져 황해도로 이주했다. 처음에 해주로 갔다가 나중에 평산에 정착했다. 이승만[아명은 승룡(承龍)]은 아버지 나이 43세에 태어난 늦둥이 아들이었고 또한 6대 독자였다. 그에게는 나이 차이가 큰 누이가 둘이 있었지만, 황해도에 있을 때 각기 해주의 우씨 집안과 평산의 심씨 집안으로 시집을 갔다.

가난한 이승만의 가족이 서울로 이사를 오게 된 것은 외동아들의 교육을 걱정한 어머니 김해 김씨의 결단 때문이었다. 서당 훈장의 딸인 그의 어머니는 먼 친척들의 도움을 기대하고 무작정 상경의 결단을 내렸던 것이다.

이승만은 조선왕조 세 번째 국왕인 태종의 맏아들 양녕대군(讓寧大君)의 16대손이었다. 좀 더 자세히는 양녕대군의 다섯째 아들 장평정(長平正)의 후손이었다. 양녕대군은 왕세자로 책봉되었지만 왕위 계승권을 작은동생 충녕대군(세종)에게 넘겨주어야 했던 비운의 왕자였다. 그가 왕세자 자리를 잃게 된 데는 조선왕국 초기에 일어났던 잔혹한 정치적 사건들과도 관련이 있었다. 신하들은 피바람 부는 정변을 여러 차례 겪고 나자 무인(武人) 기질의 양녕대군을 두려워했다. 그래서 그들은 선비 기질의 충녕대군(세종)을 안전하게 생각하고 세자를 바꾸도록 공작했던 것이다.

조선왕조에 대한 반감

양녕대군이 왕세자 자리에서 밀려났기 때문에 그의 후손들은 빛을 보기 어려웠다. 과거에 합격한 사람도 적었다.

이승만의 아버지 이경선(李敬善, 1837-1912)은 '남산골 샌님' 기질의 고지식한 선비로 살아가는 데는 무능했다. 족보나 챙기고 다른 사람들의 명당자리를 찾아 준다며 지방을 떠돌다가 가끔 집에 들르는 한량이었다. 그 때문에 집안 살림은 어머니가 삯바느질로 어렵게 꾸려갔다. 그래도 양반 집의 그루터기는 남아 가난한 살림에도 하녀는 있었다.

그 때문에 이승만은 가난하게 자랐다. 성인이 되어서도 그는 인생의 대부분을 가난한 사람들 속에서 살았다. 그래서 그의 정서는 서민적이면서 평등주의적인 것이었다. 그가 평생 가장 많이 사용했던 말이 평민(平民)이었다.

독립운동 시절 미국에서 그는 안창호 등 일부 서북인들로부터 오만한 왕족의 기질을 가졌다는 비난을 받기도 했다. 하지만 실제로는 그렇지 못했다. 그 때문에 오랫동안 그와 가까운 관계를 유지했던 로버트 올리버 박사는 그를 가리켜 우드로 윌슨 같은 제퍼슨적 자유주의(Jeffersonian Liberal)자라고 불렀다. 그의 군주제와 신분제에 대한 반감을 지적한 것이다. 이승만도 올리버 박사에게 자신은 평생 대중선동가의 기질을 가지고 살았다고 고백한 적이 있었다.

서울 남대문 밖에서 성장

서울로 올라온 이승만의 가족은 오늘날 남대문(숭례문) 밖 서울역 근처의 염동에 정착했다. 그러다가 남대문 안으로 들어가 오늘날 충무로 근처의 낙동(洛洞)으로 옮겼는데, 주된 이유는 아들 교육 때문이었다. 그곳에는 양녕대군의 후손으로 대신을 지낸 이건하의 낙동서당이 있었기 때문이다. 이건하는 총명한 이승만을 자기 조카의 글 동무로 삼아 학비 없이 서당에 다니게 해 주었다.

그러다가 이승만의 가족은 다시 남대문 밖으로 나가 오늘날 서울역 건너편 남산 서쪽의 도동(桃洞)으로 옮겨 갔다. 그것도 아들 교육 때문이었는 데, 그곳에는 양녕대군의 봉사손으로 사헌부 대사헌까지 지낸 이근수의 도동서당(연소정)이 있었던 것이다. 이승만은 그

서당에 10년을 다녔다. 서당 건물은 1966년 서울시 도시개발 계획으로 헐리고 말았다.

도동 서당 가까이에는 양녕대군의 위패를 모신 지덕사(至德祠)가 있었는데, 그 사당에 딸린 초가집에서 이승만 가족이 살았다. 그곳은 임금이 기우제를 지내던 우수현의 남쪽이었기 때문에 이승만은 그의 아호를 우남(雩南)으로 지었다. 지덕사는 일제시대에 지금의 동작구 상도동으로 옮겨갔다.

잃었던 시력을 서양의술로 회복

이승만은 1881년 6세 때 눈병으로 시력을 잃을 뻔했다. 눈병을 고치려고 백방으로 뛰어다니다가 마지막으로 찾은 곳이 오늘날 충무로 진고개의 일본인 의원이었다. 당시 조선인들은 외국인을 두려워했기 때문에 서양식 병원에는 얼씬도 하지 않았다. 하지만 눈병이 너무 위중했기 때문에 마지막 수단으로 서양의학에 매달려 본 것이다. 의사는 안약을 주면서 하루 세 번씩 눈에 넣으라고 일러 주었다.

사흘째 되는 날 아침 이승만에게 기적 같은 일이 일어났다. 어머니가 앞 못 보는 어린 아들 앞에 밥상을 놓고 숟가락을 손에 쥐어 준 뒤 부엌으로 갔을 때였다. 갑자기 눈이 보인다고 외치는 아들의 소리가 들렸다. 방바닥의 돗자리가 어렴풋이 보인 것이다. 급히 달려온 그의 어머니는 너무나 감격한 나머지 아들을 껴안고 눈물을 흘렸다.

아버지는 일본인 의사에게 감사하다는 말을 하기 위해 어린 이승만을 데리고 의원을 찾아갔다. 답례로 가져간 선물은 겨우 달걀 한 꾸러미였다. 의사는 웃으며 아들에게 먹이라면서 되돌려 주었다.

'문명의 전환'이 시작되던 시대

가난한 이승만이 소년 시절을 보내고 있는 동안 조선왕국은 천천히나마 '문명의 전환(轉換)'으로 부를 수 있는 거대한 변화를 겪고 있었다. 당시 사람들은 잘 몰랐지만, 조선왕국은 중국의 대륙문명권에서 벗어나 서양의 해양문명권(海洋文明圈)으로 편입되어 가기 시작하고 있었던 것이다.

그 같은 변화에 적응하는 문제를 놓고 조선왕국의 지식인들은 개화파와 수구파의 두 파로 갈렸다.

개화파(開化派)는 서양의 근대문명을 받아들여 문명개화(文明開化)함으로써 부국강병을 이룩해 보려는 김옥균, 박영효 같은 진보파들이었다. 그러한 의도에서 그들은 서양의 근대화를 성공적으로 모방하고 있던 일본을 배우려고 했다.

개화파들이 19세기 말의 일본에서 크게 감탄했던 것은 새로운 국가(國家) 개념이었다. 왜냐하면 그들이 본 일본국가는 조선왕국처럼 종묘사직이나 지키려는 소극적인 것이 아니었기 때문이다. 그것은 사회 전체를 발전시키기 위해 정부가 나서서 철도·공장·항구를 건설하고 유럽과 미국에 유학생을 파견하는 적극적인 국가였다. 그러므로 그들은 게이오 대학 설립자인 후쿠자와 유기치(福澤有吉)의 국가주의(國家主義) 사상에 매력을 느끼고 그를 찾아 배우려고 했다.

위정척사파에 대한 문명개화파의 도전

개화파들 가운데는 일본을 배우는 것을 넘어 근대서양문명의 본질까지 이해해 보려는 보다 더 진보적인 인물들이 있었다. 그들은 서양의 근대화는 물질문명의 발달로만 이루어진 것이 아니라 그 본질에는 사상(思想)과 제도(制度)의 발전이 있음을 알게 되었다. 즉, 그들은 개인(個人)의 자유를 최고의 가치로 여기는 자유주의(自由主義) 사상과 선거(選擧)를 통해 정치 지도자를 뽑는 민주주의(民主主義) 제도를 알게 되었다. 그 때문에 유길준, 윤치호 등은 미국 유학을 떠나게 되었다.

이들 개화파에 맞서 기존의 질서와 기득권을 지키려는 수구파(守舊派)가 있었다. 그들은 개화파의 변혁운동을 두려워해 유교적 가치와 신분제의 전통을 지키려고 했다. 그들은 방법 면에서 어느 정도 변화에 순응하려는 온건한 보수주의자들과 작은 변화마저도 되돌리려는 과격한 반동주의자들로 나뉘었다. 과격파는 체제의 문제를 옳고(正) 그름(邪)의 도덕적인 문제로 생각했기 때문에 위정척사파(衛正斥邪派)로 불렸다. 수구파는 지배층이면서도 해양문명권의 새로운 생활방식을 두려워했기 때문에 동학교도나 농민 같은 민중처럼 외국인을 배척했다. 그들 전통주의자들은 지배층이든 민중이든 꼭 같이 새로운 것을 거부하는 반외세(反外勢), 배외(排外)의 태도를 보였다.

그러므로 개화파가 이들 수구파의 반대에 맞서 새로운 질서를 도입하기 위해서는 혁명(革命)이나 개혁(改革)의 가혹하고도 험난한 과정을 거쳐야 했다. 이처럼 두 세력이 충돌하는 속에서 이승만은 소년기를 보냈다. 그 자신도 언젠가는 어느 한 편에 가담하지 않으면 안 될 운명이었다.

임오군란, 갑신정변, 청일전쟁의 기억

이승만은 서울 남대문 안팍에서 살았기 때문에 두 세력이 충돌하는 모습을 직접 볼 기회가 많았다.

7세 때(1882) 그는 임오군란을 겪었다. 그 사건은 일본식 훈련을 받은 신식군대(별기군)에 대해 불만을 가진 구식군대가 일으킨 반란이었다. 반란 진압을 위해 청나라 군대가 서울에 나타난 것을 어린 이승만이 본 것이다. 그는 동대문 밖 화약고가 터지는 소리도 듣고, 구식 군인들이 어느 민씨 집에 몰려가 때려 부수는 광경도 보았다.

9세 때(1884) 그는 김옥균, 박영효 등 급진적 개화파들의 쿠데타인 갑신정변을 겪었다. 그때 일본군과 청나라 군대가 충돌했기 때문에 서당집 이건하 대감의 가족이 난리를 피해 충청남도 아산으로 피난을 갔다. 그래서 이승만의 가족은 얼마간 그 집을 지켜주며 고

대광실에서 살아 보게 되었다. 어린 이승만은 왜 자기네 가족은 피난을 가지 않아도 되는지 의문을 품게 되었다. 처지가 다름을 깨닫기 시작한 것이다.

그러나 19세 때(1894) 일어난 동학농민 봉기와 청일전쟁은 그에게 생생한 기억과 함께 큰 충격을 남겼다. 당시 일본군은 광화문 앞에 주둔하면서 경복궁 출입을 통제했는데, 그 광경을 보는 것만으로도 청년 이승만은 조선왕국의 운명이 어떤 것인지 알만했다.

과거시험에 모든 것을 걸었던 소년

이 같은 큰 정치적 사건들이 일어나는 속에서도 이승만과 그의 가족은 당시의 평범한 백성들처럼 하루하루 허덕이며 살았다. 그들의 생활방식은 유교적인 것이었다. 그러면서도 그의 어머니는 당시의 많은 여인들처럼 불교를 믿었다.

그런 어머니를 따라 어린 이승만은 생일에 절을 다녔다. 북한산 대남문 밑의 문수사였다. 훗날 82세(1957) 때 그는 대통령으로 어머니에 대한 추억을 되살리기 위해 그 절까지 직접 걸어 올라갔다. 그때 기념으로 현판에 글을 써주었는데, 지금까지 보존되어 있는 것으로 알려져 있다.

가난한 이승만 부모의 유일한 희망은 아들이 빨리 과거(科擧)시험에 합격해 집안을 일으키는 것이었다. 그 때문에 그는 12세(1887)부터 과거시험을 보게 되었다. 응시자격은 14세 이상이었지만 그해에는 왕세자와 같은 나이인 13세도 보게 했다. 그런데도 마음이 급했던 그의 부모는 한 살 올려 12세에 시험을 보게 했던 것이다.

첫 과거시험을 보던 날, 이승만은 경복궁 서쪽의 신무문을 통해 시험장인 궁궐로 들어갔다. 제대로 된 신을 살 돈이 없어서 굽이 높은 나막신을 신었다가 문지기 포졸에게 제지를 당했다. 그러자 그는 나막신을 벗어들고 맨발로 들어갔다.

시험결과는 불합격이었다. 그 후에도 그는 여러 차례 응시했지만 모두 실패였다. 당시 조선왕국은 너무나 부패했기 때문에 과거시험도 돈과 권력으로 결정되고 있었던 것이다. 성적 조작은 물론 대리 시험도 흔했다.

그러나 그 같은 부패한 과거제도마저도 그가 19세 때(1894) 시행된 갑오개혁(갑오경장)으로 폐지되고 말았다. 그것은 이승만에게는 삶의 목표마저 잃게 하는 큰 충격이었다. 집안은 끼니를 거를 정도로 극빈했다. 그는 15세 때(1890) 동갑내기 음죽 박씨(박승선, 1875-1950)와 결혼한 상태였다.

(2) 배재학당에서 만난 선교사들

미 감리교 선교사가 세운 배재학당 입학

삶의 목표를 잃고 방황하던 이승만에게 도동서당 친구 신긍우가 찾아왔다. 그러고는 신식학교인 배재학당(培材學堂)에 같이 다니자며 끈질기게 졸랐다. 그 학교는 미국 북감리교 선교사 헨리 아펜셀러가 1885년에 세운 서양식 교육기관으로, 신긍우는 1894년 9월에 입학해 있었다. 신긍우는 나중에 배재고보 교장과 주일대표부 대사를 지낸 신흥우의 형이었다. 신긍우가 이승만에게 입학을 강력히 권유했던 데는 배재학당이 조선정부의 지원금을 받기 위해 어느 숫자 이상의 학생들을 확보해야 했던 절박한 사정도 있었다.

그러나 이승만은 신긍우의 권유를 완강히 거부했다. 그 역시 당시 대부분의 조선인들과 마찬가지로 서양인에 대한 두려움과 혐오감을 가지고 있었기 때문이다. 그럼에도 불구하고 결국 그는 1895년 4월 2일 배재학당에 입학하게 되었다. 특별히 할 일도 없었기 때문이다. 개항 이후 서양인들의 수효가 늘어났기 때문에 영어를 알면 일자리를 얻을 수 있을 것도 같았다. 그래서 이승만은 영어나 배운다는 가벼운 마음으로 영어반에 입학했다. 부모가 놀랄 것 같아 집에는 알리지 않고 학교를 다녔다.

영어 잘 하는 학생

배재학당에서 이승만은 영어에서 특출한 재능을 나타냈다. 그가 영어를 빨리 배울 수 있었던 것은 서양문명과 미국에 대한 관심이 남달리 컸기 때문이다. 궁금한 것이 너무나 많았기 때문에 그는 방과 후에 미국인 교사들을 찾아다니며 끈질기게 물었다. 그러다 보니 영어를 말하는 능력이 늘고 교사들의 관심도 끌었다. 그 때문에 이승만은 입학 6개월 만에 신입생들에게 초보영어를 가르치는 조교사가 되었다. 영어가 그의 생계수단이 되기 시작한 것이다.

그것에 덧붙여 이승만은 조선에 새로 온 미국인 선교사에게 한국어를 가르쳤다. 그가 처음 한국어를 가르치게 된 미국인 선교사는 제중원의 여의사 조지아나 화이팅이었다. 사례금으로 20달러의 큰돈을 받아 집에 가지고 가자 온 가족이 놀랐다. 그제서야 그는 배재학당에 다닌다는 사실을 가족들에게 말할 수 있었다.

그럼에도 불구하고 그의 어머니는 그에게 '천주학 꾼'은 절대로 되지 말라고 신신당부했다. 그의 어머니는 그가 배재학당에 다니고 있던 1896년 8월에 세상을 떠났다.

'백인의 사명감'에 불타 있던 선교사들

배재학당 교사들은 미국과 영국에서 높은 수준의 교육을 받은 기독교(개신교) 선교사들이었다. 그들이 낯선 조선 땅까지 오게 된 주된 동기는 당시 앵글로 색슨족의 청년들 속에서 일어나고 있던 미개인을 계몽하기 위한 사명감이었다. 영국의 시인 러디아드 키플링은 그것을 '백인의 의무'라고 불렀다. 인류애에 불타는 청년들은 세계의 후진지역들을 찾아 서양의 문명과 기독교를 전파하기 위한 모험에 나섰던 것이다.

그러한 청년교사들 가운데서 이승만에게 가장 큰 영향을 준 인물은 배재학당을 설립한 감리교 선교사 헨리 아펜젤러 박사였다.

그밖에도 그가 만난 교사들은 이승만이 처음 영어를 배운 윌리엄 노블 박사, 인천 내리교회를 세운 조지 존스 목사, 삼문출판사를 운영한 프랭클린 올링거 목사였다. 그리고 의료 여선교사인 아내(애니 엘러즈)와 함께 정신여학교를 운영한 댈질 벙커였다.

이승만은 배재학당 밖의 선교사들과도 친하게 지냈는데, 대표적인 인물로는 장로교 의료선교사로 제중원 원장인 올리버 애비슨 박사가 있었다. 나중에 그는 연희전문학교 교장을 지냈다. 이승만은 일요일마다 예배가 끝난 뒤 그의 집에 가서 긴 대화를 나누었다. 이승만의 과격한 혁명가 기질을 염려한 그는 늘 신중하게 행동할 것을 충고했다.

이승만은 연동교회를 세운 장로교 선교사 제임스 게일과도 가까웠다. 게일은 조선문화에 관한 글을 쓰고 있었기 때문에 자문을 받기 위해 이승만과 자주 만났다. 나중에 이승만이 미국 조지워싱턴 대학에 입학할 수 있었던 것은 그의 추천서 덕분이었다.

육영공원 교사로 왔던 호머 헐버트 박사도 조선의 문화와 역사에 심취했기 때문에 이승만과 자주 만났다. 그는 나중에 이승만이 미국에서 독립운동을 할 때 기독교인친한회를 이끌며 적극 도왔다.

서양문명의 '정치적 자유'를 알게 되다

이승만은 배재학당에서 서양문명에 대해 새로운 것을 많이 배웠다. 그 가운데서도 가장 값진 것은 정치적 자유(自由)의 개념이었다고 그는 나중에 회고했다. 그것은 모든 개인은 태어날 때부터 평등하고 동등한 권리를 가지고 있다고 생각하는 자유주의(自由主義) 사상, 그리고 인민이 자유선거를 통해 통치자를 뽑는 민주주의(民主主義) 제도를 의미했다.

그 같은 자유민주주의(Liberal Democracy)의 개념은 군주제와 신분제밖에 모르던 이승만에게는 너무나 놀라운 것이었다. 그것을 알게 된 다음부터 그는 뚜렷한 삶의 목표를 가지게 되었다. 왜냐하면 조선왕국을 미국, 영국과 같은 근대적인 국가로 바꾸어야 한다는 목적의식을 가지게 되었기 때문이다.

그렇게 근대화하기 위해 우선 조선인들이 해야 할 일은 인습(因襲)의 굴레로부터 벗어나야 했다. 그래서 그는 자신이 그것을 실천하기 위해 상투부터 자르려고 했다.

이승만이 배재학당에 입학하던 1895년에 조선왕국 정부는 청일전쟁에서 승리한 일본의 압력을 받아 갑오개혁(갑오경장)에 착수했다. 그것의 일환으로 김홍집·어윤중의 개화파 내각이 추진한 것이 11월에 내린 상투를 자르라는 단발령(斷髮令)이었다. 그러나 당시 사회는 내 목은 잘라도 부모가 준 머리털은 자를 수 없다고 극도로 반대의 분위기였다. 그 때문에 단발령으로 온 나라가 시끄러워졌다.

그러나 이승만은 자진해서 상투부터 자르려고 했다. 그에게 단발은 근대화의 의지를 실천하는 첫걸음이었기 때문이다. 전통을 거부해야 했기 때문에 그는 양녕대군을 모신 사당(지덕사)으로 가서 조상들의 위패 앞에 엎드려 시대의 변화에 따르겠다고 신고했다. 그런 다음 그는 제중원으로 가서 올리버 애비슨 박사의 도움으로 상투를 잘랐다. 1896년 2월이었다. 단발은 이승만 자신에게도 충격적인 변화였기 때문에 며칠 동안은 집에 갈 용기를 내지 못했다.

춘생문 사건으로 황해도에 피신

청일전쟁이 청나라의 패배로 끝났기 때문에 조선왕국의 운명은 승전국인 일본의 손에 놓이게 되었다. 그러나 일본은 러시아, 프랑스, 독일의 견제(3국 간섭)를 받아 뜻대로 하지 못했다. 일본은 청나라로부터 빼앗은 요동반도마저 되돌려 줄 정도였다. 그것을 본 국왕 고종과 민비는 러시아를 진정한 강국으로 보고 의존하려고 했다.

일본은 조선왕실이 러시아로 기우는 것을 막으려고 했다. 그래서 일본은 1895년 10월 낭인(불량배)들을 동원해 경복궁을 습격한 다음 민비(閔妃)를 살해하고 국왕 고종을 연금상태에 두었다(을미사변). 그러자 조선인들의 분노가 폭발해 각지에서 의병이 일어나고, 성난 군중이 친일적인 김홍집 내각의 어윤중을 살해했다.

이 같은 반일(反日)의 물결을 타고 1895년 11월 말 이도철 등 일부 군인들은 왕실을 돕기 위한 행동에 나섰다. 그들의 목표는 우선 경복궁에 갇힌 국왕 고종을 구출해 러시아 공사관으로 피신시키는 것이었다. 하지만, 궁궐 안의 동조세력이 약속대로 움직이지 않아 그들의 계획은 실패로 돌아갔다. 그리고 관련자들은 체포되어 처형되거나 귀양을 갔다(춘생문 사건).

아관파천 후 배재학당에 복귀

춘생문 사건의 주역 가운데는 이승만의 배재학당 친구인 이충구가 있었다. 이충구는 사건이 일어나기 전에 이승만을 찾아와 일이 잘못되었을 경우에 자기 가족을 돌보아 줄 것을 부탁하기도 했다.

이충구가 체포되었다는 소식이 들리자, 이승만도 몸을 피했다. 그는 여성 의료선교사인 조지아나 화이팅의 도움으로 머리에 붕대를 감은 여성 환자로 변장하고 도성을 빠져나가 양화진의 지컵슨 부인 집에 숨었다. 그런 다음 멀리 황해도 평산의 작은 누님 집까지 걸어가 3개월 동안 숨어 있었다.

그러나 1896년 2월이 되면서 정국에 변화가 일어났다. 경복궁에 유폐된 국왕 고종이 일본군의 감시망을 뚫고 탈출해 러시아 공사관으로 피신한 것이다(아관파천). 그에 따라 러시아와 미국에 호의적인 박정양 내각이 들어서게 되어 일본의 영향력이 약해졌다. 평안도로 귀양 갔던 이충구도 돌아와 벼슬길에 올랐다. 이승만도 배재학당으로 돌아와 학업을 계속하게 되었다.

고종은 러시아 공사관에 1년 동안 머물렀다. 그러자 국왕이 외국 공관에 너무 오래 있다는 비판이 일어났기 때문에 고종은 1897년 2월 궁궐로 돌아왔다. 그러나 돌아온 곳은 민비가 살해된 넓은 경복궁이 아니라 경호에 유리한 좁은 덕수궁이었다.

궁궐로 돌아온 고종은 국가의 면목을 새롭게 하고자 국호를 대한제국으로 바꾸고 자신의 위신을 높이기 위해 황제의 자리에 올랐다. 그에 따라 조선왕국은 명목상으로는 청나라, 일본 같은 제국(帝國)의 반열에 오르게 되었다. 하지만 실제의 국력과 국가위상에서는 전혀 나아지지 않았다.

2

애국계몽운동

(1) 민주주의 첫 학습

서재필과의 만남

배재학당에 돌아온 이승만은 1896년 5월 새로운 스승을 만나게 되었다. 미국에서 갓 돌아온 서재필(徐載弼, 필립 제이슨)이었다. 서재필은 개화파들의 쿠데타인 갑신정변(1884)에 가담했던 혁명가의 한 사람이었다. 그는 수구파와 청나라 군대에 잡혀 죽을 운명이었지만, 일본인 선장의 도움을 받아 일본으로 탈출했다. 그 뒤에 그는 미국으로 건너가 고등학교를 졸업하고 조지워싱턴대학에서 의학박사 학위를 받았다. 조선인 최초의 의사가 된 것이다.

조선왕실의 역적이 된 서재필은 조선으로 돌아올 수 없었다. 그러나 청일전쟁에서 일본이 승리해 친일적인 김홍집-어윤중 내각이 들어서면서 귀국 길이 열렸다. 유길준(兪吉濬), 윤치호(尹致昊) 같은 개화파의 도움으로 서재필은 1895년 12월 망명 11년 만에 중추원 고문 자격으로 미국인 부인과 함께 귀국했다.

서재필은 1896년 4월부터 한글과 영어로 된 〈독립신문〉을 주간으로 발간해 미국의 자유민주주의 사상을 알리기 시작했다. 조선의 백성들을 깨우치기 위한 애국계몽운동을 시작한 것이다. 그러고는 일주일에 한 번씩 배재학당에 나와 서양의 정치와 역사를 가르쳤다. 다수결로 합의를 이끌어 내는 민주적인 토론 방식도 가르쳤다.

애국계몽운동의 산실이 된 협성회

이승만 등 학생들은 서재필로부터 배운 민주주의적인 토론방식을 활용하기 위해 1896년 말 협성회(協成會)를 조직했다. 그리고 정치와 사회의 문제를 놓고 열띤 토론을 벌였다. 그 모임은 아주 새롭고 유익해 보였기 때문에 일반인들과 정부관리들도 참가했다. 그래서 회원 수는 한때 200명에 이르렀다.

협성회의 중심은 이승만, 이익채, 유창렬 같은 배재학당의 급진적인 학생들이었다. 그들 가운데는 나중에 한글학자로 유명해진 주시경(주상호, 1876-1914)도 있었다. 그 때문에 "주시경은 한글을 연구하러, 이승만은 정치를 하러 배재를 다닌다"는 말이 생기게 되었다.

그 당시 조선왕국은 이권을 노리고 덤벼드는 강대국들의 사냥터가 되어 가고 있었다. 그런데도 조선정부는 너무나 허약했기 때문에 그것에 대처할 생각조차 못 했다. 당시 조선에 와 있던 외국인들은 그 같은 정부의 무능이 나약한 국왕과 미신에 사로잡힌 민비(명성황후)로부터 오는 것으로 생각했다. 왕실의 환자들을 치료하기 위해 궁궐을 드나들던 미국인 의료선교사들은 자주 벌어지는 굿판을 보고 놀라곤 했다. 어떤 때는 국왕 고종이 무당의 지시에 따라 무릎 꿇고 절하는 모습을 보기도 했다.

그러므로 협성회의 토론은 조선왕국의 독립을 보전할 방법을 찾기 위한 정치문제에 집중하게 되었다. 토론 방향도 정부에 비판적이었다. 그러자 아펜젤러 등 미국인 교사들이 협성회 때문에 배재학당이 정부의 탄압을 받게 될지 모른다고 우려하기 시작했다. 당시 조선정부는 기독교 선교를 정식으로 허용하지 않고 있었기 때문에 마음만 먹으면 언제든지 탄압할 수 있었던 것이다.

독립협회 활동에도 참여

그러므로 이승만 등 학생들은 학교 당국의 간섭을 받지 않기 위해 1897년 7월부터는 밖으로 나가 독립협회(獨立協會)에서 모였다. 당시 독립협회는 안경수, 이상재, 윤치호, 남궁억 등의 개화파들을 중심으로 〈독립신문〉을 발행하면서 정부를 향해 내정개혁과 주권수호를 촉구하고 있었다.

미국유학을 다녀온 윤치호(尹致昊)가 부회장과 회장을 맡으면서 독립협회는 자유주의적인 색채를 뚜렷이 드러냈다. 윤치호는 17세에 일본으로 건너가 영어를 배워 1883년 미국공사 푸트가 부임할 때 국왕 고종의 통역을 맡은 인물이었다. 그러나 그의 아버지 윤웅

렬이 갑신정변에 연루되면서 그도 상해로 도피해 미국 남감리교회가 세운 중서학원에 다녔다. 그런 다음 미국으로 건너가 밴더빌트대학과 에모리대학을 다녔다. 그는 상해로 돌아와 중서학원에서 가르치면서 중국 여인과 혼인했는데, 그녀는 임오군란 때 청나라 군함을 이끌고 조선에 왔던 마건충 제독의 조카딸이었다.

친일적인 김홍집 내각이 들어서면서 윤치호는 귀국해 학부협판(교육부 차관)을 맡았다.

(2) 언론인으로 출발

〈협성회회보〉 〈매일신문〉 〈제국신문〉의 발행

1897년 7월 이승만은 2년 4개월만에 배재학당을 졸업했다. 방학예식으로 불린 배재학당 졸업식은 600명이 참관할 정도로 사회의 관심을 끌었다. 그것은 정부 대신들과 주한 외교 사절들도 참석했기 때문에 국가행사를 연상케 했다.

그날 이승만은 졸업생 대표로 '조선의 독립'이란 제목의 영어 연설을 했다. 그가 그 같은 제목을 선택한 것은 조선왕국의 당면 과제는 외세의 압박에 대항한 독립보전(獨立保全)이라고 생각했기 때문이다. 연설에 감동한 외국인 참석자들은 장차 그가 조선의 지도자가 될 것으로 보았다.

졸업한 뒤에도 이승만은 최정식 등과 함께 학교 구내에 머물면서 언론을 통한 애국계몽 운동을 계속하려고 했다. 그래서 그들은 일본에서 오래 전에 들여온 인쇄기를 구해 1898년 1월부터 한글신문 〈협성회회보〉를 주간으로 발행했다. 그것은 독자들의 반응이 좋아 〈독립신문〉과 경쟁 관계에 놓이기도 했다.

4월부터 이승만은 유영석과 함께 우리나라 최초의 일간신문인 〈매일신문〉을 한글과 영문으로 발행했다. 그것은 국제관계를 많이 다루었다. 가장 의미가 있었던 기사는 1898년 5월 16일 대한제국과 러시아·프랑스 사이에 합의된 비밀문서를 폭로한 것이었다.

그 문서에서 러시아와 프랑스는 목포·진남포 항구들을 조차지로 요구하고 광산 채굴권도 얻으려고 했다. 특히 러시아는 겨울에 얼지 않는 항구를 얻기 위해 부산 앞바다의 절영도와 진해만을 해군기지로 요구했다. 〈매일신문〉의 폭로에 〈독립신문〉이 가세해 줌으로써 러시아와 프랑스는 그들의 요구를 포기하게 되었다.

그러나 이승만은 경영상의 문제로 양홍묵과 의견이 맞지 않아 〈매일신문〉을 떠났다. 그러고는 1898년 8월부터 천도교의 이종일과 함께 〈제국신문〉을 창간하고 그 주필이 되었다.

러시아에 의존하는 조선왕실을 비판

강대국들은 이권을 얻기 위해 한반도로 몰려들었지만, 대한제국 정부는 제대로 대처하지 못했다. 그래서 이승만은 나라의 위기를 경고하기 위해 1898년 3월 5일 〈협성회회보〉에 애국시인 고목가(古木歌)를 실었다.

슬프다 저 나무 다 늙었네.
병 들고 썩어서 반만 섰네.
심악한 비바람 이리저리 급히 쳐
몇 백년 큰 남기 오늘 위태.

원수의 따짝새(*딱따구리) 밑을 쪼네.
미욱한 저 새야 쪼지 마라.
쪼고 또 쪼다가 네 처자 네 몸은
고목이 부러지면 어디 의지(依支).

버티세, 버티세 저 고목을.
뿌리만 굳 박혀 반근(盤根)되면.
새 가지 새 잎이 다시 영화(榮華) 봄되면
강근(强根)이 자란 후 풍우 불외(不畏).

쏘아라. 저 포수 따짝새를.
원수의 저 미물, 남글 쪼아
비바람을 도아 너머지게 하니
위망(危亡)을 재촉하여 어찌할꼬?

이 시에서 늙은 나무는 대한제국, 비바람은 러시아의 위협, 땃짝새(*딱따구리)는 이권을 러시아에 넘기려는 매국적인 관리, 포수는 개화파 지식인들을 가리켰다. 그 시의 목적은 뚜렷한 국가관을 갖지 못한 조선인들에게 나랏일을 내 집안일처럼 소중히 여기라는 애국심(愛國心)을 강조하기 위한 것이었다.

만민공동회 시위를 주도

1898년 3월 10일 독립협회는 대한제국 정부와 러시아의 은밀한 거래를 규탄하기 위해 종로에서 만민공동회를 열었다. 그것은 의회 설립도 요구했는데, 입헌군주제를 실현하려는 의도였다. 23세의 이승만은 뛰어난 가두연설가로 떠오르게 되어 시위대를 대표해 정부와 협상을 벌일 총대위원으로 뽑혔다. 정치가 이승만의 활동이 시작된 것이다.

고종 황제와 수구파 대신들은 독립협회의 반정부 활동을 위험스럽게 보았다. 그래서 1898년 11월 4일 이상재, 남궁억, 양홍묵 등 17명의 독립협회 간부들을 역적으로 몰아 체포했다. 죄목은 그들이 고종 황제를 내쫓고 독립협회 회장 윤치호를 대통령으로 하는 공화제(共和制) 국가를 세우려 했다는 것이었다(익명서 사건).

그 때문에 윤치호도 몸을 피해야 했다. 순검들이 집으로 들이닥치자, 그는 옷 갈아입을 시간을 달라고 말한 뒤 뒷문으로 빠져나갔다. 그러고는 배재학당 구내의 아펜젤러 집에 숨었다.

반정부 운동가로 떠오르다

이승만도 아펜젤러의 집에 숨었다. 하지만 차라리 시위를 계속하는 것이 더 낫겠다는 생각이 들어 그는 곧 밖으로 나왔다. 그러고는 수천 명의 군중을 이끌고 경무청 앞으로 가서 연좌시위를 벌였다. 그들은 독립협회 인사 17명을 즉각 석방할 것을 요구하고 정부의 내정개혁을 촉구했다. 시위대는 모닥불을 피워 놓고 밤을 새웠고, 이승만은 그들을 향해 쉴 새 없이 연설했다.

아들의 과격한 행동에 놀란 그의 아버지가 시위 현장을 찾아와 집안이 망하게 되었다며 시위를 말렸다. 배재학당 교장 아펜젤러 박사도 찾아와 이승만에게 시위 중지를 호소했다.

다행히도 고종 황제가 유화적인 태도로 돌아서서 1898년 11월 10일 체포된 17명의 독립협회 간부를 석방했다. 그것으로 보아 고종 황제는 시위대의 내정개혁 요구를 어느 정도 받아들일 생각인 것 같았다.

그러나 이승만 등 젊은 급진파들은 고종의 그 같은 유화책을 속임수로 보았다. 그 때문에 그들은 종로(종각)와 대한문(덕수궁)을 오가며 시위를 계속했다.

보부상들의 습격으로 해산당한 시위

격노한 고종 황제는 다시 강경책으로 돌아섰다. 그에 따라 덕수궁 앞의 시위대는 1898년 11월 21일 정부의 사주를 받은 보부상 무리들의 습격을 받게 되었다. 순식간에 시위 군중이 흩어지면서 이승만도 몸을 피해야 했다. 그러나 그는 뒤로 도망가는 대신 대담하게 앞으로 나가 보부상 무리 속에 파고들었다. 모두가 흥분해 있었기 때문에 그를 알아보는 사람이 없어서 그는 태연하게 배재학당 쪽으로 걸어갈 수 있었다.

이승만이 배재학당에 나타나자, 그가 죽었다고 생각했던 학생들이 반가움의 환호성을 질렀다. 학생들은 다시 시위를 하기 위해 이승만을 앞세우고 종로로 나갔다. 시위대는 또다시 밤을 새웠고 이승만은 그들을 향해 계속해서 연설했다. 천민 출신으로 만민공동회에서 발언했던 신기료 장사 김덕구가 피살되었다는 소식이 들리면서 시위대는 더욱더 흥분했다.

잠시 동안 중추원 의관

고종 황제는 다시 유화적인 태도로 나왔다. 1898년 11월 24일 황제는 독립협회 회장 윤치호를 한성부 판윤(서울시장)에 임명하고, 개화파에 동정적인 민영환(閔泳煥)을 참정대신으로 삼아 내각을 개편했다. 그리고 독립협회 간부들을 황제의 자문기관인 중추원의 의관으로 임명하겠다고 발표했다. 중추원 의관 50명 가운데 절반인 25명을 독립협회에 배정하겠다는 것이었다.

독립협회는 일단 환영했다. 독립협회 출신 의관들이 중추원에 들어가게 되면 그것을 서양 국가들의 의회(議會)처럼 바꿀 수 있을 것으로 생각했기 때문이다. 그에 따라 독립협회 회장 윤치호는 의관으로 중추원 부의장에 임명되었다. 23세의 이승만도 종9품의 의관이 되었다.

그러자 일본 공사관은 독립협회 출신 의관들을 포섭하기 위한 공작을 벌였다. 그래서 일본에 망명했다가 돌아온 친일파들을 그들에게 접근시켰다. 그 때문에 평소에 일본의 문명개화에 대해 관심을 가지고 있던 이승만은 이규완, 황철 같은 친일파들을 만나게 되었다.

그러나 이승만은 그들의 정체를 알고 난 다음부터는 즉각 관계를 끊었다. 그들이 돈을 물 쓰듯 하는 것부터 마음에 들지 않았다. 게다가 그들의 생각도 위험해 보였다. 그들은 서양 제국주의에 맞서기 위해 조선과 일본은 대동국으로 결합하고, 중국과도 연합해야 한다고 주장했다. 그러한 목적을 달성하기 위해 일본은 앞으로 러시아와는 물론, 미국과도 전쟁을 할 것이라고 주장했다.

그때부터 이승만은 일본에 대한 깊은 불신감과 경계심을 가지게 되었고, 그 생각은 평생 바뀌지 않았다. 그것은 40여년이 지난 1941년에 뉴욕에서 출간한 《일본 내막기》에서 체계화했다. 그 책에서 그는 일본이 미국을 곧 공격할 것이라고 경고했는데, 근거는 그가 젊었을 때부터 알게 된 일본의 뿌리 깊은 제국주의와 군국주의였다.

3

왕조에 대한 저항과 감옥생활

(1) 황제에 대한 반역

고종 폐위음모에 얽혀 피신

1898년 12월 15일 중추원이 문을 열었다. 하지만 그것은 첫 회의부터 고종 황제와 수구파 대신들을 격분케 했다. 왜냐하면 이승만, 최정덕 등 독립협회 출신의 젊은 의관들이 일본에 망명한 개화파 11명의 사면과 그들의 수장인 박영효(朴泳孝)를 중추원 의장에 임명할 것을 요구하고 나왔기 때문이다. 왕실의 입장에서 볼 때 갑신정변의 주역인 박영효는 조선왕국의 역적이었다.

고종황제와 수구파 대신들은 그들 독립협회 출신 의관들의 동기를 의심하게 되었다. 그들이 고종황제를 쫓아내고 그 자리에 왕자의 한 사람인 의화군 이강을 앉히려는 음모를 꾸미는 것이 아닌가 의심했다. 아니면 아예 군주제를 폐지하고 윤치호를 대통령으로 하는 공화제로 바꾸려는 음모를 꾸미는 것이 아닌가 의심했다.

그 때문에 중추원은 문을 연 지 한 달도 안 된 12월 25일에 해산당하고 말았다. 독립협회 출신 의관들은 체포가 임박한 것으로 생각하고 몸을 숨기기 시작했다. 이승만도 남대문 근처의 의료선교사 애비슨 집에 숨었다.

체포와 탈출

이승만은 얼마 동안 그곳에 숨어 있다가 1899년 1월 9일 밖으로 나왔다. 의료선교사 해리 셔먼이 왕진을 가면서 통역으로 같이 가자고 제의했기 때문이다. 이승만은 바깥 상황이 나아진 것으로 판단하고 바람도 쐬일 겸해서 따라나섰다. 그러나 병원을 나서는 순간 그는 사복 순검들에게 체포되어 경무청 구치소로 끌려갔다.

해리 셔먼 박사와 미국공사 호러스 알렌이 외부(외무부)를 찾아 그의 석방을 요구했다. 이승만은 단지 통역으로 의료 활동을 도우려 했을 뿐이라는 것이었다. 그러나 조선정부는 그들의 석방 요청을 받아들이지 않았다. 그래서 알렌 공사는 이승만이 고문을 당하지 않도록 경무청 고문 스트리플링(설필림)에게 부탁하는 길밖에 없었다.

그러나 이승만의 배재학당 동창으로 독립협회 동지인 주상호(한글학자 주시경)가 사람을 통해 이승만에게 권총 두 자루를 몰래 전달하면서 문제가 일어났다. 1899년 1월 30일에 이승만이 그 권총으로 간수들을 위협하며 두 명의 옥중 동지와 함께 경무청을 빠져나왔기 때문이다. 그의 탈옥 동지 가운데 한 사람은 〈매일신문〉을 같이 발행했던 배재학당 동창 최정식이었고, 다른 한 사람은 강원도 횡성 군수를 지낸 서상대였다.

탈출한 최정식과 서상대는 이승만과 헤어져 배재학당 구내의 영국인 엠벌리 집에 숨었다. 거기서 그들은 한 달간 머물다가 어느 날 밤 서양 여자로 변장하고 서대문을 빠져나갔다. 그리고 무조건 북쪽으로 달렸다. 서상대는 압록강을 건너 만주 땅으로 가는 데 성공했다. 하지만 최정식은 진남포의 일본인 여관에 묵었다가 주인의 밀고로 체포되어 서울로 끌려 왔다.

고문과 죽음의 공포

이승만은 두 탈옥 동지와 헤어진 다음 혼자 종로로 갔다. 보신각에 시위대가 모여 있다는 말을 들었기 때문이다. 어려운 도피생활을 하느니 차라리 시위를 계속하는 것이 낫다고 생각했던 것이다. 그러나 종로에 가 보니 시위대는 없었고, 이승만은 다시 체포되고 말았다.

한성감옥서에서 이승만은 심한 고문을 당했다. 그를 고문한 박들북은 친정부적인 황국협회 소속의 수구파로 이승만에 대해서는 개인적 증오심까지 가지고 있었다. 고문은 혹독했다. 두 팔이 묶이고 양다리 사이에 막대기를 끼워 주리를 틀었다. 손가락 사이에 대나무를 넣어 비틀기도 했다. 매일 매를 맞았기 때문에 몸은 상처투성이였다. 저녁이 되면 발을 족쇄로 묶고 손에 수갑을 채워 독방에

밀어 넣었다. 목에 나무칼을 썼기 때문에 누울 수도 없어서 앉은 채로 밤을 새워야 했다. 날이 밝으면 다시 끌려 나와 고문을 당했다.

그런 상태에서 이승만은 미결수로 6개월 동안 갇혀 있었다. 그때 받은 고문 때문에 그에게는 감정이 격해지면 손가락 끝을 입으로 부는 버릇이 생겼다. 죽었다는 소문이 나서 아버지가 시신을 거두러 오기도 했다.

그러므로 24세의 청년 이승만에게 이제 남은 것은 죽음뿐인 것 같았다. 믿을 것도 기대할 것도 없었기 때문이다. 절망 속에서 그는 그렇게 하루하루를 보냈다.

죽음 앞에서 갖게 된 기독교 신앙

그러던 어느 날 갑자기 그는 특이한 영적(靈的) 체험을 하게 되었다. 그는 배재학당 예배 시간에 들었던 선교사들의 설교 내용을 곰곰이 생각하고 있을 때였다. 갑자기 그는 자기도 모르는 새 고개를 숙이고 "오! 하나님, 내 나라와 내 영혼을 구해 주옵소서"라고 큰 소리로 외치게 된 것이다. 그런 다음 그는 한참 동안 간절한 마음으로 기도했다.

그러자 그는 자신도 알지 못할 평온함과 기쁨을 느끼게 되었다. 기독교 신앙을 가지게 된 것이다. 하나님의 존재를 믿고 구원의 희망을 가지면서 그는 새삼스럽게 자기 생명의 고귀함을 느꼈다.

배재학당을 다닐 때 그는 영어와 서양 문명에만 흥미를 느꼈을 뿐, 선교사들의 설교 내용에는 전혀 관심이 없었다. 외국 선교사들에 대해서는 반감을 느끼기도 했다. 선교사들이 서양 제국주의 국가들의 침략에 앞장선 사람들이 아닌가 하는 의심이 들었기 때문이다. 그랬던 그가 지금 죽음의 문턱에서 완전히 새사람이 된 것이다.

당시 조선에 와 있던 서양 선교사들은 대부분이 미국의 북감리교와 북장로교에서 파견한 목사와 의사들이었다. 그 때문에 그들의 신앙관은 예정론(豫定論)을 강조하는 캘빈주의 신학에 기초하고 있었다.

예정론에 따르면, 영적으로 구원을 받을 사람과 그렇지 못할 사람은 미리 결정되어 있었다. 그 가운데서 신의 선택을 받아 구원이 예정된 사람이 중요했다. 그는 신의 특별한 돌봄을 받고 있기 때문에 자기의 생명과 인생을 고귀한 것으로 생각하게 된다는 것이다. 이승만이 죽음 앞에서 자신을 고귀한 존재로 생각하게 된 것은 그 같은 신앙관을 가지게 되었음을 의미했다.

사형만은 면한 역적 죄인

이승만은 체포된 지 6개월이 지난 1899년 7월 11일에 가서야 재판을 받게 되었다. 판사는 수구파로 유명한 홍종우였다. 그는 프랑스에도 간 적이 있는 개화파 지식인이었다. 하지만 그는 개화파의 험난한 길을 가기보다는 출세의 길을 가려고 했다. 그래서 그는 국왕에 대한 충성심을 보이기 위해 갑신정변의 주역인 김옥균을 상해에서 암살했다. 그러나 그는 법정에서는 무슨 까닭인지 이승만에 대한 적대감을 보이지 않았다.

법정에서 탈주 공범 최정식은 살기 위해 몸부림쳤다. 그래서 모든 책임을 이승만에게 떠넘겼다. 이승만은 몸과 마음이 너무나 지쳐 있었기 때문에 반박조차 못 했다. 그런데도 최정식은 사형을 피하지 못했다.

이승만은 다행히 사형을 면했다. 증거물로 제시된 권총이 발사되지 않았다는 주장이 통했기 때문이다. 그러나 그가 목숨을 구하게 되었던 것은 그를 아끼는 민영환, 한규설 같은 고관들의 비호와 미국 선교사들의 구명 운동이 있었기 때문이다. 이승만은 무기징역 선고와 함께 곤장 100대를 맞았다. 그가 그같이 끔찍한 일을 당하고 있던 1899년에 그의 아내 박씨는 아들 봉수(鳳洙, 태산)를 낳았다.

(2) 5년 7개월의 감옥생활

감옥에서 만난 개화파 정치범들

정치범 이승만은 세 차례 감형을 받으면서 5년 7개월 동안 한성감옥에 있었다. 감옥에서 그는 많은 사람들의 도움을 받았는데, 그들 가운데는 감옥서장 김영선과 간수장 이중진이 있었다.

그를 아끼는 서양 선교사들은 감옥으로 면회를 왔다. 배재학당 교장인 아펜젤러는 가난한 이승만의 가족에게 생활비를 보내기도 했다. 장로교 선교사로 경신학교 교장인 호러스 언더우드 박사는 감옥으로 찾아 왔다. 제중원 의사로 장로교 선교사인 올리버 애비슨 박사는 감옥으로 약품을 보내기도 했다.

감옥에는 개화파 정치범이 많아 옥중 개화당으로 불리기도 했다. 그들 대부분은 양반 출신의 지식인들이었다. 그들 가운데는 배재학당 동문인 신흥우를 비롯해 이원긍, 김정식, 홍재기, 이준, 양기탁, 안국선 같은 유명한 인물들이 있었다. 나중에 '한국의 톨스토이'로 알려진 민족 지도자 이상재(李商在)도 있었는데, 그는 이승만을 아들처럼 아꼈다.

이승만은 《서유견문》을 쓴 개화파의 거두 유길준(兪吉濬)의 동생인 유성준(兪星濬)과 특별히 가까이 지냈다. 그리고 강원도 철원 출신의 박용만(朴容萬)과 의형제로 지냈는 데, 그들의 우정은 미국에 가서도 이어졌다.

감옥에서 쓴 논설과 한시

이승만은 고문 후유증으로 손가락을 제대로 쓸 수 없어 책 장을 넘길 때는 감방 동료들의 도움을 받았다. 불편해진 손가락을 회복시키기 위해 낡은 잡지에 글 쓰는 연습도 했다. 잉크는 몰래 들여온 염료로 만들어 썼다. 밤에도 몰래 들여온 양초를 켜고 책을 읽었지만, 간수들은 보고도 모른 척해주었다.

그렇게 해서 쓴 글은 감옥 밖으로 몰래 내보냈다. 기독교와 관련된 글은 감리교 선교사 조지 허버 존스(Jones)가 편집하는 〈신학월보(神學月報)〉에 실었다. 정치와 관련된 글은 천도교의 이종일이 발행하는 〈제국신문〉에 실었다. 필자 이름은 밝히지 않았지만, 이승만이 쓴 글이라는 것은 웬만한 사람이면 다 알았다.

그의 글을 읽은 사람 가운데는 고종 황제의 후궁으로 영친왕 이은을 낳은 엄비(嚴妃)도 있었다. 그녀는 친분이 있는 감옥 서장 김영선에게 부탁해 이승만을 도우도록 했다. 그 때문에 이승만은 감옥 안에서 조심스럽게 애국계몽 운동을 계속할 수 있었다.

이승만은 틈나는 대로 한시(漢詩)를 써서 울적한 심경을 표현했는데, 그것들은 나중에 《체역집(替役集)》으로 묶어 출간되었다. 그 가운데서 설날 가족을 그리며 쓴 한시를 소개하면 다음과 같다.

옥중세모

밤마다 긴긴 사연 닭이 울도록
이 해도 거의로다 집이 그리워.
사람은 벌레처럼 구멍에 살고
세월은 계곡급류 따라 가누나.
어버이께 설술을 올려 보고파
솜옷을 보내준 아내 보고파.
손꼽으니 올겨울도 여남은 날 뿐
삼년을 매어 있는 천리마라오.

獄中歲暮

談懷夜夜抵晨鷄, 却感流光憶舊棲.

人與蟄蟲深處穴, 歲從逝水急過溪.

臘梅酒熟思供老, 新絮衣來戀見妻.

屈指今冬餘十日, 三年櫪驥繫閑蹄.

40명을 기독교로 개종시킨 옥중전도

이승만이 기독교 신앙을 가지게 되면서 그의 감옥생활은 확신과 기쁨으로 가득 찼다. 따라서 그의 하루는 아침 기도로 시작해서 밤 기도로 끝나는 신앙인의 생활이었다.

1903년 3월 전국을 휩쓴 콜레라가 감옥에도 번져 수십 명의 죄수가 쓰러지자, 그는 기독교인의 입장에서 감염의 위험을 무릅쓰면서 환자들을 헌신적으로 돌보았다. 이승만은 제중원의 애비슨 박사에게 도움을 받으려고 했지만 외국인 의사의 감옥 진료가 허락되지 않았다. 그래서 그가 보내준 약을 그의 지시대로 환자들에게 먹였다.

감옥에서 지루하게 날을 보내는 동안 정치범들은 이승만이 성경 읽는 소리를 아무 생각 없이 듣는 경우가 많았다. 간수들도 그의 감방 앞에 와서 들었다. 그 때문에 감옥에서 40여명의 개종자가 나타나는 기적이 일어났다. 개종자 가운데는 간수장 이중진도 있었다.

그의 옥중전도는 중국과 일본에서 활동하는 서양 선교사들의 관심을 끌었다. 몇 년을 선교해도 신도 한 사람을 얻기 어려웠던 서양 선교사들에게 이승만의 전도 성과는 너무나도 놀라운 것이었기 때문이다.

감옥에서 서양 역사책을 읽으면서 이승만은 중요한 사실을 알게 되었다. 그것은 근대서양의 자유민주주의(自由民主主義)는 개신교(Protestantism)의 출현과 관련이 있다는 사실이었다. 배재학당에 다닐 때 이승만은 자유, 평등 같은 자유민주주의의 가치들에 대해 큰 관심을 가졌지만, 그것들이 개신교와 관련이 있다는 사실은 알지 못했던 것이다. 그러므로 이승만은 조선이 자유민주주의 국가가 되기 위해서는 근대서양의 종교(宗教)인 개신교부터 받아들여야 한다고 생각하게 되었다.

옥중학교와 옥중도서실

이승만은 감옥 밖에 있을 때 협성회, 독립협회, 〈매일신문〉, 〈제국신문〉을 통해 애국계몽(愛國啓蒙) 운동을 벌여 왔다. 이제 그는 감옥에서도 그 운동을 계속하려고 했다.

그러한 노력의 하나가 옥중학교 운영이었다. 옥중학교는 죄수 부모를 따라 감옥에 들어온 13명의 어린이를 가르치는 일로 시작했다. 그러다가 일반 죄수들을 가르치는 성인학교로 발전했다. 교사들은 신흥우, 안국선 같은 정치범들이었다. 교육 내용 가운데는 당시로서는 새로운 과목인 산수, 지리, 일본어, 세계사가 있었다.

이승만의 애국계몽운동은 감방 도서실의 개설로도 나타났다. 책은 선교사들과 독지가들로부터 기증받아 500여권에 이르렀다. 도서실은 이승만이 감옥을 나온 뒤에도 계속 운영되었기 때문에 나중에 들어간 김구도 그것을 이용했다. 《백범일지》에는 김구가 이승만의 이름이 쓰여진 책을 보고 감격해하는 내용이 보인다.

그러나 이승만의 가장 큰 관심은 한반도를 둘러싸고 벌어지는 강대국들의 국제관계(國際關係)였다. 왜냐하면 그것은 조선왕국의 독립보전(獨立保全)과 직접 관련이 있었기 때문이다. 그는 1894년의 청일전쟁에 관심을 가지고 중국에서 나온 영 알렌과 채이강의 《중동전기본말》을 한글로 번역했다. 이승만은 번역문에 자신의 의견을 덧붙이기도 했다. 그 원고가 출간된 것은 그가 감옥을 나온 지 13년이 지난 1917년이었다. 그것은 미국 하와이에서 《청일전기》라는 이름으로 출간되었다.

국제관계에 대한 관심 때문에 이승만은 국제법(國際法)에 대해서도 공부했다. 그래서 그는 중국에서 출간된 《만국공법요약》을 한글로 번역했다.

감옥에서 읽은 영어책들

감옥에서는 영어를 쓸 기회가 없었기 때문에 이승만은 그동안 어렵게 배운 영어를 잊어버릴 위기에 놓였다. 그래서 그는 영어 신약성서를 큰 소리로 읽고 외웠다. 그것은 전통적인 서당식 공부 방법이었지만 훌륭한 외국어 학습 방법이기도 했다.

그가 읽은 영어 신약성경은 미국의 유명한 부흥사 셔우드 에디가 배포한 책으로, 캐나다 출신의 여선교사 해로이드를 통해 감옥으로 들여온 것이었다. 이승만은 나중에 미국에 갔을 때 그 성경을 셔우드 에디에게 돌려주었다. 그래서 그 사진이 미국 〈성서공회지〉 1918년 9월호 표지에 실리게 되었다.

이승만은 독지가들과 미국인 선교사들이 감옥으로 넣어 준 책을 많이 읽었다. 그것들은 한문, 국한문, 국문으로 된 동양서적과 영문 서적들이었다. 그가 읽은 영문 잡지 가운데는 〈뉴욕 아우트룩크〉와 〈크리스천 애드보케트〉가 있었다. 그리고 영자신문 가운데는 〈런던 타임즈〉가 있었다.

영어 역사책도 꼼꼼히 읽었는데, 그것들은 피터 팔리(Parley)의 《세계사(1874)》, 윌리엄 스윈튼(Swinton)의 《세계사개요(1874)》, 로버트 매켄지(McKenzie)의 《19세기 역사》였다. 그 때문에 유럽사와 세계사에 대한 그의 지식은 깊고 넓어졌다. 그에 따라 영어 실력도 크게 늘었다.

감옥에서 그의 영어 실력이 크게 늘었다는 것은 한문으로 된 영·일 동맹(1902) 조약문을 영문으로 번역한 데서 확인되었다. 그는 신문에서 한문으로 된 조약문을 읽고 영어로 번역해 보았는데, 그의 영문 번역본은 영문 원본과 비교해 크게 다르지 않았던 것이다. 그래서 그가 감옥을 나갔을 때 영어 잘하는 윤치호도 그의 향상된 영어 실력을 보고 놀라워했던 것이다.

(3) 기독교는 문명개화의 도구

러·일전쟁을 계기로 쓴 《독립정신》

이승만이 감옥에 있는 동안 조선왕국은 천천히 쇠퇴해 가고 있었다. 그에 따라 한반도에 대해 영토적(領土的) 야심을 가진 나라들은 그것을 분할하려고 했다. 그 때문에 일본과 러시아는 북위40도선을 경계로 한반도를 분할하기 위해 두 차례나 흥정을 벌였다. 분할은 이루어지지 않았지만, 그 문제 때문에 언젠가는 전쟁이 일어날 것이 확실해 보였다.

그렇게 예상되던 러·일 전쟁이 마침내 1904년 2월 8일에 일어났다. 청·일전쟁이 일어난 지 10년만이었다. 전쟁이 일어났다는 소식을 듣는 순간 이승만 등 감옥의 정치범들은 통곡을 했다. 이번 전쟁에서 이기는 나라가 대한제국(大韓帝國)을 차지할 것이 분명했기 때문이다.

그때 이승만은 영한사전(英韓事典)을 위한 원고를 쓰고 있었다. F 항목까지 진행된 상태였다. 만일 그 작업이 끝났더라면, 이승만은 우리나라 최초의 영한사전을 만든 인물이 되었을 것이다. 그러나 국가가 존망의 위기를 맞은 상황에서 그는 한가하게 영한사전 원고나 쓰고 있을 기분이 아니었다. 그렇다고 해서 감옥에서 달리할 수 있는 것도 없었다.

그때 감옥 동료인 유성준이 그에게 국민대중을 일깨우기 위한 계몽서를 쓰라고 권유했다. 그것이 장기적인 관점에서 국가를 위한 길이라는 주장이었다. 그 때문에 이승만은 《독립정신》을 쓰게 되었다.

조선왕국은 '폭풍우 만난 배'

《독립정신》 원고는 1904년 2월부터 6월 사이에 집중해서 쓰여졌다. 감옥에서는 자료를 구하기 어려웠기 때문에 전에 썼던 글에다 새로운 내용을 덧붙여 편집하는 방식을 썼다. 그 때문에 책은 52개의 주제에 대한 논설을 모은 형식이 되었다.

《독립정신》에서 이승만은 위기(危機)의 대한제국을 폭풍우 만난 배에 비유했다. 그러므로 조선이라는 배가 계속 항해하기 위해서는 선원들과 선객들, 즉 집권층과 백성 모두가 정신을 바짝 차리고 힘을 모아야 한다는 것이었다. 아직 나라가 완전히 멸망한 것이 아니므로, 지금이라도 온 국민이 문명개화(文明開化)에 나서 부국강병(富國强兵)에 힘을 기울인다면 독립보전이 가능할 것이라는 주장이었다.

《독립정신》에서 이승만은 자신이 당대 조선인 최고 수준의 지식인임을 보여 주었다. 그것만큼 서양문명을 깊이 이해하고 국제정세를 정확히 분석해 조선인들의 나갈 길을 제시한 책은 없었기 때문이다. 따라서 그것은 그가 당대 최고의 경세가인 유길준(兪吉濬)이나 윤치호(尹致昊)와 대등한 지적 수준에 도달해 있었음을 보여 주었다.

조선이 모방할 나라는 미국

《독립정신》에서 이승만은 국가위기에 대한 근본 해결책을 제시하려고 했다. 그것에 대한 그의 회답은 대한제국도 언젠가는 자유주의와 공화주의에 토대를 둔 자유민주주의(Liberal Democracy)의 국가가 되어야 한다는 것이었다. 그것은 군주제와 신분제의 폐지를 의미했다.

그러나 그 같은 주장을 하는 것만으로도 역적행위였다. 그 때문에 《독립정신》에는 그의 진짜 속내를 분명하게 드러내지 못한 부분도 나타나게 된다.

예를 들어, 그는 민주주의가 중요하다는 것을 강조하기 위해 아주 길게 설명하면서도 정작 결론에서는 그렇게 훌륭한 체제가 아닌 듯이 쓰고 있다. 즉, 미국의 민주정치가 좋은 것이라고 길게 설명하면서도 끝에서는 여러 체제의 하나로 대수롭지 않은 것으로 쓰고 있다. 그리고 당시 조선에 적합한 체제는 미국식 공화제가 아닌 유럽식 입헌군주제라고 주장하고 있다.

그러나 그것이 이승만의 본심이 아니었음은 물론이다. 그것은 그가 미국의 자유주의 사상과 민주주의 제도의 형성 과정을 길게 설명하고 있는 데서도 알 수 있다. 그는 1776년의 미국 '독립선언서'에 나타나는 자연법, 자연권 같은 혁명(革命)의 용어들을 자세히 설명하고 있기 때문이다. 그리고 미국 헌법을 소개하면서 3권분립의 개념과 권리장전(인권조항 10개조)에 대해 자세히 설명하고 있기 때문이다. 즉, 그는 그 같은 혁명적인 용어들을 자세히 설명함으로써 조선의 군주제(君主制) 타도를 우회적으로 강조하고 있는 것이다.

《독립정신》의 전체 맥락을 볼 때 이승만은 이미 공화주의자(共和主義者)가 되어 있었음이 분명했다. 그는 대한제국의 집권층이 국제 정세에 무지하고 애국심도 없는 이기적인 분자들이라고 경멸함으로써 그들의 타도를 은근히 부추기고 있기 때문이다. 그러한 집권층에 고종황제가 포함되었음은 물론이다. 다른 글에서 이승만은 고종이야말로 조선 역사상 가장 무능했던 군주라고 폄하했다.

조선인의 생활방식을 바꾸려면 종교를 바꾸어야

《독립정신》에는 1930년대 아놀드 토인비의 문명사관(文明史觀)과 비슷한 역사관이 나타난다. 그것은 1990년대 새뮤얼 헌팅턴의 문명충돌론(文明衝突論)과도 비슷한 역사관이었다. 그 같은 역사관은 민족이나 국가의 관점이 아닌, 문명(文明)이나 문화(文化)의 관점에서 역사를 보는 시각이다. 문명과 문화는 '생활방식'을 의미하는 것으로 주로는 종교(宗敎)에 의해 결정된다고 보는 시각이다.

그것은 조선인들이 생활방식을 바꾸려면 종교부터 바꾸어야 한다는 생각이다. 다시 말해, 조선인들이 서양의 근대문명을 받아들이려면 그것의 정신적 토대인 기독교부터 받아들여야 한다는 생각이다. 그러한 점에서 이승만은 당시 대부분의 개화파 지식인들처럼 유교망국론을 믿었다. 당시의 유교는 공허한 추상적인 관념에 사로잡혀 변화를 방해하고 있다는 비난을 받고 있었던 것이다.

이승만은 당시의 개화파들처럼 농민이나 동학교도 같은 민중(民衆)의 전통적인 사고방식을 부정적인 것으로 보았다. 왜냐하면 그들은 인습에 젖어 외국인을 맹목적으로 배척함으로써 선진문명을 받아들이는 것을 막는다고 생각되었기 때문이다. 게다가 민중은 임오군란과 동학란에서 보는 것처럼 격정에 휘둘려 나라를 위험에 빠뜨린다고 생각되었다. 그때 민중의 과격한 행동은 청나라 군대와 일본 군대를 끌어들이는 빌미를 제공해 국토를 초토화시켰기 때문이다.

문명개화하려면 중국에서 벗어나야

《독립정신》에는 한반도를 둘러싸고 각축하는 강대국들의 속성을 평가하는 내용도 있다.

중국(청)은 무능하고 사악해 조선왕국에 치명적인 해악을 끼치는 나라로 묘사되었다. 그는 특히 청나라 군대가 임오군란(1882) 이후 12년 동안 조선에 주둔한 사실을 애석해했다. 그 시기에 조선왕국은 원세개의 지나친 간섭으로 문명개화할 귀중한 시간을 놓쳤다고 생각되었기 때문이다. 게다가 청나라 군대를 따라 들어온 중국 상인들이 조선인들의 상권을 빼앗고 그것을 빌미로 일본 상인들도 들어왔기 때문에 조선인들의 피해는 더 컸다고 생각했다.

중국은 겁이 많아 조선왕국의 대외정책까지 혼란에 빠뜨렸는데, 평소에는 조선을 자기네 속방(屬邦)이라고 주장하다가도 곤란해지면 자주독립국이라면서 발을 뺐기 때문이다. 그러므로 조선왕국이 문명개화하기 위해서는 한시라도 빨리 중국의 손아귀로부터 벗어나야 한다는 것이 이승만의 생각이었다.

러시아에 대한 깊은 불신감

《독립정신》에는 러시아도 가혹한 전제국가와 낙후된 후진국가로 나타나고 있다. 그 때문에 배울 것이 전혀 없는 나라라는 것이다. 게다가 러시아는 한반도에 대해 영토적 야심까지 가진 음흉한 나라였다. 그것을 뒷받침할 증거로 이승만은 《표트르 대제의 유훈》이란 책자를 소개했는데, 그것은 17세기 말의 유명한 러시아 황제 표트르가 자기 후손들에게 다른 나라 영토를 빼앗는 방법을 가르쳐 주는 지침서였다.

그러나 이승만은 일본에 대해서는 긍정과 부정의 이중적인 태도를 보였다. 처음에 그는 일본인들의 애국심과 근대화 의지를 높이 평가했다. 그래서 그는 1898년 말 잠시 중추원 의관으로 있을 때 일본 망명에서 돌아온 친일파들을 만나기도 했다. 그러나 일본의 침략 야욕을 알게 된 다음부터는 그들과의 관계를 끊었다.

그 같은 일본에 대한 이승만의 불신감은 1904년의 러일전쟁을 거치면서 증오심으로 바뀌었다. 왜냐하면 일본은 대한제국에 제1

차 한일협약을 강요해 조선의 재산과 시설물을 군사적 목적에서 마음대로 사용하면서 경제적 침탈을 시작했기 때문이다. 그리고 제2차 한일협약(을사조약)을 강요해 대한제국의 외교권과 재정권을 빼앗고, 결국은 나라까지 합병했기 때문이다.

"영토적 야심이 없는 나라" 미국

《독립정신》에서 이승만이 호감을 보인 나라는 미국뿐이었다. 이승만은 앞으로 미국이 최대 강국이 될 것으로 예견했다. 당시 세계의 나라들은 각자의 고유성을 버리고 하나의 문명으로 같아지는 추세였는데, 그 통합의 중심이 미국이라고 생각한 것이다. 게다가 미국은 한반도에 대한 영토적 야심(野心)이 없기 때문에 대한제국이 동맹(同盟)을 맺을 수 있는 유일한 강대국이라고 생각했다.

《독립정신》의 원고가 완성된 것은 이승만이 감옥을 나오기 두 달 전인 1904년 6월이었다. 원고의 전체적인 내용은 위기를 만난 조선왕국에 해결책을 제시하려는 것이었다. 하지만 기성체제에 대한 비판도 포함되어 있었기 때문에 집권자들에게는 용납될 수 없었다. 그래서 원고는 몰래 감옥 밖으로 빼돌려 보관되었다.

그러다가 1905년 감옥 동지 박용만이 미국으로 떠나면서 그 원고를 여행용 트렁크 밑바닥에 숨겨 가지고 갔다. 그러고는 이승만의 미국유학 생활이 거의 끝나가던 1910년 2월에 로스앤젤레스에서 출간되었다.

4

유학길에 맡은 정부밀사

(1) 선교사들 도움으로 미국유학

러·일전쟁으로 출옥

1904년의 러·일전쟁이 일본에게 유리하게 끝나가자, 조선정부는 감옥의 정치범들을 석방하기 시작했다. 정치범 대부분이 일본에 호의적인 개화파들이었기 때문이다.

하지만 이승만 석방 지시는 내려 오지 않았다. 그를 아끼는 미국인 선교사들과 민영환, 한규설 같은 정부 고위층이 백방으로 노력했지만 소용이 없었다. 이승만은 넓게 보아 조선왕국의 왕족에 속했기 때문에 황제에 대한 반역죄가 더 용서받지 못하는 것 같았다. 그래서 그는 영영 감옥을 나오지 못하는 것이 아닌가 불안해했다.

그의 석방은 거의 마지막인 1904년 8월 9일에야 이루어졌다. 간수의 손짓에 따라 감방문을 나서서 감옥서장 김영선과 눈이 마주친 이승만은 하염없이 눈물을 흘렸다. 개화파 군인 장호익이 감옥 뒤

뜰에서 처형당하던 모습도 떠올랐다. 장호익은 일본에서 군사교육을 받은 인재였지만 이른바 박영효 쿠데타 음모에 얽혀 처형당했던 것이다. 이승만은 그가 세 번 만세 부르며 의연하게 죽음을 맞이하던 모습을 잊을 수가 없었다.

잠시 동안 상동교회 청년학교 교장

감옥에서 나온 이승만은 다시 〈제국신문〉에 논설을 쓰기 시작했다. 그러나 얼마 안 있어 그가 쓴 글이 문제가 되어 그 신문은 일본군에게 정간을 당했다. 그때 마침 상동 감리교회(지금의 남대문시장 새로나백화점 자리)의 전덕기 목사가 청년학원을 설립하고 그를 교장으로 불렀다.

그 학원의 목표는 쇠망해 가는 나라를 지탱하기 위해 기독교 구국론에 입각해 애국청년들을 교육하려는 것이었다. 강사로는 스크랜턴 선교사의 어머니와 헐버트 박사 같은 미국인 선교사들이 참여했다. 그리고 주시경, 장도빈, 최남선, 남궁억 같은 당시 최고의 지식인들이 참여했다.

당시 대한제국은 러·일전쟁 기간에 러시아를 도운 죄로 일본의 보복을 받고 있었다. 전쟁 초기에 조선정부가 일본이 패배할 것으로 잘못 판단하고 러시아에게 압록강 어구의 용암포항을 빌려준 것이 문제가 된 것이다. 일본은 제1차 한일협약을 강요해 조선의 시설과 자원을 군사적 목적에서 마음대로 사용하기 시작했다.

미국에 매달려 보려는 조선왕국

위기를 느낀 고종황제는 마지막 방법으로 미국에 조선의 독립 보전을 위한 도움을 요청해 보려고 했다. 도움을 요청하는 법적 근거가 된 것은 조미수호통상조약(1882)의 거중조정(居中調停) 조항이었다. 그것은 조선의 독립이 다른 나라로부터 위협을 받을 경우에 미국은 호의적인 입장에서 개입한다는 조항이었다.

그러나 당시 미국은 조선을 도울 입장이 아니었다. 시어도어 루스벨트 대통령을 비롯한 대부분의 미국인들이 일본에 호의적이었기 때문이다. 미국인들은 서양을 빨리 모방해 근대화하고 있던 일본인들을 높이 평가하고 있었다.

그러므로 조선인들에게 동정적인 미국인은 소수의 선교사들뿐이었다. 그 대표적인 인물이 마지막 미국공사였던 호러스 알렌이었는 데, 그는 장로교 선교사로 미국 공사관 의사로 조선에 왔다가 갑신정변 때 부상당한 민영익을 치료해 왕실과 가까워진 인물이었다. 알렌 공사는 미국 기업을 끌어들여 일본의 조선 침략을 막아 보려고 했지만, 친일적인 미국정부로부터 해임되는 수모만 당했다.

황제의 부름을 거절

그때 이승만은 미국유학을 생각하고 있었다. 특히 그의 아버지가 유학을 강력히 권유했는데, 아들이 국내에 있다가는 또다시 감옥에 가게 될지 모른다고 걱정했기 때문이다.

미국으로 떠나기 전에 이승만은 민영환의 주선으로 고종황제를 만날 기회를 가질뻔했다. 어느 날 저녁 집에 돌아왔을 때 궁궐에서 나온 궁녀가 그를 기다리고 있었기 때문이다. 고종황제가 미국으로 떠나는 이승만을 불러 미국 정부에 도움을 요청하려 했던 것이 분명했다.

하지만, 이승만은 황제의 부름에 응하지 않았다. 고종에 대한 분노의 감정을 억누르지 못했기 때문이다. 그는 자신을 오랫동안 감옥에 가두고 나라까지 망쳐놓은 무능한 군주와 얼굴을 마주하고 싶지 않았던 것이다.

이승만은 황제의 밀사는 아니지만 정부의 밀사 역할은 맡게 되었다. 정부의 실력자인 민영환, 한규설로부터 미국정부에 조선의 독립보전을 위해 도와 달라고 요청하라는 지시를 받았기 때문이다. 민영환은 이승만을 미국주재 대한제국 공사로 임명할 생각도 했지만 이미 나라는 그렇게 할 수 있는 형편이 아니었다.

미국유학길에 맡게 된 밀사 임무

1904년 11월 4일 29세의 이승만은 미국으로 가기 위해 인천항에서 일본 고베항으로 가는 배를 탔다. 가방 밑바닥에는 민영환이 워싱턴의 대한제국공사관에 보내는 정부훈령, 그리고 민영환과 한규설이 휴 딘스모어 하원의원에게 보내는 편지를 숨겼다. 그러므로 그는 자신의 신분을 감추어야 했다. 가진 것이라고는 일본 가는 배표와 선교사들이 써 준 19통의 편지뿐이었다. 한성감옥서 간수장인 이중진의 동생 이중혁이 동행했다.

두 사람이 탄 배는 목포, 부산, 시모노세키를 거쳤다. 배가 항구에 머물 때마다 이승만은 일본 관리들의 검문을 받을까 마음 졸였다. 배를 타고 가는 도중에 그는 조선의 산들이 헐벗은 것과는 달리 일본의 산들은 나무로 울창하다는 사실에 충격을 받았다.

두 사람은 일본 고베항에서 조선인 기독교인들의 영접을 받았다. 미국인 선교사 로건은 이승만이 그의 교회에서 설교할 기회를 주고 약간의 여비를 보태 주었다. 그런 다음 두 사람은 미국으로 가는 배에 올랐다. 하와이로 가는 조선인 노무자들이 타고 있는 3등 선실이었다.

하와이에서 만난 윤병구

1904년 11월 29일 아침 배는 중간 기착지인 하와이 호놀룰루항에 도착했다. 배가 하루 동안 정박할 예정이었기 때문에 이승만은 육지에 올랐다. 부두에는 미리 전보를 받고 나온 조선인 통역과 배재학당 출신 윤병구(尹炳求) 목사, 그리고 미국 감리교 선교부의 존 와드먼 박사가 기다리고 있었다.

그날 저녁 이승만은 호놀룰루 북쪽 20km 지점의 에와(Ewa) 농장에서 200여명의 한인 노동자들에게 연설했다. 밤 11시까지 그는 나라의 현실과 장래에 대해 열변을 쏟았다. 감동 속에서 집회는 끝났다.

그런 다음 이승만은 윤병구 목사의 집으로 가서 새벽까지 이야기를 나누었다. 망해가는 조국의 독립을 보전할 방법을 찾기 위한 것이었다. 두 사람이 내린 결론은 앞으로 러·일전쟁의 강화회의가 열릴 것이므로 그것을 상대로 조선의 독립보전을 호소해 보자는 것이었다. 강화회의는 다음 해(1905) 8월 미국 뉴햄프셔주 포츠머스항에서 열릴 예정이었다. 그래서 이승만은 먼저 워싱턴으로 가고, 윤병구는 경비가 마련되는 대로 뒤따르기로 했다.

샌프란시스코, LA를 거쳐 워싱턴으로

호놀룰루의 한인 노동자들은 이승만과 이중혁을 위해 30달러를 모아 주었다. 그 돈으로 두 사람은 샌프란시스코 가는 3등석 배표를 샀다. 그들은 1904년 12월 6일 샌프란시스코항에 도착했다.

그곳에서 이승만은 두 아들을 조선에 선교사로 보내고 있는 휘시 부부를 만났다. 그들은 이승만을 샌안셀모 신학원 교장에게 데리고 가서 3년간 장학금을 받도록 주선해 주었다. 졸업한 뒤 조선에 선교사로 간다는 조건이었다. 그러나 이승만은 그들의 호의를 받아들일 수 없었다. 왜냐하면 그에게는 워싱턴으로 가서 대한제국 정부의 밀사 임무를 수행해야 했기 때문이다.

두 사람은 남쪽의 로스앤젤레스로 가서 서던캘리포니아대학

(USC)에 유학 중인 옥중동지 신흥우를 만났다. 그런 다음 대한제국 공사관이 있는 워싱턴으로 가려고 했다. 하지만 모금한 돈으로는 기차표 한 장밖에 살 수 없었기 때문에 이중혁은 남고 이승만만 떠났다.

이승만은 대륙횡단 남부선 열차를 타고 뉴멕시코주 싼타페이를 거쳐 일리노이주 시카고에 도착했다. 거기서 다시 그는 워싱턴으로 가는 기차로 갈아탔다. 그리고 1904년의 마지막 날인 12월 31일 밤 미국의 수도 워싱턴에 도착했다. 주머니에 남은 돈은 몇 달러에 불과했다.

(2) 미 대통령 만나 독립보전 호소

〈워싱턴포스트〉와 인터뷰

1905년 1월 1일 새해 첫날 아침 이승만은 아이오와서클의 대한제국 공사관을 찾았다. 공사관에는 이미 서울의 민영환으로부터 이승만을 도우라는 편지가 도착해 있었다.

이승만은 민영환과 한규설의 편지를 들고 아칸소주 출신의 연방하원의원 휴 딘스모어를 찾아갔다. 딘스모어는 서울에서 미국공사로 근무했기 때문에 조선을 잘 알고 있었다. 그는 이승만이 국무장관 존 헤이를 만나도록 해 주겠다고 약속했다. 존 헤이는 문호개방(門戶開放) 정책을 내세워 열강의 중국 분할을 막아 유명해진 인물이었다.

면담을 기다리고 있던 1905년 1월 15일 이승만은 〈워싱턴 포스트〉 신문과 첫 인터뷰를 했다. 그의 영어 실력은 이미 미국 언론을 직접 상대할 정도로 원숙해져 있었던 것이다. 그는 인터뷰에서 일본의 대한제국 침략 과정을 폭로했다.

존 헤이 국무장관과 면담

존 헤이 국무장관은 병을 앓고 있었기 때문에 면담은 1905년 2월 20일에 가서야 이루어졌다. 그날 이승만은 딘스모어 하원의원과 함께 국무장관실에서 30분 이상 존 헤이를 만났다. 국무장관은 독실한 기독교이었기 때문에 조선에서 활동하고 있는 미국 선교사들에 대해 관심을 보였다.

이승만은 국무장관에게 중국에 대한 문호개방 정책을 조선에도 적용해 줄 것을 요청했다. 국무장관은 최선을 다하겠다고 약속했다. 존 헤이의 관심과 친절에 크게 고무된 이승만은 자세한 면담 보고서를 써서 서울의 민영환과 한규설에게 보냈다. 딘스모어 하원의원도 이승만의 보고서 사본을 서울의 미국공사 호러스 알렌에게 보내 참조하도록 했다.

그러나 그 일은 거기서 끝이었다. 왜냐하면 3개월이 지난 5월에 존 헤이 장관이 병으로 사망했기 때문이다.

존 헤이 국무장관이 살아 있었더라도 미국정부가 조선의 독립보전을 위해 움직였을 가능성은 없었다. 그때쯤 미국정부는 조선에 대한 일본의 지배가 당연한 것으로 보고 있었기 때문이다. 그것은 존 헤이 국무장관이 서울의 미국공사에게 어째서 아직도 공사관을 그대로 유지하고 있는가고 따져 물은 사실에서도 드러났다.

태프트 육군장관의 소개장

그로부터 4개월이 지난 1905년 6월에 미 육군장관 윌리엄 태프트가 일본으로 출발했다. 시어도어 루스벨트 대통령의 지시로 일본과 극동문제에 관한 양해각서를 교환하기 위한 것이었다. 나중에 그것은 태프트-가쓰라 협약으로 알려졌는데, 핵심 내용은 일본이 미국의 필리핀 지배를 인정해 주는 대가로 미국은 일본의 조선지배에 동의한다는 것이었다. 태프트의 동양 순방에는 시어도어 루스벨트 대통령의 딸과 사위가 동행했다.

일본으로 가는 길에 태프트 육군장관은 호놀룰루 항에 잠시 머물렀다. 태프트의 여행 목적을 알 리 없던 하와이 한인들은 그를 만나 대한제국의 독립보전을 호소해 보려고 했다. 그래서 그들은 윤병구 목사를 중심으로 대대적인 태프트 환영 행사를 열었다. 그리고 1882년의 한·미수호조약의 거중조정 조항에 따라 미국이 호의적인 의도에서 조선문제에 개입해 줄 것을 요청했다.

태프트 장관은 그것에 대한 답례로 4천 하와이 한인들이 시어도어 루스벨트 대통령에게 독립보전을 청원하도록 소개장을 써 주었다. 소개장을 얻는 데는 하와이 감리교 선교부의 존 와드먼 목사가 도움이 되었다.

1905년 7월 윤병구 목사는 태프트 장관의 소개장과 4천 하와이 한인들의 청원서를 들고 워싱턴으로 이승만을 찾아갔다. 두 사람은 필라델피아의 서재필을 찾아 가 앞으로의 전략을 협의했다.

시어도어 루스벨트 대통령 면담

그때 시어도어 루스벨트 대통령은 백악관을 떠나 여름 별장인 사가모힐(Sagamore Hill)에 있었다. 그러므로 이승만과 윤병구는 기차를 타고 별장이 있는 뉴욕시 동쪽 롱아일런드 섬의 오이스터베이로 갔다.

두 사람은 대통령 비서를 만나 태프트의 소개장과 하와이 교민들의 청원서를 전달했다. 두 사람의 자격은 하와이 4천 한인과 대한제국 1,200만 백성을 대변하는 평민대표였다. 회답이 오래 걸릴지 모른다는 비서의 말에 두 사람은 풀이 죽어 호텔로 돌아왔다.

그러나 뜻밖에도 다음날인 8월 5일 오전 대통령 측으로부터 오후 3시에 오라는 연락을 받았다. 두 사람은 급히 외교관 예복을 빌려 입고 사가모힐로 갔다. 접견실로 들어섰을 때 밖에는 포츠머스 강화회의에 참석할 러시아 대표단의 마차가 도착하고 있었다.

대통령은 러시아 대표단을 회의실로 안내한 다음 잠시 틈을 내어 이승만과 윤병구가 있는 방으로 들어왔다. 그러고는 하와이 한인들의 청원서를 훑어보았다. 그리고 그것을 워싱턴의 대한제국 공사관을 통해 미 국무부에 제출해 줄 것을 요청했다. 그러면 포츠머스 회담에서 정식으로 다루겠다는 것이었다. 대통령의 친절에 감동한 두 사람은 고종이 보내는 선물인 나전칠기 주칠쟁반을 증정했다.

두 사람은 워싱턴의 대한제국 공사관으로 돌아가기 위해 서둘러 기차역으로 갔다. 흥분한 나머지 숙박료로 20달러의 큰돈을 내고도 거스름돈을 받는 것도 잊었다. 그 때문에 호텔 직원이 그것을 돌려주려고 기차역까지 뒤쫓아 오는 소동이 벌어졌다. 나중에 이승만은 그 이야기를 미국인의 정직성을 설명하는 예화로 언급하곤 했다.

민영환 순국 소식에 사흘을 통곡

이승만과 윤병구가 탄 기차는 다음 날 아침 일찍 워싱턴 역에 도착했다. 그들은 자기들의 대통령 면담 기사가 〈워싱턴 포스트〉지에 실린 것을 보고 더욱더 큰 보람을 느꼈다. 두 사람은 아침 식사를 마치고 대한제국 공사관으로 갔다.

그러나 그들을 맞는 김윤정 대리 공사의 태도는 놀라울 정도로 차가왔다. 서울로부터 훈령이 없는 한, 하와이 4천 한인의 청원서를 미 국무부에 보낼 수 없다는 것이었다. 그는 이미 대한제국의 멸망을 예상하고 일본 공사관과 내통하고 있었던 것이다. 그 같은 내막을 알 리 없는 두 사람은 정오까지 그를 붙들고 설득하려고 했다.

두 사람은 다음 날 아침에도 공사관을 찾아갔지만 김윤정은 문도 열어주지 않았다. 당장 가지 않으면 경찰을 부르겠다고 위협까지 했다. 그리고 흑인 경비원에게 지시해 그들이 다시 오면 쫓아 버리라고 했다. 낙담한 두 사람은 문밖에 주저앉고 말았다.

그 일이 있은 지 한 달이 지난 1905년 9월 10일 이승만은 서울의 민영환으로부터 편지를 받았다. 그동안의 노고를 치하하는 글과 함께 130달러의 송금수표가 들어 있었다. 그러고나서 두 달 뒤인 11월에는 대한제국이 제2차 한일협약(을사조약)에서 외교권을 빼앗겼다는 소식이 들려왔다. 그런 다음 얼마 지나지 않아 존경하는 민영환이 일본의 만행에 대한 항의로 자결했다는 소식이 들렸다. 이승만은 사흘 동안 밖으로 나오지 않고 울었다.

대한제국이 외교권을 잃게 됨에 따라 주미공사관이 폐쇄되어 김윤정 공사도 고국으로 돌아가야 했다. 하지만 그는 분노에 찬 교민들의 눈을 피하기 위해 몰래 움직여야 했다. 조선에 돌아간 그는 일본에 협조한 대가로 인천부윤, 전라북도 지사, 중추원 참의로 출세했다. 그로부터 대한제국은 5년간 더 지속되다가 1910년 8월 29일 일본에 합병당하고 말았다.

(3) 조지워싱턴대학 시절

2학년 2학기에 편입

이승만이 사가모힐에서 시어도어 루스벨트 대통령을 만나고 있던 당시, 그는 대학생 신분이었다. 30회 생일을 한 달 앞둔 1905년 2월 그는 워싱턴 중심가의 조지워싱턴대학교 콜럼비안(Columbian) 문리과대학에 특별학생으로 입학한 것이다. 그가 2학년 2학기에 편입할 수 있었던 것은 면접에서 유창한 영어와 깊은 서양사 지식을 보여 주었기 때문이다. 그래서 배재학당(Paijai Academy,Pajai College) 졸업이 초급대학 학력으로 인정받았던 것이다.

대학입학은 카베넌트 장로교회 목사인 류이스 햄린의 도움으로 이루어졌다. 이승만이 그를 만나게 된 것은 서울 연동교회를 세운 장로교 선교사 제임스 게일의 소개장 때문이었다. 그 교회에는 조지워싱턴대학 총장 찰스 니드햄이 다니고 있었는데, 그는 대한제국 공사관의 고문이기도 했다.

1905년 4월 23일 부활절 주일 아침 이승만은 카베넌트 장로교회에서 세례를 받았다. 이승만은 미국 북감리교 선교부가 세운 배재학당을 다녔기 때문에 감리교회에서 세례를 받는 것이 더 자연스러울 수 있었다. 서울에 있을 때 장로교 목사인 게일도 그렇게 할 것을 권유했다. 그러나 이승만이 미국에 도착해서 처음 나가게 된 곳이 장로교회였기 때문에 거기서 세례를 받은 것이다.

그렇지만 보스턴의 하버드대학원으로 옮긴 다음부터는 감리교회를 다녔다. 그럼에도 불구하고 그는 일생 동안 교파를 가리지 않고 모든 기독교 지도자들과 교분을 가졌다.

미국인들의 친일성향에 낙담

등록금은 선교장학금으로 해결되었지만 생활비가 문제였다. 그 때문에 그는 여러 도시의 교회와 YMCA를 다니며 강연을 해야 했다. 강연내용 가운데는 조선의 미국인 선교사들이 낯 선 풍습에 적응하는 과정에서 일어나는 재미난 일들이 많았기 때문에 그의 강연은 인기가 있었다. 그 때문에 강연내용이 〈워싱턴 포스트〉 등의 신문에 소개되기도 했다. 조지워싱턴대학에 다니는 2년 반 동안 그는 110회의 강연을 했다. 그 과정에서 그의 영어는 미국인 청중을 웃기고 감동시킬 수 있을 정도로 세련되어 갔다.

1906년 7월 방학 때는 매사추세츠주 노스필드에서 열린 만국기독학도공회에 조선인 총대로 참석했다. 그리고 3천 참가자들 앞에서 연설을 하고 독립가를 불렀다.

이승만은 미국인들을 만나는 과정에서 어려움을 겪기도 했다. 미국인들은 대체로 일본인들을 좋게 보고 있었기 때문에 일본의 조선 침략을 이해시키기 어려웠던 것이다. 그래서 그는 미국인과 다투기도 했다.

대표적인 경우는 〈크리스천 애드보켓〉 발행인으로 일본을 방문하고 돌아온 레오나드 박사를 공격한 것이었다. 미국 감리교계의 실력자인 그가 뉴저지주 오션그로브 강당에서 열린 집회에서 일본이 조선의 발전을 돕고 있다고 칭찬한 데 대해 이승만이 분개했기 때문이다.

이승만은 그의 연설 내용을 잡지에서 읽고 난 뒤 길게 항의 편지를 썼다. 그리고 뉴저지주의 지방신문들인 애즈버리파크의 〈프레스〉, 뉴어크의 〈모닝스타〉와의 인터뷰에서도 그의 주장을 비판했다. 그러나 레오나드는 아무 반응도 보이지 않는 방식으로 그의 항의를 철저히 무시했다.

힘들게 받은 학사 학위

이승만이 조지워싱턴대학에서 수강한 것은 영어, 역사, 철학, 경제학, 수학 같은 기초 교양과목들이었다. 목회 장학금을 받았기 때문에 히브리어 등 유대학 관련 강좌도 2개 들었다.

그러나 그의 진짜 관심은 서양인들의 근대화 과정에 있었다. 조선의 문명개화(文明開化)와 부국강병(富國强兵)에 필요한 교훈을 얻고 싶었기 때문이다. 그래서 그는 유럽근대사와 미국사에 관심을 가지게 되었다. A학점을 받은 것도 역사과목 뿐이었다. 그 같은 관심 때문에 그는 조지워싱턴대학을 졸업한 뒤 하버드대학원에 가서는 서양사를 전공하게 되었다.

1907년 6월 5일 이승만은 힘들게 대학을 졸업했다. 〈워싱턴포스트〉 신문은 그날의 졸업식 광경을 실은 기사에서 학사 학위증을 받을 때 이승만이 가장 큰 박수를 받았다고 썼다. 그 신문은 그가 미국에 처음 왔을 때부터 관심을 보였고, 6월 25일에도 그의 YMCA 강연 내용을 소개했다.

당시 한국인 유학생들은 기초학력이 약해 미국 대학을 졸업하기가 힘들었다. 그들과는 달리 이승만이 놀랍게도 2년 반 만에 미국 대학을 졸업할 수 있었던 데는 이유가 있었다. 우선 그는 조선에서 영어를 자유롭게 말할 능력을 갖춘 상태에서 미국으로 왔다. 또한 그는 5년 7개월의 감옥생활에서 영어 서적을 통해 서양역사와 서양문명에 대해 깊은 지식을 쌓은 상태였다. 그리고 어렸을 때부터 그는 과거시험을 준비하면서 동양의 고전들을 깊이 이해하게 되어 높은 지적 수준에 도달해 있었다.

어린 아들의 죽음

그러나 대학 성적은 그리 좋지 못했다. 영어를 잘해 언어 장벽은 별로 없었지만, 강연을 다니면서 많은 시간과 체력을 소모했기 때문이다. 서울에서 데려온 어린 아들 봉수(태산)를 돌보는 일도 큰 문제였다. 이승만의 아내 박씨는 시아버지와의 불화로 함께 살기 어렵게 되자, 미국으로 가는 박용만에게 부탁해 6세의 아들을 딸려 보냈던 것이다.

그의 어린 아들은 1905년 2월 미국 서부에 사는 친척 이관용의 집에 도착해 잠시 머물다가 4월 이승만에게로 왔다. 그가 조지워싱턴대학에 입학한 지 겨우 두 달이 지난 때였다. 그래서 그는 어린 아들을 돌보아 줄 미국인 가정을 찾기 위해 1905년 6월 4일 신문 광고를 내기도 했다.

결국 그는 필라델피아의 어느 미국인 가정에 아들을 맡기게 되었다. 하지만 보호자는 동양인 어린이를 키우기가 어려웠던지 이승만도 모르게 필라델피아의 어느 보육원으로 보냈다. 아들은 1906년 2월 7세의 나이에 디프테리아로 죽고 말았다.

5

외교전문가가 되기 위한 길

(1) 하버드대학 석사과정

서양문명사를 전공

이승만이 대학을 졸업하자, 미국 북감리교 선교부는 그가 조선으로 돌아가 선교활동에 헌신할 것을 기대했다. 그러나 이승만은 그럴 생각이 없었다. 서울의 아버지도 귀국을 완강히 반대했다. 아들이 또다시 과격한 행동을 하다가 감옥에 갈지 모른다고 걱정했기 때문이다.

이승만은 공부를 더 하기로 결심하고 1907년 9월 보스턴 근처 케임브리지의 하버드대학원 역사·정치·경제학과의 석사과정에 입학했다. 서재필 같은 사람들은 하버드의 자유주의적이고 세속주의적인 분위기가 기독교인 이승만에게 나쁜 영향을 주지 않을까 걱정하기도 했다.

그럼에도 불구하고 그는 그 대학의 명성에 이끌려 입학하기로 결정했다. 입학원서에 썼던 대로 그의 입학 목적이 조선에 서양문명(西洋文明)을 도입하기 위한 것이었기 때문에 그는 서양사, 즉 미국사와 유럽사를 전공으로 선택하게 되었다.

석사과정에 1년 다니는 동안 그는 역사학에서 4개 과목, 정치학에서 2개 과목, 경제학에서 1개 과목을 수강했다. 강연할 때를 제외하고는 공부에 전념했기 때문에 그는 1년 안에 석사과정을 모두 끝내고 논문 제출만을 남겨 놓게 되었다.

1908년 3월 그는 피츠버그에서 열린 국제선교사대회에 참석해 열강의 각축 속에서 희생당하고 있는 한국인들의 처지를 폭로하는 연설을 했다.

스티븐스 암살사건으로 학업중단

그때 그의 학업을 중단시키게 되는 중대한 사건이 일어났다. 샌프란시스코에서 장인환이 미국인 변호사 덜햄 스티븐스를 권총으로 살해한 것이다. 스티븐스는 시어도어 루스벨트 대통령의 친구로서 일본정부가 대한제국의 외교고문으로 임명할 정도로 친일적인 인물이었다. 그는 미국에 돌아와 일본의 조선통치를 칭찬하며 다니다가 한인들의 분노를 사게 되어 살해되었던 것이다.

미국인들은 조선인들의 반일감정(反日感情)을 이해하기 어려웠기 때문에 스티븐스 암살을 단순한 살인사건으로 보고 비난했다. 다음 해(1909)에는 안중근(安重根)이 만주 하얼빈에서 일본의 이토 히로부미를 암살했다. 그 때문에 미국인들은 조선인들을 무조건 폭력적인 민족으로 생각하게 되었던 것이다.

그 같은 편견의 직접 피해자가 이승만이었다. 그 무렵 이승만은 석사학위에 필요한 작은 논문을 써서 조교를 통해 지도교수에게 제출한 상태였다. 논문 주제는 19세기 이탈리아의 국가통일(國家統一) 과정에 관한 것이었다. 하지만 조선인에 대한 좋지 않은 감정을 가졌던 지도교수는 논문심사 일정에 관해 일체 연락하지 않았다. 그 때문에 빨리 박사학위까지 끝내려던 이승만의 계획에 차질이 생기게 되었다.

그 순간 이승만은 자신이 하버드대학에서 외톨이가 된 것을 느끼게 되었다. 그래서 그는 가끔 강연 나가는 일을 제외하고는 사람들과 접촉하지 않았다.

게다가 그는 일부 한인들의 비난 때문에 괴로워했다. 그것은 스티븐스를 암살한 장인환에 대한 재판에서 통역을 맡아 달라는 캘리포니아 한인들의 요청을 거절한 데서 오는 비난이었다. 그는 기독교인으로서 살인사건에 대한 통역을 맡을 수 없다는 이유를 내세웠다. 하지만 실제로 동부지역의 유학생이 아주 먼 서부지역의 재판정에 출입하는 것이 불가능했던 것이다.

덴버 한인대회 의장

이승만이 좌절감에 빠져 있을 때 그의 존재감을 일깨워 주는 반가운 일이 일어났다. 1908년 7월 콜로라도주 덴버의 그레이스 감리교회에서 닷새 동안 열린 한인애국동지대표자대회에서 의장으로 뽑힌 것이다. 그것은 미국에서 한인들을 단합시키기 위해 열린 최초의 집회였다.

그 대회를 조직한 사람들은 중부와 서부의 한인들이었다. 중심인물은 네브래스카에 자리를 잡았던 감옥 동지 박용만, 하와이에서 덴버로 옮겨온 윤병구 목사, 그리고 샌프란시스코에서 대동보국회를 이끈 문양목 등이었다. 이승만은 그 대회 의장으로 뽑히게 되어 33세에 민족 지도자로 떠오르기 시작했다. 그러나 캘리포니아의 평안도 출신들로 구성된 공립협회 회원들은 그 대회에 참석하지 않았다.

덴버 한인대회는 참석자가 36명뿐이었지만 국제대회임을 과시하려고 했다. 그래서 그것은 대표권을 위임하는 방식으로 상해, 런던, 블라디보스토크의 대표들도 참가하는 형식을 갖추었다. 이승만은 이상설과 함께 러시아령 연해주 대표를 맡았다. 연해주의 이상설은 헤이그 국제평화회의에 참석하는 도중에 미국에 들러 한 달 동안 머물면서 8월 1일 뉴욕에서 이승만과 만났다.

덴버 한인대회는 처음으로 모이는 한인 집회였기 때문에 구체적인 활동계획을 세울 수는 없었다. 그러므로 그것은 망해가는 조국의 독립을 보전하기 위해 해외 한인들이 단결해야 한다는 원론적인 선언으로 만족해야만 했다. 동포들에게 세계정세를 알리기 위해 출판사업을 하자는 의견이 나왔을 뿐이었다.

참석자들에게 그나마 위안이 된 것은 지방신문인 〈덴버 리퍼블리칸〉이 대회과정을 자세히 보도해 준 일이었다. 스탠포드대학 총장 데이비드 조던이 축사를 해 준 것도 큰 힘이 되었다. 폐회사에서 의장인 이승만은 한민족은 4천 년 이상 독립을 유지했을 정도로 강인하기 때문에 결코 일본에게 말살당하지 않을 것이라는 굳은 신념을 피력했다.

조선인들에게서 희망을 본 매켄지

덴버 한인대회가 끝난 직후인 1907년 8월 초에 이승만은 영국으로부터 프레데릭 맥켄지의 편지를 받았다. 한인대회의 초청에 응하지 못해 미안하다는 내용이었다. 맥캔지는 신문기자로 조선에 체류하면서 〈조선의 비극〉 등을 써서 조선왕국이 주권을 잃어가는 과정을 외국에 알린 친한파 인사였다.

맥켄지의 편지에는 '불쌍한' 조선인들도 언젠가는 부강하게 될 것이라고 격려하는 내용이 있었다. 조선인들이 그렇게 될 수 있는 이유로 그는 조선인들이 아시아의 다른 민족들보다 기독교(개신교)를 빠르게 받아들이고 있는 사실을 지적했다. 기독교라는 종교는 서양문명을 전파하는 수단이기 때문에 그것을 빨리 받아들이는 조선인들은 아시아에서 제일 먼저 기독교 국가가 되어 근대화에 성공할 것이라는 말이었다.

덴버 대회를 마친 다음 이승만은 태평양 연안의 샌프란시스코와

로스앤젤레스를 찾았다. 그러나 안창호 등 서북출신들로 구성된 공립협회는 그에게 비교적 냉담했다.

하지만, 문양목 등 기호지방 출신들로 구성된 대동보국회는 그를 열렬히 환영했다. 나중에 그들은 이승만에게 혈서로 된 편지를 보내 자기들의 지도자가 되어 줄 것을 간청했다. 그리고 1910년에는 이승만이 감옥에서 쓴 《독립정신》을 책으로 출간해 주었다.

그러나 한인들의 분열을 우려한 이승만은 대동보국회에 가입하지 않았다. 그러다가 1910년에 대동보국회가 공립협회와 통합해 대한인국민회를 결성하자, 이승만은 대한인국민회 샌프란시스코 지회에 가입했다.

(2) 프린스턴대학 정치학 박사

정치사와 국제법을 전공

이승만은 하버드대학에 더 이상 있기 어렵다고 판단했다. 그래서 그는 뉴욕으로 옮겨 와 유니언신학대학원 기숙사에 머물면서 컬럼비아대학에 입학할 준비를 하고 있었다.

그러던 어느 날 그는 미 북장로교 선교부에 갔다가 한국에 선교사로 갔다 온 어니스트 홀 목사를 만났다. 이승만의 딱한 사정을 알게 된 홀 목사는 뉴저지주의 프린스턴대학 입학을 권유했다. 그 대학은 장로교 계통의 프린스턴신학대학원과 같은 캠퍼스를 사용하고 있었다.

다음 날 이승만은 어네스트 홀의 속달편지를 받았다. 프린스턴행 기차표와 함께 프린스턴 기차역에서 만나자는 편지가 있었다. 선택의 여지가 없었던 이승만은 즉시 프린스턴으로 갔다.

홀 목사는 이승만을 프린스턴신학대학원 원장 찰스 어드만에게 데리고 갔다. 그 결과, 이승만은 칼빈 클럽에 소속되어 신학대학원 기숙사(핫지홀)에 무료로 살게 되었다. 그리고 프린스턴대학원 역사·정치·경제학과에 다니게 되었다. 당시에도 미국의 유명한 대학들은 석, 박사 과정을 통합해서 운영했기 때문에 석사학위가 없는 이승만도 박사학위를 목표로 공부할 수 있었다. 이승만은 1908년 9월 학기에 정식으로 입학했다.

우드로 윌슨 총장과의 친분

프린스턴에 있는 2년 동안 이승만은 미국에 온 후 처음으로 안정된 생활을 했다. 학비와 생활비 걱정이 없어 공부에만 집중할 수 있었다. 그는 대학원에서 주로 국제법과 외교사, 그리고 미국헌법사를 공부했다. 그리고 신학대학원에서 신학 강좌도 들었다. 그 과정에서 그는 프린스턴 캠퍼스의 주요 인물들인 총장 우드로 윌슨, 대학원장 앤드루 웨스트, 신학대학원장 찰스 어드먼 모두와 가까이 지내게 되었다.

특히 윌슨 총장은 만나는 사람들에게 이승만이 장차 조선의 독립을 찾을 애국자라고 소개하면서 강연연사로 추천했다. 그리고 이승만을 집으로 초대해 가족들과 피아노 앞에서 노래를 부르며 즐거운 시간을 보낼 기회를 주었다. 그의 세 딸 가운데 둘째 제씨(Jessie)가 이승만에 대해 특별한 동정심을 보였다. 나중에 윌슨이 미국 대통령이 된 다음 그녀가 1913년 11월 백악관에서 결혼식을 할 때 멀리 하와이에 있는 이승만에게도 청첩장을 보내 화제가 되기도 했다.

1910년 6월 이승만은 에드워드 엘리엇 교수의 지도로 박사학위를 받았다. 논문 제목은 〈중립에 대한 미국의 영향(Neutrality as Influenced by the United States)〉이었다. 학위 명칭은 모든 기초 학문 전공자에게 주는 학술박사(Ph.D.)였지만, 내용적으로는 정치학 박사였다.

그보다 4개월 앞선 1910년 2월 이승만은 하버드대학원에서도 인문학 석사학위를 받았다. 그는 1907년 석사과정을 완전히 끝내지 못한 채 하버드를 떠났다가, 1909년 여름 학기에 미국사 한 과목을 더 이수함으로써 석사학위를 받게 된 것이다.

이승만의 박사학위 논문은 1912년 프린스턴 대학출판부에서 책으로 출간되었다. 그 책은 1914년에 제1차 세계대전이 일어나면서 학계의 주목을 받았다. 전시중립(戰時中立)의 문제가 중요하게 떠올랐기 때문이다. 미국은 전시에도 평화시와 똑같이 중립국의 입장에서 연합국 측(영국), 동맹국 측(독일) 모두와 자유롭게 교역하려 했지만, 양쪽으로부터 방해를 받고 있었던 것이다.

논문주제는 중립의 문제

이승만의 박사학위 논문은 근대서양에서 전시중립의 개념이 국제법의 지위에 오르게 된 역사적 과정을 추적한 것이었다. 다시 말해, 평화 시에만 통하던 통상(通商)의 자유와 항행(航行)의 자유가 전시에도 인정받게 된 경위를 파헤친 것이었다. 그 문제에 대한 이승만의 결론은 전적으로 미국의 노력 때문이었다는 것이다. 따라서 전시중립은 미국적인 국제법이라고 할 수 있는 것이다.

이승만에 따르면, 미국인들은 1776년에 독립을 선언한 이후 전시에도 평화 시처럼 중립국으로서 통상의 자유와 항행의 자유를 누리려고 했다. 하지만 해군이 강한 유럽 국가들의 방해로 미국은 중립의 권리를 지키기 어려웠기 때문에 1812년에 영국과 전쟁까지 해야 했다.

미국은 중립의 권리를 중남미 지역에까지 확대해 적용할 정도로 적극적이었다. 그래서 '먼로주의(Monroe Doctrine)'를 발표하게 되었다. 유럽국가들이 중남미 지역에서 통상의 자유와 항행의 자유를 제약하지 못하게 하기 위한 것이었다.

그 같은 미국의 제재는 뜻밖의 결과를 가져 왔다. 중남미의 식민지들이 유럽의 모국들에 대해 반란을 일으키도록 부추김으로써 독립을 선포하게 만들었기 때문이다. 다시 말해, 미국은 중남미 식민지인들에게 해방의 무기인 자유주의(自由主義) 이념을 가르쳐 주었다는 것이다.

그 후에도 미국은 계속해서 해양강국인 영국, 프랑스, 스페인에 맞서 전시중립의 권리를 주장했다. 그에 따라, "미국의 중립 관행"은 국제중재재판소와 1908년의 런던회의에서 국제법의 지위를 얻게 되었다. 그 때문에 전시중립의 권리는 미국적 국제법이라는 주장이었다.

이승만이 중립문제를 박사학위 논문주제로 삼은 것은 19세기 말 한반도를 둘러싼 국제관계에 대한 조선인들의 관심을 반영한 것이었다. 그 당시 유길준 같은 일부 개화파 지식인들은 조선왕국이 독립을 보전하기 위해서는 스위스처럼 영세중립국이 되어야 한다고 주장했는데, 그 같은 지적 풍토는 젊은 이승만에게도 영향을 주었던 것이다.

6

잠시 귀국해 YMCA 활동

(1) 조심스러운 애국계몽운동

유럽을 거쳐 귀국

이승만이 35세에 박사학위를 받던 1910년 6월 대한제국은 멸망 직전이었다. 두 달 뒤인 8월 29일 일본에 합병되었기 때문이다. 그 때문에 그에게는 돌아갈 나라조차 없게 되었다.

이승만은 학위가 끝나가고 있을 때부터 일자리를 찾았다. 그는 언더우드가 제안한 경신학교 대학부(나중의 연희전문학교) 교수직에 큰 관심이 있었다. 그러나 대학 설립이 순조롭지 못했던지 언더우드로부터는 더 이상의 연락이 없었다.

그러던 1910년 5월 그는 서울 기독청년회(YMCA) 총무 필립 질렛으로부터 조선에 와서 일해 달라는 초청장을 받았다. 국제 YMCA에 소속되어 900달러(150엔)의 연봉을 받는 조건이었다. 이승만은 그 제안을 받아들임으로써 6년 만에 귀국하게 되었다.

1910년 9월 3일 이승만은 귀국하기 위해 뉴욕에서 영국 리버풀로 가는 배를 탔다. 한일합병이 이루어진지 닷새가 지난 날이었다. 귀국 길로 태평양이 아닌 대서양을 선택한 것은 유럽 국가들의 발전 모습을 관찰하기 위한 것이었다. 리버풀에서 배를 내린 이승만은 런던, 파리, 베를린을 거쳐 모스크바에서 시베리아 횡단열차를 탔다. 만주에서 압록강을 건너 한반도로 들어올 때는 조선의 지배자인 일본 관리들에게 여행서류를 제시하는 서글픔을 맛보았다.

이상재 등 옥중동지들과 재회

1910년 10월 10일 밤 그는 남대문역(서울역)에 도착했다. 그는 기차역에 나온 부친과 함께 동대문 밖 창신동 625번지의 집으로 갔다. 낙산 중턱 성벽 밑의 법륜사(옛 지장암) 아래에 있는 작은 집이었다.

그러나 아버지와 아내 박씨 사이의 가정불화로 이승만은 집에 오래 머물지 못했다. 아버지는 며느리 박씨가 어린 손자(봉수, 태산)를 미국에 보내 일찍 죽게 했다며 크게 분노하고 있었다. 그러므로 이승만은 집을 뛰쳐나와 기독청년회(YMCA) 3층 옥탑방에서 혼자 살았다.

이승만이 귀국해서 처음 찾은 사람은 감옥 시절부터 자신을 아들처럼 아꼈던 이상재(李商在)였다. 이상재는 한성감옥에서 이승만의 영향으로 기독교로 개종한 이후 기독청년회 활동을 하면서 '한국의 톨스토이'로 존경받고 있었다. 기독청년회와 관련해서는 이승만이 잘 아는 김정식, 이원긍, 유성준, 김린, 안국선, 윤치호, 김규식 등이 활동하고 있었다.

이승만은 서울 YMCA의 학생부 간사와 부설 고등학교 학감으로 일했다. 주요 업무는 강연과 설교였고 관심분야인 만국공법(국제법)도 강의했다. 그리고 전국의 기독교 학교에 기독학생회를 조직하고 그들을 연결하는 연락간사를 맡았다. 그래서 미국인들은 그를 한국인 총무로 불렀다.

강의와 설교를 통한 애국계몽운동

이승만은 당시의 조선인으로는 최고의 학력을 가진 새로운 지식인이었기 때문에 많은 청년들이 그에게 모여들었다. 그리고 그의 영향을 받아 미국 유학을 떠났다. 그러한 인물 가운데는 나중에 대한민국에서 활동하게 될 윤치영, 임병직, 이원순, 허정 등이 있었다.

10월 6일의 첫 학생집회에서 그는 사람들을 놀라게 하는 발언을 했다. 나라가 없어진 것은 슬프지만 임금, 양반, 상투 세 가지가 없어진 것은 시원하다는 것이었다. 그것은 군주제, 신분제, 봉건제를 반대하는 자유주의자로서의 생각을 솔직하게 표현한 말이었다.

1911년 이승만은 협동총무 프랭크 브로크만과 함께 두 차례 전도여행을 떠났다. 전국의 교회와 학교를 돌면서 설교와 강연을 통해 청년들에게 민족의식을 일깨우고 자유주의 사상을 불어넣은 것이다.

1911년 6월 전도여행에서 돌아오는 길에 경기도 개성에서 열린 제2회 전국기독학생 하령회(summer conference)에 참석하면서, 그의 명성은 절정에 이르렀다. 집회 장소는 독립협회 회장이었던 윤치호가 세운 한영서원(韓英書院, 지금의 인천 송도고등학교)이었다. 그 집회에는 21개 기독교 학교에서 온 학생 93명이 참석했다. 집회는 인도에서 온 셔우드 에디와 뉴욕에서 온 캠벨 화이트의 설교로 열기를 더했다.

개성 하령회 이후 이승만은 윤치호와 함께 일본의 경계대상이 되어 헌병의 특별감시를 받게 되었다. 또한 그것은 일본이 기독교 민족주의를 말살하기 위해 105인 사건을 날조하는 계기가 되었다.

(2) '105인 사건'으로 미국 망명

기독교민족주의자들에 대한 탄압

이승만은 신변의 위협을 느끼기 시작했다. 5년 7개월의 옥살이를 했던 그에게 체포와 투옥은 생각조차 하기 싫은 악몽이었다. 그래서 그는 일본인들의 감시를 벗어나기 위해 뒤로 물러나 종로학당 교장으로만 활동했다. 1911년 가을에도 전도여행에 나섰지만 조선총독부와 충돌하지 않으려고 산골 마을들을 찾아다녔다.

그 같은 이승만의 신중한 처신도 소용이 없었다. 왜냐하면 일제는 마지막 남은 민족주의 세력인 기독교를 탄압하기 위해 '105인 사건'을 꾸미고 있었기 때문이다.

일본의 기독교 탄압은 1911년 11월 평안북도 선천에서 시작되었다. 그곳에는 미국 북장로교 선교부가 세운 신성학교가 있었는데, 그 학교의 교사들과 학생들이 체포된 것이다. 체포 이유는 그들이 압록강 철교 준공식에 참석하는 데라우찌 총독을 암살할 음모를 꾸몄다는 것이었다. 당시 선천읍은 미국 의료기관인 미동병원도 있어서 평북지역의 기독교 중심지가 되어 있었다.

그들을 수사하는 과정에서 신민회의 존재가 드러났다. 그 때문에 105인 사건은 신민회 사건으로도 불리게 되었다. 600여명의 기독교인이 체포되었는 데 그 가운데서 3명이 심문 도중에 고문으로 숨졌다. 기소된 135명은 모두 옥살이를 했다. 그 사건의 주모자로 지목되어 1912년 2월에 체포된 윤치호는 3년 형을 살았다.

신변의 위협

이승만도 체포대상이었지만 당장 집행되지는 않았다. 서울 YMCA 총무 필립 질레트 등의 미국인 선교사들이 보호하고 나섰기 때문이다. 그들은 미국에 잘 알려진 이승만을 체포하면 외교적 마찰이 일어날 수도 있다며 일본인들을 압박했던 것이다.

일본에 와있던 미국 기독교 관계자들의 압력도 이승만의 체포를 막는 데 도움이 되었다. 그들 가운데는 YMCA 국제위원회 사무총장으로 나중에 노벨 평화상을 받은 존 모트가 있었다. 이승만은 그가 쓴 책 2권을 번역해서 교재로 사용했다. 또한 이승만은 존 모트가 간부로 있는 YMCA 국제위원회 소속이었고 그곳으로부터 봉급을 받고 있었다. 그러므로 존 모트는 105인 사건의 진상을 알아보기 위해 서울을 방문하기도 했다.

일본에 있던 다른 미국인 기독교 지도자들도 '105인 사건'에 대한 깊은 관심을 가지고 조선을 방문하거나 일본에 압력을 넣었다. 그들은 미 감리교 동북아시아 책임자 메리맨 해리스 감독, 미 장로교 해외선교부 총무 아서 브라운, 하버드대학 총장 찰스 엘리엇 등이었다.

망명길이 된 국제감리교 4년총회

그러나 미국 기독교 지도자들의 압력만으로 이승만의 체포를 막을 수는 없었다. 그러므로 이승만은 애국계몽 운동을 그만두든가, 아니면 조선을 떠나는 길밖에 없었다. 그의 아버지와 미국인 선교사들은 출국을 권고했다.

그때 마침 4년마다 열리는 국제감리교 4년총회가 1912년 5월 미네소타주 미니애폴리스에서 개최될 예정이었다. 당시 조선은 일본에게 주권을 빼앗긴 상태였지만, 교회는 여전히 독립 상태로 남아 있었다. 그 때문에 대표를 파견할 자격을 가지고 있었다.

이승만을 아끼는 사람들은 그가 미국으로 갈 수 있도록 조선대표로 뽑히게 했다. 그 과정에서 이승만은 배재학당 동창으로 인사동 중앙감리교회 목사인 이경직(李璟直)의 도움을 받았다. 이경직은 미국 감리교회에 속했던 이승만의 교적을 자기 교회로 옮겨 조선 대표가 될 자격을 만들어 주었던 것이다.

미국으로 떠나기 전에 이승만은 아내 박씨와 이혼했다. 그녀의 생계를 위해 동대문 밖 창신동에 작은 과수원을 사 주었다. 돈이 없어서 친척으로부터 빚을 얻었다. 그의 아버지 이경선 옹은 이상재의 주선으로 종로 이문교회의 골방에서 동네 아이들을 가르치다가 쓸쓸히 삶을 마감했다.

감리교 조선대표

1912년 3월 26일 이승만은 미국으로 가기 위해 서울역에서 부산으로 가는 경부선 열차를 탔다. 그날은 그의 37회 생일이었다. 출국의 목적은 국제감리교 4년총회 참석이었다. 하지만, 실제로는 언제 돌아올지 모르는 망명길이었다.

부산에서 이승만은 일본 시모노세키로 가는 배를 탔다. 일본에 3주간 머물면서 도쿄 조선인 YMCA가 주최하는 기독학생 춘령회(spring conference)에 참석하려는 것이었다. 그 배에는 그 집회에 참가할 서울 YMCA 총무 필립 질레트도 타고 있었다.

기독학생 춘령회는 도쿄 동남쪽의 휴양지인 가마쿠라에서 열렸다. 이승만은 그 집회에서 설교로 조선인 유학생들에게 깊은 감명을 주었다. 강연은 도쿄 YMCA에서도 있었다. 그때 그의 설교와 강연을 들은 청년들 가운데는 나중에 한국의 지도자로 활동할 인물들이 많았다. 그들은 백남훈, 조소앙, 장덕수, 안재홍, 최린, 신익희, 이인, 송진우, 최두선, 현상윤, 최상호, 전영택 등이었다.

1912년 4월 10일 이승만은 미국으로 가기 위해 요코하마항에서 캐나다 빅토리아항으로 출발하는 배를 탔다. 배에는 동북아 감리교 책임자인 메리맨 해리스 감독도 있었다. 해리스 감독도 미네아폴리스 국제감리교 4년총회에 참석할 예정이었다. 배를 타고 가는 동안 그는 이승만에게 일본의 조선 지배를 현실로 받아들일 것을 계속 당부했다. 일본에 맞서서는 살아남지 못한다는 것이었다. 당시 조선의 사정을 아는 외국인이라면 누구나 그렇게 말했다.

항해 도중 1912년 4월 24일에는 영국의 최신 호화 여객선 타이태닉호가 침몰했다는 뉴스를 들었다. 그 배는 런던에서 뉴욕으로 가는 첫 항해에 나섰다가 북대서양에서 빙하와 부딪혀 1,500여명의 희생자를 냈던 것이다.

조선교회의 독립을 역설

이승만과 메리맨 해리스 감독은 캐나다 빅토리아항에서 배를 내렸다. 그러고는 감리교 4년총회가 열리는 미국 미네소타주 미니애폴리스로 갔다. 회의는 5월 한 달 내내 계속되었다. 이승만은 배재학당에서 그에게 처음 영어를 가르쳐준 노블 박사와 한방을 썼다.

감리교 4년총회에서 이승만은 조선의 교회가 일본의 교회와 분리된 독립상태로 남아야 한다고 주장했다. 그러나 미국인 선교사들은 그것에 반대했다. 그렇게 되면 미국 감리교는 일본정부와 충돌하게 돼 선교 활동이 어렵게 된다는 것이었다.

그러므로 총회는 지금까지 해 오던 대로 미 감리교 선교부가 일본정부와 원만한 관계를 유지하자는 결론을 내렸다. 그리고 앞으로 동북아시아 선교구를 새로 설치해 조선교회와 일본교회를 함께 소속시킴으로써 충돌을 막자고 했다.

1912년 5월 말에 감리교 4년총회는 끝났다. 그때 이승만에게 남은 것은 허탈감뿐이었다. 그에게는 돌아갈 나라도 직장도 없었기 때문이다.

7
외교독립론의 정립

(1) 독립운동 기지가 된 하와이

대통령이 되기 직전의 윌슨과 상봉

이승만은 1912년 내내 일거리를 찾아 시카고, 프린스턴, 볼티모어 등지를 돌아다녔다. 교수 자리를 얻을 생각도 했다. 프린스턴대학 은사인 우드로 윌슨을 만나 도움을 받아 보려고도 했다. 그때 윌슨은 뉴저지 주지사로 민주당 대통령후보 지명전에 나서고 있었다. 그래서 이승만은 볼티모어 민주당 전당대회도 참관했다.

윌슨과의 만남은 그가 민주당 대통령후보로 지명되기 일주일 전인 1912년 6월 19일에 이루어졌다. 둘째 딸 제씨가 뉴저지주 시거트의 주지사 별장 가족 모임에 이승만을 초청한 것이다. 그때 이승만은 윌슨에게 프린스턴대학 출판부에서 출간된 박사학위 논문 〈미국의 영향을 받은 중립〉을 전달했다. 그후 윌슨과의 만남은 두 차례 더 있었다.

둘째 딸 제씨와는 여러 차례 더 만났는데, 그것은 그녀가 이승만에 대해 남다른 호감을 가졌을 뿐만 아니라 조선에 선교사로 갈 생각도 있었기 때문이다. 그녀는 윌슨의 대통령 임기 첫해인 1913년 11월 백악관에서 결혼식을 올렸는데, 그때 멀리 하와이의 이승만에게도 청첩장을 보내 사람들을 놀라게 했다.

이승만은 1912년 11월 18일 〈워싱턴포스트〉와 인터뷰를 가졌다. 그러나 그는 그전과는 달리 일본을 비난하지는 않았다. 미국인 친지들로부터 일본 비판을 자제하라는 권유를 계속 받았기 때문이다. 실제로 일본을 비난해 보았자 얻을 것도 없었다. 그래서 이승만은 인터뷰에서 지금 일본통치 밑의 서울은 미국 중서부의 신흥도시 신시내티처럼 활기차게 움직이고 있다고 듣기 좋게 말했다.

하와이에서 시작한 독립운동

무엇을 해야 할지 몰라 방황하던 이승만은 1912년 8월 네브래스카주로 박용만(朴容萬)을 찾아갔다. 감옥동지였던 박용만은 강원도 철원 출신으로 1905년 이승만의 어린 아들을 미국으로 데려다줄 정도로 가까운 관계였다. 박용만은 네브래스카대학을 다니면서 헤이스팅스 한인소년병학교(兵學校)를 운영했다. 그는 무력을 길러야만 한국의 독립을 찾을 수 있다고 주장하는 무장투쟁론자였다. 네브래스카대학을 졸업하자 그는 샌프란시스코 안창호 세력의 초청을 받아 국민회 중앙총회 일을 맡았다. 박용만은 당시 한인으로는 보기 드문 대학 졸업자였던 것이다.

박용만과 이승만은 하와이로 가기로 의견을 모았다. 거기에는 4천여명의 한인이 있기 때문에 그곳을 독립운동 기지로 삼을 수 있을 것으로 생각했다. 그때 미국 본토에 있던 한인은 1천여명 정도였다.

1912년 12월 먼저 하와이로 간 박용만은 대한인국민회 하와이 지방총회 회보인 〈신한국보〉 발행 일을 맡았다. 이승만은 그 보다 두 달 뒤인 1913년 2월에 하와이로 갔다. 이승만이 하와이에 갈 수 있었던 것은 대한인국민회 하와이 지방총회 회장 박상하의 초청이 있었기 때문이다. 먼저 간 박용만의 추천도 도움이 되었다.

이승만이 호놀룰루 항에 도착했을 때 처음 받게 된 서울 소식은 아버지가 작년 말에 세상을 떠났다는 것이었다. 그리고 묘지는 황해도 평산에 썼다는 것이었다. 아버지 이경선 옹은 말년에 돌보는 사람이 없어 종로 이문교회 골방에서 외롭게 일생을 마치게 되었는데, 그것에 대해 이승만은 늘 괴로워했다.

교육과 선교를 통한 애국계몽운동

하와이에 도착했을 때 이승만은 1904년에 처음 미국으로 갈 때 만났던 존 와드먼 목사가 그대로 있었다. 와드먼은 미국 감리교 선교부의 도움으로 한인기숙학교(Korean Boarding School for Boys)를 운영하고 있었다. 그 학교는 정규 학교에 가지 못한 한인 소년들을 위한 초등학교 과정의 공민학교(公民學校)였다. 수업은 영어와 한국어로 진행했는데, 교과목 가운데는 한민족의 정체성을 일깨워 주기 위한 한국역사와 한국지리, 그리고 한문이 있었다.

와드먼 목사는 하와이 한인들과 불편한 관계에 있었다. 왜냐하면 그가 호놀룰루 주재 일본영사관의 지원금을 받은 것에 대해 한인들이 반발했기 때문이다. 일본영사관은 하와이 한인들도 일본의 신민이므로 돕는 것이 당연하다고 생각했지만, 교민들은 그것이 민족의식을 해친다고 반대했던 것이다.

그러므로 와드먼 목사는 이승만의 도착을 다행스럽게 생각했다. 그래서 그는 8월 한인기숙학교 운영을 이승만에게 넘겼다. 학생 수는 65명이었다. 이승만은 즉각 학교 이름을 한인중앙학교로 바꾸었다. 학교 이름에 '중앙'을 붙인 것은 앞으로 그 같은 한인학교를 호놀룰루 이외의 다른 지방에도 계속 세우겠다는 의지를 나타낸 것이었다.

한인 최초의 남녀공학 학교 운영

이승만은 우선 한인들의 생활 실태를 알아보기 위해 안현경의 안내로 하와이 군도의 여러 섬을 찾았다. 한인 대부분은 월급 18달러의 적은 임금을 받고 고된 일을 하는 사탕수수농장 노동자들이었다. 그러나 그들에게 더 고통스러웠던 것은 자녀교육 문제였다. 한인 노동자들은 외롭게 떨어져 있는 농장들에 흩어져 살았기 때문에 자녀들을 학교에 보내기가 힘들었던 것이다. 여자아이들은 아예 학교에 보낼 생각조차 못 했다.

크게 충격을 받은 이승만은 우선 자기 돈을 들여 한인 소녀 6명을 호놀룰루로 데리고 왔다. 그러고는 미국 감리교 여선교회에서 운영하는 '웨슬리홈' 기숙사에 넣은 다음 한인중앙학교에 다니도록 했다. 여자아이들이 들어 왔기 때문에 한인중앙학교는 한인 최초의 남녀공학(男女共學) 학교가 되었다.

그러나 미국인 보육원 측은 한인 소녀들이 한인중앙학교에 다니는 것에 반대했다. 우선은 하와이 감리교선교부가 한인중앙학교를 세울 당시 여학생 교육에는 간여하지 않겠다고 여선교회에 약속했기 때문이다. 그리고 미국인들의 일반적인 생각도 한인 학생들은 미국의 공교육(公教育)을 받아 미국시민이 되어야 한다는 것이었다. 그들은 여러 인종들이 꼭같은 교육을 받는 인종통합 교육을 바랬던 것이다.

그러나 이승만의 생각은 달랐다. 그는 한인 학생들에게는 민족교육(民族教育)이 필요하다고 생각했다. 그래서 그는 1915년 10월 한인들의 도움으로 한인여학원을 세우게 되었다. 개원식에는 마침 하와이를 방문하고 있던 안창호가 참석해 축사를 했다. 한인기독여학원은 한인 남학생들도 받았기 때문에 남녀공학(男女共學) 학교로 운영되었다.

한인기독학원과 한인기독교회

그러나 이승만의 민족교육은 얼마 안 가서 위기를 맞았다. 하와이 감리교 감리사가 와드먼 박사에서 프라이(Pry) 박사로 바뀌면서 인종통합 교육이 실시되었기 때문이다. 그래서 한인 학생들은 한국어와 한국역사를 배울 수 없게 되었다.

고민하던 이승만은 1916년 가을에 결단을 내려 미국 감리교 선교부와 관계를 끊었다. 그러고는 한인들의 재정 지원으로 1918년에 기숙사를 갖춘 남녀공학(共學)의 한인기독학원(Korean Christian Institute)을 세웠다.

그것과 동시에 이승만은 미국 감리교 교단과도 손을 끊고 어느 교파에도 속하지 않는 독립적인 한인기독교회(Korean Christian Church)를 세웠다. 교회 운영은 회중교회(Congregational Church) 같은 평신도 중심이었다. 장로나 집사가 없었기 때문에 교회는 안현경, 이원순 등 동지회 임원들에 의해 운영되었다. 목사직은 교회 내부에서 추천한 민찬호, 이종관, 장붕이 맡았다.

이승만이 그 같은 결단을 내린 것은 한인기독교회가 미국의 어느 교파에 속하게 되면 교단이 파견하는 목사를 받아들여야 했기 때문이다. 그리고 한인들의 헌금으로 조성된 교회재산이 미국인 교단에 소속되어야 했기 때문이다.

하와이 한인들은 이승만의 그 같은 뜻을 이해해 주었기 때문에 '한인기독교회'와 '한인기독학원'의 운영은 순조로웠다. 교회 건물이 없어 예배는 한인기독학원에서 보다가 1939년 서울의 광화문을 모방한 교회 건물을 릴리하 스트리트 1832번지에 지었다.

민족교육과 인재배출

하와이 한인들은 이승만을 믿고 힘껏 도와주려고 했다. 이승만은 최고의 학력과 서울 YMCA 활동 경력 때문에 한인 계몽과 자녀교육에 가장 적합한 인물로 생각되었기 때문이다. 그에 대한 신뢰감은 특히 자녀를 가진 한인 여성들 속에서 강했다. 윌슨 대통령의 둘째 딸이 결혼식 청첩장까지 보냈다는 사실도 그의 위상을 높여주었다.

그러나 1920년 하와이 지방정부가 공립학교 졸업만을 정식 학력으로 인정하도록 교육법을 바꾸면서 '한인기독학원'은 위기를 맞았다. '한인기독학원'은 6년제 초등교육 과정의 공민학교였기 때문에 졸업을 해도 고등학교 진학 자격이 없게 된 것이다. 게다가 하와이 지방정부가 공립학교 유지를 위한 특별교육세를 거두면서 한인기독학원은 더 큰 위기를 맞았다. 왜냐하면 한인 학생들은 하와이 지방정부로부터 아무 혜택도 못 받으면서 그들의 부모는 세금만 더 내야 했기 때문이다. 그러므로 한인들은 자녀들을 한인기독학원에 보내는 것을 주저하게 되었다.

그럼에도 불구하고 한인기독학원은 문을 닫지 않았다. 그것이 지속될 수 있었던 데는 이승만이 대한민국 임시정부의 임시대통령으로 선임된 사실이 중요하게 작용했다. 하와이 한인들은 이승만의 위신을 지켜주기 위해 온갖 어려움에도 불구하고 한인기독학원을 1947년까지 존속시켰던 것이다.

그 때문에 그 학교는 귀중한 인재들을 배출하게 되었다. 그들 가운데는 주미한국대사 양유찬, 한국올림픽위원 겸 적십자총재 월터 정, 이화여전 체육과 교수 김신실, 남선전기 사장 박만서, 부산중학교 교장 이영구 등이 있었다. 학생 수는 그렇게 많지 않아 1918년에는 54명, 1930년에는 75명이었다. 전체 졸업생은 300명 미만이었다.

(2) 무장투쟁론자와의 첫 충돌

《한국교회핍박》과 〈태평양잡지〉

당시 이승만은 직업적인 독립운동가였지만 공식적으로는 교육자였다. 미국정부가 발급한 여권의 직업란에도 그는 교육자로 적혀 있었다. 그렇다고 해서 그는 한인기독학원이나 한인기독교회로부터 월급을 받는 것도 아니었다. 그래서 그는 한인 친지들과 미국인 후원자들의 도움으로 최저 생활을 해야 했다.

그러나 그의 원래 직업은 언론인이었다. 청년기에 배재학당을 졸업하고 독립협회에서 활동할 때 그는 〈협성회회보〉 〈매일신문〉 〈제국신문〉을 발간하면서 애국계몽 운동을 했기 때문이다. 그러므로 그는 하와이에서도 언론인과 문필가로 활동하려고 했다.

그래서 그는 1913년부터 동포들을 계몽하고 그들에게 국제정세를 알리기 위해 〈태평양잡지〉를 발간했다. 1930년부터는 좀 더 자주 발행하기 위해 제호를 〈태평양주보〉로 바꾸었다. 그러나 재정난과 개인사정으로 발간이 중단되는 경우가 많았다. 그럼에도 불구하고 태평양주보는 동지회의 후원으로 이승만이 죽은 지 5년이 되는 1970년 2월까지 계속 발간되었다.

이승만은 저술 활동도 계속했다. 그는 1913년 2월 하와이에 도착하는 즉시 박용만이 운영하는 신한국보사에서 《한국교회핍박》을 출간했다. 그것은 1911년의 '105인 사건'을 분석한 책으로 일본이 조선의 개신교를 탄압하게 된 세 가지 이유를 다음과 같이 들었다.

기독교 혁명사상에 매료

개신교 탄압의 첫째 이유는 일본이 개신교를 통해 서양의 자유주의(自由主義) 혁명사상이 일본제국에 퍼지는 것을 두려워했기 때문이었다.

당시 조선의 개신교도들은 주로 감리교도들과 장로교도들이었기 때문에 그들의 신앙관은 캘빈주의 신학에 토대를 두고 있었다. 그것은 그들이 종교적 개인주의자(個人主義者)였음을 의미했다. 왜냐하면 캘빈주의자들은 개인의 영적 구원이 성직자의 중개 없이 신과의 직접 소통을 통해 개별적으로 이루어진다고 믿었기 때문이다.

그들의 그 같은 생각은 신의 뜻에 어긋나는 성직자나 통치자는 바꿀 수 있다는 혁명사상(革命思想)으로 이어졌다. 그 같은 사상 때문에 영국의 캘빈주의자들은 청교도 혁명을 일으키고, 미국의 캘빈주의자들은 독립혁명을 주도했다는 것이다.

《한국교회핍박》에서 이승만이 주목한 것은 기독교가 가지고 있는 혁명사상이었다. 그것이야말로 동양이 갖지 못한 서양문명의 특성이라고 그는 높이 평가했다. 그는 예수 자신도 불쌍한 자들을 대변했던 '혁명가'로 보았다. 신약성서를 읽다 보면 자신도 모르게 혁명사상을 가지게 된다는 것이었다. 기독교가 혁명과 관련이 있다는 것은 1911년의 중국 신해혁명에서 기독교인들이 중요한 역할을 했던 사실에서 입증되었다는 것이었다.

일본의 통치자들도 그 같은 캘빈주의자들의 속성을 잘 알고 있었다. 그 때문에 조선의 기독교인들을 그대로 방치하면 천황제를 무너뜨릴 것이라고 일본인들은 두려워했다. 따라서 그들은 '105인 사건'을 조작해 조선의 기독교인들을 탄압할 수밖에 없었다는 것이 이승만의 결론이었다.

기독교와 민주주의의 관계를 확신

개신교 탄압의 둘째 이유는 그것을 통해 민주주의적인 방식이 일본제국에 널리 퍼지게 되는 것을 일본인들이 두려워했기 때문이라는 것이었다. 당시 조선의 교회들은 평신도 전원이 참석하는 총회에서 투표(投票)로 중요한 일을 결정하고 있었다. 따라서 그 같은 민주적인 방식이 일본제국 전역에 퍼지게 되면 전제적인 통치체제가 위태롭게 될 것이라고 일본인들은 두려워했던 것이다.

개신교 탄압의 셋째 이유는 그것을 통해 청교도적 윤리가 확산되어 조선인들이 도덕적으로 재무장되는 것을 일본인들이 두려워했기 때문이라는 것이다. 그것은 당시 조선의 교회들이 술, 담배, 노름 같은 악습을 추방하기 위한 절제운동을 벌이고 있는데 대한 두려움을 나타낸 것이었다. 그 같은 절제운동은 언젠가는 조선인들을 근면하고 도덕적인 민족으로 바꾸어 결국은 부강한 나라로 독립할 위험이 있다고 일본인들은 생각했다는 것이다.

이승만이 그 책에서 지적하고자 했던 것은 일본의 통치자들이 조선에서 기독교가 빠르게 성장하고 있는 것을 진정으로 두려워했다는 사실이었다. 1882년의 조미수호조약 이후 들어오기 시작한 기독교는 105인 사건이 일어난 1911년까지 이르는 30년밖에 되지 않았다. 그 짧은 기간에 개신교는 교인 25~37만, 예배당 500개, 교회학교 962개의 거대한 세력으로 성장한 사실에 대해 일본인들은 진심으로 두려워했다는 것이다.

박용만과의 주도권 싸움

이승만이 하와이에 온 다음 해인 1914년은 그 지역 한인사회의 '황금의 해'였다. 그때쯤 되면 하와이 한인사회는 어느 정도의 성장과 함께 안정을 찾아가고 있었기 때문이다.

그 해에 그들은 대한인국민회 하와이 지방총회 창립5주년을 기념하는 행사를 열었다. 한인중앙학교 학생들은 연극과 노래가 포함된 예술행사를 열었다. 대한제국 군인출신들은 군사훈련 시범을 보이고 한인들의 시가행진에도 참가했다.

그 때문에 한인들은 미국인들이 주최하는 조지 워싱턴 탄생기념일의 시가행진에도 참가하게 되었다. 시가행진에는 한인 장정 200명과 중앙학교 학생들이 조선왕조 문무관 차림으로 참가해 하와이 주민들의 관심을 끌었다. 또한 그 해에는 이승만의 한인중앙학교가 제1회 졸업생을 배출하고, 박용만의 병학교(兵學校)가 교사 낙성식과 개교식을 가졌다.

그러나 다음 해인 1915년부터 하와이 한인사회는 성장에서 오는 분열의 진통을 겪기 시작했다. 당시 대한인국민회 하와이 지방총회는 형식적으로는 샌프란시스코 대한인국민회 중앙총회(회장 안창호)의 지방조직이었지만 실제로는 독립된 조직이었다. 왜냐하면 당시 하와이 한인 숫자는 미국 전체 한인의 4분의 3을 차지할 정도로 압도적이었기 때문이다.

대한인국민회 하와이 지방총회의 운영은 대체로 〈신한국보〉의 발행인인 박용만의 손에 놓여 있었다. 그는 샌프란시스코 대한인국민회 중앙총회의 부회장이기도 했다. 박용만은 한성감옥서 시절부터 이승만과 아주 가까웠을 뿐만 아니라, 이승만이 하와이로 오는 데 도운 인물이기도 했다.

하지만, 화려한 학력과 서울YMCA 활동 경력을 가진 이승만이 하와이에 오면서 박용만의 권위는 도전받기 시작했다. 그에 따라 두 사람의 관계도 악화되기 시작했다.

무장투쟁론에 맞서 외교독립론 주장

두 사람은 독립운동 노선에서도 달랐다. 박용만은 한국의 독립이 군사력 양성을 통해서만 가능하다고 믿는 무쟁투쟁론자였다. 그래서 그는 네브래스카주에 있을 때 소년병학교를 운영했고, 하와이에 와서도 그 같은 일을 계속하려고 했다.

1914년 그는 호놀룰루 동북방 큰 산 넘어 코올라우 구역의 아후이마누의 외딴 파인애플 농장에서 대조선독립군단을 조직했다. 그것은 '산너머 병학교'로도 불렸다. 한인 노동자들 가운데는 124명의 대한제국 군인 출신이 있었기 때문에 호응은 컸다. 그들은 휴가철에 모여 목총을 가지고 군사훈련을 했다. 병학교가 출범할 때 이승만은 '믿음'이란 제목의 설교로 그들을 격려했다.

박용만과는 달리 이승만은 독립운동이 미국의 지지를 얻기 위한 외교와 홍보에 집중해야 한다고 주장하는 외교독립론자(外交獨立論者)였다. 한인들은 군사력이 없기 때문에 독립은 강대국 미국이 일본을 전쟁에서 패배시킬 경우에만 가능하다는 주장이었다.

게다가 이승만은 군사훈련을 하는 한인들이 미국인들에게 '테러리스트'로 비칠 위험이 있다고 생각했다. 1822년의 중립법이 미국

안에서 사적인 군사훈련을 금지하고 있는 것도 문제였다. 그 법은 미국 안의 소수민족들이 독립자금을 모으는 것도 금지하고 있었다.

설사 한인들이 군사력을 갖추게 되어 일본에 대항하게 된다하더라도, 미국과 영국은 일본 편을 들게 되어 있다는 것이 이승만의 주장이었다. 왜냐하면 미국과 영국은 동아시아에서 러시아의 팽창을 막기 위해 일본의 도움를 필요로 하기 때문이라는 것이었다.

그렇다고 이승만이 인도의 마하트마 간디처럼 비폭력 저항만을 옹호한 것은 아니었다. 한인들의 독립의지를 미국 등의 강대국들에게 알리기 위한 대규모의 군중시위(群衆示威)는 필요하다는 것이었다. 그러므로 그는 기회가 있을 때마다 국내의 민족 지도자들에게 군중시위의 필요성을 강조하는 메시지를 전달했다.

하와이 한인사회의 분열

이승만과 박용만의 의견 차이는 1915년 5월부터 갈등으로 나타나기 시작했다. 싸움은 이승만이 〈태평양잡지〉를 통해 박용만 계열의 인물인 대한인국민회 하와이 지방총회 회장의 예산 남용을 비난하면서 시작되었다. 이승만은 대한인국민회 간부들이 지나치게 높은 연봉을 받고 있다고 비난했다. 그리고 시급하지 않은 국민회관 건립에는 돈을 쓰면서 정작 중요한 여학생기숙사 건립 같은 교육사업을 외면하고 있다고 비난했다.

이승만은 지방총회 간부들을 불신했기 때문에 하와이 한인들이 국민회에 내는 의무금을 자기에게 보낼 것을 호소했다. 그리고 국민회가 교회를 위해 확보해 놓은 엠마 스트리트의 땅도 자신의 이름으로 돌려놓을 것을 요구했다.

그 같은 이승만의 비판에 대해 박용만도 〈국민보〉를 통해 반박했다. 그리고 샌프란시스코 대한인국민회 중앙총회(회장 안창호)의 〈신한민보〉도 박용만을 옹호하고 나섰다. 그 후 이승만 세력과 박용만 세력의 갈등은 주도권 싸움으로 확대되어 국민회회관 점거, 폭력 행사, 법정 소송으로 나타났다. 싸움은 하와이의 〈스타불레틴〉 〈호놀룰루 애드버타이저〉 같은 미국인 신문에도 보도되었다. 그것은 한인사회의 분열에 대한 우려를 낳게 했다.

결국 박용만은 재정난에 부딪혀 '산넘어 병학교' 문을 닫게 되었다. 게다가 그는 호놀룰루 항에 들어오는 일본군함 이즈모호를 폭파하기 위해 폭탄을 장치하려 했다는 혐의를 받아 미 육군의 조사를 받는 곤경에 빠지기도 했다.

그 때문에 1919년 박용만은 활동무대를 중국으로 옮겼다. 그에 따라 싸움은 이승만의 승리로 끝나는 듯이 보였다. 그러나 박용만을 지지하는 세력은 그대로 남아 하와이와 미 본토에서 이승만을 계속 괴롭혔다.

1919년 9월 상해에서 3개의 임시정부가 통합해 대한민국 임시정부가 세워지면서 두 사람에게 화해의 기회가 오는 듯했다. 임시정부에서 이승만은 대통령, 박용만은 외무총장이 되었기 때문이다.

그러나 박용만은 이승만과 같이 일하기를 거부하고 신채호 등의

무장투쟁론자들이 있는 북경으로 갔다. 그러고는 이승만과 임시정부를 맹렬히 비난했다. 그 후 박용만은 만주에 한인 정착촌을 건설하려고 했다. 그래서 일본인 관리들과 접촉했다가 첩자로 오해를 받아 1928년 의열단원에게 살해당하는 불운을 당했다.

8
제1차 세계대전과 외교독립론의 실험

(1) 윌슨 민족자결주의의 영향

약소민족 해방에 대한 기대

1914년 7월에 제1차 세계대전이 일어나자 이승만은 한국 독립에 대한 약간의 기대감을 가졌다. 일본과 미국 사이에 전쟁이 일어날지도 모르기 때문이다. 그러나 일본은 독일의 중국 조차지인 산동반도를 차지하려고 미국과 같은 연합국 편에 섰다. 그 때문에 일본은 전쟁이 끝났을 때 승전국이 되어 극동에서 유리한 지위를 인정받았다. 그러한 결과에 대해 이승만은 크게 실망했다.

그러나 제1차 세계대전이 끝날 무렵 이승만은 다시 한번 한국문제에 대해 기대감을 가지게 되었다. 왜냐하면 1917년 미국 대통령 윌슨이 휴전조건으로 제시한 14개조 원칙 속에 약소민족의 해방을 촉구하는 민족자결주의(民族自決主義)의 이념이 포함되어 있었기 때문이다.

그에 따라 1917년 10월 뉴욕에서는 체코인 독립운동가 마사리크의 주도로 약소민족들의 소약국회의가 열렸다. 그때 이승만은 하와이에 있었기 때문에 그 회의에 참석하지 못했다. 1918년 1월의 제2차 약소민족회의에는 참석하려고 했지만, 하와이 영토로부터 미국 본토로 가기 위한 여권을 제 때에 얻지 못해 회의가 끝난 다음에야 도착했다.

그 여권은 하와이의 일본 총영사가 발급하도록 되어 있었기 때문에 이승만은 그것이 싫어 피하려고 했다. 그래서 직접 미 국무부로부터 여행 허가를 얻으려다가 늦어지게 되었던 것이다. 그러나 그는 그것을 계기로 그의 독립운동을 돕게 될 스태거즈 변호사를 알게 되었다.

윌슨 대통령은 1918년 1월의 연두교서에서도 민족자결주의를 강조했다. 강대민족과 약소민족이 모두 평등하게 사는 세계를 건설하겠다는 의지를 표명한 것이다. 이승만은 1912년에 윌슨을 만나 '세계를 향한 한국독립 호소문'에 서명해 줄 것을 부탁한 적이 있었다. 그때 윌슨은 아직은 때가 아니니 기다리라고 했는데, 바로 지금의 1918년이 그때가 아닌가 이승만은 생각하게 되었다.

독립의지를 알리기 위한 군중시위를 촉구

그러므로 1918년 봄부터 이승만은 국제사회에 한국의 독립을 호소하기 위해 적극적으로 움직였다. 우선 한인들의 독립의지를 세계에 알리기 위한 대규모의 군중시위가 필요했다. 그래서 그는 여러 경로를 통해 조선 안의 민족지도자들에게 군중시위의 필요성을 전달했다.

예를 들면, 1918년 10월에는 하와이에 들른 의료선교사 알프레드 샤록스를 통해 그의 뜻을 국내에 전달했다. 샤록스는 평안북도 선천에서 미동병원을 운영하는 의료선교사로 미국에서 안식년을 보내고 조선으로 돌아가는 길이었다. 이승만은 그에게 부탁해 남대문교회의 함태영과 선천의 양전백 같은 기독교 지도자들에게 자기의 뜻을 전달해 주도록 했다. 그것은 3·1운동에서 민족 대표 33인 가운데 거의 절반인 16명이 기독교인이었던 사실을 설명해 주는 하나의 사례였던 것이다.

3·1운동에 대한 이승만의 영향

1918년 11월에 독일이 항복하자, 이승만은 더욱더 적극적인 방법으로 국내 인사들에게 궐기할 때가 왔음을 알리려고 했다. 그의 생각은 1918년 12월 김성수, 송진우, 현상윤 같은 중앙학교 인사들에게 전달되어 최린을 통해 손병희 등의 천도교 지도자들과 연결되었다. 거기에 이승훈 등의 기독교 세력이 가담했다.

독립선언서를 인쇄해 전국에 배포하고 그것을 3월 1일의 행사에서 낭독한 이종일도 이승만과 관련이 있는 인물이었다. 그는 천도교 인사로서 한때 이승만과 〈제국신문〉을 발행했던 동업자였다.

이승만의 뜻은 상해에도 전달되어 한인들의 궐기를 촉구하기 위해 장덕수, 선우혁, 서병호, 김철, 여운형 등이 조선, 일본, 연해주에 파견되었다. 연합국의 평화회의가 열리고 있던 프랑스 파리에는 김규식이 파견되어 독립을 호소하게 했다.

전라북도 전주에서 교사 생활을 하던 임영신이 3·1운동에 가담하게 된 것도 1919년 2월 상해의 어느 사업가를 통해 궐기를 촉구하는 이승만의 뜻을 알게 되었기 때문이다.

3·1운동의 기폭제가 된 도쿄 유학생들의 2·8독립선언도 이승만이 파리 평화회의에 갈 것이라는 일본 고베의 영자신문 〈저팬 애드버타이저〉의 보도에 자극을 받아 나오게 되었던 것이다.

그 때문에 이승만 자신도 자기와 3·1운동과의 관련성을 여러 차례 강조하게 되었다. 그리고 3·1운동을 '1919년의 혁명'으로 높이 평가하면서 민족독립 운동의 원류로 보려고 했다. 결국 그는 1948년의 대한민국 헌법 전문(前文)에 3·1정신을 넣게 함으로써 그 나라가 그 정신에 토대를 두고 있음을 강조하려고 했다.

파리 평화회의에 가려다 좌절당하다

제1차 세계대전이 남긴 문제들을 처리하기 위해 연합국의 수뇌들은 1919년 1월 파리 평화회의에 참석했다. 이승만도 파리로 가서 한국의 독립을 호소해 볼 생각이었다. 프린스턴대학 은사인 윌슨 대통령이 회의를 주재할 것이므로 도움이 될 것도 같았다. 안창호가 이끄는 샌프란시스코의 대한인국민회 중앙총회도 파리로 갈 한인대표로 이승만, 정한경, 민찬호의 3인을 임명한 상태였다.

이승만은 파리로 가기 위해 1919년 1월 6일 호놀룰루를 떠나 워싱턴으로 향했다. 그러나 미 국무부는 이승만이 파리에 가도록 여권을 내주지 않았다. 이승만이 평화회의에 나타나면 일본의 항의로 미국의 입장이 곤란해질 것이 분명했기 때문이다. 그러므로 이승만은 2월 말 워싱턴에 잠시 다니러 온 윌슨 대통령을 만나려고 했다. 그러나 내무장관을 통해 보내온 윌슨의 회답은 이승만이 파리에 오지 않는 것이 좋겠다는 것이었다.

차선책으로 국제연맹 위임통치 청원

파리로 갈 수 없게 된 이승만은 정한경(鄭翰景)과 함께 차선책을 찾았다. 그래서 그들은 일본의 식민지인 조선을 국제연맹의 위임통치(委任統治) 아래 두게 해달라는 청원서를 파리 평화회의에 제출하려고 했다.

위임통치는 패전국인 독일, 터키 등의 식민지를 처리하기 위해 파리 평화회의에서 채택된 새로운 방안이었다. 그것은 패전국의 식민지를 승전국이 차지하던 과거의 관행과는 달리 국제연맹에 맡겼다가 때가 되면 독립시키려는 것이었다.

그 경우에 식민지를 임시로 관리할 위임통치국을 지정하게 되는데, 이승만과 정한경은 미국이 조선에 대한 관리를 맡게 되기를 희망했다. 당장 독립이 불가능한 것이라면, 그 방법으로라도 일단 일본의 지배로부터 벗어나는 것이 중요하다고 생각했던 것이다.

그러나 그것은 실현 가능성이 전혀 없는 기대였다. 승전국이 된 일본이 식민지 조선을 위임통치 대상으로 내놓을 리 없었기 때문이다. 이승만과 정한경도 그것을 잘 알고 있었다. 하지만 그 문제를 논의하는 과정에서 조선인의 독립의지가 세계에 알려지는 것만으로도 큰 성공이라고 생각했던 것이다.

위임통치 때문에 받은 혹독한 비난

이승만과 정한경은 1919년 3월 3일 위임통치 청원서를 백악관에 보냈다. 그리고 그것을 파리 평화회의의 미국대표단에게 전달해 줄 것을 요청했다. 그것은 이미 대한인국민회 중앙총회 의장인 안창호의 동의를 얻은 상태였다. 파리에 파견된 김규식도 그것과 비슷한 내용의 청원서를 파리평화회의에 제출했다.

그러나 위임통치 문제로 이승만만 혹독한 비난을 받았다. 청원서를 미국 대표단에게 보냈다는 사실이 대한인국민회 중앙총회가 발행하는 〈신한민보〉에 보도되자, 비난은 퍼져 나갔다. 게다가 청원서 내용이 조선을 미국의 식민지로 만들어 달라는 것으로 잘못 알려지면서, 비난은 더욱더 커졌다. 그 때문에 북경에 있던 무정부주의자 신채호는 이승만을 이완용 보다 더 나쁜 사람으로 비난하게 되었다.

그러므로 이승만은 더 이상 위임통치론을 거론하지 않게 되었다. 그렇지만 정한경은 그것을 계속 내세웠다. 그는 한인들이 자신들의 힘으로는 독립을 찾을 가망이 없다고 생각했기 때문에 위임통치론은 쓸모있는 방법으로 보았던 것이다.

(2) 임시대통령 자격으로 외교·홍보활동

필라델피아 한인회의의 독립선언

파리로 갈 수 없다는 것이 확실해지자, 이승만은 서재필과 함께 한인들의 독립의지를 미국인들에게 알릴 군중시위를 벌이려고 했다. 그들은 4월 14일부터 사흘 동안 필라델피아에서 한인대회를 열기로 결정하고 초청장을 발송했다.

대회를 준비하고 있던 3월 10일 그들은 조선에서 3·1운동이 일어났다는 소식을 들었다. 4월 5일에는 러시아 연해주에서 세워진 노령(露領) 임시정부에서 이승만이 국무경과 외무경을 겸직하게 되었다는 소식을 들었다. 그러므로 4월 14일 필라델피아 중심가의 '소극장'에서 대한인총대표회의가 열렸을 때 참가자들은 독립에 대한 기대감으로 부풀어 있었다. 그 때문에 대회는 미국판 3·1운동의 성격을 띄게 되었다.

대한인총대표회의에는 미국과 영국으로부터 150여명의 한인들이 참석했다. 그들 가운데는 이승만의 측근으로 분류될 정한경, 윤병구, 민찬호, 임병직, 장기영, 노디 킴(김혜경) 등이 있었다. 그리고 나중에 대한민국에서 중요한 역할을 하게 될 민규식, 조병옥, 유일한, 김현철 등이 있었다.

미국인들도 참석해 한인들을 격려했다. 미주리주 출신 상원의원 셸던 스펜서는 개회식에서 축사를 해 주었다. 네브래스카주 출신의 유명한 진보파 상원 조지 노리스는 격려 연설을 해 주었다. 필라델피아 성삼위일체교회 목사인 플로이드 톰킨스는 대회 고문이 되어 주었다. 그 밖에도 10여명의 미국인 교수, 목사, 신부, 기자가 참석해 격려 연설을 해주었다.

한성임시정부 소식에 건국을 구상

대회 둘째 날인 4월 15일에는 상해 임시정부가 세워지고 거기서 이승만이 국무총리로 선임되었다는 소식이 들어 왔다. 그 때문에 대회는 독립을 선언하는 모임에서 건국을 구상하는 모임으로 바뀌었다.

그래서 대회 명칭도 미국의 독립을 선언한 1776년의 제1차 대륙회의를 모방해 '제1차 한인의회(First Korean Congress)'로 바뀌었다. 그러고는 '한인들의 목표와 열망'이란 결의문을 채택해 독립 후에 갖게 될 정부 형태로 미국의 대통령중심제 정부를 지정했다. 헌법의 대강(大綱)이 발표된 것이다.

샌프란시스코 대한인국민회 중앙총회 의장 안창호을 비롯한 서북지방 출신 인사들은 회의에 참석하지 않았다. 그러나 대한인국민회 북미지방총회는 각 지부에 공문을 보내 '독립경축행사'를 거행하도록 지시했다. 그에 따라 하와이 호놀룰루에서는 1,200명의 한인들이 한인기독학원에 모여 독립축하 행사를 가졌다.

회의 마지막 날인 4월 16일에는 모든 참가자들이 태극기와 성조기를 들고 독립기념관을 향해 시가행진을 했다. 그곳은 1776년 13개 북아메리카 식민지들이 영국에 대해 독립을 선언했던 역사적인 장소였다. 시가행진에는 취주 악대가 선두를 이끄는 가운데 필라델피아 시장도 참가했다. 행사가 그처럼 성대하게 치러질 수 있었던 것은 필라델피아 유력인사의 딸과 결혼한 서재필의 공로였다.

행렬이 독립기념관에 도착하자, 이승만은 3·1운동 당시 서울에서 발표했던 '독립선언문'을 영어로 낭독했다. 그런 다음 참가자들은 "대한민주국 만세!" "미국 만세!"를 불렀다. 이승만은 조지 워싱턴이 사용했던 의자에 앉아 기념촬영을 했다.

독립운동의 중심인물로 떠오르다

3·1운동을 계기로 독립에 대한 기대감이 커지면서, 이승만은 민족운동의 중요한 지도자로 떠올랐다. 그것은 3·1운동 직후에 세워진 3개의 임시정부에서 모두 이승만이 중요한 직책을 맡은 사실로 입증되었다.

첫 번째 임시정부는 1919년 3월 21일 러시아의 블라디보스토크에서 선포된 노령(露領) 임시정부였다. 그것은 손병희를 대통령, 박영효를 부통령으로 추대하고 있었다. 하지만 이승만이 국무경(국무총리)으로 외무경을 겸직함으로써 사실상의 실권자가 되어 있었다. 그 소식이 미국에 알려진 것은 4월 5일이었다.

두 번째 임시정부는 1919년 4월 11일 중국 상해(上海)에서 선포된 임시정부였다. 상해 임시정부에서 이승만은 대통령이 없는 정부의 국무총리였기 때문에 사실상 최고위 인물이었다. 그 소식이 미국에 알려진 것은 4월 15일이었다.

세 번째 임시정부는 1919년 4월 23일 서울에서 선포된 한성(漢城) 임시정부였다. 그것을 조직한 사람들은 이규갑, 홍진(홍면희) 같은 기독교인들이었지만 실질적인 배후 인물은 이승만을 아들처럼 아끼던 이상재(李商在)였다. 그 정부에서 이승만의 직책은 최고직인 집정관총재였기 때문에 이승만은 임시정부들 가운데서 한성 임시정부를 가장 중요하게 보았다.

게다가 그것은 국민대회라는 합법적인 절차를 거친 것으로 알려졌기 때문에 정통성이 있는 것으로 생각되었다. 국민대회는 13도 대표들이 4월 16~23일 기간에 인천에 모여 비밀리에 개최하기로 했지만 일제의 탄압으로 제대로 열리지 못했던 것 같았다. 한성 임시정부 소식이 미국에 알려진 것은 4월 말이었다.

대통령 자격으로 외교·홍보 활동

이승만은 한성 임시정부의 최고직인 집정관총재가 대통령에 해당한다고 생각했다. 그래서 그는 대한공화국(Republic of Korea)의 대통령 자격으로 외교·홍보 활동을 시작했다.

1919년 5월 11일 예일 대학 명예교수 조지 래드가 〈뉴욕타임즈 매거진〉에 한국인은 자치능력이 없다는 글을 싣자, 5월 18일 이승만은 18일 그것을 반박하는 긴 글을 〈뉴욕타임즈〉에 실었다. 정한경도 반박에 가담해 논쟁은 6월 1일까지 계속되었다. 그것은 재미한인들과 미국 지식인들 속에서 이승만의 명성을 높이는 계기가 되었다.

이승만의 외교활동은 한인들의 민주적인 정부가 탄생했음을 세계에 알리는 일로 시작되었다. 미국, 영국, 프랑스, 이탈리아의 국가 원수들과 파리 평화회의 의장이 첫 대상이었다. 일본 천황에게는 워싱턴의 일본공사관으로 임병직을 보내 전달하도록 했다. 7월 4일부터 이승만은 대한공화국이란 국호 대신 대한민주국이란 국호를 사용하고, 7월 17일에는 대한민주국 공사관을 설치했다.

이승만은 '1919년의 혁명'인 3·1운동의 실상을 알리기 위해 1919년 8월 호놀룰루 태평양잡지사에서 《대한독립혈전기》를 출간했다. 그 책에서 이승만은 자신의 직함을 '대한민주국 대통령'으로 표기하고, 대통령 교서에 해당하는 '대통령 선언서'를 발표했다.

이승만은 대한민주국 공사관의 명칭을 구미위원부(歐美委員部)로 바꾸고 위원장에 파리에서 온 김규식을 임명했다. 그리고 3인의 위원을 임명했는데, 그들은 이승만을 대변하는 정치학자 정한경, 안창호의 대한인국민회중앙총회와 〈신한민보〉를 대변하는 이대위,

대한인국민회하와이지방총회를 대변하는 송헌주였다. 구미위원부 고문 변호사로는 프레데릭 돌프를 임명했다.

대한민국 임시정부의 임시대통령

이승만이 대통령 자격으로 활동하자, 상해 임시정부의 내무총장 안창호가 이의(異議)를 제기했다. 이승만은 대통령이 없는 상해 임시정부의 국무총리이므로 대통령 직함을 사용해서는 안 된다는 것이었다. 상해 임시정부는 1919년 4월에 선포되었지만 아무 활동도 못 하다가, 6월에 안창호(安昌鎬)가 미국으로부터 달러를 가지고 오면서 움직이기 시작했기 때문에 그의 비중은 컸던 것이다.

그러나 이승만의 생각은 달랐다. 자기는 한성 임시정부의 최고직인 집정관총재이므로 대통령이나 마찬가지라는 주장이었다. 이승만과 안창호는 제각기 다른 임시정부를 생각하고 있었던 것이다. 그 때문에 3개의 임시정부를 하나로 통합해야 한다는 말이 나오게 되었다.

그에 따라 1919년 9월 11일 상해에서는 상해 임시정부, 한성 임시정부, 노령 임시정부 3개를 통합한 대한민국 임시정부가 탄생하게 되었다. 그것은 대통령중심제를 채택하고, 한성(漢城) 임시정부의 정부편제와 각료명단을 그대로 받아들였다. 일제의 탄압을 피하기 위해 소재지는 서울이 아닌 상해로 정했다. 그 때문에 대한민국 임시정부는 흔히 상해 임시정부로 불리게 되었다.

그것은 이승만을 임시대통령으로 추대하고, 러시아령 연해주 출신의 이동휘를 국무총리로 임명했다. 외무총장에는 박용만이 선임되었지만 이승만과 같이 일하기를 거부하고 신채호 등의 무장투쟁론자들이 있는 북경으로 가고 말았다. 군무총장에는 대한제국 무관 출신으로 이승만의 배재학당 동창인 노백린, 그리고 학무총장에는 워싱턴의 구미위원부 위원장인 김규식이 임명되었다. 나중에 중요하게 될 김구(金九)는 경호를 담당하는 경무국장이 되었다.

3개 임시정부가 통합되는 과정에서 안창호가 노동국총판으로 격하되는 일이 일어났다. 그것은 한성 임시정부의 편제와 각료명단을 그대로 받아들인 데서 나타난 결과였다. 통합 당시 이승만은 미국에 있었기 때문에 각료 선정에는 간여하지 못했다. 안창호는 불만이 있었음에도 불구하고 통합 작업에 적극 협력했다.

미국에서 대통령직을 수행하려는 계획

이승만은 이미 워싱턴에서 구미위원부(Commission to Europe and Korea for the Republic of Korea)를 설치해 미국 등 강대국들을 상대로 외교·홍보 활동을 벌이기 시작하고 있었다. 그러나 이승만이 통합된 임시정부의 임시대통령이 되었기 때문에 구미위원부는 대한민국 임시정부의 산하기관이 되었다.

구미위원부는 독립운동 자금을 마련하기 위해 1919년 9월 1일부터 독립공채표를 발행했다. 통합된 대한민국 임시정부가 성립되기 전이었다. 판매 대상은 미국과 중남미의 한인들, 미국인들 및 중국인들이었다. 금리는 연간 6퍼센트로 대한민주국(한성 임시정부)이 미국의 승인을 받은 날로부터 1년 안에 상환하도록 했다. 그렇게 해서 조성된 독립자금은 대한민국 임시정부의 운영, 서재필의 〈대한평론〉 발간, 파리 황기환의 〈자유한국〉 발간을 돕는 데 사용되었다.

대한민국 임시정부 임시대통령인 이승만은 미국에 있으면서 구미위원부를 통해 대통령직을 수행하려고 했다. 임시정부 업무를 상해와 워싱턴 두 곳에서 나누어 처리하려는 것이었다. 상해와의 연락은 서울·경기·충청도 출신의 기호파(畿湖派) 인사들인 안현경, 장붕, 조소앙, 현순 등과 전보를 통해 이루어졌다. 그러나 상해에는 안창호 지지자들인 평안도 출신의 서북파(西北派)가 임시의정원(의회)을 장악해 이승만을 견제할 태세였다.

미 상원에 제출된 한국독립 승인안

미국에서 독립운동을 하기 위해서는 미국인들의 후원조직이 필요했기 때문에 이승만은 서재필과 함께 1919년 5월 한국친우회(League of the Friends of Korea)를 조직했다. 한국친우회는 미국의 28개 도시와 유럽의 런던과 파리에 지부를 둘 정도로 확장되었는데, 그 책임자들은 대부분이 목사나 박사들이었다.

대표는 필라델피아 성삼위일체교회의 플로이드 톰킨스(Tomkins)

목사였다. 그리고 구미위원부 법률고문인 프레데릭 돌프 변호사와 인터내셔널 뉴스 서비스(INS) 통신 기자였던 제이 제롬 윌리엄스도 참여했다.

이승만은 돌프 변호사에게 요청해 〈대한민국을 위한 진술과 적요(Statement and Brief for the Republic of Korea)〉라는 독립청원서를 작성하게 했다. 그것은 1882년의 한미수호조약의 거중조정 조항에 따라 미국이 호의적인 입장에서 한국문제에 개입할 의무가 있음을 강조한 문서였다. 그는 그것을 미주리 출신 상원의원 셀던 스펜서에게 보내 1919년 6월 30일 상원에 제출하도록 했다. 한국문제가 미 국회에 최초로 상정된 것이다.

그에 따라 8월 16일에는 조선에서 선교사로 활동하던 호머 헐버트가 의회에서 한국을 위해 증언하게 되었다. 그 후 그 청원서의 내용은 상원의원들이 발언할 때마다 인용되곤 하는 근거가 되었다.

당시 아일랜드인들도 영국에 대항해 독립운동을 벌이고 있었기 때문에 이승만과 서재필은 그들과 협력하려 했다. 그에 따라 1920년 3월에는 아일랜드 독립승인안과 함께 한국 독립승인안이 미 상원에 제출되었다. 제출자는 상원의원들인 찰스 토마스와 존 쉴로스였다. 그러나 아일랜드 독립승인안은 통과되었지만 한국독립 승인안은 부결되고 말았다.

부결은 되었지만 그것은 이승만의 외교적 역량을 높이 평가하는 계기가 되었다. 언젠가는 한인들도 독립을 실현할 기회가 올 것이라는 기대감을 가지게 되었기 때문이다.

9

상해에서 당한 수난

(1) 무장투쟁론자들로부터의 공격

상해로 부임하라는 압력

상해에서는 임시대통령 이승만이 현지로 부임해야 한다는 요구가 커져 갔다. 그러나 그의 측근인 장붕은 그가 상해에 오는 것을 말렸다. 임시정부는 극심한 재정난과 이념적, 지역적 갈등으로 곤경에 빠져 있었기 때문이다. 큰돈이나 가지고 오면 모를까 그렇지 않으면 소용없다는 것이었다.

이승만도 상해에 가는 것이 마음 내키지 않았다. 하지만 한 번은 가야 한다고 생각했다. 그것은 위험한 일이기도 했다. 미국의 어느 중국어 신문에 따르면, 일본은 그의 체포에 30만 달러의 현상금을 걸었다는 것이다.

그러므로 이승만은 상해로 간다는 것을 비밀로 한 채 우선 1919년 6월 말 하와이로 갔다. 임병직(林炳稷)이 비서로 동행했다. 임병직은 서울 YMCA에 다니다가 이승만의 영향을 받아 미국으로 유학을 떠났던 청년이었다.

이승만은 임시정부의 학무총장인 김규식과 군무총장인 노백린도 하와이로 불렀다. 그들도 상해로 가야 했기 때문이다. 그들은 사람들 눈에 띄지 않도록 이승만의 미국인 친구 윌리엄 보스윅의 바닷가 별장에 머물렀다. 보스윅은 세무공무원 출신으로 장의사를 운영하고 있었다.

이승만과 임병직은 상해로 가는 배를 기다리며 한 달 가까이 하와이에 머물렀다. 중국으로 가는 배는 많았지만 대부분 일본을 거치기 때문에 위험했던 것이다. 그러다가 두 사람은 필리핀을 거쳐 상해로 가는 배를 타게 되었다.

임병직과 함께 상해로 밀항

1920년 11월 16일 저녁 이승만과 임병직은 상해로 가는 화물선에 배표도 없이 몰래 올랐다. 친구인 윌리엄 보스윅이 미리 2등항해사의 양해를 얻어 놓았던 것이다. 이승만과 임병직이 숨은 곳은 갑판 밑의 창고였는데, 그곳에는 고향에 묻히게 될 중국인 노무자들의 시체를 담은 관들이 있었다. 두 사람은 불쾌감과 불안감 속에서 하루를 지냈다.

배가 항구를 멀리 벗어난 다음 날 늦은 밤, 두 사람은 갑판 위로 나왔다. 그러고는 2등항해사에게 발견되어 선장에게 끌려갔다. 선장은 가난한 중국인 아버지와 아들이 몰래 배를 탄 것으로 보고 무임 승선에 대한 벌로 노동을 명령했다. 젊은 임병직(27세)에게는 청소를 시키고, 나이 든 이승만(45세)에게는 망을 보게 했다. 2등항해사는 두 사람으로부터 1등실 요금에 해당하는 600달러의 큰돈을 받아 챙겼다.

배는 필리핀의 마닐라를 거쳐 20일 동안의 항해 끝에 1920년 12월 5일 상해에 도착했다. 그러나 일본의 경찰이나 첩자에게 발각될 위험이 있었기 때문에 배에서 내리는 것이 문제였다. 결국 두 사람은 중국인 노무자들 틈에 끼어 통나무를 어깨에 멘 채 육지에 오르는 데 성공했다. 그리고 여관에 들어가 편지로 장붕에게 도착을 알렸다.

이승만은 프랑스 조계에 있는 안식교 선교사 크로푸트의 집에 머물렀다. 그리고 상해 YMCA 총무인 조지 피치의 도움을 받아 상해 생활을 시작했다.

무장투쟁론자들의 공격

1920년 12월 28일 이승만은 상해 교민단이 마련한 환영회에 처음으로 모습을 드러냈다. 그러고는 1921년 초부터 프랑스 조계(租界)에 있는 임시정부 청사에서 집무를 시작했다. 그러나 5개월 동안의 상해 생활은 아주 힘든 것이었다. 임시정부는 재정적으로 어려웠을 뿐만 아니라, 구성원들이 지역적, 이념적 차이로 심하게 대립했기 때문이다.

시련은 첫 국무회의가 열리면서부터 시작되었다. 소련의 연해주에서 온 국무총리 이동휘가 이승만을 거칠게 비판했기 때문이다. 이동휘는 함경도 아전의 아들로 태어나 대한제국 시절 서울에서 러시아인 교관에게 군사교육을 받은 무관 출신이었다. 그래서 그는 무장투쟁론자(武裝鬪爭論者)이면서 공산주의자이기도 했다.

이동휘는 이승만이 국제연맹 위임통치를 청원했던 것을 문제 삼았다. 그러고는 이승만이 독립운동가 자격이 없다며 임시대통령직에서 물러날 것을 요구했다. 또한 임시정부의 독립운동은 만주로부터 조선에 무장대를 침투시켜 관공서를 폭파하고 관리를 살해하는 일로 시작되어야 한다고 주장했다. 그리고 무장투쟁을 계속하기 위해서는 공산국가인 소련의 군사적 지원을 받아야 한다고 주장했다. 따라서 임시정부를 소련의 인민위원회 체제로 바꾸는 동시에 시베리아로 옮겨야 한다고 주장했다.

수세에 몰린 외교독립론자

그러나 이승만은 그와는 다른 외교독립론자(外交獨立論者)였다. 한국의 독립은 강대국 미국을 상대로 하는 외교와 홍보의 방법으로 이루어질 수밖에 없다는 생각이었다.

이승만이 볼 때, 무장투쟁은 일제의 탄압을 강화함으로써 한인들의 희생만 늘릴 뿐이었다. 그 사실은 3·1운동 직후 만주에서 확인되었다. 독립군은 봉오동 전투와 청산리 전투에서 승리하기는 했지만, 일본군의 보복으로 많은 한인들이 살해당했기 때문이다(경신참변 또는 간도사변).

그러나 독립운동 노선을 둘러싼 논쟁에서 온건파인 이승만은 수세에 몰릴 수밖에 없었다. 당시 중국에 있던 독립운동가들 대부분이 심정적으로는 무장투쟁을 지지했기 때문이다. 실제로 그들은 무장투쟁은 하지는 못하면서도 명분과 감정에서는 그것을 지지했던 것이다.

이승만과 임시정부에 대한 비난은 무장투쟁론자들이 모여 있는 북경에서 더 심했다. 그곳에는 역사가로 무정부주의자인 신채호, 개별적인 의열투쟁을 주장하는 조선의용대의 김원봉, 하와이에서 이승만과 대립했던 박용만이 함께 있었기 때문이다. 그래서 그들이 이승만을 살해하기 위해 암살단을 상해로 보낸다는 소문이 돌기도 했다.

(2) 좌우합작론자들의 비협조

온건한 안창호도 임시정부를 비판

상해에서 이승만에 대한 비판은 안창호(安昌浩)를 지지하는 서북지방 출신들이 많은 임시의정원(의회)을 중심으로 일어났다. 안창호는 정규 교육은 받지 못했지만 뛰어난 웅변술과 독특한 친화력으로 많은 추종자를 가지고 있었다. 그 세력의 중심축은 1913년 샌프란시스코에서 조직된 흥사단(興士團)이었다. 거기서 그들은 대한인 국민회 중앙총회와 그 기관지인 〈신한민보〉를 통해 영향력을 행사하고 있었다. 상해에는 흥사단 원동지부가 있었다.

이와는 달리 상해에서 이승만은 뚜렷한 지지세력이 없었다. 서울, 경기도, 충청도 출신의 기호파(畿湖派)가 그를 돕기 위해 협성회를 결성했지만, 그렇게 강한 세력은 되지 못했다.

안창호와 이승만은 온건파라는 공통점을 가지고 있었다. 안창호는 교육과 경제력의 배양을 통해 독립을 찾을 수 있다는 무실역행론자였기 때문에 외교독립론자인 이승만과 상통할 여지가 있었다. 두 사람은 모두 실력양성론자였기 때문에 협조할 가능성이 컸다.

그러나 문제는 지역적 갈등이었다. 조선시대에 극심한 차별을 받은 서북인들은 서울 중심의 기호인들을 불신하는 경향이 있었다. 게다가 안창호는 이승만의 외교 활동에 대해 기대하지 않고 있었다. 그래서 그는 몇 줄 적은 외교 문서를 제출한다고 해서 무슨 독립이 되겠는가 하는 말로 이승만의 외교독립론을 폄하한 적도 있었다.

좌우합작주의자들로부터의 도전

여기에 덧붙여 안창호와 이승만은 공산주의 문제에서 의견이 갈렸다. 안창호는 독립을 위해서는 사회주의자나 공산주의자와도 손을 잡아야 한다는 좌우합작(左右合作)주의자였다. 그 때문에 그는 독립운동가들을 통합하기 위한 민족유일당 운동을 벌였다. 1921년에는 러시아 혁명이 진행되고 있었기 때문에 공산주의는 후진국의 지식인들에게 인기가 있었다. 그래서 안창호도 이광수, 주요한 같은 서북지방 출신 청년들과 공산주의 연구 모임을 가지기도 했다.

이와는 달리 이승만은 확고한 반공주의자였다. 그는 혁명으로 새 세상을 건설할 수 있다는 공산주의자들의 주장을 믿지 않았다. 그는 미국에서 언론을 통해 러시아 혁명 과정의 잔혹성과 허구성을 잘 알고 있었기 때문이다.

러시아의 공산혁명이 이승만에게 가장 큰 충격을 준 것은 사회의 창조적 엘리트인 기업가, 자본가, 지식인이 무자비하게 희생당한다는 사실이었다. 그 때문에 그는 공산주의자들과 하늘을 같이 이고 살 수 없다는 단호한 태도를 보이기도 했다. 그는 1923년 하와이에서 발행하는 〈태평양잡지〉에서 반공의 이유를 여러 차례 밝혔다. 한인들이 공산주의의 유혹에 빠지지 않도록 경고하기 위한 것이었다.

이 같은 의견 차이에도 불구하고 안창호와 이승만은 서로를 존중하는 관계였다. 그 때문에 두 사람이 직접 충돌하는 일은 없었다. 하지만 추종자들은 그렇지 못했다. 특히 캘리포니아에서 두 세력은 서로 혼인도 하지 않을 정도로 반목이 심했다.

그 때문에 이승만이 신변의 위협을 느끼는 경우도 있었다. 예를 들어, 캘리포니아의 오진국이란 평안도 출신의 이발사는 박용만을 이승만 추종자로 알고 샌프란시스코의 호텔 방에서 권총을 쏘아 부상을 입히기도 했다. 그런 다음 그는 이승만에 항의하기 위해 하와이로 가는 배를 탔다가 도중에 심경의 변화를 일으켜 바다에 뛰어들어 자살한 것으로 알려졌다.

해체 위기의 임시정부

상해에서 적대적인 분위기를 느낀 이승만은 빨리 그곳을 떠나려고 했다. 당시 중국에 있던 독립운동가들 가운데는 이념과 명분에 사로잡힌 교조주의자들이나 고향 사람끼리 뭉치려는 지역주의자들이 많았다. 그 때문에 적대적인 분위기가 완화될 가망은 없었다.

이승만을 비판하는 사람들도 임시정부를 떠나고 있었다. 국무총리 이동휘는 이승만을 만난 지 한 달도 안 돼 임시정부를 떠나 소련돈으로 고려공산당을 조직했다. 뒤이어 학무총장 김규식, 노동국총판 안창호도 임시정부를 떠났다. 임시정부가 해체되는 것을 막기 위해 이승만을 지지하는 기호파 인사들이 '협성회'를 조직했다. 그러나 소용이 없었다.

이승만에 비판적인 사람들은 임시정부를 대신할 국민대표회의를 조직하려고 했다. 그 문제에서 그들은 의견이 갈렸다. 과격한 창조파는 임시정부를 해체한 뒤 새로운 독립운동 기구를 조직해야 한다는 사람들이었다. 그들은 여운형, 김규식 같은 공산주의자나 사회주의자들, 그리고 북경의 신채호, 박용만 같은 무정부주의자나 무장투쟁론자들이었다. 이와는 달리 온건한 개조파는 안창호의 흥사단을 중심으로 하는 서북지방 출신들로 임시정부를 개편해야 한다고 주장하는 사람들이었다.

그러나 창조파든 개조파든 모두 박은식, 원세훈, 김창숙이 추진하는 국민대표회의 운동을 지지했다.

10
워싱턴 군축회의와 임시정부

(1) 시험대에 오른 외교독립론

하와이로 돌아와 동지회 조직

그러므로 이승만은 더욱더 고립을 느끼게 되었다. 그때 미 국무장관 찰스 에반스 휴즈가 1921년 11월에 워싱턴에서 군비축소회의를 열 것이라는 발표가 있었다. 그 회의는 태평양지역에 이해관계를 가진 9개국이 해군 축소와 영토 변경을 논의하기 위한 것이었다. 이승만은 워싱턴 회의에서 조선의 독립을 호소해야 할 긴급한 외교문제가 생겼다는 이유를 들어 상해를 떠나려고 했다. 상해를 떠나기 전에 이승만은 신규식을 국무총리 서리로 하는 기호파 내각을 구성했다.

이승만은 임시정부에 부임한 지 5개월이 되는 1921년 5월 18일에 급히 상해를 떠났다. 그 때문에 그는 비판자들로부터 도망갔다는 비난까지 받았다. 그는 필리핀을 경유해 하와이로 가는 배를 타게 되었는데, 마닐라까지 가는 배표는 상해 YMCA 총무 조지 피치가 사 준 것이었다.

이승만이 탄 배는 1921년 6월 29일 호놀룰루 항에 도착했다. 부두에는 수 많은 한인들이 나와 임시대통령을 맞이했다. 그들의 열렬한 환영을 보고 이승만은 상해에서 입은 마음의 상처를 잠시나마 잊을 수 있었다.

이승만이 상해에서 뼈저리게 느낀 것은 자신을 지지할 조직이 있어야 한다는 것이었다. 그 때문에 그는 하와이에 도착하는 즉시 민찬호, 이종관, 안현경을 중심으로 대한인동지회(大韓人同志會)를 조직했다. 그 후 동지회는 이원순(李元淳) 등의 노력으로 로스앤젤레스, 뉴욕, 시카고, 샌프란시스코 등에 지부를 설치하면서 세력을 확장해 나갔다.

외교독립론의 시험대가 된 워싱턴 군축회의

하와이에서 잠시 숨을 돌린 뒤에 이승만은 군비축소회의 준비를 위해 1921년 8월 워싱턴에 도착했다. 회의는 1921년 11월 12일부터 3개월 동안 열릴 예정이었다.

이승만은 서재필, 정한경과 함께 자신을 단장으로 하는 한국대표단을 조직했다. 그리고 고문변호사 프레데릭 돌프, 한국친우회의 플로이드 톰킨 목사, 콜로라도 출신의 전직 민주당 상원의원 찰스 토마스로 자문단을 구성했다. '옵서버' 자격이라도 얻기 위해 한국대표단은 군축회의 사무총장과 미 국무장관에게 대한민국 임시 정부의 신임장을 제출했다. 그리고 한국의 독립문제를 회의 의제로 채택해 줄 것을 요청했다.

이승만, 서재필, 정한경은 각국의 대표들과 기자들을 찾아다니며 한국독립의 필요성을 설득하려고 했다. 한국이 독립국으로 일본의 팽창을 견제해야만 태평양지역의 평화를 유지할 수 있다는 것이었다. 이승만은 한국독립 문제에 대한 국제적 관심을 불러일으키기 위해 언론기관을 활용했다. 그래서 그는 1년 전 임병직과 함께 상해로 가는 배에서 시체를 담은 관 틈에 숨었던 이야기를 신문에 싣도록 했다. 그 이야기는 흥미를 불러일으킴으로써 한국인들의 독립 의지를 널리 알리는 데 적지 않게 기여했다.

국제정치의 가혹성을 실감

그러나 한국대표단은 회의 참석 자격은 얻지 못했다. 대한민국 임시정부가 국제적 승인을 받은 기구가 아니라는 이유 때문이었다. 새삼스럽게 이승만은 국제사회가 강대국들의 '힘의 정치(power politics)'에 따라 움직이는 가혹한 것임을 실감했다. 그 앞에서 '도덕의 힘'은 무력하기만 했다.

이승만을 더욱더 절망하게 만든 것은 만나는 외국인들마다 일본의 팽창에 동정적이라는 사실이었다. 즉, 일본은 좁은 영토에서 늘어나는 인구를 먹여 살리기 위해 해외 팽창이 불가피하다는 것이었다. 안창호 지지자들을 비롯한 일부 재미 한인들의 발언도 그를 좌절케 했다. 이승만은 한인 전체를 대표할 인물이 못 된다는 것이었다.

그렇다고 해서 워싱턴 군비축소회의에서 이승만의 한국대표단이 실패만 했던 것은 아니었다. 그것은 국제사회가 한국독립 문제에 대해 관심을 가지도록 하는 데 적지 않게 기여했다. 그래서 영국의 저명한 문필가로 언론인인 H. G. 웰즈는 여러 인사들의 초청을 거절하면서까지 이승만과 저녁식사를 할 정도로 한국독립 문제에 관심을 보였다. 세계정부론자였던 웰즈는 한국이 독립되어 일본을 견제하는 완충국 역할을 해야만 극동에 평화가 온다는 이승만의 주장에 전적으로 찬동했다.

하와이에 돌아와 교육과 선교에 전념

워싱턴 군축회의는 1922년 2월 6일에 끝났지만, 이승만은 상해로 돌아가지 않고 워싱턴에 남았다. 구미위원부를 통해 임시대통령의 임무를 수행하기 위한 것이었다.

그로부터 8개월 동안 이승만은 미국 전역을 다니며 한인들과 미국인들에게 세계정세의 흐름을 설명하고 임시정부 지지를 호소했다. 한인들을 향해서는 얼마 안 있으면 미국과 일본 사이에 전쟁이 일어나 한국이 독립하게 될 것이라고 역설했다. 그러므로 미리 미국인들과의 유대를 강화해 놓아야 한다는 것이었다. 미국인들을 향해서는 일본이 곧 미국을 공격할 것이므로 경계심을 늦추지 말아야 한다고 역설했다. 하지만 그의 경고에 귀를 기울이는 미국인은 별로 없었다.

그동안 상해에서는 이승만을 지지하는 기호파의 신규식 내각이 무너졌다. 그러므로 미국의 이승만 임시대통령은 이동녕을 국무총리로 삼아 새 내각을 구성하도록 지시했다. 충청북도 출신인 이동녕은 경기도 출신의 이시영, 조소앙 등과 함께 기호파 세력을 형성해 이승만을 도우려는 입장이었다.

그러나 상해에서는 이승만의 퇴진을 요구하는 목소리가 커져 갔다. 이승만이 미국에 머물면서 임시정부 업무를 방치한다는 이유였다. 재미 한인들 속에서도 이승만의 지도력을 의심하는 분위기가 형성되어 갔다. 워싱턴 군비축소회의에서 이승만의 외교독립론이 기대한 만큼의 성과를 내지 못했다는 이유였다.

그러므로 이승만은 1922년 9월 구미위원부를 임병직에게 맡기고 하와이로 돌아오는 수밖에 없었다. 그러고는 '한인기독학원'과 '한인기독교회' 운영에 전념하면서 내부 기반을 다지려고 했다.

(2) 탄핵으로 잃은 임시대통령직

학생모국방문단 파견

그러한 의도에서 1923년 7월 이승만은 학생모국방문단을 조선에 파견했다. 목적은 국내 인사들과의 연결선을 유지하고 한인기독학원 건축비를 지원받기 위한 것이었다.

20명의 한인기독학원 학생들은 민찬호, 김영기, 김노디(노디 킴) 교사들의 인솔로 2개월 동안 조선의 30여개 도시를 돌며 친선 야구경기를 벌였다. 그들은 동포들의 열렬한 환영을 받았다. 하지만 원래의 방문 목적인 한인기독학원 건축비 모금에서는 기대만큼의 성과를 거두지 못했다. 모국 방문에 대한 답례로 1924년 6월에는 윤치영이 이끄는 서울 YMCA 야구단이 하와이를 방문했다.

이승만은 재미 한인들을 단합시키기 위한 노력도 했다. 그래서 그는 1924년 11월 대한인동지회를 중심으로 하와이 호놀룰루에서 한인대표회를 열었다. 그 후 동지회는 미국본토의 뉴욕, 시카고, 디트로이트, 로스앤젤레스 등지로 지부를 확대해 나갔다. 한참 뒤인 1943년에는 그것들을 동지북미총회로 통합하고 그 본부를 로스앤젤레스에 두었다.

이승만은 1925년 서울에서 조직된 흥업구락부(興業俱樂部)와도 은밀한 관계를 유지했다. 흥업구락구는 동지회의 서울 지부라고 할 정도로 이승만에게 호의적인 단체였다. 그것은 이상재, 윤치호, 장두현, 이갑성, 구자옥, 신흥우, 유억겸 같은 기독교인들로 구성되었다.

또한 이승만은 1925년 7월 하와이 태평양회의에 참석했던 〈동아일보〉의 송진우(宋鎭禹)와도 깊은 관계를 맺었다. 두 사람은 세계정세와 민족의 장래에 대해 의견을 교환하는 관계를 계속 이어갔다.

탄핵으로 임시정부와의 관계가 끊어지다

상해에서는 이승만을 임시대통령직에서 쫓아내려는 공작이 진행되고 있었다. 그의 퇴진을 요구하는 표면적인 이유는 대통령이 임지를 떠나 있어서 업무를 소홀히 한다는 것이었지만, 실제로는 지역적, 이념적인 갈등이 더 중요했다. 왜냐하면 그의 퇴진을 주도한 세력은 임시의정원(의회)의 서북지방 출신 의원들과 최창식 같은 소수의 공산주의자들이었기 때문이다.

마침내 1925년 3월 임시대통령 탄핵안이 임시의정원에서 통과되어 이승만이 임시대통령직에서 면직당하는 일이 일어났다. 임시대통령이 된 지 5년 6개월 만이었다. 그에 따라 이승만이 워싱턴에 세운 구미위원부도 폐지되어 그 업무는 안창호 지지자들이 장악한 샌프란시스코의 대한인국민회 중앙총회로 넘어갔다.

이승만이 밀려나자 임시의정원은 안창호를 임시대통령으로 추대하려고 했다. 그러나 안창호는 능력 부족을 이유로 사양하면서 상해를 떠났다. 그 때문에 임시대통령직은 황해도 출신의 역사학자 박은식에게 넘어가게 되었다. 임시정부는 이승만과 안창호 모두로부터 재정지원을 받지 못해 사실상 마비 상태에 빠지게 되었다.

하와이의 이승만은 임시의정원이 자신을 면직시킨 데 대해 크게 반발했다. 그래서 1925년 4월 그는 의정원의 조치를 비난하는 대통령 선포문을 발표했다. 그리고 자신은 3·1운동 직후처럼 한성(漢城) 임시정부 집정관총재 자격으로 구미위원부를 계속 유지해 나가겠다고 선언했다. 이승만에 따르면, 한성 임시정부는 13도 대표들의 국민대회를 거쳐 세워졌기 때문에 합법성과 정통성이 있다는 것이었다.

그 후 구미위원부는 임병직이 맡아 명맥을 유지해 갔다. 그러다가 해방 다음 해인 1946년 6월부터 한국위원회로 명칭을 바꾸어 다시 활동하게 되었다.

하와이 동지식산회사의 파산

임시의정원의 탄핵으로 정치적인 타격을 입은 이승만은 경제적인 타격도 입었다. 하와이 동포들의 경제적 자립을 위해 1925년 말에 세운 동지식산회사가 1931년에 파산했기 때문이다. 이승만은 위신이 추락함으로써 민족 지도자로서 심각한 위기를 맞게 되었다.

이승만의 동지식산회사는 하와이 큰 섬에 30명의 한인 노동자들로 구성된 동지촌을 운영했다. 그는 수익사업을 벌여 한인들의 경제력을 육성하고 한인 노동자들의 노후대책을 마련하려고 했다. 그래서 그들은 나무를 베어 가구를 만들어 팔고, 미국 해군에 선박용 용골대 목재를 납품했다. 그리고 나무를 잘라 구운 숯을 포탄용 화약 제조 공장에 팔았다.

그러나 그 사업은 실패로 돌아갔다. 이승만과 신성일 사장의 경험 부족 때문이기도 했지만, 1929년의 대공황에 따른 경기침체가 더 큰 원인이었다. 그 때문에 동지식산회사는 막대한 빚을 지고 6

년 만에 파산했다. 그나마 다행스러운 것은 이승만이 미국정부를 설득해 동지식산회사를 군수물자 납품업체로 인정받아 부채의 상당 부분을 탕감받은 것이다.

하와이 한인 지식인들의 도전

이승만은 하와이의 일부 젊은이들의 도전을 받아 위기를 맞기도 했다. 그는 미국 본토로부터 교육받은 젊은 지식인 몇 사람을 하와이로 불러 왔다가 그동안 하와이에서 쌓았던 기반을 송두리째 잃을 뻔했던 것이다. 그 때문에 그 위기는 성경에서 사용되는 '대풍파'라는 말로 불리게 되었다.

1930년 7월 이승만은 하와이와 미국본토의 지지자들을 호놀룰루로 모아 동지미포(미국-하와이) 대표회를 열었다. 참석자는 연인원 800명에 이르렀다. 그들 가운데는 그에게 적대적이었던 대조선독립군단의 박용만 지지자들도 있었다. 동지미포대표회에서 이승만은 동지회의 총재와 수령의 직함을 얻었다.

그래서 이승만은 동지회의 기관지인 〈태평양잡지〉를 더 자주 발행하기 위해 제호를 〈태평양주보〉로 바꾸었다. 그리고 미국본토에서 공부한 소수의 젊은 엘리트를 인재로 활용하기 위해 초빙했다.

그러나 소수의 젊은 엘리트는 이승만의 독주에 저항했다. 그래서 그들은 동지식산회사 문제로 어려움을 겪게 된 이승만을 돕기를 거부했다. 한인기독교회의 이용직 목사는 재정난을 해결한다는 이유로 그 교회를 성공회에 소속시키려고 했다. 분개한 이승만은 1931년 1월 그를 파면했다. 이승만이 대한인교민단(옛 하와이국민회 지방총회) 언론홍보 담당자로 임명한 김현구도 그의 반대편에 가담했다. 그래서 싸움은 법정까지 갔다.

분쟁은 하와이 대한인교민단의 주도권을 놓고도 일어났다. 그 단체도 이승만 반대파가 장악하고 있었기 때문에 이승만 지지자들은 그것을 찾기 위해 교민단 총회관을 차지하려고 했다. 그 때문에 이승만 지지파와 그 반대파 사이에 몸싸움까지 벌어져 분쟁은 법정으로 가게 되었다.

2개의 소송에서 이승만 지지자들은 모두 패소했고, 그 후유증은 동지회 회원의 감소로 나타났다. 그에 따라 1930년에 930여명이었던 동지회 회원은 1931년에는 600여명으로 줄게 되었다.

11

국제연맹에서 펼친 외교독립론

(1) 임시정부 전권대표로 복귀

김구의 임시정부와 관계 회복

상해의 임시의정원이 임시대통령을 탄핵한 1925년 이후 이승만과 임시정부와의 관계는 끊어졌다.

그러나 이승만에 호의적인 김구(金九)가 1927년부터 임시정부의 실권을 잡아가면서 관계가 되살아나기 시작했다. 김구는 1922년 미국의 이승만이 내무총장으로 임명한 인물이었기 때문이다. 1923년에 임시정부를 해체하기 위한 국민의회가 열리자, 김구는 내무총장의 직권으로 그것을 해산함으로써 이승만을 도우려고 했다.

김구는 황해도 출신이었기 때문에 황해도 평산에서 출생해 두 살까지 산 이승만에 대해 동향(同鄕) 의식도 가졌다. 게다가 김구는 이승만의 화려한 학력과 탁월한 외교적 능력을 높이 평가하고 있었다. 그래서 김구는 흥사단에 가입하라는 안창호의 끈질긴 요청을 끝까지 거부했다.

김구와 이승만의 협력은 1933년 2월 21일 제네바에서 열린 국제연맹 총회를 계기로 구체화되기 시작했다. 국제연맹은 일본의 만주침략을 규탄하기 위해 진상조사단을 파견해 '리튼 보고서'를 작성해 놓은 상태였다. 그러므로 이승만은 국제연맹 총회에 참석해 일본의 한국침략 사실도 알리고 한국독립을 호소해 보려고 했다.

김구는 그러한 이승만을 대한민국 임시정부의 특명전권대표로 임명했다. 그러나 임시정부는 이승만의 외교 활동에 드는 경비를 지불할 능력이 없었기 때문에 하와이의 동지회가 대신 부담했다.

제네바 국제연맹에서 독립을 호소

이승만은 제네바에 가기 위해 미 국무장관 헨리 스팀슨으로부터 여권을 받았다. 그것은 특이하게도 외교관 여권이었다. 미국 정부가 무국적의 망명객인 이승만에게 외교관 여권을 준 것은 그가 국제연맹 총회에서 일본의 만주침략을 규탄하는 데 기여할 것으로 기대했기 때문이다. 당시 미국은 상원의 반대로 국제연맹에 가입하지 않은 채 '옵서버' 자격만 가지고 있었다. 그러나 미국은 일본의 만주침략에는 반대하는 태도였다.

1932년 말 이승만은 제네바로 가기 위해 뉴욕항을 출발했다. 런던항에 도착한 그는 파리를 거쳐 1933년 1월 초 제네바에 도착했다. 그는 각국의 대표들과 기자들을 만나 한국독립 문제를 총회 의제로 채택해 줄 것을 호소했다. 한국이 독립되어 일본을 견제할 완충국이 되어야만 동양평화가 유지된다는 주장이었다. 그는 《만주 한인의 진상》, 《만주의 한인들》 같은 책자를 만들어 배포했다.

이승만의 외교 활동은 〈뉴욕타임즈〉 같은 미국 언론에 보도되었다. 그리고 스위스의 프랑스어 신문 〈주르날 드 쥬네브〉와 〈라 트리뷴 도리앙〉, 독일어 신문 〈데어 분트〉에도 보도되었다. 이승만은 국제연맹 부설 라디오 방송을 통해서도 그의 주장을 펼쳤다. 또한 그는 그 같은 내용의 탄원서를 국제연맹 사무총장에게도 보냈다.

그 때문에 이승만의 주장은 회의장 안팎에서 적지 않은 반응을 불러일으켰다. 그의 활동은 중국 대표단에게 도움을 주어 1933년 2월 24일 국제연맹 총회가 일본의 만행을 규탄한 〈리튼(Lytton) 보고서〉를 채택하는 데 적지 않게 기여했다.

한국문제 상정에는 실패

이승만은 이번 기회에 한국독립 문제도 국제연맹 총회 의제로 상정해 보려고 했다. 하지만 중국대표단의 반대로 포기해야 했다. 중국 대표들은 이승만에게 호의적이기는 했지만, 한국독립 문제로 만주 문제가 뚜렷이 부각되지 못할 것을 우려했던 것이다. 그러므로 이승만은 만주의 한인들이 중립국 국민의 대우는 받을 수 있게 차별을 없애 달라고 청원하는 것으로 만족해야 했다.

그러나 그 같은 소극적인 내용의 청원도 일본의 반대로 의제에 오르지조차 못했다. 일본이 한국인 문제가 자기네 국내 문제이므로 간섭하지 말 것을 주장한 데 대해 영국, 프랑스 같은 자유주의 국가들이 반박하지 못했기 때문이다. 두 나라는 극동에서 공산국가 소련의 팽창을 막기 위해서는 일본의 도움이 필요하다고 생각했던 것이다. 한국에 호의적이었던 미국은 국제연맹에 가입하지 않아 '옵서버'의 지위에 있었다. 그 때문에 국제연맹 사무국은 '리튼 보고서'를 보여 달라는 이승만의 요청마저 거부할 정도로 냉담했다.

그러나 일본에 대한 그같은 서방국가들의 특별배려도 소용이 없게 되었다. 왜냐하면 1933년 3월 27일 일본은 침략에 대한 국제적 간섭을 받지 않기 위해 국제연맹을 탈퇴했기 때문이다.

모스크바에서 추방당하다

그러므로 국제연맹 총회가 끝났을 때 이승만에게 남은 것은 좌절감뿐이었다. 그래서 그는 국제연맹 '옵서버'국인 미국의 프렌티스 길버트와 국제연맹 중국대표인 호세택(빅터 후)과 앞으로의 행동에 대해 상의했다. 일본을 견제하고 한국독립에 대한 동의를 얻기 위한 것이었다.

그래서 얻은 결론이 소련에 도움을 요청해 보자는 것이었다. 당시 소련은 일본의 만주침략에 긴장하고 있었을 뿐만 아니라 공산국가로서 제국주의와 식민주의를 배격하고 있었기 때문이다.

그러나 소련 비자를 얻는 것이 문제였다. 이승만이 반공주의자

(反共主義者)라는 사실은 소련에게도 잘 알려져 있었기 때문이다. 결국 그는 소련 비자를 얻기는 했지만, 오스트리아의 빈으로 가서 중국 대리공사 동덕건(董德乾) 박사의 주선으로 소련 대사관 직원을 만나 소련 방문의 취지를 자세히 설명해야 했다. 그런 다음 그는 기차를 타고 폴란드를 거쳐 1933년 7월 19일 모스크바역에 도착했다.

그러나 그날 저녁 소련 외무부 직원이 호텔로 찾아와 이승만에 대한 비자 발급이 착오였음을 알리고 다음 날 되돌아갈 것을 요구했다. 소련이 이승만을 추방한 것은 일본에 대한 배려 때문이었다. 당시 일본은 소련으로부터 만주의 동청철도(東淸鐵道)에 대한 운영권의 일부를 넘겨받기 위해 철도 관계자를 모스크바에 파견해 흥정을 벌이고 있었다. 그러므로 소련 정부는 이승만 문제로 일본 대표단의 비위를 거스르지 않으려고 했던 것이다.

그러므로 이승만은 다음날 오스트리아의 빈으로 되돌아가게 되었다. 그리고 난 뒤 그는 프랑스의 니스로 가서 뉴욕으로 가는 배를 탔다.

(2) 동지이기도 한 아내 프란체스카

이승만의 제네바 활동에 대한 중국인들의 감사

프랑스의 니스에서 미국 가는 배를 탄 이승만은 1933년 8월 10일 뉴욕항에 도착했다. 그리고 미국 전역을 돌아다니며 국제연맹 총회에서 있었던 일을 사람들에게 설명했다.

한국인들을 향해서는 미국과 일본은 곧 전쟁을 하게 될 것이며 그때 한국은 독립하게 될 것이라고 말했다. 그러므로 미국인들과의 우호관계를 강화해 놓는 것이 중요하다고 강조했다. 미국인들을 향해서는 태평양지역의 평화를 유지한다고 일본과 손을 잡으려는 것은 극히 위험한 판단이라고 경고했다.

네브래스카 등의 중서부 지역을 다닐 때는 나중에 대한민국의 체신장관이 될 장기영이 동행했다. 9월에 뷰트에서는 〈몬태나 스탠더드〉지와 인터뷰도 했다.

이승만은 중국인들의 환영을 받았다. 그들은 제네바 국제연맹 총회에서 이승만이 일본의 만주침략을 규탄하기 위해 중국대표단과 협조한 사실을 알았기 때문이다. 그래서 뉴욕의 중국인들은 이승만을 재정적으로 지원할 계획까지 세웠을 정도로 적극적이었다. 로스앤젤레스의 중국인들은 다투어 그를 초청했지만 시간이 없어 그들의 요청에 부응하지 못했다.

그러나 이승만에 대한 시선이 전부 따뜻했던 것만은 아니었다. 〈로스앤젤레스 타임스〉는 이승만의 외교독립론이 실패했다는 글을 실었다. 그래서 그는 1933년 12월 그것을 반박하기 위해 〈샌프란시스코 크로니클〉에 글을 써야 했다. 일부 재미 한인들의 태도도 싸늘했다. 이승만은 샌프란시스코에 한 달 동안 머물렀지만, 국민회 중앙총회의 안창호 추종자들이 발행하는 〈신한민보〉는 그의 활동을 보도조차 하지 않았다.

오스트리아 여인 프란체스카 도너

제네바에서 한국독립을 호소하기 위해 분주하게 움직이고 있는 동안 이승만은 유럽 지역 한인들의 도움을 받았다. 그들 가운데는 대한민국 임시정부의 파리대표로 있던 서영해가 있었다. 그는 이승만이 외국대표들을 만나도록 주선하고 길 안내도 했다. 또한 그는 프랑스 유학생으로 나중에 연세대학 교수가 된 정석해도 만났다.

이승만은 서울 YMCA에서 가르쳤던 제자로 스위스 여인과 혼인해 살고 있는 이한우도 만났다. 이한우는 독일어 신문에 난 이승만 관련 기사를 보고 찾아온 것이다. 이승만은 소련에 갈 때 독일어를 잘하는 그와 동행할 생각이었으나, 비자를 얻지 못해 실행하지 못했다.

제네바에서 이승만 개인에게 가장 보람 있었던 일은 장차 헌신적인 아내가 될 프란체스카 도너(Francesca Donner) 양을 만난 것이었다. 그녀는 오스트리아 빈 근처의 인처스도르프에서 철물 무역과 소다수 공장을 경영하는 중소기업가의 셋째 딸이었다. 그때 그녀는 어머니와 함께 프랑스 여행을 마치고 제네바로 와서 비인 가는 기차를 기다리고 있던 중이었다.

이승만이 그녀를 처음 만난 곳은 저녁 식사 때 사람들로 붐비고 있던 호텔 드뤼씨 식당이었다. 앉을 자리를 찾지 못하던 이승만이 종업원의 안내로 프란체스카 모녀와 합석하게 됨으로써 두 사람은 만나게 된 것이다. 그때 이승만은 58세, 프란체스카는 33세의 나이였다. 두 사람은 급속히 가까워졌지만, 며칠 뒤 프란체스카가 제네바를 떠나면서 헤어지게 되었다. 그러나 이승만이 모스크바로 가는 길에 빈에 들르면서 그녀를 다시 만나게 되고, 서로 결혼을 약속하게 되었다. 이승만은 모스크바에서 추방된 다음에도 빈에서 그녀를 만나게 되었다.

뉴욕에서 혼인

이승만은 약혼녀인 프란체스카 도너를 미국으로 초청하려고 했다. 하지만, 무국적(無國籍)의 망명객 신분으로는 쉽지 않았다. 그러므로 그녀는 정식으로 이민을 신청해 1년 뒤에 미국으로 오게 되었다. 두 사람은 1934년 10월 뉴욕의 몽클래어호텔에서 결혼식을 올렸다. 주례는 프린스턴 동창인 존 헤인스 홈즈 박사와 윤병구 목사가 공동으로 맡았다.

그들의 결혼은 동지적 결합이기도 했다. 왜냐하면 그녀도 이승만처럼 한국독립을 위해 모든 것을 바칠 운명이었기 때문이다. 두 사람의 관계는 로버트 올리버 박사의 말대로 구약성서에 나오는 '룻과 나오미'의 경우와 같은 것이었다. 왜냐하면 프란체스카에게 "당신의 조국은 나의 조국"이었기 때문이다.

프란체스카는 상업학교 출신이었기 때문에 경리, 타자, 속기에 능숙했다. 그리고 모국어인 독일어 외에도 영어와 프랑스어를 잘했다. 그 때문에 그녀는 이승만에게는 훌륭한 비서가 될 수 있었다.

프란체스카와 함께 하와이로

이승만은 프란체스카에게 한인들을 만날 기회를 갖도록 노력했다. 그 때문에 그는 그녀와 함께 자동차로 미국의 여러 곳을 찾아다녔다. 그녀가 한인들로부터 받은 첫인상은 대부분이 극도로 가난하다는 것이었다.

그런 다음 이승만은 아내를 데리고 그의 활동 근거지인 하와이로 가려고 했다. 그러나 하와이 동지회 사람들이 반대했다. 서양인 부인에 대한 한인들의 반발이 크므로 우선 이승만 혼자 와서 설득부터 하라는 것이었다. 그러나 이승만은 현실과 직접 부딪히겠다는 고집스러운 마음에서 프란체스카와 함께 하와이로 가는 배를 탔다.

1935년 1월 배가 호놀룰루항에 도착했을 때 부두에서는 놀라운 광경이 벌어졌다. 수 많은 한인들이 나와 환영했기 때문이다. 현지 신문인 〈호놀룰루 애드버타이저〉와 〈스타 불레틴〉도 그들의 도착을 크게 보도했다. 그 때문에 다음 날에 열린 환영잔치에는 1천 명에 가까운 한인들이 모이는 대성황을 이루었다.

힘을 얻은 이승만 내외는 하와이의 여러 섬을 다니며 한인들을 격려하고 한인기독학원을 위한 모금 활동을 벌였다. 그는 평소의 신념대로 한국의 독립은 미국을 상대로 한 외교(外交)와 홍보를 통해 이루어질 수 있다는 것을 강조했다. 미국과 일본은 곧 전쟁을 하게 될 것이므로 독립의 희망이 있다는 주장이었다.

12

임시정부 승인 투쟁

(1) 미국 대통령 설득이 목표

위기를 맞은 외교독립론

그러나 1930년대 중반의 국제정세는 이승만의 기대와는 다른 방향으로 가는 것 같았다. 일본은 국제연맹을 탈퇴함으로써 국제적으로 고립되는 것 같았지만, 곧 전체주의 국가들인 독일, 이탈리아와 '추축국' 동맹을 맺어 국제적 지위를 강화했기 때문이다. 미국인들이 일본을 좋아하는 감정도 바뀌지 않고 있었다. 그 때문에 이승만의 외교독립론은 실현될 수 없는 공허한 주장으로 들리게 되었다.

독립의 희망이 보이지 않게 되자, 이승만 지지자들의 열정도 식었다. 그들은 이승만에 대한 오랜 헌신과 희생으로 지쳐 있었던 것이다. 게다가 이승만이 오랫동안 하와이를 비우고 있는 동안 대한인교민단에 대한 지배권도 반대파에게 넘어갔다. 그에 따라 그 단체의 명칭도 이전의 대한인국민회 하와이지방총회로 되돌아갔다.

이승만에게는 시련의 시기가 오고 있었던 것이다.

그렇지만 그의 외교독립론(外交獨立論)에 대한 신념은 흔들리지 않았다. 그것은 미국과 일본 사이에 전쟁이 곧 일어나 한국이 독립하게 된다는 믿음이었다. 그러므로 그날이 오기 전에 한인들은 미국정부와 미국국민의 지지를 얻어 놓아야 한다는 것이었다.

활동무대를 워싱턴으로 옮기다

1938년이 되면서 이승만의 신념은 실현될 조짐을 보이기 시작했다. 나치 독일이 침략의 야심을 드러내면서 전쟁이 일어날 가능성이 나타났기 때문이다. 그해 가을 히틀러는 오스트리아를 강제로 합병하고, 다음 해 봄에는 체코슬로바키아를 점령했던 것이다.

이승만은 미국을 상대로 외교·홍보 활동을 본격적으로 벌일 때가 왔다고 생각했다. 그래서 그는 1939년 11월 활동무대를 하와이에서 워싱턴으로 옮겼다. 이승만 내외는 백악관에 가까운 서북지구의 호바트 스트리트 1766번지에 정착했다. 국립동물원이 바라보이는 2층 벽돌집이었다. 그리고 저명한 신문기자인 에드윈 힐을 고용해 일본이 미국을 공격할 것이라고 경고하는 글을 여러 신문에 싣도록 했다.

1939년 8월 그는 중국에 있는 대한민국 임시정부의 김구에게도 편지를 보내 미국을 향한 외교와 홍보의 중요성을 역설했다. 그는 특히 중국인들이 국제정세에 어둡고 홍보에 소홀해 중일

전쟁에서 피를 흘리면서도 미국인들의 동정을 얻지 못하고 있음을 지적하고, 그 사실을 중국의 장개석 정부에 알려 주라고 당부했다.

루스벨트 대통령에 임시정부 승인을 청원

1939년 9월 1일 마침내 나치 독일이 폴란드를 공격함으로써 제2차 세계대전이 시작되었다. 그러자 재미 한인들 속에서는 분열된 한인사회를 통합하려는 움직임이 일어났다. 통합 운동의 주역은 북미대한인국민회(이전의 대한인국민회 중앙총회)의 위원장인 김호(金乎)였다. 그는 캘리포니아 리들리에서 김형순과 함께 복숭아 품종을 새로 개발해 어느 정도의 재력을 갖추게 된 인물이었다.

그의 주도로 1941년 4월 하와이에 9개 한인단체가 모여 재미한족연합위원회를 조직하게 되었다. 이승만은 그 단체의 외교위원장으로 선임되었고, 중경의 임시정부는 그것을 승인했다.

이승만은 자신이 임시대통령에서 탄핵되던 당시에 폐지된 워싱턴의 구미위원부를 부활시키려고 했다. 하지만 김구는 이승만의 독자적인 외교 활동을 허락하지 않고, 그를 대한민국 임시정부 주미외교위원부 전권대표로 임명했다. 이승만은 주미외교위원부를 한국위원부(Korean Commission)로 고쳐 부르고 그 의장 자격으로 활동했다.

이승만은 중경 임시정부의 공식(公式) 직함을 가지게 됨으로써 외교 활동이 한결 수월해졌다. 그래서 그는 1941년 6월 6일 프랭클린 루스벨트 대통령에게 대한민국 임시정부의 승인을 요청하는 서한을 보낼 수 있었다. 이승만은 일본에 대한 한인들의 투쟁상황을 설명하면서 무기대여법에 따른 무기지원을 요청했다. 그러나 미 국무부의 답변은 그 요청을 들어줄 수 없다는 것이었다.

미·일전쟁을 예견한 《일본내막기》

1941년 8월 이승만은 그동안 준비해 오던 《일본내막기(Japan Inside Out)》를 뉴욕에서 출간했다. 그것은 일본 군국주의의 긴 역사적 뿌리를 설명하고 일본의 미국 공격이 가까웠음을 경고한 책이었다. 그는 그 책을 루스벨트 대통령 내외, 헨리 스팀슨 육군장관, 코델 헐 국무부 장관 등 미국 정부의 주요 인사들에게 보냈다.

그 책에서 이승만은 자기가 일본의 침략 근성을 깊이 알게 된 것은 독립협회 활동을 하던 19세기 말부터였다고 썼다. 당시 그는 일본 망명에서 돌아온 친일파들과 만날 기회가 있었는데, 그들로부터 일본이 대동아공영권을 건설하기 위해 러시아와는 물론 미국과도 전쟁할 계획을 가지고 있음을 알게 되었다는 것이다. 그 정보의 정확성은 1924년에 폭로된 다나카 문서에서 확인되었다는 것이다.

이승만은 《일본내막기》에서 일본의 침략야욕을 타오르는 산불에 비유하고, 그것이 지금 먼 곳으로부터 미국을 향해 다가오고 있다고 경고했다. 그런데도 미국인들은 전혀 느끼지 못하고 있다고 안타까워했다.

(2) 제2차 세계대전과 독립의 희망

진주만 기습 직후의 외교활동

《일본내막기》가 나온 지 4개월이 지난 1941년 12월 7일 일본의 진주만 기습공격이 일어났다. 이승만이 오래전부터 예고하고 기다려 온 미·일 전쟁이 일어난 것이다.

그날 아침 6척의 일본 항공모함에서 출격한 350대의 함재기들은 하와이의 진주만 해군기지를 공격했다. 그 때문에 미군은 전함 5척과 항공기 188대가 파괴되고, 2,700명 장병이 사망하는 치명적인 타격을 입었다. 다행스럽게도 일본이 주로 노렸던 항공모함은 그때 한 척도 진주만에 없었다. 그 때문에 미국은 머지않아 반격할 수 있는 해군 전력을 그대로 보존하게 되었다.

미·일 전쟁에 대한 이승만의 예견이 맞았기 때문에 《일본내막기》는 금방 베스트셀러가 되었다. 이승만은 그 수익금으로 오래간만에 프란체스카에게 옷을 사 줄 수 있었다.

미·일전쟁이 일어나는 즉시 이승만은 중경 임시정부의 주석 김구와 외무총장 조소앙에게 연락해 미국 지지 성명서를 자기에게 보내도록 했다. 그리고 그것을 받자 그는 평소에 친분이 있는 미 국무부 특별고문 스탠리 혼벡 박사에게 전달했다. 그러나 혼벡은 그것을 정부 문서가 아닌 개인 의견서로만 받겠다고 말했다. 그 이유는 중경의 대한민국 임시정부가 아직 미국 정부의 승인을 받지 못했기 때문이라는 것이었다.

이승만은 다시 중경 임시정부에 연락해 일본에 대한 선전 포고문과 미국에 대한 무기지원 요청서를 자기에게 보내도록 했다. 그 문서들을 받자 그는 미 국무부에 제출했다. 하지만 국무부로부터는 아무 답변이 없었다.

미 국무부 실세를 만나 임시정부 승인 요청

진주만 기습공격이 있은 지 한 달도 안 된 1942년 1월 2일에 이승만은 미 국무부의 실세인 앨저 히스를 만났다. 앨저 히스는 미 국무부의 거물로 나중에 얄타 회담, 샌프란시스코 유엔 창립총회 같은 중요한 국제회의를 계획하고 총괄한 인물이었다. 그 자리에는 국무부 특별고문 스탠리 혼벡 박사가 동석했다.

이승만은 앨저 히스에게 미국의 중경 임시정부 승인과 무기대여법에 따른 무기지원을 요청했다. 그리고 그것은 미국에 두 가지 이득을 주게 될 것이라고 말했다. 미국은 일본과의 전쟁에서 한인들의 태업과 게릴라 활동으로 도움을 받을 수 있을 뿐만 아니라, 일본이 항복한 뒤에는 소련의 한반도 점령을 막는 데 한인들을 활용할 수 있다는 것이었다.

이승만의 주장에 대해 앨저 히스는 불쾌한 표정을 보였다. 지금 소련은 나치 독일과 전쟁하고 있는 미국의 동맹국이므로 비난해서는 안 된다는 것이었다. 그리고 한반도는 소련의 이해관계가 걸린 지역이기 때문에 소련이 원하는 것이 무엇인지 확실하게 밝힐 때까지는 어떤 결정도 내릴 수 없다는 것이었다.

당시에는 아무도 몰랐지만, 앨저 히스는 공산주의자로 소련의 첩자였다. 그래서 그는 제2차 세계대전이 끝났을 때 그는 간첩 혐의로 체포되었다. 하지만 간첩행위에 대한 증거를 찾지 못해 처벌하지는 못했다. 그러나 하원의원 리차드 닉슨의 노력으로 위증죄에 대한 유죄를 인정받아 2년 동안 옥살이를 하게 했다. 그가 소련의 첩자로 밝혀진 것은 1991년 소련 제국의 해체 이후 코민테른(국제공산당) 문서가 공개되었기 때문이다.

물론 이승만도 그를 만날 당시에 그의 정체를 알지 못했다. 그러므로 그는 단지 경험 없는 젊은 미국 관리의 손에 한민족의 운명이 놓이게 된 것을 서글퍼했을 뿐이었다.

미 국무부가 이승만을 기피하는 이유

당시 미 국무부 안에는 친소적이고 좌파적인 관리들이 적지 않았다. 그들 모두가 공산주의자는 아니었지만, 대부분은 소련과 협의해 국제문제를 처리하려는 좌우합작파(左右合作派)들이었다. 그 때문에 국무부는 한인들 가운데서도 한길수 같은 좌파나 김용중 같은 중도파를 지지하고, 반소·반공주의자인 이승만을 멀리 했던 것이다.

그 같은 현상은 이른바 '좌경화 시기'였던 1930, 40년대의 유럽과 미국에서 지식인들이 마르크스주의에 기울어져 있었던 사실과 관련이 있었다. 그 같은 현상은 재미 한인들 속에서도 나타나 시카고를 중심으로 한인 마르크스주의자 써클이 형성되기도 했다. 좌경화한 한인 지식인들 가운데는 〈신한민보〉 편집에 참여했던 변준호와 '조선사정연구소'를 운영했던 김용중이 있었다.

신탁통치를 건의한 랭던보고서

이승만이 대한민국 임시정부의 승인을 계속 요구하자, 미 국무부는 그것에 대비해 한반도 문제에 대한 보고서를 마련했다. 작성자는 일제시대에 서울과 만주의 미국영사관과 도쿄의 미국대사관에서 근무했던 윌리엄 랭던이었다. "한국 독립문제의 몇 가지 측면들"이란 제목을 단 랭던보고서는 1942년 2월 22일에 작성되었다.

랭던보고서에 따르면, 조선의 독립은 30년 동안 강대국의 보호, 지도, 원조를 받아 근대국가의 자격을 갖춘 다음에야 이루어질 수 있다는 것이다. 왜냐하면 조선인들은 일본의 지배로 국가운영에 관한 경험과 전문지식을 쌓지 못했을 뿐만 아니라, 그들의 경제도 일본과 얽혀 독립된 운영이 불가능하기 때문이다.

랭던보고서는 한인 독립운동가들이 일본과의 전쟁에서 미국에 도움을 줄 것이라는 주장도 부정했다. 왜냐하면 중국본토의 광복군과 조선의용대, 동만주 산악지대의 한인 게릴라는 숫자가 너무 적어 전혀 도움이 되지 않기 때문이다. 그러므로 미국은 대한민국 임시정부의 승인 같은 구체적인 약속은 피하고 약소민족의 해방 같은 원론적인 공약만 강조하라는 것이었다.

이러한 관점에서 볼 때, 1943년 3월 프랭클린 루스벨트 대통령이 한국에 대한 신탁통치(信託統治)를 구상하게 된 것이 랭던보고서의 영향이었음은 확실하다. 랭던보고서는 비밀문서였기 때문에 이승만은 그 내용을 알 수 없었다. 하지만 한국독립에 대한 어떤 제한이 있다는 것만은 확신했다. 그 같은 의심 때문에 이승만은 미국의 국무부 관리들과 국무장관, 그리고 대통령을 향해 더욱더 집요하게 대한민국 임시정부의 승인을 요구했던 것이다.

임정승인이 불가능할지도 모른다는 두려움

1942년 2월 7일 이승만은 다시 코델 헐 국무장관에게 임시정부 승인 요청서를 보냈다. 그러자 국무차관 아돌프 벌리(Berle)가 회답을 보내 왔는데, 거기에는 미국이 대한민국 임시정부를 승인하지 않는 이유로 다음의 사항을 명시했다.

(1)미국은 독일, 이탈리아, 일본에게 점령된 나라들의 망명 정부나 임시정부를 승인하지 않는다는 방침이다.

(2)미국은 중경의 대한민국 임시정부가 한민족 전체를 대표하는 정부로 보고 있지 않다. 경쟁적인 여러 한인 그룹의 하나로 보고

있다.

(3)대한민국 임시정부가 국내와 연결되어 있다는 것도 확실해 보이지 않는다.

위와 같은 미 국무차관의 답변을 볼 때, 국무부가 대한민국 임시정부를 승인할 가능성은 없어 보였다.

그것은 1941년 12월 22일 이승만의 지시로 변호사 존 스태거스와 언론인 제이 제롬 윌리엄스가 아이오와 출신 상원의원 가이 질레트를 만났을 때 확인된 내용이었다. 그때 그들이 들은 말은 미국은 결코 중경 임시정부를 승인하지 않으리라는 것이었다.

그 이후 이승만은 미 국무부가 임시정부를 승인하지 않을지 모른다고 줄곧 의심해 왔다. 그런데 이번에 국무차관 아돌프 벌리의 회답이 그 같은 의심을 다시 확인해 준 것이다.

끝까지 무국적 망명객으로 남다

이승만은 미국 정부를 상대로 벌인 임시정부 승인투쟁에서 계속 좌절감을 맛보았다. 그렇다고 성과가 전혀 없었던 것은 아니었다. 대표적인 것이 1942년 2월 미 법무부로부터 재미한인을 재미일본인과 다르게 대우하겠다는 결정을 받아낸 경우였다.

일본과의 전쟁이 시작되자 미국정부는 재미 일본인들을 적성국(敵性國) 국민으로 보고 여러 가지 제약을 부과했다. 그 같은 제약은 재미 한인들에게도 적용되었다. 그래서 이승만은 한국인을 일본인과 다르게 대우해 달라는 청원서를 미 법무부에 제출했는데, 그 요청이 받아들여진 것이다. 이승만은 미 법무부가 한인들의 독립의지를 인정한 것으로 보고 크게 기뻐했다.

일제시대에 해외의 한인 독립운동가들은 일본 국적(國籍)을 가지기 꺼려했다. 하지만 무국적자로는 생존하기 어려웠기 때문에 많은 사람들이 중국이나 미국의 국적을 가지게 되었다. 김구나 안창호도 그 같은 경우였다. 그러나 이승만은 그들과는 달리 끝까지 무국적자(無國籍者) 망명객 신분으로 남았다. 그 때문에 이승만은 하와이 영토에서 미국 본토로 갈 때도 국무부의 허가를 받아야 하는 귀찮은 절차를 밟았다. 무국적 망명객으로서의 심경을 그는 다음과 같은 한시에서 나타냈다.

태평양 배 위에서

물과 하늘 새를 떠다니는 몸
만리 태평양을 오가기 몇 번인고.
도처 명승지도 그저 그렇고
꿈속 넋은 언제나 한남산(*서울 남산)에 머문다.

1935년 늦은 가을

太平洋舟中作

一身泛泛水天間, 萬里太平幾往還
到處尋常形勝地, 夢魂長在漢南山
乙亥暮秋

이승만이 무국적자로 겪은 어려움은 1933년 초 제네바 국제연맹 총회에 참석할 때 드러났다. 그때 그는 헨리 스팀슨 국무장관으로부터 외교관 여권을 받는 데는 성공했다. 하지만 그는 미국의 외교관도 시민도 아니었기 때문에 여권에는 그 이유를 밝히는 긴 설명이 붙어야 했다. 그래서 그의 여권은 유럽 여러 나라를 통과할 때마다 출입국 관리들의 흥밋거리가 되었다.

그러므로 이승만은 미 국무부의 여권 담당자로부터 미국 국적을 취득하라는 권유를 계속 받았다. 하지만 그때마다 그는 한국이 곧 독립될 것이므로 기다리겠다는 농담으로 거절하곤 했다.

13
바뀌기 시작하는 미국의 태도

(1) 한국독립을 도운 미국인들

미국인들로 한미협회를 조직

무국적 망명객의 신분으로는 미국정부와 접촉하기도 쉽지 않았다. 그 때문에 이승만은 자기를 대신해 줄 미국인들의 후원단체를 만들게 되었다. 최초의 단체는 그가 1919년 서재필과 함께 조직한 한국친우회(League of the Friends of Korea)였다. 그러나 서재필이 생계를 위해 독립운동 일선에서 물러나고 이승만도 멀리 하와이에 머물게 되면서 그 단체는 활동을 멈추게 되었다.

그러나 이승만이 제2차 세계대전을 계기로 활동무대를 하와이에서 워싱턴으로 옮기면서 새로운 미국인 후원단체가 필요하게 되었다. 그렇게 해서 1942년 1월에 조직된 것이 한미협회(Korean-American Council)였다. 대표자는 워싱턴 파운드리 감리교회 목사로 미 국회상원 원목(院牧)인 프레데릭 브라운 해리스 목사였다.[1] 해리스는 정계의 거물들과도 교분이 있었다. 게다가 파운드리 교회는 백악관 옆에 있었기 때문에 1941년 12월 성탄예배에 루스벨트와 처칠이 함께 참석하기도 했다. 이승만은 그 교회 교인이었다.

한미협회에서는 전직 캐나다 대사로 한때 맥아더 장군의 처남이기도 했던 제임스 크롬웰과 아메리칸 대학 총장 폴 더글러스가 적극적으로 활동했다. 연방대법원 판사 윌리엄 머피도 이사의 한 사람이었다.

라디오로 중계된 1942년의 한인자유대회

한인들의 독립의지를 미국인들에게 알리는 것이 시급했기 때문에 이승만은 한미협회의 도움으로 행동에 나섰다. 첫 행사가 1942년 2월 27일 백악관 근처의 라파예트 호텔에서 사흘 동안 열린 한인자유대회(Korean Liberty Conference)였다. 그것은 이승만이 1919년의 혁명으로 부르는 3·1운동 23주년을 기념하기 위한 행사였다.

그 행사를 계기로 이승만은 이념, 출신지역, 독립운동 노선의 차이로 분열된 재미 한인들을 결집시키려고 했다. 그래서 한인자유

1) 루스벨트 대통령이 한국독립 문제에 관심을 가지고 카이로 선언의 발표에 적극적인 태도를 보였던 것은 이승만과 가까운 프레데릭 브라운 해리스 목사의 영향이 컸던 것은 확실한 것 같다. 이 부분은 앞으로 더 연구되어야 할 과제이다. 유지윤·김명섭의 "프레데릭 해리스의 한국관련 활동:이승만과의 관계를 중심으로" 〈한국정치외교사논총〉 40집 1호, 및 정일화의 〈대한민국 독립의 문:카이로 선언〉 선한약속, 2010 24-83쪽을 참고할 것.

대회는 한미협회와 재미한족연합위원회의 공동주최로 열리게 되었다. 그에 따라 껄끄러운 관계의 국민회 계열 인사들인 김호와 김원용이 참석했다. 그리고 중도파로 자처하는 조선사정연구소의 김용중도 참석했다. 그 때문에 한인자유대회에는 미국 전역에서 100여명의 한인들과 미국인들이 참석하게 되었다. 회의 과정도 WINX 라디오 방송을 통해 전국에 실황으로 중계되었다.

한인자유대회에서는 10여명이 연설자로 나섰다. 그들 가운데는 아메리칸 대학 총장 폴 더글라스, 조선에 선교사로 왔던 호머 헐버트가 있었다. 이승만은 연설에서 2천3백만의 한인들은 자유를 얻을 때까지 싸울 것이라는 강한 의지를 보이고, 미국정부에는 중경 임시정부의 승인을 촉구했다. 하원의원 존 커피와 서재필은 연설에서 1882년의 조미수호통상조약이 아직 유효하다는 것을 상기시키고 그 때문에 미국은 여전히 조선문제에 대해 호의적인 의도에서 개입할 의무가 있음을 강조했다.

한인자유대회에는 미 국무부 관리들인 스탠리 혼벡과 윌리엄 랭던이 옵서버로 참석했다. 그 가운데서 랭던은 그 대회에 대해 아주 비판적인 인상을 기록으로 남겼다. 한인들은 앞으로의 독립운동 계획이나 조직화에 관해서는 한마디도 없이 과거 이야기만 한다는 것이었다. 그리고 한인들은 미국이 일본의 조선 합병을 방조한 것에 대해 반성하라고 요구만 하고 있다고 비판했다.

루스벨트에 임정승인을 청원한 한미협회

한인자유대회가 끝나자마자 한미협회는 1942년 3월 6일에 이승만을 대신해 한국독립을 청원하는 서한을 루스벨트 대통령에게 보냈다. 미국은 중경 임시정부를 즉각 승인하고 일본과의 전쟁에서 한인들을 활용하라는 내용이었다. 청원인 대표는 상원 원목 프레데릭 브라운 해리스, 변호사 존 스태거스, 언론인 제이 제롬 윌리엄스였다.

1942년 3월 24일에 이승만은 코델 헐 국무장관에게 1882년의 조미수호통상조약을 상기시키기 위한 서한을 보냈다. 거기서 이승만은 그 조약의 존재 때문에 자신은 미국 안의 다른 약소민족들의 자유운동과는 다른 외교활동을 하고 있는 것이라고 주장했다. 5월 5일에 이승만은 다시 코델 헐 국무장관에게 서한을 보내 중경 임시정부에 대한 승인을 촉구했다. 같은 시기에 한미협회 회장 크롬웰도 같은 내용의 서한을 코델 헐 국무장관에게 보냈다.

"싸우지 않는 민족"이라는 데 대한 좌절감

코델 헐 국무장관은 그 서한들에 대해 즉각 회답을 보내지 않았다. 그러다가 한참 후에 그는 그것들에 대한 답변으로 보이는 성명서를 기자회견에서 배포했다. 핵심은 자기 민족의 자유를 위해 '직접 싸우지 않는 민족'은 미국의 도움을 기대할 자격이 없다는 것이었다. 다시 말해, 미국정부는 추축국들에 대항해 싸우는 약소민족들에 대해서만 그것에 맞는 원조를 제공하겠다는 것이었다.

그 말은 한인들이 싸우지 않는 민족에 속하는 것으로 해석될 수 있었기 때문에 이승만은 코델 헐의 성명에 분노했다. 그러한 이승만을 옹호하기 위해 한미협회의 폴 더글라스 아메리칸대학 총장이 국무부 관리들과 논쟁을 벌이게 되었다. 그 과정에서 폴 더글라스 총장도 격한 감정을 표시했기 때문에 더 이상 나서지 못하게 되었다.

1943년 2월 16일에 와서도 이승만은 코델 헐 국무장관에게 임시정부 승인을 촉구하는 서한을 보냈다. 여기서 그는 임시정부를 승인해야 할 새로운 이유를 제시했다. 그것은 제2차 세계대전이 끝난 뒤 공산국가 소련(蘇聯)이 한반도를 점령할 위험성에 대한 우려였다. 그러므로 그 같은 불행한 사태가 일어나는 것을 막기 위해서는 미국은 당장 대한민국 임시정부를 승인해야 한다는 주장을 했다. 그러나 코델 헐 국무장관은 그 서한에 대해서도 아무 답변을 하지 않았다.

미국인들로 기독교인친한회도 조직

이승만은 한미협회와는 별도로 기독교인들만으로 구성된 미국인 후원단체를 만들려고 했다. 목적은 1942년에 일제로부터 조선에서 추방당한 600명의 선교사와 그 가족들을 한국독립운동에 끌어들이기 위한 것이었다. 그 때문에 1943년 8월에 기독교인친한회

(Christian Friends of Korea)가 조직되었다.

그 조직의 중심축은 세 명의 선교사였다. 한 사람은 올리버 애비슨 박사로 제중원과 세브란스병원을 운영하고 연희전문학교 교장을 지낸 의료선교사였다. 다른 한 사람은 호머 헐버트 박사로 조선에 육영공원 교사로 왔다가 고종의 밀사로도 활약한 한국학 연구자였다. 또 다른 사람은 제랄딘 피치(Fitch) 여사로 상해와 남경의 YMCA 총무를 지낸 조지 피치의 부인이었다.

기독교인친한회 회원들은 1943년 2월부터 자기 지역 출신의 연방상원과 연방하원 의원들을 상대로 편지 쓰기 운동을 벌였다. 편지에서 그들은 동양에서 기독교가 부흥하기 위해서는 독립된 한국이 필요하다는 것을 역설했다. 그리고 그렇게 하기 위해서는 우선 미국정부가 대한민국 임시정부를 승인해야 한다는 것이었다. 그들의 편지는 적지 않은 호응을 불러일으켜 여러 상원의원들과 하원의원들이 한국독립을 지지하게 되었다.

'미국의 소리' 방송에서 고국 동포들을 격려

이승만은 단파 라디오 방송인 '미국의 소리(VOA)'를 통해서도 고국의 동포들을 격려할 기회를 얻었다. 그 방송은 미국 전시정보국(Office of War Information)이 추축국들에게 침략당한 피압박 민족들을 격려하기 위해 설립되었다. 한국어 방송은 경신학교 교장이었던 장로교 선교사 쿤스(Koons)의 도움을 받았다. 이승만을 그 방송과 연결시켜 준 인물은 M. 프레스톤 굿펠로우 대령이었다.

"나는 이승만입니다…"로 시작되는 그의 유명한 첫 방송은 1942년 6월 13일에 전파를 탔다. 방송에서 이승만은 고국의 동포들에게 독립의 희망이 있음을 알렸다. 미국이 일본과 전쟁을 하고 있을 뿐만 아니라, 김구, 이범석 등의 독립운동가들이 투쟁하고 있기 때문이라는 것이었다. 동포들은 조금만 더 참고 태업이나 파괴를 통해 일본에 저항할 것을 촉구했다. 이승만의 방송은 7월까지 몇 차례 더 있었다.

이승만의 방송 소식은 국내 지식인들에게 은밀히 퍼져 나갔다. 그것을 처음 전달한 사람은 동아일보 기자인 홍익범이었다. 그는 미국 유학 시절에 대한인동지회 활동을 하면서 이승만의 독립운동을 돕고 콜럼비아대학에서 외교학으로 석사학위를 받았다. 소문은 퍼져 나가면서 미국의 도움으로 이승만이 세운 임시정부가 연합국의 승인을 받았다는 등의 부정확한 내용으로 과장되기도 했다.

조선총독부가 유포자 색출에 나서면서 서울과 지방의 방송인 150명을 포함한 300명의 지식인이 체포되었다. 그들 가운데서 41명이 유죄판결을 받아 옥살이를 했다. 홍익범은 고문 후유증으로 형기 중에 사망하는 불운을 당했다.

재미한인들의 상당수는 이승만에 비판적

재미 한인들 가운데는 이승만을 혹독하게 비판하는 사람도 적지 않았다. 그들은 이승만이 너무 늙어 현실감각이 부족해서 더 이상 한인들을 대표할 수 없다고 주장했다. 따라서 이승만은 독립운동 일선에서 물러나야 한다는 것이었다. 대표적인 비판자는 좌파인 한길수였다. 그는 중국에서 활동하고 있는 좌파들인 김규식과 김원봉의 대변자로 자처했다.

그러나 이승만에 대한 비판자들의 대부분은 한길수와는 노선이 다른 중도파나 좌우합작파였다. 그들의 중심지는 안창호 지지세력이 강한 샌프란시스코의 국민회 중앙총회와 그 기관지인 〈신한민보〉였다. 그들의 좌우합작 노선은 미국의 대외정책과 일치했기 때문에 미 국무부의 지지를 받았다.

그러한 미 국무부 관리들 가운데는 극동문제 담당자 조지 맥퀸이 있었다. 그는 평양에서 장로교 선교사의 아들로 태어났기 때문에 서북지방 출신들과 가까웠다. 그래서 그는 전략첩보국(OSS)에서 근무할 때 한인 특공대를 조직하려는 이승만을 견제하게 되었다.

선교사들의 이승만 지지

이승만이 이처럼 미 국무부에 나쁘게 비춰지고 있는 것을 한미협회와 기독교인친한회의 미국인들은 안타깝게 생각했다. 그래서 존 스태거스 변호사는 이승만에 대한 미 국무부의 편견을 고치기 위해 1940~41년 기간에 조선에서 추방당한 수백 명의 미국인 선교사들의 주소를 찾아냈다. 그리고 그들에게 한국인을 대표할 인물이 누구인지를 묻는 설문지를 보냈다. 돌아온 회신은 대부분 이승만을 꼽았다.

용기를 얻은 존 스태거스 변호사는 회신 묶음을 들고 미 국무부 극동국장 스탠리 혼벡 박사를 찾아갔다. 그러고는 그 자리에서 당장 검토해 줄 것을 요청했다. 한 시간 동안 회신들을 확인한 혼벡은 그 정도면 이승만의 중요성이 입증되었다고 말했다. 그런데도 미 국무부의 이승만에 대한 부정적인 시각은 전혀 바뀌지 않았다.

(2) 미 대통령에 전달된 독립의지

한인들의 목표는 자유민주국 건설

그럼에도 불구하고 이승만은 쉬지 않고 미 대통령과 국무장관을 향해 대한민국 임시정부의 승인과 무기대여법에 따른 무기 지원을 요구했다. 그 때문에 1942년부터 1945년까지 그가 미국정부에 제출한 청원은 30여회에 이를 정도로 많았다.

그러므로 미 국무부는 한국독립운동의 실태를 알아보려고 했다. 그래서 미 국무부는 1942년 11월 말 미국을 방문하고 있던 중국 외교부 차관 호세택(빅터 후)에게 조사를 부탁했다. 그러자 호세택은 그 일을 이승만에게 맡겼다. 두 사람은 1933년 제네바 국제연맹에서 일본의 만주침략 규탄을 위해 같이 활동했기 때문에 잘 아는 사이였다.

이승만은 중경 임시정부를 비롯한 한인 독립운동에 관한 보고서를 만들어 미 국무부에 제출했다. 그리고 한인들이 일본과 싸우는 목적은 루스벨트와 처칠이 발표한 '대서양헌장'의 정신을 구현하기 위한 것임을 덧붙였다. 그것은 자유민주주의의 실현을 의미했다.

그러므로 이승만은 보고서에서 한인들은 일본의 압제로부터 해방되면 자유선거(free election)를 실시해 자유민주주의의 국가를 세울 것이라고 썼다. 그리고 그렇게 해서 세워진 한국인 국가는 일본을 견제하는 완충국으로서 극동평화 유지에 기여할 것이라고 썼다.

한인들의 노예상태를 언급한 루스벨트

미 국무부 전체가 한국독립에 부정적인 것은 아니었다. 코델 헐 국무장관과의 불화로 국무차관을 물러난 국무차관 썸너 웰스는 퇴임 후에 한국독립을 지지하는 글을 신문에 썼다.

더 놀라운 것은 프랭클린 루스벨트(FDR) 대통령 자신이 1942년 2월 23일 조지 워싱턴 탄생을 기념하는 라디오 방송에서 한국독립을 지지할 의사를 내비친 사실이었다. 방송에서 대통령은 한인들의 노예상태에 대해 잘 알고 있다고 말했던 것이다. 그 말에 감격한 이승만은 즉각 미 대통령에게 감사하는 전문을 보냈다.

그 같은 사실들은 한인들의 독립의지가 미국정부 고위층에까지 전달되었을 보여 주는 것이었다. 전달 경로에는 여러 가지가 있을 수 있었다. 하지만 이승만과 그를 돕는 한미협회와 기독교인친한회 미국인들의 공로가 절대적으로 컸음은 확실해 보이는 것이다.

미 의회에서 임정승인을 논의

그에 따라 1943년 3월 31일 미 하원에서는 대한민국 임시정부 승인에 관한 법안을 제출하려는 움직임이 있었다. 제안자는 미시건주 출신의 하원의원 조지 오브라이언이었다. 4월 22일에는 상원에서도 꼭 같은 움직임이 있었다. 발의자는 위스콘신주 출신 상원의원 알렉산더 와일리였다.

그러나 하원과 상원의 각 외교위원회가 의안을 심의하기 전에 국무부에 의견을 물은 것이 문제가 되었다. 상원 외교위원회의 문의에 대해 4월 15일 코델 헐 국무장관이 보낸 답변서는 한국독립에 대해 부정적인 것이었다. 6월 18일 하원 외교위원회에 보낸 국무장관의 답변서도 마찬가지로 부정적인 것이었다. 그 때문에 두 의안은 상정조차 되지 못했다.

백악관도 호의적으로 반응

1943년 5월 15일에도 이승만은 프랭클린 루스벨트 대통령에 서한을 보내 한국독립 문제를 빨리 처리해 줄 것을 요청했다. 중경 임시정부를 승인하지 않으면, 제2차 세계대전이 끝났을 때 소련(蘇聯)이 한반도에서 소비에트 공화국을 세우는 불행한 일이 일어날 것이라고 경고했다. 그러므로 지금은 한국인들이 일본과 전쟁 중인 미국을 돕도록 미국정부가 격려해야 할 때라고 주장했다. 그렇게 해야만 38년 전 1905년에 미국이 일본의 조선 점령을 방조했던 잘못을 고치게 될 것이라고 주장했다.

같은 날 한미협회와 기독교인친한회도 루스벨트 대통령에게 임시정부 승인을 요청하는 서한을 보냈다.

5월 15일의 이승만 편지에 대해 백악관은 반응을 보였다. 대통령 비서실장 에드윈 왓슨 장군은 이승만의 서한을 대통령의 참모 해리 홉킨스의 손을 거쳐 루스벨트(FDR)에게 전달되었다는 답장을 보내왔다. 비서실장의 답신에는 "귀하의 서한을 면밀하게 검토했다"는 문장이 들어 있었다.

루스벨트가 한국독립 문제를 잊지 않게

용기를 얻은 이승만은 루스벨트가 한국독립 문제를 잊지 않도록 전문과 서한을 보내 계속 상기시켰다. 1943년 8월 29일에는 캐나다 퀘벡에서 처칠과 회담하고 있던 루스벨트에게 한국문제를 상기시키기 위한 전보를 보냈다. 그리고 미국이 중경 임시정부를 승인하고 원조를 제공한다면, 미국은 일본과의 전쟁에서 3천만 한인들의 큰 도움을 받게 될 것이라고 주장했다.

11월 19일에 이승만은 기독교인친한회의 감리교 목사 존 무어(Moore) 박사에게 부탁해 프랭클린 루스벨트(FDR) 대통령에게 편지를 보내도록 했다. 카이로 회담이 열리기 열흘 전이었다. 무어 박사는 대통령에 보낸 편지에서 1905년에 미국은 일본의 대한제국 점령을 도운 잘못을 저질렀음을 지적하고 지금이야말로 그때의 잘못을 바로잡을 때라고 주장했다.

무어 박사는 지금 자기는 1906년에 장로교 선교사 제임스 게일이 대통령 각하(FDR)의 친척인 시어도어 루스벨트(TR) 대통령에게 했던 말을 그대로 하고 있는 것이라고 썼다. 무어 박사는 그때 시어도어 루스벨트(TR) 대통령이 제임스 게일 목사의 지적에 찬동했다는 사실을 상기시키면서 프랭클린 루스벨트(FDR) 대통령의 결단을 촉구했다.

14
한국독립 약속의 기적

(1) 1943년의 카이로 선언

테헤란 회담 가는 길에 열린 카이로 회담

1943년에 제2차 세계대전의 전세는 연합국에게 아주 유리해졌다. 그러자 영국의 처칠과 미국의 루스벨트는 소련(蘇聯)의 스탈린이 전쟁의 실질적인 승자가 될지 모른다고 우려했다. 실제로 소련군은 동유럽과 중동에서 많은 영토를 점령한 상태였기 때문이다.

그러므로 처칠과 루스벨트는 전쟁이 끝나기 전에 세력범위(勢力範圍)를 미리 설정해 놓자고 스탈린을 압박했다. 그렇게 해서 열린 것이 테헤란 회담이었다.

루스벨트는 테헤란 회담에 중국의 장개석도 초청하려고 했다. 전후에 중국과 관련된 문제가 논란의 대상이 될 가능성이 컸기 때문이다. 그러나 중국 영토에 대한 야심이 있던 스탈린은 장개석의 테헤란 회담 참석을 완강히 반대했다.

그러므로 루스벨트와 처칠은 1943년 11월 테헤란 회담을 하기 위해 가는 길에 이집트로 장개석을 불러 따로 만나려 했다. 그래서 카이로 회담이 열리게 된 것이다. 그 회담에서 미국·영국·중국의 수뇌들은 "한국인들의 노예상태를 유념"해 "적당한 절차를 거쳐" 독립을 허용할 것을 합의했다.

그런 다음 처칠과 루스벨트는 테헤란으로 가서 스탈린과 회담하고 다시 카이로로 왔다. 그리고 12월 1일 한국의 독립을 약속한 카이로 선언을 발표한 것이다.

카이로 선언 작성자는 감리교도

카이로 선언문을 기초한 사람은 루스벨트의 특별보좌관인 해리 홉킨스(Harry Hopkins)였다.[2] 그는 유명한 사회사업가로서 뉴딜 정책에서 빈곤문제를 다룬 중요 인물이었다. 그가 국무장관을 대신해 카이로 회담과 테헤란 회담에 참석하게 된 것은 대통령의 신임이 컸기 때문이었다. 그는 독실한 감리교도였기 때문에 기독교 지도자들과 친밀한 관계에 있던 이승만을 잘 알고 한국인들의 독립의지에 대해 관심을 가졌을 가능성이 아주 컸다. 이승만과 친분의 정도는 확실하지 않지만 알고 있는 관계는 분명했다.

2) 해리 홉킨스가 카이로 선언문을 기초하고 수정되는 과정에 대해서는 정일화의 〈대한민국 독립의 문:카이로 선언〉(선한약속, 2010) 24-83쪽을 참조할 것. 프랭클린 루스벨트(FDR) 대통령은 홉킨스에게 한국독립에 대한 약속은 새 문장으로 시작하도록 하라고 특별히 지시할 정도로 한국에 대해 특별한 관심을 보였다.

카이로 선언이 나오게 되는 과정에서 장개석과 중국의 역할을 강조하는 주장도 있다. 실제로 카이로 회담이 열리기 넉 달 전인 1943년 7월 장개석은 김구 등 임시정부 요인들을 만나 한국의 독립을 위해 노력하겠다고 약속한 적이 있었다.

하지만 11월의 카이로 회담에서 중국의 역할은 소극적인 것이었다. 회담장에서 장개석은 한국독립 문제에 대해 거의 아무런 발언도 하지 않았다. 루스벨트에 따르면, 11월 25일 저녁 그의 숙소에 초청을 받은 장개석은 한국의 독립은 허용할 필요가 있다는 정도의 소극적인 발언을 했을 뿐이었다. 그 때문에 다음 날 아침 루스벨트는 처칠에게 장개석은 아직도 한국을 중국의 속방(屬邦)으로 생각하고 있는 것 같다고 말했던 것이다.[3)]

카이로 선언의 미국 측 초안을 검토하는 11월 25일의 외무차관 회의에서도 중국 대표 왕총혜는 미국의 홉킨스와 영국의 케도건에게 아무런 의견도 제시하지 않았다. 즉, 한국의 독립을 늦출 소지가 있는 '적절한 시기에(at the proper moment)' 독립을 허용한다는 제약성의 문구가 있었음에도 불구하고 중국대표는 전혀 수정할 움직임을 보이지 않았다.

11월 26일의 외무차관 회의에서도 영국대표가 넣은 "적당한 절차를 밟아(in due course)"라는 제약성의 문구에 대해서도 중국대표는 아무런 이의를 제기하지 않았던 것이다.

---

3) 루스벨트는 장개석이 한국을 다시 점령할 것으로 의심하고 있었다. 앞의 책 〈카이로 선언〉 68-83쪽을 참고할 것.

애쉴랜드 시민의 한국승인 대회

해외의 한인들은 카이로 선언 소식에 아주 기뻐했다. 그래서 이승만은 1943년 12월 9일 프랭클린 루스벨트에게 감사의 전보를 보냈다. 그리고 다시 서한을 보내 루스벨트 대통령이 자신의 프린스턴 대학 은사인 우드로 윌슨의 자유주의와 민족자결주의를 실현하기 위해 민주주의의 적들과 용감히 싸운 데 대해 존경의 뜻을 표시했다.

힘을 얻은 이승만은 미국인 대중에게 한인들의 독립의지를 알리기 위한 운동을 적극 벌였다. 보통의 미국인들은 한국인들의 독립의지는 물론 일본의 지배를 받고 있다는 사실조차 모르는 경우가 많았기 때문이다. 그 같은 목적에서 가지게 된 것이 한국승인대회였다.

애쉴랜드(Ashland) 한국승인대회는 카이로 선언이 나오기 3주 전에 계획되었던 행사였다. 이승만은 오하이오주 신시내티 재향군인회 초청을 받아 연설한 적이 있었는데, 그것이 애쉴랜드 대회의 계기가 되었다. 오하이오주에는 한미협회에 동정적인 미국인들이 유난히 많았던 것이다. 그래서 재향군인회 총회는 미 국무부에게 임시정부 승인을 촉구하는 결의문을 채택했던 것이다.

한국승인대회는 카이로 선언이 발표된 다음 오하이오주 북부의 작은 도시 애쉴랜드에서 사흘 동안 열렸다. 그것은 애쉴랜드의 사회단체들이 한미협회를 초청함으로써 이루어졌다. 대회장은 실업가의 부인 가이 마이어즈(Myers) 여사였으나 행사의 주인공은 이승만이었다.

라디오 방송으로 대회를 중계

대회 기간 동안 시내에는 한인들을 환영하는 현수막과 함께 태극기와 미국기를 걸고 도시 전체가 한국인의 날을 축하했다.

미국인 참석자는 한미협회의 임원들인 제임스 크롬웰 회장, 폴 더글라스 아메리칸대학 총장, 호머 헐버트 박사, 제랄딘 피치 목사 부인, 그리고 유타주 출신 상원의원이었던 윌리엄 킹이었다. 애쉴랜드 상공인들도 많이 참석했다.

50여명의 한인 참석자 가운데는 의학박사 제임스 신(Shinn), 캘리포니아 디뉴바의 목사로 열렬한 이승만 지지자인 이살음(李薩音), 그리고 이승만을 지지하는 또 다른 목사들인 배민수, 김광연 등이었다.

대회 실황은 114개의 라디오 방송을 통해 전국에 중개되어 하와이에서도 방송을 들을 수 있었다. 이승만은 연설에서 카이로 선언으로 이제 한국은 '잊혀진 나라'가 아니며, 따라서 대한민국 임시정부는 승인을 받고 무기대여법에 따른 무기 지원을 받아야 한다고 주장했다.

대회가 끝난 다음 군악대의 선도로 시가행진을 벌였는데, 한국 부인들이 한복을 입고 참여해 인기를 끌었다.

이승만은 그 기세를 살려 1944년 3월 1일에는 워싱턴에서 한인대회를 열려고 했다. 하지만 한족연합위원회와 〈신한민보〉가 호응하지 않아 단념하고 말았다.

(2) 무장투쟁의 필요성을 절감

미군과 협력을 모색

이승만의 주요 목표는 미국정부로부터 중경 임시정부에 대한 승인을 받아내는 것이었다. 그것은 외교와 홍보의 방법을 통해 추진하려고 했기 때문에 흔히 외교독립론으로 불리게 되었다.

그러나 1941년의 진주만 기습으로 미·일 전쟁이 일어나면서 이승만도 한인들이 군사행동으로 미국의 전쟁수행을 도와야 할 필요성을 느끼게 되었다. 독립을 위한 무장투쟁(武裝鬪爭)이 필요하게 된 것이다. 그래서 이승만은 미군 정보기관과 협조해 재미 한인청년들로 특수공작대를 조직하려고 했다. 그들을 한반도에 투입해 정보수집과 파괴활동에 활용할 계획이었다.

그 과정에서 이승만은 육군 정보조정국(COI)의 에쎈 게일 소령의 도움을 받게 되었는데, 그는 한국에서 가까이 지내던 장로교 선교사 제임스 게일의 조카였다. 1942년 3월 미 육군 정보조정국(COI)이 특수부대 101지대를 창설하자, 이승만은 훈련요원으로 장석윤(張錫允), 정운수(鄭雲洙) 등 한인청년 20명을 추천했다.

그에 따라 이승만은 특수공작대 조직을 논의하기 위한 미군회의(1942년 9-12월)에 여러 차례 참석했다. 육군 정보조정국이 전략첩보국(OSS)으로 개편되면서 이승만은 아이다호주 언론인 출신 M. 프레스턴 굿펠로우 대령을 알게 되었다.

특수공작대 창설을 위해 이승만의 심복인 장석윤과 미군 칼 아이플러 대령은 미국과 중국의 한인청년들을 모으려고 했다. 그러나 그 계획은 중단되고 말았다. 미군 측이 중국의 한인 특수부대 조직까지 이승만에게 맡기려 한 데 대해 중국 군부가 반대했기 때문이다.

중국 군부는 한인들의 무장투쟁을 경계하는 것 같았다. 왜냐하면 그것은 제2차 세계대전이 끝난 뒤에 한국인의 발언권을 강화할 것이기 때문이다. 그래서 중국 군부는 버마 전선의 영국군이 요청한 광복군의 추가 파병도 허락하지 않았다. 그 결과로 버마 전선에서 일본군을 상대로 통역, 포로신문, 귀순 삐라 제작으로 영국군을 돕는 한국인은 김원봉이 이미 파견한 조선의용대 대원 9명으로 그칠 수밖에 없었다.

한인특수공작반의 창설

그러므로 이승만은 미국의 한인들만으로 특수공작대를 창설하려고 했다. 미 육군부의 요청이 있자, 이승만은 1942년 10월 50명의 지원자 명단을 제출했다. 그들 가운데는 해방 후에 미군정과 대한민국 정부에서 일하게 될 장기영, 이순용, 장석윤, 김길준, 정운수, 김세선, 한표욱 등이 있었다.

그들 가운데서 선정된 8명은 1942년 12월부터 3개월 동안 워싱턴 근처에서 훈련을 받았다. 훈련이 끝났을 때 한미협회의 제이 제롬 윌리엄스는 그들을 자기 집으로 초대했다. 그러나 그들은 미 육군으로부터 임무를 부여받지 못했다. 그들을 활용하려던 계획이 전략첩보국(OSS)과 육군부 차관의 승인을 받지 못했기 때문이다.

특수공작대의 조직이 불가능해지자, 이승만은 한인 청년들에게 개별적으로 미군에 입대할 것을 권유했다. 대표적인 경우가 장석윤과 정운수였다. 미군이 된 장석윤은 버마 전선을 거쳐 중국 중경에 가서 김구를 만나 이승만의 메시지를 전달하기도 했다. 그는 나중에 대한민국 내무장관이 되었다.

중국에서나 미국에서 미 육군의 한인 특수공작대 조직이 실패한 것은 인력 부족 때문이었다. 무장투쟁에 동원될 한인 청년들을 구하기가 어려웠기 때문이다. 인력 부족은 중국에서 더 심했다. 그래서 1940년에 중경 임시정부가 창설한 광복군도 사병이 없이 장교만으로 시작할 수밖에 없었다. 예산도 없어 미국 동포들의 도움을 받아야 했다.

'냅코 작전' 수립

1944년말 미군 전략첩보국(OSS)은 미국에 있는 한인들로 특수공작대를 조직하기 위한 냅코(NAPKO) 계획을 추진했다. 그것은 이승만이 1942년에 시도했던 계획을 되살린 것이었다. 책임자는 칼 아이플러 대령, 부책임자는 굿펠로 대령이었다. 그것은 한인 청년들을 훈련시켜 오키나와에서 잠수함으로 한반도에 침투한다는 계획이었다.

이때도 한인 지원자를 구하기 어려워 이승만은 애를 먹었다. 그는 남태평양에 끌려갔다가 미군에게 잡힌 조선인들이 위스콘신주 포로수용소에 갇혀 있다는 소식을 들었다. 그래서 그들을 특수공작대로 끌어들이기 위해 1944년 11월 장석윤을 포로수용소에 잠입시켰다. 장석윤은 사이판섬에서 잡힌 노무자 3명과 미얀마 전선에서 탈출한 학병 3명을 확보하는 데 성공했다.

그 때문에 이승만은 '냅코' 작전에 활용할 요원으로 19명을 확보하게 되었다. 그들 가운데는 장석윤, 이순용, 장기영, 김길준 등의 미군 입대자 6명도 포함되었다. 그들은 로스앤젤레스 앞바다의 작은 섬 산타카탈리나에서 유격훈련, 무선훈련, 폭파훈련. 사진촬영훈련, 낙하산 강하 훈련을 받았다.

'냅코 작전'은 1945년 6월 미 합동참모부의 승인을 받았다. 그러나 그들이 한반도로 투입되기 위해서는 전선 사령관들의 승인, 즉, 중국전구의 웨드마이어 장군, 태평양전구의 맥아더 장군과 니미츠 제독의 승인이 있어야 했다. 그러나 그들은 한인 공작대를 활용할 방법이 없다는 이유로 '냅코 작전'의 시행을 승인하지 않았다.

임정에 좌우합작을 강요한 중국정부

1945년 5월 9일 독일이 항복함으로써 일본의 항복도 가까워진 것 같았다. 그에 따라 한국독립의 가능성도 아주 커졌다. 동시에 한반도가 소련군(蘇聯軍)에 점령당할지 모른다는 이승만의 우려도 커졌다.

그 같은 이승만의 우려는 미국과 중국에 대한 불신감에서 오는 것이었다. 두 나라의 대외정책은 모두 친소정책과 좌우합작정책을 기반으로 하고 있었기 때문이다.

이승만의 중국에 대한 불신감은 1942년 6월 워싱턴의 중국대사관에서 중국 외교부장 송자문(宋子文, T.V.쑹)을 만나면서 더욱더 커졌다. 송자문은 장개석 주석의 처남으로 중국정부 안의 실세였다. 하지만 송자문은 소련과도 내통하는 기회주의자이기도 했다. 그것은 장차 중국이 공산화할 수도 있다는 계산에서 나온 보신책이었다. 그러므로 송자문은 전쟁이 끝나 한반도에 정부가 세워지게 될 때 중경 임시정부의 좌파들인 김규식·김원봉 세력을 지지할 것으로 이승만은 생각했다. 그래서 이승만은 송자문을 극도로 경계하게 되었다.

중국정부의 이중적인 태도

그렇다고 송자문은 김구가 이끄는 중경 임시정부에 대해서도 호의적이 아니었다. 이승만은 1943년 여름에 그 같은 송자문의 정체를 확인하게 되었다.

당시 이승만은 중경 임시정부 주미외교위원장 자격으로 한인들의 독립운동에 관한 보고서를 루스벨트 대통령에게 제출한 상태였다. 루스벨트는 이승만의 보고서를 송자문에게 보여 주고 의견을 물었고, 그것에 대한 송자문의 회답은 부정적인 것이었다. 한인 독립운동가들은 극심한 분열 때문에 아무 힘도 쓸 수 없는 보잘 것 없는 존재라고 평가한 것이다.

송자문의 답변은 중국인의 이중적인 태도를 드러낸 것이었다. 즉, 겉으로는 한인들의 독립운동을 도우면서도 속으로는 한인들의 독립을 바라지 않는 태도였다. 그것은 한국을 자기네 속방으로 보아 온 중국인들의 오랜 생각이 제2차 세계대전에 와서도 바뀌지 않았음을 보여 주고 있었다. 그 때문에 중경 임시정부의 외교부장 조소앙은 임시정부를 미국으로 옮길 수 있는지 중경의 미국대사관 직원에게 문의할 정도였다.

그 같은 중국정부의 애매한 태도는 중경 임시정부를 끝까지 승인하지 않은 사실에서 확인된다. 중국정부는 중경 임시정부를 승인하지 않는 이유로 미국의 반대를 들었지만, 그것만이 승인을 거부한 이유는 아니었던 것이다.

중국의 이중적인 태도는 1943년 11월 하순에 카이로 회담이 열렸을 때도 나타났다. 11월 25일 밤 루스벨트가 자기 숙소로 장개석과 그의 부인 송미령을 초청해 극동 문제를 논의했을 때 장개석은 여전히 한국을 중국의 속방(屬邦)으로 보고 있는 듯한 태도를 보였던 것이 다음 날 아침 루스벨트가 처칠에게 했던 말에서 확인되었다.

루스벨트 대통령 부인과의 만남

이승만은 여러 경로를 통해 프랭클린 루스벨트 대통령과 소통하기는 했지만 직접 대통령을 만나지는 못했다. 그러나 대통령 부인 엘리노어(Anna Eleanor Roosevelt) 여사와는 만났다. 그녀는 이미 이승만에 대해 잘 알고 있었다. 그래서 그녀는 이승만이 순수한 독립정신으로 가득 찬 고매한 인격의 인물이라고 높이 평가한 글을 신문에 쓰기도 했다.

1945년 3월 9일 이승만과 프란체스카는 엘리노어 여사를 만났다. 그 자리에서 이승만은 대한민국 임시정부가 미국정부로부터 국가승인도 못 받고 군사원조도 못 받았다는 사실을 알렸다. 엘리너 여사는 보좌관들의 잘못된 보고 때문일 것이라고 말하면서, 대통령에게 시정을 건의하겠다고 약속했다. 그러나 한국독립 문제에 대한 미국정부의 태도는 전혀 바뀔 기미가 없었다.

로버트 올리버 박사와의 만남

제2차 세계대전 중에 이승만은 미국을 상대로 하는 외교·홍보 활동에서 로버트 올리버(Oliver) 박사에 크게 의존했다. 올리버는 오리건주립대학에서 수사학으로 박사학위를 받은 뒤 워싱턴에 와서 정부의 군수품 조달 업무를 맡고 있었다. 나중에 그는 시라큐스대학과 펜실베이니아주립대학의 교수를 지냈다.

이승만이 그를 처음 만난 것은 1942년 8월 하순이었다. 그를 소개한 에드워드 정킨 목사는 조선에 왔던 장로교 선교사의 아들이었다. 이승만은 올리버를 한국독립을 위한 로비스트로 미 국무부에 등록했다. 이승만이 그를 고용한 것은 수준 높은 영어를 구사할 보좌역이 필요했기 때문이다. 한인들 가운데서는 그러한 인재를 찾기가 어려웠던 것이다. 올리버는 이승만을 대신해 문서를 작성하고 국무부 관리들을 만났다.

올리버의 그 같은 역할은 1942년부터 1958년까지 계속되었다. 그 기간에 그는 여러 차례 한국을 방문했다. 그가 미국에 있을 때는 수시로 문서와 편지를 교환해 이승만의 의중을 파악하고 적절한 자문을 해주었다. 1955년에는 《이승만:신화에 가린 인물(Syngman Rhee: *The Man behind the Myth*)》이란 제목의 전기를 쓰기도 했다.

15
소련과 반드시 협의하려는 미국

(1) 소련의 한반도 개입을 우려

카이로 선언의 "적당한 절차"를 의심

카이로 선언의 "적당한 절차를 밟아" 독립을 준다는 문구에 대해 김구와 이승만은 의견이 달랐다. 김구는 그 문구가 독립을 늦추기 위한 구실이 될 수 있다고 불만이었다.

이승만도 그 문구에 대해 마음이 걸렸다. 그럼에도 불구하고 그는 카이로 선언이 한국의 독립을 공개적으로 약속했다는 사실을 중요하게 보았다. 그래서 그는 1944년 2월 9일의 〈주미외교통신〉에서 '적당한 절차를 밟아'라는 문구는 '점차로'와 같은 뜻으로 관대하게 해석해야 한다고 주장했다.

사실 제2차 세계대전이 끝날 때까지 미국·영국·소련 3개국은 한국독립 문제에 대해 확실한 결정을 내리지 않은 상태에 있었다. 그러나 한국을 얼마 동안 신탁통치(信託統治) 밑에 두었다가 독립시킨다는 데 대해서는 의견을 같이했다.

신탁통치의 가능성은 1943년 3월 하순 영국 외무장관 앤서니 이든이 미국에 와서 프랭클린 루스벨트 대통령을 만났을 때부터 보이기 시작했다. 그때 두 사람이 소련군(蘇聯軍)의 한반도 점령 문제와 연합국의 신탁통치 실시 문제에 대해 의논했다는 기사가 〈시카고 썬〉지에 실렸다.

국제신탁통치 가능성을 우려

그 사실은 국무장관 코델 헐의 회고록에서도 확인된다. 그 책에는 1943년 3월 27일 루스벨트가 코델 헐에게 "한국인들을 독립시키기 전에 중국, 미국, 그리고 한, 두 나라가 더 참여하는 신탁통치를 받도록 하게 하는 것이 어떻겠느냐"고 물었다는 내용이 나타나던 것이다.

그러나 이승만과 한국인들은 강대국들의 그 같은 계획을 알지 못했다. 그럼에도 불구하고 이승만은 신탁통치(信託統治) 가능성에 대해서는 의심했다. 그리고 한반도가 신탁통치 밑에 놓이게 되면 공산화할 위험이 있다고 우려했다. 왜냐하면 신탁통치는 좌우합작의 임시연립정부를 세울 것이고 그렇게 되면 결국 소련의 지원을 받는 공산주의자들이 승리하게 될 것으로 믿었기 때문이다.

그러므로 이승만도 1944년 후반부터는 카이로 선언의 '적당한 절차에 따라'라는 문구를 불안하게 생각했다. 그 때문에 그는 1944

년 9월 11일 퀘벡에서 처칠을 만나고 있는 프랭클린 루스벨트에게 전보를 보내 그 문구가 구체적으로 무엇을 의미하는지 설명해 줄 것을 요구했다. 그러나 그는 아무런 회답도 받지 못했다.

이승만은 1945년 7월 국무부 극동국장 대리 프랭크 록하트에게도 그 문구에 대한 설명을 요구했다. 하지만 그때도 그는 아무 회답을 받지 못했다.

소련군의 한반도 진입 가능성을 우려

1944년 후반으로 오면서 제2차 세계대전에서 독일과 일본이 패배할 것이 확실해졌다. 그에 따라 한국독립의 가능성도 커졌다. 그러나 소련군(蘇聯軍)의 한반도 점령과 공산화에 대한 이승만의 두려움도 커졌다.

이승만이 한반도에 대한 러시아의 영토적 야심을 알게 된 것은 1890년대 말 독립협회 활동을 하던 때부터였다. 당시 젊은 언론인이었던 이승만은 러시아가 얼지 않는 항구와 목재·석탄·철·금 같은 천연자원을 얻으려고 조선정부를 압박하던 것을 직접 경험했다. 그런데 지금의 소련은 그때의 러시아보다 더 위험했다. 왜냐하면 소련은 과거의 영토적 야심에 덧붙여 공산혁명을 확대하려는 새로운 이념적 야심도 가졌기 때문이다.

게다가 한인 독립운동가들 가운데 소련의 공산주의 체제를 동경하는 좌파들이 많다는 사실도 이승만에게는 걱정거리였다. 왜냐하면 그들은 독립 후에 한반도에 소련과 같은 공산사회를 건설할 것을 꿈꾸고 있었기 때문이다.

중경 임시정부의 좌우합작 체제에 불만

그러므로 이승만은 1942년 12월 김구가 중경 임시정부를 좌우합작(左右合作) 체제로 바꾼 것을 못마땅해했다. 김구는 남목청 사건에서 공산주의자의 총에 맞아 죽을 뻔했던 우파였다. 하지만 그는 좌파적인 민족혁명당의 김규식·김원봉 세력을 임시정부에 끌어들였다고 이승만은 불만이었다.

그러한 김구가 임시정부를 좌우합작 체제로 바꾼 것은 중국 국민당 정부의 압력 때문이었다. 임시정부는 장개석 정부로부터 재정지원을 받고 있었기 때문에 그 요구를 거절할 수 없었던 것이다. 사실 중국 국민당 정부도 미국의 좌파적인 루스벨트 행정부로부터 좌우합작(국공합작)을 하라는 압력을 받고 있었다. 즉, 장개석의 국민당 정부는 모택동의 공산당과 손을 잡고 일본의 침략에 공동으로 대항하라는 압력이었다.

미국의 루스벨트 행정부가 그처럼 좌경화(左傾化)하게 된 것은 대공황으로 사회주의적인 뉴딜정책을 시행하게 되면서 소련의 국가통제 개념을 받아들였기 때문이다. 그에 따라 루스벨트 주변에는 공산주의에 기울어진 사람들이 모여들었고, 그들의 영향으로 루스벨트 자신도 좌경화해 있었다. 그래서 루스벨트 행정부는 나치 독일에 대항하기 위해 소련과 군사동맹까지 맺었다.

그러므로 루스벨트 행정부의 핵심세력은 앞으로 세계는 공산주의가 우세해질 것이므로 모든 국제문제는 소련과 협의해 처리할 수밖에 없을 것이라고 생각하게 되었다. 그에 따라 미국의 대외정책은 분쟁지역에서 좌파와 우파의 연립정부(聯立政府)를 세워 해결한다는 친소련적인 좌우합작 정책을 내세우게 되었다.

소련을 특별 배려하고 있다는 의심

이승만은 미국의 좌우합작 정책이 한국독립 문제에도 적용될지 모른다고 걱정했다. 왜냐하면 한반도는 오랫동안 소련(蘇聯)의 관심지역이었기 때문이다. 그 경우에 한반도는 공산화할 것이 분명했다.

한국독립 문제에 소련이 개입할 가능성은 제2차 세계대전 중에도 나타나기 시작했다. 그것은 미 국무부가 중경 임시정부를 승인하지 않는 것은 소련에 대한 미국의 특별한 배려 때문이라는 〈월드 어페어즈〉 1943년 6월호의 보도로 짐작할 수 있었다.

그러므로 이승만은 한반도 문제를 놓고 강대국들의 음모가 진행되고 있는 것으로 의심했다. 그 음모는 1945년 4월에 열린 샌프란시스코 유엔창립 총회에서 확실해진 것 같았다. 그는 그 음모의 가능성을 알리기 위해 로버트 올리버 박사의 도움으로 《한국 사정》이란 소책자를 4천부 발행해 각국의 대표들과 기자들에게 배포했다.

그 책자에서 이승만은 미국이 중경 임시정부를 승인하지 않은 것은 한반도에 대한 소련의 속셈이 무엇인지 드러날 때까지 모든 결정을 미루고 있기 때문이라고 주장했다.

당시 미국은 독일이 항복하면 유럽의 소련군(蘇聯軍)을 일본과의 전쟁에 끌어들여 미군의 희생을 줄일 생각이었다. 그러므로 이승만은 미국이 소련을 달래기 위해 한반도를 미끼로 제공할 위험이 크다고 보았다. 이승만은 미국과 소련의 흥정에서 약소민족인 한국인이 희생될 것을 걱정했던 것이다.

미 국무부 내부의 중도좌파 관리들

당시 미국에 있던 한인 지식인들 가운데는 이승만과는 달리 미 국무부의 좌우합작(左右合作) 정책을 지지하는 사람들이 많았다. 그들 가운데는 좌파도 있었지만 대부분이 중도파였다. 그들은 소련의 협조를 얻어서라도 우선 독립을 찾는 것이 중요하다고 생각했던 것이다. 한국이 공산화가 되고 안 되는 것은 그 다음의 문제라고 생각했다.

그러므로 그들은 미 국무부 안의 친소·친공적인 관리들로부터 환영을 받았다. 좌파 관리로 대표적인 인물은 국무부 특별정치고문 앨저 히스와 극동정치국장 존 카터 빈센트였다. 하급관리 가운데서는 한국담당관인 조지 맥퀸 박사가 있었다. 그는 평양 숭실전문학교 교장이었던 장로교 선교사의 아들로서 서북지방의 안창호를 지지하는 흥사단 인사들과 가까웠다.

반공노선에 비판적인 재미한인 지식인들

그러므로 이승만은 미 국무부와 재미 한인 지식인들로부터 고립되어 있었다. 이승만을 지지하는 단체는 동지회뿐이었다. 하지만 좌우합작파나 중도파는 국민회, 흥사단, 〈신한민보〉, 재미한족연합위원회 등에서 압도적으로 우세했다. 그들은 반공주의자인 이승만이 한국인 전체를 대표할 수 없다고 주장했고, 미 국무부는 그 같은 한인들의 분열을 이유로 중경 임시정부를 승인하지 않으려고 했다.

재미 한인들 가운데서 이승만에게 가장 위협적이었던 사람은 한길수(韓吉洙)였다. 그는 한때 이승만이 세운 한인기독학원을 다니기도 했다. 그가 좌파로 두각을 나타내기 시작한 것은 1933년 호놀룰루를 방문한 김규식을 만난 다음부터였다. 그 후 그는 중국의 김규식과 김원봉이 이끄는 조선민족혁명당과 중한민중동맹단의 북미총회 대표로 행세했다.

그러면서도 한길수는 호놀룰루 일본영사관에서 일을 하고 봉급을 받는 모순된 모습을 보이기도 했다. 그리고 그 과정에서 얻은 정보를 이용해 일본 전문가로 행세함으로써 미 국무부 하급관리들의 신임을 받았다. 한길수는 호놀룰루를 방문했던 상원의원 가이 질렛트와도 가까워져 그의 도움으로 활동 근거지를 워싱턴으로 옮겼다.

미 국무부를 상대로 하는 한길수의 이승만 비판은 혹독했다. 이승만은 재미 한인들에게도 잘 알려지지 않은 보잘 것 없는 인물이라고 헐뜯었다. 그리고 그와 협조하고 있는 김구의 중경 임시정부는 소수의 늙은이들로 구성된 사설(私設) 단체 같은 것이라고 폄하했다.

재미한인들의 통합 시도

그 때문에 분열된 재미 한인 사회를 하나로 통합하려는 움직임이 일어나게 되었다. 통합 운동을 주도한 인물은 북미국민회총회(이전의 대한인국민회 북미총회)의 김호였다. 그의 뜻에 호응한 9개 한인단체들은 1941년 4월 하와이 호놀룰루에 모여 재미한족연합위원회를 조직했다. 이승만의 대한인동지회도 가입했다. 재미한족위원회는 이승만을 외교위원장으로 임명했고, 중경 임시정부는 그것을 승인해 주었다.

그러나 얼마 지나지 않아 재미한족연합위원회와 이승만은 충돌했다. 재미한족연합위원회가 외교위원회를 강화하기 위해 새 위원들을 추가로 임명한 것을 이승만이 거부했기 때문이다. 이승만이 볼 때, 새로운 외교위원들은 좌경한 인물들이었기 때문에 외교전선에 혼란을 줄 위험이 있었다. 그래서 이승만의 대한인동지회는 1943년 12월 재미한족연합회를 탈퇴하게 되었다.

그러자 김구의 중경 임시정부는 어느 한쪽을 선택해야 하는 난처한 입장에 놓이게 되었다. 김구가 이승만을 지지하자, 재미한족연합위원회는 중경 임시정부에 대한 재정지원을 끊음으로써 보복했다.

그 때문에 재미 한인단체들은 다시 분열해 제각기 미 국무부를 상대로 외교활동을 벌이게 되었다. 재미한족연합위원회는 1944년 6월부터 김호, 전경무를 내세워 워싱턴에 사무실을 열고 외교활동을 벌였다. 한길수는 그 전부터 워싱턴에 사무실을 열고 중한민중동맹단 북미총회 대표로 활동하고 있었다. 이승만은 김구가 정식으로 인정한 대한민국 임시정부 대표단을 이끌고 있었다.

그들은 대체로 미국의 임시정부 승인과 무기지원이라는 공통된 목표를 가지고 있었다. 그럼에도 불구하고 그들은 이념적, 지역적인 차이 때문에 단결할 수 없었다.

(2) 샌프란시스코 연합국회의로부터 소외

유엔창립회의에서 재미한인들의 분열

독일의 항복을 며칠 남겨 둔 1945년 4월 25일 연합국 대표들은 샌프란시스코에 모여 연합국회의, 즉 유엔 창립총회를 열었다. 전후에 새로운 전쟁이 일어나지 않도록 대책을 마련하기 위한 것이었다.

이승만은 그 회의에 참석해 한민족의 국제적인 지위를 인정받으려고 했다. 다른 재미 한인 단체들도 이승만과 같은 목표를 향해 움직였기 때문에 3개의 한인 외교 조직이 경쟁하는 상황이 되었다.

한인들이 통일된 목소리를 내는 것이 중요하게 되었다.

그러므로 임시정부 주미외교위원부 위원장 이승만은 재미 한인 단체들이 유엔창립총회에 공동으로 대처할 것을 제의했다. 그의 제안은 호응을 얻어 1945년 2월 이승만은 9명으로 구성된 통합한국대표단을 구성하게 되었다. 통합한국대표단에는 윤병구, 이살음, 송준호 같은 이승만 지지자들과 김호, 한시대, 전경무, 황사용, 변준호 같은 비판자들을 모두 포함했다. 통합한국대표단은 중경 임시정부의 승인을 받았다.

이승만은 모리스 호텔에 본부를 설치하고 유엔창립총회 사무국에 한국대표단의 대표권을 요구했다. 사무총장은 이승만이 만난 적이 있던 미 국무부 특별보좌관 앨저 히스였다. 앨저 히스는 미국정부가 중경 임시정부를 승인하지 않았다는 이유로 이승만의 요청을 거부했다. 이승만은 '옵서버' 자격이라도 얻으려고 했지만, 그것마저 거부당했다.

소련에 대한 특별배려를 의심

그러자 이승만은 미 국무부를 압박하기 위한 홍보전에 나섰다. 그래서 그는 로버트 올리버 박사의 도움으로 《한국의 경우: 미국 외교의 역설》이란 책자 4천부를 만들어 각국의 대표들과 기자들에게 배포했다. 그 책자에서 이승만은 유엔 창립총회가 한국대표단을 무시하는 것은 소련(蘇聯)에 대한 특별 배려 때문이라고 주장했다. 다시 말해, 미국은 소련을 일본과의 전쟁에 끌어들여 미군의 희생을 줄이기 위해 한반도를 미끼로 사용하려 한다는 것이었다.

미국이 소련을 특별히 배려하고 있다는 의심은 제2차 세계대전 중에도 보였다. 그것은 미국, 영국 등 서방 연합국이 나치 독일을 공격하기 위한 새로운 전선(제2전선)을 소련에서 아주 멀리 떨어진 프랑스의 노르망디 해안을 선택한 사실에서 드러났다. 소련과 가까운 그리스의 발칸 반도에 설치하면 소련의 팽창을 억제할 의도로 비칠 수 있었기 때문이다. 그 같은 의심은 미국이 베를린 점령과 프라하 점령의 영광을 소련에게 넘긴 데서도 나타났다. 그것은 미국이 소련의 동유럽 점령을 허용하려는 의도로 보였다.

이승만은 그 같은 소련에 대한 특별 배려가 한반도에도 적용될지 모른다고 걱정했다. 그렇게 되면 한반도는 소련의 위성국이 될 것이 분명했다. 이승만은 그 같은 불행을 막기 위해서는 우선 미국이 중경 임시정부를 승인해야 한다고 보고 그것을 미국에 집요하게 요구했다. 하지만 그러한 이승만의 생각은 미국의 호응을 얻지 못했다.

중국정부의 좌우합작 종용에 반발

이승만의 통합 한국대표단이 유엔창립총회로부터 옵서버 자격조차 얻지 못하자, 이승만의 대한민국 임시정부 대표단, 김원용의 재미한족연합위원회 대표단, 한길수의 중한민중동맹단 대표단이 독자적인 외교활동을 벌이게 되었다. 그 때문에 이승만의 외교활동에 혼선이 일어났다.

그러자 중국 외교부장 송자문이 중재에 나섰다. 그는 미 국무부의 좌우합작(左右合作) 노선에 따라 한인들을 통합하기 위해 5월 22일 한인들을 위해 성대한 만찬을 열었다. 그러나 이승만은 반대하는 뜻에서 참석하지 않았다. 좌우합작은 결국 한반도를 공산화로 이끌 함정으로 보았기 때문이다. 그러자 송자문의 만찬에 참석했던 한인들은 이승만의 독자적인 행동을 비난했다.

미국을 난처하게 만든 얄타 밀약설

이승만은 소련의 한반도 개입을 차단하려는 의도에서 1945년 5월 14일 기자회견을 열었다. 그러고는 얄타 밀약설로 불리는 폭탄 발언을 했다.

이승만에 따르면, 1945년 2월의 얄타 회담에서 미국, 영국, 소련은 한국문제에 대해 어떤 결정도 내리지 않기로 비밀협약(祕密協約)을 맺었는데, 한반도를 소련에 넘기려는 의도였다는 것이다. 이승만 자신은 그 정보를 5월 초에 소련인 망명객 에밀 고브로로부터 들었다고 말했다. 그는 전직 INS 기자였던 J.제롬 윌리엄스로부터 그를 소개받았다고 말했다.

이승만의 얄타 밀약설 발언은 시카고 〈트리뷴〉, 〈샌프란시스코 이그재미너〉 등에 보도되면서 유엔창립총회장을 떠들썩하게 했다. 이승만은 우파 언론재벌인 윌리엄 허스트에게도 편지를 보내 그 소식을 보도하도록 요청했다. 그 때문에 5월 21일자 〈로스앤젤레스 이그재미너〉가 그것을 대대적으로 보도하게 되었다.

이승만은 상원의원들인 월터 조지와 오윈 브루스터, 하원의원인 클레어 호프만에게도 그 소식을 알렸다. 그리고 한반도가 소련의 지배 밑에 들어가지 않도록 도와줄 것을 요청했다. 트루먼 대통령에게도 서한을 보내 한반도가 비밀외교(祕密外交) 때문에 희생당하게 되었다고 주장했다. 그리고 한국대표단이 유엔창립총회에서 발언하게 해 줄 것을 요청했다.

미 국무부의 이승만 비난

미 국무부는 이승만의 얄타 밀약설을 즉각 부인했다. 6월 8일에는 국무장관 대리 조셉 그루가 얄타 회담의 3대국 대표가 카이로 선언에 어긋나는 어떤 비밀협정도 체결한 적이 없다고 주장했다. 그리고 중경 임시정부는 한반도에 대해 통치권을 행사한 적이 없으므로 한국인을 대표하는 정부로 볼 수는 없다고 주장했다.

그런데도 이승만이 계속 얄타 밀약설을 주장하자, 백악관까지 직접 나서서 부인했다.

얄타 밀약설의 파장은 영국에까지 미쳐 6월 7일 하원에서 처칠 수상에게 그것의 진위여부를 묻는 일이 일어났다. 처칠은 그 같은 비밀협약은 없었다고 부인하면서도 강대국들 사이에 "대략적인 양해"가 이루어진 몇 가지 사항은 있었음을 인정했다. 그러자 이승만은 그 같은 몇 가지 사항 가운데 소련의 한반도 점령이 포함되었을 것이라고 주장했다.

이승만의 끊임없는 주장에 지쳤던지 미국정부는 더이상 대응하지 않았다. 그 때문에 이승만은 자기주장이 옳다고 더욱더 굳게 믿었다. 그래서 이승만은 7월 18일 포츠담 회담에 참석하고 있는 트루먼 대통령에게 전보를 보내 만일 얄타 밀약설이 사실이 아니라면 미국, 영국, 소련 3대국 정상들이 그것을 부인하는 성명을 발표해 줄 것을 요청했다.

7월 25일에 이승만은 국무부 극동국장 대리 프랭크 록하트에게 서한을 보내 자기가 얄타 밀약설을 버리지 못하는 데는 이유가 있다고 주장했다. 즉, 소련은 아무 말도 안 하고, 영국은 여러 사항이 논의되었다면서도 그것들이 무엇인지 밝히지 않기 때문이라는 것이었다. 국무부는 이승만의 이번 서한에 대해서도 아무 답변을 하지 않았다.

그 같은 이승만을 향해 좌파와 중도파의 재미 한인들은 격렬히 비난했다. 해외한족대표단은 이승만이 근거 없는 발언으로 한인들에 대한 신뢰감을 떨어뜨린다고 비난하면서 미 국무부의 좌우합작 정책에 따를 것을 요구했다.

좌우합작에 협력하느니 시골에서 닭이나 키우겠다

이승만은 미 국무부와 재미한인들로부터 따돌림을 당하고 있었다. 그것을 안타깝게 여긴 시라큐스대학의 로버트 올리버 박사는 1945년 7월 워싱턴으로 와서 이승만을 찾아갔다. 그리고 미 국무부의 좌우합작 정책에 따를 것을 간곡히 권유했다. 그렇지 않으면 앞으로 있을 정부수립에서 완전히 배제될 것이라고 했다.

그러나 이승만은 자기주장을 굽히지 않았다. 좌우합작 정책을 받아들인다는 것은 우파의 패배라고 생각했기 때문이다. 조직력이 약한 우파가 소련의 지원을 받는 강한 좌파와 손을 잡으면 패배는 명백한 것이라고 생각한 것이다. 그러므로 한반도가 공산화될 것을 알면서도 좌우합작파들과 협력하느니, 차라리 자기는 아이오와주 시골에 가서 닭이나 키우며 여생을 보내겠다고 대답했다.

16
해방 후 소련과 미국의 점령정책

(1) 해방 당시의 이승만

귀국준비

1945년 8월 15일 낮 12시 일본 국왕은 라디오 방송을 통해 항복을 발표했다. 미국 시간으로 8월 14일 밤 11시였다. 이승만은 그 기쁜 소식을 워싱턴 집에서 라디오로 들었다.

다음 날 이승만은 임병직, 장기영, 한표욱 등과 식당에서 만나 앞으로의 일에 대해 의견을 나누었는데, 이승만이 가장 걱정한 문제는 소련군(蘇聯軍)의 한반도 점령 가능성이었다. 그는 민족주의자들과 공산주의자들 사이에 내전이 일어날 것을 걱정했다.

그렇지만 일제로부터의 해방은 축복이었기 때문에 이승만은 트루먼, 스탈린, 장개석에게 승전을 축하하는 전문을 보냈다. 그리고 한국인들이 통일되고 민주주의적인 독립국가를 세울 수 있도록 도와 달라고 부탁했다. 영국의 애틀리 수상에게는 한국이 제2의 폴란드가 되지 않게 해달라고 부탁했다. 그리고 미국의 트루먼 대통령과 제임스 번즈 국무장관에게는 한국인들은 미군만이 점령하기를 바란다고 했다.

한미협회의 폴 더글라스 아메리칸대학 총장, 존 스태거즈 변호사, 언론인 재이 제롬 윌리암스도 트루먼 대통령에게 전문을 보냈다. 이승만이 빨리 귀국할 수 있도록 도와 달라는 것이었다. 전략첩보국(OSS) 부국장 M. 프레스톤 굿펠로우 대령은 국무부를 직접 방문해 이승만이 국무부 관리들과 함께 중국 중경에 들러 김구 등 임시정부 요인들을 데리고 귀국하게 해 줄 것을 요청했다.

이승만은 그동안 한국의 독립을 위해 도와준 130여명의 미국인들을 초청해 '한국 해방의 밤'을 열었다. 그때 필리핀의 외교관 카를로스 로물로 장군과 가톨릭 해외선교부 월쉬 대주교가 축하 연설을 했다. 그것은 ABC 방송을 통해 전국에 중계되었다.

미 국무부의 이승만 귀국 방해

미국에 있던 이승만은 하루라도 빨리 귀국하려고 했다. 그래서 그는 일본이 항복하는 즉시 미 국무부터 여권을 받아 두었다. 그러나 국무부 안의 좌파적 관리들의 방해로 그의 귀국은 힘들고 복잡한 과정을 겪게 되었다.

미 국무부는 이승만이 군사작전 지역인 한반도에 들어가기 위해서는 마닐라에 있는 맥아더 사령부의 허가를 받아야 한다고 요구했다. 그래서 이승만은 미 국방부에 특별여행 허가를 신청했다. 그러자 미 국무부는 이미 발급된 이승만의 여권을 회수했다. 이유는 여권에 적힌 '주미한국고등판무관'이라는 직함이 적합하지 않다는 것이었다. 그래서 이승만은 여권을 반납하고 그 직위를 삭제한 새 여권을 받았다.

그러자 다시 국무부는 이승만에게 서울 가는 교통편을 제공할 수 없다고 했다. 교통편을 얻으려면 마닐라 맥아더 사령부의 허가를 얻으라는 것이었다. 그래서 이승만은 국방부에 교통편 제공을 요청했다. 하지만 국무부의 허가부터 받으라는 답변만 받았다. 그래서 이승만은 국무부 여권과에 허가를 요청했지만, 여권과는 어떤 사정이 있었던지 이승만의 귀국 문제에 대해 더 이상 개입하지 않겠다고 대답했다.

일이 이처럼 복잡하게 꼬이는 것을 보면, 미 국무부 안에서 이승만의 귀국을 방해하는 세력이 움직이고 있는 것이 분명했다. 나중에 밝혀졌지만, 그 중심인물은 극동국장 카터 빈센트였다. 그에게도 할 말은 있었을 것이다. 앞으로 소련과 협의해 한반도에 좌우합작(左右合作)의 연립정부를 세워야 하는데, 반공적(反共的)이고 반소적인 이승만이 서울에 빨리 나타나면 골치 아프게 될 것이 분명했기 때문이다.

맥아더, 하지, 이승만의 도쿄 회동

그러나 이승만의 귀국 문제는 뜻밖의 방향에서 쉽게 풀렸다. 1945년 9월 13일 서울의 하지 중장이 이승만 등 해외 독립운동가들을 빨리 귀국시키게 해 달라고 국방부에 요청해서 허락을 받았기 때문이다.

하지 중장이 그 같은 결정을 내리게 된 것은 미군정 장교들의 건의 때문이었다. 미군 장교들은 남한 각지의 노인들로부터 '우리의 지도자' 이승만 박사는 언제 귀국하느냐 하는 질문을 많이 받았다. 그 때문에 하지 중장은 해외 독립운동가들을 빨리 귀국시키면 남한 통치에 도움이 될 것으로 판단했던 것이다.

이승만은 자기 집을 방문한 미 국방부 장교로부터 귀국하게 되었다는 소식을 들었다. 그래서 그는 1945년 10월 5일 뉴욕의 라과디아 공항에서 민간 비행기를 타게 되었다. 해방된 지 40일 만이었다. 부인 프란체스카 여사는 그때 동행하지 못했다. 그녀는 3개월 뒤인 1946년 1월에 가서야 시애틀에서 한국 가는 군 수송선을 타게 될 것이었다.

이승만은 하와이에서 군용기로 갈아타고 태평양의 콰잘렌, 괌을 거쳐 10월 10일 일본 도쿄 근처의 아스키 군용비행장에 도착했다. 그 시간에 맞추어 맥아더 사령관은 서울의 하지 중장을 도쿄로 불러 이승만과 만나게 했다.

개인자격의 조용한 귀국

1945년 10월 12일 이승만은 맥아더를 처음 만났다. 두 사람은 오래전부터 서로에 대해 잘 알고 있었다. 이승만의 독립운동을 도운 한미협회의 제임스 크롬웰 전 캐나다 대사가 한때 맥아더의 처남이었다는 사실도 친근감을 더했다.

이승만은 맥아더에게 미국의 전략첩보국(OSS) 부국장인 M.프레스톤 굿펠로 대령을 주한 미군정 고문으로 파견해 줄 것을 요청했다. 굿펠로 대령은 아이다호주 언론인 출신으로 제2차 세계대전 당시 이승만의 한인특공대 조직을 도왔던 인물이었다.

이승만은 맥아더가 내준 군용기를 타고 10월 16일 김포 비행장에 도착했다. 해방된 지 두 달이 지난 때였다. 그리고 1912년에 서울 YMCA에 근무하다가 미국으로 간지 33년 만이었다.

이승만은 개인 자격의 귀국이었기 때문에 수행원도 없고 귀국 사실도 비밀로 했다. 그 때문에 비행장에는 몇 명의 미군만 나왔을 뿐이었다. 그때 이승만은 미군 군복 차림이었는데, 그것은 군복 입은 사람만이 군용기에 탈 수 있다는 당시의 미군 규정 때문이었다.

얼마 후 그는 귀국 소감을 다음과 같은 한시로 표현했다.

귀국한 뒤에

설흔에 고향을 떠나 일흔에 돌아오니

바다밖에 떠돌던 일 꿈속에 서렸구나
제집에 온 오늘이련만 도리어 손(*나그네) 같으이
곳곳이 마중하는데 옛날 알던 이 몇이 없네

1945년

歸國後有感

三十離鄕七十歸, 歐西美北夢依依
在家今日還如客, 到處逢迎舊面稀

乙酉

(2) 소련의 북한 단독정부 수립

소련군의 발빠른 북한점령

이승만의 우려가 허황된 것이 아니었음은 1945년 8월 8일 소련이 일본에게 선전포고를 하면서 분명해졌다. 8월 12일부터 북한 땅에 들어오기 시작한 소련군은 빠른 속도로 전 지역을 점령해 갔기 때문이다.

나중에 알려진 사실이었지만, 1945년 2월 8일 얄타 회담에서 루스벨트와 스탈린은 한반도에서 20, 30년 동안 4개국 신탁통치(信託統治)를 거친 다음 독립시킨다는 데 합의했다. 그것은 구두 합의였기 때문에 문서는 없었다. 소련이 일본과의 전쟁에 참전하는 대가로 한반도를 점령한다는 문서도 없었다.

하지만, 일본 항복 후 미국과 소련이 38선을 경계로 한반도를 분할점령하게 된 사실을 본다면, 얄타 회담에서 루스벨트와 스탈린 사이에 소련군의 한반도 개입에 대한 묵시적 합의가 있었던 것은 확실한 것 같았다.

1945년 9월 20일의 스탈린 전문

그러는 동안 한반도 정세는 불행히도 이승만이 우려했던 방향으로 가고 있었다. 1945년 8월 8일부터 소련군(蘇聯軍)이 북한점령을 시작했기 때문이다.

북한 땅에 들어온 소련군은 우선 남쪽으로 방향을 돌려 38선 접경지역부터 점령했다. 그 다음에 다시 북쪽으로 방향을 바꾸어 평양을 점령했다. 그것은 남, 북한의 교류를 차단해 자기네 점령 예정 지역인 38선 이북의 땅부터 확실하게 차지하려는 것이었다. 그런 다음 소련군은 동유럽에서 그랬던 것처럼 북한에서 공산정권을 세우고 공산혁명(共産革命)을 추진했다.

소련군이 북한에서 단독정권을 세우려는 계획은 스탈린이 극동 전선총사령관과 연해주군관구 군사회의에 보낸 1945년 9월 20일의 전문에 나타나 있다. 스탈린은 그 전문을 통해 당장 북한에서 공산정권을 세우기보다는 먼저 우파들도 포함하는 좌우합작의 연립정부, 즉 부르주아적인 연립정부를 수립하라고 지시했다. 공산혁명을 하기 전에 먼저 부르주아 혁명 단계를 거치라는 지시였다. 당시 그 전문은 알려지지 않았다. 그것은 수십 년 뒤에 와서야 서방측에서 알게 되었다.

사실상의 정부인 북조선인민위원회

스탈린의 지시는 그대로 이행되지 못했다. 왜냐하면 조만식(曺晩植)으로 대표되는 우파세력이 협조하지 않았기 때문이다. 그러므로 소련군은 조만식을 고려호텔에 감금하고 좌익들만으로 정부를 세우려고 했다. 그에 따라 1946년 2월에 북조선임시인민위원회가 세워지게 되었다. 그것은 사실상의 북한 단독정부였다. 왜냐하면 공산국가에서 인민위원회는 정부를 의미했기 때문이다. 그러므로 좌파들의 주장과는 달리 단독정부는 남한이 아닌 북한에서 먼저 세워졌다.

제2차 세계대전 중에 미국과 소련은 한반도 분할에 대해 합의하지 않았다. 단지 소련군이 퇴각하는 일본군을 추격하기 위해 북한 일부지역에서 군사작전을 벌이겠다고 요구한 데 대해 미군이 반대하지 않았을 뿐이었다. 결국 두 나라는 전쟁 말기에 각기 남, 북한에 진주해 일본군을 무장해제 한다는 데는 합의하게 되었다. 그렇지만 한반도는 하나의 지역으로 남았다. 그 때문에 하나의 정부가 수립될 것으로 예상되었다.

그런데도 소련은 북한을 단독으로 점령하고 단독정부인 북조선임시인민위원회를 세운 것이다. 소련이 그 같은 행동을 한 것은 일본 점령에 참여하게 해달라는 요청을 미국이 거부했기 때문이었다. 그에 대한 보복으로 소련은 미국이 북한에 간여하지 못하도록 38선을 차단했던 것이다. 그에 따라 패전국 일본은 분할되지 않으면서 한반도만 분할되는 기이한 결과가 나타나게 되었다.

북한공산당을 따로 창설한 소련군

소련이 북한을 자기네 단독 점령 지역으로 바꾸려 했던 의도는 북한에 공산당을 새로 창설한 데서도 나타났다. 코민테른의 1국 1공산당 원칙에 따른다면, 한반도에는 박헌영이 이끄는 서울의 조선공산당만이 존재할 수 있었다. 그런데도 소련군은 1945년 10월 소련군 대위 출신의 김일성을 위해 조선공산당 북조선분국을 새로 세웠다. 그에 따라 한반도에는 2개의 공산당이 존재하게 되었다.

소련군은 1946년 3월 북한에서 공산혁명의 상징인 이른바 토지개혁을 시행했다. 그것은 '토지개혁'이란 부드러운 명칭으로 불렸지만 실제로는 숙청을 의미하는 급진적인 사회혁명이었다. 왜냐하면 지주 등 기득권 세력은 재산을 몰수당하고 72시간 안에 살던 곳을 떠나야 했기 때문이다. 그에 따라 순식간에 북한의 사회구조는 남한의 그것과 완전히 달라지게 되어 통일정부의 수립이 불가능하게 되었다.

소련군은 그렇게 공산화한 북한을 '민주 기지'로 불렀다. 그것은 북한을 발판으로 미군 점령지인 남한까지 공산화하겠다는 의지의 표현이었다. 그러므로 소련군은 남한에서도 공산혁명을 추진하기 위해 서울의 공산당원들에게 지시를 내리고 그들을 평양으로 부르기도 했다. 그리고 남한의 좌익들에게 활동비를 보내기도 했다.

그들이 보낸 활동비는 화폐개혁(화폐 몰수)으로 북한에서는 사용할 수 없는 조선은행권이었다. 남한의 좌익들은 그 돈을 받아 공산주의를 선전하기 위해 신문사를 운영하고, 많은 사람이 모이는 극장, 여관, 목욕탕, 이발소 등을 사들였다.

(3) 좌·우파에 중립적인 미군정

뚜렷한 점령계획이 없었던 미군정

이와는 달리 38선 이남의 미군점령 지역은 일제시대 그대로 남아 있었다. 미군의 인천항 상륙도 소련군의 북한 진주보다 한 달 늦은 1945년 9월 7일에야 시작되었다. 게다가 미군은 본국으로부터 구체적인 활동지침조차 받지 못한 상태였다. 그래서 미군은 한동안 일본인 통치조직을 그대로 남겨두어야 했다. 그것에 대해 한국인들은 불만이었다.

남한의 좌익들은 그 같은 정치적 공백기간을 활용하기 위해 발빠르게 움직였다. 해방 다음 날인 8월 16일 사회주의자인 여운형은 건국준비위원회를 조직해 일본인들로부터 권력을 넘겨받으려고 했다. 그러나 여운형은 일본군의 반대로 목적을 달성하지 못했다. 게다가 그는 박헌영의 공산당에게 끌려다니게 되어 정국의 주도권까지도 빼앗겼다. 그래서 그는 9월 8일 마지 못해 공산당의 조선인민공화국 선포에 가담하고 말았다.

공산당이 선포한 조선인민공화국은 실체가 없는 문서상의 정부였다. 그것은 기정사실로 인정받기 위해 미군이 들어오기 하루 전에 급히 선포되었기 때문에 국민대회 같은 합법적인 절차도 밟지 못했다. 내각 명단도 일주일 후에나 발표될 정도로 준비가 없었다.

그러므로 주한미군 사령관 하지 중장은 그것의 해체를 요구했다. 남한의 합법적인 정부는 미 군정뿐이라는 것이었다. 그러나 좌익들은 그의 지시에 순순히 따르지 않았다.

분열은 독립을 늦추는 빌미

이승만은 숙소인 조선호텔에 도착하자마자 윤치영(尹致暎)을 불러 비서 임무를 맡겼다. 윤치영은 이승만이 1910년에 귀국해 서울 YMCA에서 가르쳤던 제자의 한 사람이었다. 그는 1923년 미국 유학길에 하와이에 머물면서 이승만의 〈태평양 잡지〉 발행을 돕기도 했다. 미국 본토에 가서도 대한인동지회 활동을 통해 이승만의 독립운동을 도왔다.

이승만의 귀국 소식은 그날 오후 늦게 나온 신문 호외를 통해 전국으로 퍼졌다. 그래서 다음 날 아침 조선호텔 앞은 환호하는 군중으로 인산인해를 이루었다.

그날 10월 17일 오전에 이승만은 하지 중장의 안내로 중앙청에서 기자회견을 열었다. 맥아더가 이승만을 영웅으로 대접하라고 지시했기 때문에 그에 대한 하지 중장의 태도는 정중했다. 그 때문에 이승만의 위상은 더욱더 높아 보였다. 기자회견장에는 외국인 기자들이 많아 이승만은 먼저 영어로 말하고 다시 한국어로 반복했다.

기자회견에서 이승만은 먼저 한국을 해방시켜 준 미군들에게 감사의 뜻을 표시했다. 그리고 한국인들을 향해서는 독립국가를 빨리 세우기 위해서는 뭉쳐야 한다고 강조했다. 단결은 그가 미국에서 독립운동할 때 얻은 귀중한 교훈이었다. 그에게는 한인들의 분열을 이유로 미 국무부로부터 중경 임시정부 승인을 거부당한 뼈저린 경험이 있었던 것이다. 그후로도 이승만은 단결을 거듭 강조했기 때문에 그의 주장은 "뭉치면 살고 흩어지면 죽는다"는 구호로 압축되어 퍼져 나갔다.

이승만의 귀국을 가장 반겼던 사람들은 송진우, 김성수, 장덕수 같은 한민당(韓民黨) 보수파들이었다. 그들은 박헌영과 여운형의 좌익들에 맞설 수 있도록 이승만이 보수우파(保守右派) 세력을[4] 결집시

4) 해방직후의 혁명적인 상황에서 좌익(左翼)에 맞선 세력을 보수파나 우파 또는 두 세력의 느슨한 연합인 보수우파(保守右派)로 부르는 것이 적합해 보인다. 그들은 우익(右翼)으로 불리기에는 강한 조직력과 투쟁성을 가지지 못했기 때문이다. 그러나 정상적인 상황에서는 좌익(左翼)도 투쟁성과 조직이 약해지기 때문에 진보파와 좌파의 느슨한 연합인 진보좌파(進步左派)로 부르는 것이 적합해 보인다.

켜 주기를 기대했다. 그래서 그들은 이승만에게 한민당 당수직을 제의하기도 했다.

좌익들도 이승만의 명성을 이용하기 위해 이념이 다른 그에게 조선인민공화국의 주석직을 제의했다. 임영신의 조선여자독립당 등 그 밖의 많은 정치 세력들도 이승만을 자기네 조직의 지도자로 모시려고 했다.

하지만, 이승만은 그러한 요청을 모두 거절했다. 그는 특정 정당이나 정파에 속하지 않고 중재자의 입장에서 독립, 즉 정부수립에 필요한 민족통일(民族統一) 전선을 구축하려고 했다. 그래서 그는 자신의 정당도 만들려고 하지 않았다.

좌·우를 망라한 민족통일전선을 시도

당시 한민족이 당면했던 최우선 과제는 독립, 즉 남북을 아우르는 통일정부의 수립이었다. 그러나 그것은 쉽지 않은 문제였다. 국제정치 전문가인 이승만의 눈으로 볼 때, 강대국들이 한국인들에게 즉시 독립을 허용할 가능성은 없어 보였기 때문이다. 이승만은 미국에 있을 때부터 줄곧 그것을 의심해 왔다.

그러므로 이승만이 해야 할 일은 한국인들의 분열을 막아 강대국들이 독립을 늦추기 위한 구실을 주지 않는 것이었다. 그래서 그는 귀국하는 즉시 남한인들을 하나의 조직에 통합해 민족통일전선을 결성하려고 했다.

10월 23일 그는 65개 정당·사회단체 대표 200여명을 모아 '독립촉성중앙협의회'를 조직했다. 그것은 각 단체가 자기 조직을 그대로 유지한 채 독립이라는 공동목표를 위해 협력하는 느슨한 형태의 연합체였다. 자기 조직이 없었던 이승만은 개인자격으로 참여했다.

이승만은 독립촉성중앙협의회에 좌익들도 참여시키려고 했다. 그 때문에 그는 공산주의자들의 호감을 사기 위해 10월 21일의 라디오 방송에서 공산주의는 경제정책으로 채택할 점이 많다고 칭찬했다. 그리고 10월 31일에는 공산당의 박헌영을 그의 숙소인 돈암장으로 불러 독립촉성중앙협의회에 참여할 것을 적극 권유했다. 이승만은 귀국해서 일 주일 동안 조선호텔에 머물다가 황해도 출신의 기업가 장진섭의 돈암장 일부를 빌려 사용하고 있었던 것이다.

좌익들은 친일파 배제부터 요구

그러나 박헌영은 '독립촉성중앙협의회'에 참여하기 위한 전제조건으로 친일파 배제를 이승만에게 요구했다. 그러나 그것은 당장 들어줄 수 없는 문제였다. 우선 누가 친일파인지 정확하게 규정하는 것조차 쉽지 않았다. 그러므로 이승만은 그 문제는 나라를 세운 다음에 생각하자는 입장이었다.

우선 민족이 단합했다는 것을 강대국들에게 보여 주는 것이 중요하다고 생각했기 때문에 그는 공산당에게 석 달만이라도 독립촉성중앙협의회에 참여할 것을 간곡히 권유했다. 그래야 국제 공동

신탁통치를 막을 수 있다는 것이었다.

그러나 박헌영은 자기주장을 굽히지 않았다. 그 때문에 4시간에 걸친 두 사람의 회동은 아무 성과 없이 끝나고 말았다. 그러자 좌익 신문들이 일제히 이승만을 공격했다. 비난 가운데는 "박헌영, 이승만을 만나 주다"라는 모욕적인 표현도 있었다. 이승만은 좌익세력이 민족통일전선에 참여하지 않을 것으로 생각했다.

공산주의자들과 결별

그래서 이승만은 11월 4일 좌익들이 참여하지 않은 가운데 제2차 독립촉성중앙협의회를 열었다. 그리고 국제사회에 독립을 도와줄 것을 호소하는 '우리의 결의문'을 채택했다. 결의문에서 4대국 공동 신탁통치 계획에 반대한다고 선언했다. 그리고 한국인들이 전국적인 자유선거(自由選擧)를 통해 민주정부를 수립할 수 있도록 도와줄 것을 요청했다. 결의문은 미국·영국·소련·중국의 4대 연합국과 미국 국민에게 발송되었다.

이승만은 자신을 공산주의자들과 분명히 구분해야 할 필요성을 느꼈다. 그러므로 그는 좌익들이 그에게 제의한 조선인민공화국 주석 자리를 맡지 않겠다는 뜻을 분명히 했다. 그러자 11월 16일 공산당은 독립촉성중앙협의회를 탈퇴했다. 그 뒤를 따라 사회주의자 여운형의 인민당과 중도파 안재홍의 국민당도 탈퇴했다.

12월 17일 이승만은 '공산당에 대한 나의 입장'이란 라디오 방송을 통해 공산주의자들과 완전히 손을 끊었다. 공산당은 소련을 자기 조국으로 섬기는 파괴분자라고도 비난했다.

그 때문에 독립촉성중앙협의회에는 보수우파만 남게 되었다. 그런데도 그것은 전국적인 조직으로 빠르게 성장했다. 왜냐하면 지방에서 자발적으로 결성된 단체들이 이승만의 명성에 이끌려 계속 가입을 요청해 왔기 때문이다.

중국의 김구 일행에 미 군용기를 보낸 하지

하지 중장은 중국에 있는 김구 등 중경 임시정부 요인들도 빨리 귀국하기를 희망했다. 그들의 귀국이 사회혼란을 수습하는 데 도움이 될 것으로 생각한 것이다. 그래서 하지 중장은 미군 장교를 두 차례나 중국에 파견해 그들의 귀국을 종용했다.

그러나 중경 임시정부 요인들의 귀국은 쉽게 이루어지지 않았다. 왜냐하면 미군정이 이승만처럼 개인 자격의 귀국을 요구한 데 대해 그들은 임시정부 자격의 귀국을 고집했기 때문이다. 그래서 양측 사이에 실랑이가 벌어졌지만, 결국 중경 임시정부 요인들은 개인 자격으로 귀국하는 데 동의하고 말았다.

서울로 떠나는 김구 일행을 위해 중국 국민당 정부의 장개석 주석은 성대한 환송연을 열어 주었다. 김구에게는 정치 자금으로 미화 20만 달러와 중국돈 1억 위안까지 주었다. 그리고 중국정부와 신속히 협의할 수 있도록 3명의 무전사도 딸려 보냈다. 장개석은 자신의 도움을 받은 김구가 한반도 정국에서 주도권을 잡기 바랬던 것이다.

1945년 11월 23일 김구 등 임시정부 요인 제1진이 김포 비행장에 도착했다. 교통편은 하지 중장이 상해로 보내 준 미군 수송기였다. 김규식 등 제2진은 12월 1일에 도착했다. 그러나 이범석이 이끄는 400여명의 광복군은 6개월이 지난 1946년 6월에 배편으로 귀국했다.

임시정부 요인들에 대한 국민의 환영은 열렬했다. 가장 반겼던 사람들은 송진우, 김성수, 장덕수 같은 한민당의 보수파들이었다. 그들은 김구가 이승만과 함께 좌익들의 인민공화국에 대항해 새로운 정식국가를 건설해 줄 것을 기대했다. 그래서 한민당은 정부수립 문제에서 임시정부 봉대론(奉戴論)을 내세우게 되었다.

김구 일행도 개인 자격으로 귀국

중경 임시정부 요인 제2진이 도착하자 1945년 12월 2일에 김구는 숙소인 경교장에서 국무회의를 열었다. 경교장은 평안북도 출신의 부자 최창학이 살기 위해 지은 최신 양옥으로 김구에게 임시로 빌려준 것이었다.

김구의 국무회의 개최는 그가 임시정부의 주석으로 활동하려는 의도로 보였다. 따라서 그것은 개인 자격으로 귀국하겠다는 미군정과의 약속과는 달랐다. 이승만도 임시정부의 주미외교부위원장 자격으로 그 회의에 참석했다. 그러나 그의 임시정부 국무회의 참석은 그것으로 처음이자 마지막이었다.

다음 날인 12월 3일 김구는 하지 중장을 향해 미군정의 행정권을 임시정부에 넘길 것을 요구했다. 그러나 하지 중장의 대답은 좌익들의 조선인민공화국에게 했던 것과 같았다. 38선 이남에서 합법적인 정부는 미군정뿐이라는 것이었다.

그러나 중경 임시정부의 대중적 인기가 높았기 때문에 남한의 정치세력들은 다투어 그것과 손을 잡으려고 했다. 일제시대에 국내에서 활동했던 사람들에게 임시정부와의 제휴는 친일(親日) 혐의를 벗는 좋은 방법이었기 때문이다. 그러므로 송진우와 김성수의 한민당은 임시정부를 받들어 정식정부를 세우자는 '임정 봉대론'을 내세웠다. 안재홍의 국민당은 김구의 한독당과 합당까지 했다.

심지어 박헌영의 공산당도 김구의 한독당(韓獨黨)과 손을 잡으려고 했다. 중경 임시정부와 공산당은 모두 강한 조직을 가지고 있었기 때문에 서로 경계했다. 그럼에도 불구하고 중경 임시정부는 좌우합작 체제이기 때문에 공산당은 파고들 여지가 있다고 보았던 것이다.

그러나 합작은 이루어지지 않았다. 김구의 한독당이 고자세를 보였기 때문이다. 한독당은 공산당을 향해 조선인민공화국을 해체하고 중경 임시정부 안으로 들어올 것을 요구했던 것이다.

17

신탁통치 문제를 둘러싼 갈등

(1) 모스크바 의정서의 파장

통일정부를 세운다는 미·소공동위원회

제2차 세계대전 중에 미국·영국·소련 3대국은 전후의 새로운 세계질서를 세우기 위해 테헤란 회담, 얄타 회담, 포츠담 회담을 잇달아 열었다. 그러고도 해결되지 못한 세부적인 문제들은 전쟁이 끝난 다음 외무장관 회의를 여러 차례 열어 조정하려고 했다.

카이로 선언에서 약속했던 한국독립 문제는 1945년 12월의 모스크바 외무장관회의에서 논의되었다. 그 결과로 모스크바 선언이 발표되었는데, 그것은 사실상 소련안이었다. 즉, 소련의 몰로토프가 만든 초안을 미국의 제임스 번즈와 영국의 어네스트 베빈이 받아들인 것이었다.

모스크바 선언은 1945년 12월 28일 저녁 서울에 알려졌다. 핵심적인 내용은 미군과 소련군이 미·소공동위원회를 구성해서 한반도에 임시정부를 세운다는 것이었다. 임시정부는 5년간 미국과 소련의 신탁통치(信託統治)를 받다가 독립정부가 되도록 했다. 그 과정에서 미군과 소련군은 한국인들과 협의하도록 했다. 참여할 것으로 생각되었던 영국과 중국은 제외되었다.

신탁통치를 반대한 우파

모스크바 선언에 대해 남한의 보수우파는 물론 좌익들도 반대했다. 그것의 신탁통치 조항이 한인들의 독립 시기를 늦추기 위한 구실이 된다고 생각되었기 때문이다. 이승만에게 신탁통치는 당장의 독립을 가로막는 장애물일 뿐만 아니라 소련을 끌어들여 한반도 전체를 공산화(共産化)로 이끄는 함정으로도 보였던 것이다.

신탁통치 개념이 처음 표면으로 떠오른 것은 제2차 세계대전 중인 1943년 11월에 열린 테헤란 회담 때였다. 그것은 다시 1945년 2월 8일의 얄타 회담에서 루스벨트와 스탈린 사이에 구두합의로 재확인되었다. 그것은 비밀협정이었기 때문에 이승만은 그 내용을 알지 못했다.

그러나 이승만은 신탁통치가 실시될지 모른다는 의심은 계속해 왔다. 그의 의심이 틀리지 않았다는 것은 일본이 항복한 지 두 달 후에 드러났다. 왜냐하면 1945년 10월 20일 미 국무부 극동국장 존 카터 빈센트가 신탁통치 가능성을 직접 언급했기 때문이다.

빈센트의 신탁통치 발언으로 남한은 비판여론으로 들끓었다. 이승만은 워싱턴에서 한국위원부(구미위원부)를 운영하고 있는 임병직에게 지시해 그 발언의 의도를 미 국무부에 추궁하도록 했다. 만일 그 발언이 사실이 아니라면, 미 국무부가 직접 나서서 한국에서 독립정부를 세울 것이라고 선언하도록 요구했다. 그러나 그 같은 이승만의 요구에 대해 미 국무부는 명확한 답변을 하지 않았다. 그 때문에 이승만은 신탁통치 실시 계획이 확정된 것으로 믿게 되었다.

그로부터 두 달이 지난 1945년 12월 28일 저녁, 신탁통치 조항이 포함된 모스크바 선언이 서울에 알려진 것이다. 그러므로 이승만은 즉각 반대하는 성명을 냈다.

신탁통치를 지지한 좌파

이승만은 라디오 방송을 통해 그것을 비판했다. 신탁통치가 실시되면 소련이 남한에도 개입하게 되어 결국 한반도 전체가 공산화(共產化)할 것이라고 경고했다. 그러나 그는 미군정과 정면으로 대립하는 것을 원하지 않았기 때문에 그것을 격렬하게 비난하지는 않았다. 게다가 그는 건강이 나빠져 활동을 자제하고 있던 때였다.

그러므로 신탁통치 반대운동은 김구 등 중경 임시정부 요인들이 주도하게 되었다. 1945년 12월 28일 밤 김구는 경교장에 보수우파 대표들을 모아 모스크바 선언에 대한 대책을 논의했다. 그러고는 신탁통치반대 국민총동원위원회를 조직했다. 그러나 한민당의 송진우가 다음 날 새벽 암살당하는 불상사가 일어났다. 신중한 행동을 강조한 그의 발언이 신탁통치를 지지하는 것으로 오해를 받았던 것이다.

1946년 1월 1일부터 서울 거리는 온통 신탁통치 반대 시위로 어수선해졌다. 남한의 좌익들도 신탁통치에 반대했다. 소련을 제2의 조국으로 생각하는 공산주의자들이라 할지라도 신탁통치 문제에 대해서는 민족주의자의 입장을 갖지 않을 수 없었던 것이다.

그러나 12월 28일 밤 공산당의 박헌영이 급히 평양에 불려갔다 오면서 좌익들의 태도가 갑자기 바뀌었다. 그 때문에 1946년 1월 3일 서울운동장에서 열기로 예정되었던 신탁통치 반대 집회가 갑자기 신탁통치 지지 집회로 바뀌게 되었다.

이 같은 공산당의 급격한 태도 변화에 대해 공산당 영등포 지부의 일부 공산주의자들의 반발이 있었다. 하지만 그들도 곧 신탁통치 지지로 바뀌었다. 소련의 지시를 따라야 했기 때문이다. 좌익들은 태도 변화를 변명하기 위해 모스크바 선언의 핵심은 신탁통치 실시가 아닌 임시정부 수립에 있다고 설명했다. 그리고 모스크바 선언은 한국인들을 돕기 위한 진보적인 조치라고 설명했다.

그에 따라 남한사회는 신탁통치에 대한 찬성과 반대 문제를 놓고 좌·우로 갈라졌다. 북한에서는 그 같은 대립이 일어나지 않았다. 북한에도 조만식을 비롯한 소수의 신탁통치 반대세력이 있기는 했지만 소련군의 탄압으로 전혀 목소리를 낼 수 없었던 것이다.

김구와 이승만의 반탁운동

신탁통치 반대에 앞장선 김구의 중경 임시정부 세력은 1946년 1월 내무총장 신익희의 이름으로 포고령인 국자1호와 국자2호를 발표했다. 그것은 미군정의 한국인 공무원들, 그리고 국민 전체를 향해 중경 임시정부의 지휘에 따를 것을 지시한 행정명령이었다. 중경 임시정부는 정부로 행동하고 있었던 것이다.

그러나 하지 중장은 그것을 쿠데타 행위로 보았다. 그래서 그는 김구를 불러 또다시 그 같은 행동을 하게 되면 중국으로 추방하겠다고 경고했다. 그것에 맞서 김구는 그렇게 되면 자기는 자결하겠다고 반박했다.

신탁통치 반대운동에 김구와 이승만은 서로 협력했다. 그에 따라 그들은 보수우파 세력의 두 축을 형성했다. 그 결과, 1946년 2월 8일에는 김구의 반탁국민총동원위원회와 이승만의 독립촉성중앙협의회가 연합해 비상정치회의를 결성하고 곧 비상국민회의로 이름을 바꾸었다. 이승만은 그것이 미군정에 대항해 한국인을 대변하는 의회(국회)로 행동할 것을 기대했다. 그리고 앞으로 열리게 될 미·소공동위원회에서도 보수우파 세력을 대변할 것으로 기대했다.

우파연합의 민주의원

미군정도 그 같은 보수우파 연합의 출현을 환영했다. 미군들도 미·소공동위원회가 열릴 때 자신들의 편에 설 보수우파 조직을 필요로 했기 때문이다. 그래서 미군정은 비상국민회의 최고정무위원 28명을 자신들이 조직한 '남조선 대한국민대표 민주의원'의 의원으로 임명했다. 그 같은 조치가 나오게 된 데는 이승만이 맥아더에게 요청해 미군정 고문으로 오게 된 M. 프레스톤 굿펠로 대령의 공로가 컸다.

그에 따라 1946년 2월 14일에는 '남조선 대한국민대표 민주의원(民主議院)'이 출범했다. 의장에는 이승만, 부의장에는 김규식, 총무에는 김구가 선출되었다. 이승만의 심복인 윤치영이 비서국장을 맡았다.

민주의원 의원으로는 사회주의자인 인민당의 여운형도 임명되었다. 하지만 그는 공산당의 압력을 받아 사퇴하고 말았다. 그를 따라 몇 명의 중도파 의원들도 사퇴했다. 그 때문에 민주의원에는 보수우파들만 남게 되었다.

3월 19일 민주의원은 앞으로 정부가 섰을 때 시행될 정책의 윤곽으로 임시정책 대강 27개조를 발표했다. 거기에는 농지개혁, 의무교육 실시, 친일파 처벌 등에 대한 약속이 들어 있었다. 그것은 그보다 한 달 전인 2월 6일에 이승만이 라디오 방송을 통해 발표한 '과도정부 당면정책 33항'과 비슷한 내용이었다.

보수우파들이 민주의원으로 뭉치게 되자, 그에 맞서기 위해 좌익들도 연합해 '민주주의민족전선(민전)'을 결성했다. 그에 따라 1946년 초 남한 정국은 신탁통치 문제를 놓고 보수우파의 '민주의원(民主議院)'과 좌파의 '민전(民戰)'이 대결하는 형국이 되었다.

(2) 소련에 대한 미국의 헛된 기대

소련군과 합의해 보려는 미군

미군은 한반도에서 한국인의 정부를 세워주고 빨리 철수하려는 태도였다. 제2차 세계대전이 끝났는데도 계속 남아 있는 군인들 자신이나 고국의 가족들이 바라는 일이 아니었다. 게다가 미국에게 한반도는 군사적으로나 정치적으로 가치가 없는 지역이었다.

그러나 미국은 모스크바 선언의 제약을 받고 있었다. 그러므로 서두른다고 해서 한국인의 정부를 세울 수는 없었다. 소련군과 협의해야 했기 때문이다. 그러므로 미군은 소련군의 비위를 건드리지 않기 위해 남한에서 좌익과 보수우파를 꼭 같이 대우하려는 중립(中立)정책으로 나갔다. 그래서 미군정장관 아놀드 소장이 1945년 11월 좌익들의 전국인민위원회대표자대회에 참석해 축사를 하기도 했다.

미 국무부와 미군정의 목표는 한반도에서 좌우합작의 연립정부를 세우는 것이었다. 소련도 그것을 받아들일 것으로 믿었다. 그래서 미 국무부는 하지 중장에게 좌우합작의 중립정책을 유지하도록 지시했다. 그리고 이승만, 김구 같은 우파들에게 호의를 보이지 말라고 지시했다. 그들이 1946년 3월에 열릴 미소공동위원회를 방해

할까 우려했기 때문이다.

이념 갈등에서 중립적인 미군정

이승만은 미군정과 정면충돌을 원하지 않았기 때문에 민주의원 의장을 잠시 사임했다. 그러고는 서울을 떠나 남쪽 지방을 돌면서 강연하는 이른바 '남선 순행'에 나섰다. 이승만에 도움을 주던 미군정의 고문 M. 프레스톤 굿펠로 대령도 미국으로 돌아갔다.

미군정의 중립적인 태도는 1946년 5월에 터진 조선정판사 사건을 처리하는 데서도 나타났다. 그것은 서울의 공산당이 위조지폐를 대량으로 찍어 유통시키려다가 적발된 큰 사건이었다. 그러나 미군정은 공산당을 불법화하거나 사무실을 폐쇄하지 않고 사건 관련자들만 체포해 재판에 넘기는 것으로 끝냈다. 즉, 미군정은 공산주의자 개인의 범죄행위만을 처벌했을 뿐, 공산당 자체를 문제 삼지는 않았던 것이다. 미군정은 그렇게 드러나게 소련의 눈치를 보고 있었다.

그러나 그 같은 미군정의 유화적 조치는 북한에서 일어난 변화를 제대로 이해하지 못한 데서 오는 어리석은 행동이었다. 북한에서 소련군은 이미 1946년 2월에 단독정부(북조선인민위원회)를 세우고 3월에는 공산화(토지개혁)를 추진했던 것이다. 그 때문에 남북 통일정부의 수립이 불가능하게 되었다. 그런데도 미군은 소련군과 협의해 통일정부를 세운다는 모스크바 선언에 계속 매달리고 있었다.

애당초 기대할 수 없었던 미·소공동위원회

그 같은 어정쩡한 상태에서 1946년 3월 20일 미·소공동위원회가 서울 덕수궁에서 열렸다. 목적은 한반도에서 통일된 임시정부를 세우는 것이었다.

그러나 이승만은 미·소공동위원회가 실패할 것으로 보았다. 설사 성공한다 하더라도, 그것은 좌우합작의 연립정부를 세워 한반도 전체를 공산화하게 되는 불행한 결과로 이끌 것이라고 부정적으로 생각했던 것이다. 그렇다고 이승만은 미소공동위원회를 완강히 반대할 수는 없었다. 그렇게 하면 미군정과 정면으로 충돌해야 했기 때문이다. 그래서 이승만은 미소공동위원회에 대해 낙관도 비관도 하지 않는다는 애매한 태도를 보이게 되었다.

이승만의 예상대로 미·소공동위원회는 잘되지 않았다. 실패할 조짐은 소련군 수석대표 슈티코프 장군의 기조연설에서부터 나타났다. 그는 신탁통치를 반대하는 정당이나 단체는 임시정부 수립을 위한 협의대상에서 제외해야 한다고 주장했는데, 의도는 보수우파 세력을 배제하려는 것이었다. 또한 그는 한반도에서 소련을 적대시하는 정부가 들어서는 것을 절대로 용납하지 않겠다고 했는데, 의도는 친소적인 좌파정권을 세우려는 것이었다. 그것은 미군 측이 구상하고 있던 좌우합작의 연립정부조차 받아들이지 않겠다는 태도였다.

그것은 미군 측 수석대표 아치볼드 아놀드 소장의 기조연설과 충돌하는 입장이었다. 아놀드 소장은 신탁통치에 반대했거나 찬성했던 모든 정당·단체들을 임시정부 수립을 위한 협의대상으로 받아들여야 한다고 주장했다. 그리고 앞으로 세워질 임시정부가 민주적인 것이 되기 위해서는 모든 정치세력에게 표현(表現)의 자유를 보장해야 한다고 주장했다. 다시 말해 좌우합작의 연립정부를 세우겠다는 말이었다.

이처럼 소련군 측과 미군 측은 한인들 가운데서 누구를 협의대상으로 삼을 것인가 하는 문제를 놓고 처음부터 팽팽히 맞섰다. 그 때문에 미·소공동위원회는 더 이상 나갈 수가 없었다.

미군대표들의 우파 회유책

그러므로 회의를 진행시키기 위해서는 양측이 타협해야 했다. 그래서 절충안으로 '공동성명 5호'가 채택되었다. 그것은 신탁통치에 반대했던 정당이나 단체도 모스크바 선언을 지지한다는 동의서에 서명만 하면, 협의대상으로 받아들이도록 했다. 남한의 보수우파들을 배려하는 것 같았다.

그러나 남한의 보수우파들은 '공동성명 5호'에 당황했다. 그것에 서명하면 결과적으로 신탁통치에 찬성하게 될 것이기 때문이다. 그렇다고 서명하지 않으면 협의대상에서 완전히 제외되어 임시정부 수립 과정에 참여할 수 없게 될 것이기 때문이다.

이승만과 김구는 공동성명 5호에 서명하지는 않았다. 하지만 보수우파들이 서명하는 것을 막지는 않았다. 두 지도자는 난처한 현장에서 벗어나기 위해 각기 지방 순회에 나섰다. 그러자 망설이던 온건한 보수파들은 김성수의 한민당을 선두로 '공동성명 5호'에 서명하기 시작했다.

하지 중장은 이승만과 김구가 서명하지 않은 것을 유감스럽게 생각했다. 두 지도자가 참여하지 않으면 임시정부 수립 과정에서 보수우파 세력이 열세에 놓일 것이기 때문이다.

그러므로 1946년 5월 1일 하지 중장은 두 지도자의 서명을 이끌어내기 위해 공동성명 5호에 관한 특별성명을 발표했다. 공동성명 5호에 서명한다고 해서 신탁통치에 찬성하는 것을 의미하지는 않는다는 해석이었다. 그것은 서명하고 나서라도 신탁통치 반대운동을 계속할 수 있다는 뜻으로도 해석될 수 있었다.

그러자 '민주의원'과 '비상국민회의'를 선두로 25개 보수우파 정당·사회 단체가 공동성명 5호에 서명했다.

소련군 대표들의 우파 배제

그러자 이번에는 소련군 측이 반발했다. 하지 중장의 특별성명은 모스크바 협정의 본질을 잘못 해석했다는 것이다. 그러고 나서 소련군 측은 새로운 요구를 들고 나왔다. 보수우파 인사들이 대표를 맡고 있는 정당과 단체도 협의대상에서 제외시켜야 한다는 것이었다. 그것은 '민주의원' 같은 단체도 대표를 바꾸지 않으면 제외된다는 것이었다. 간단히 말해, 소련군 측의 의도는 보수우파 세력을 완전히 배제하겠다는 것이었다.

소련군 측의 그 같은 요구를 미군 측은 받아들일 수 없었다. 그 때문에 미·소공동위원회는 1946년 5월 6일부터 무기한 휴회에 들어가게 되었다. 사실상 회의가 실패한 것이다.

나중에 밝혀진 사실이지만, 당시 소련군 대표들은 남북한을 아우르는 통일정부를 세울 마음이 전혀 없었다. 왜냐하면 미·소공동위원회가 임시정부를 세우게 되면 소련군이 이미 북한에 세워 놓은 '북조선임시위원회'라는 사실상의 정부를 해체해야 했기 때문이다. 그러므로 미소공동위원회의 소련군 대표들은 회의 진행에는 전혀 관심 없이 남한의 공산주의자들을 만나 혁명을 부추기는 데 더 열성이었다. 그들의 만남은 서울의 소련영사관에서 이루어졌다.

그런데도 미군 대표들은 순진하게도 모스크바 선언에 따라 남북한을 아우르는 통일된 임시정부를 세우겠다며 소련군 대표들과 합의해 보려고 안간힘을 썼다. 그러고는 이승만과 김구가 자기들의 계획에 적극 협력하지 않는다고 비난했다. 그래서 미군정은 이승만이 미소공동위원회를 방해하지 못하도록 라디오 방송 원고를 미리 검열해 소련과 공산주의에 대한 비판 부분을 삭제했던 것이다.

미군의 어정쩡한 입장

게다가 미군 측은 좌·우 대결에서 엄정중립을 지킨다며 보수우파들을 따로 만나 주지 않았다. 그 때문에 남한의 보수우파들과 미군 대표들 사이에는 협조가 잘 이루어지지 못했다. 그래서 보수우파들은 스티코프의 개막연설이나 공동성명 5호의 뜻을 제대로 이해하지 못해 처음에는 환영의 태도를 보이기도 했다.

이승만은 그러한 미군 측 태도에 실망했다. 그래서 그는 미·소공동위원회가 열리고 있던 1946년 4~6월 기간에 남쪽 지역을 돌며 대중 설득에 나섰다(남선 순행). 그는 대중을 향해 미·소공동위원회가 성공해 신탁통치가 실시되면 소련은 남한에도 개입하게 되어 한반도 전체가 공산화할 위험이 있다고 역설했다. 그리고 미·소공동위원회는 어차피 실패할 것이므로 당장 걷어치우고 미국정부가 직접 나서서 정부수립 문제를 해결해야 한다고 주장했다.

그러나 미국 정부의 태도가 바뀔 기미는 없었다. 미국 정부는 계속 모스크바 선언의 틀 속에서 남북 통일정부를 세운다는 원칙을 고수했다. 그 같은 미국의 중립정책은 공식적으로 1947년 4월까지 계속되었다.

실패로 끝난 미·소공동위원회

미·소공동위원회가 중단되자, 남한의 보수우파들은 이승만의 선견지명에 감탄했다. 그러므로 한국인들은 미·소공동위원회와는 상관없이 스스로 정부를 세워야 한다는 자율정부 수립 운동에 호응하게 되었다. 그에 따라 1946년 5월 12일 서울운동장에서는 '독립

전취국민대회'가 열렸다.

물론 그 집회가 추구하는 궁극적인 목표는 남북 통일정부를 수립하는 것이었지만, 상황에 따라서는 남한에 한정된 정부도 세울 수 있다는 생각도 있었다. 그래서 김규식은 그날 집회에서 대구나 제주도 같은 작은 지역에서라도 한국인의 정부가 세워진다면, 그것은 중앙정부로 부를 수 있다고 말했던 것이다.

18

자율적 정부수립으로 방향 전환

(1) 남한 과도정부의 추진

1946년의 정읍 발언

그러나 당시는 통일국가의 건설을 궁극적인 목표로 생각하는 민족주의 명분이 중요했던 시기였다. 그 때문에 남한만의 정부수립을 받아들일 분위기가 아니었다. 그것을 주장하다가는 분단을 획책하는 민족 반역자로 몰릴 위험이 있었다. 당시의 한국인들에게는 통일정부를 세울 능력이 있는가 하는 현실(現實)의 문제보다 반드시 이루어야만 한다는 당위(當爲)의 문제가 더 중요했기 때문이다.

그 같은 관념적인 통념을 현실주의자의 입장에서 대담하게 깨뜨린 인물이 이승만이었다. 그는 2차 남선순행 길에 나서던 1946년 6월 3일 전라북도 정읍에 들러 남한만의 과도정부가 필요하다고 주장했기 때문이다.

'정읍 발언'에서 이승만은 당장 다시 미·소공동위원회가 열릴 가망도 보이지 않기 때문에 남한도 북한처럼 임시정부나 위원회 같은 것을 세워 국제사회에 대해 발언권을 가져야 한다고 주장했다. 그래야만 앞으로 소련과도 협상해 통일정부를 세울 기반이 마련된다는 것이었다.

그 같은 발언은 남한사회의 장래에 대한 불안감에서 오는 것이었다. 당시 남한은 언제 정부가 들어설지도 모르는 채 목표 없이 표류하는 배 같은 운명이었다. 경험도 책임감도 계획도 없는 미군정 밑에서 경제는 사실상 마비상태였다. 산업 가동율은 일제시대의 20%밖에 되지 않았다. 게다가 중국, 일본, 북한으로부터 동포들이 쏟아져 들어와 도시들은 실업자로 넘쳐났다. 그 때문에 사회는 치안조차 제대로 유지되지 못하는 형편이었다.

그러므로 이승만이 볼 때 남한에서 가장 시급했던 것은 한국인의 통치기구였다. 그래서 모든 사람들은 통일정부를 세워야 한다고 주장하지만 현실적으로 불가능한 일이었다. 그러므로 우선 남한만의 과도정부라도 세워야 한다는 것이 이승만의 생각이었다.

그 문제에 대해 이승만은 다른 기회에 사람 몸에 비유해 설명했다. 죽어 가는 몸의 절반이라도 살려 놓아야 나중에 전체를 살릴 기회를 기대할 수 있다는 것이었다. 바꾸어 말하면, 남한에서 우선 과도정부를 세워 제대로 된 사회를 만들 기반을 마련해야만 나중에 통일정부를 세워 북한도 살릴 수 있게 된다는 것이었다.

자율적 정부수립을 위한 민족통일총본부

이승만의 '정읍 발언'은 혹독한 비판을 받았다. 좌익은 물론 우파인 김구의 한독당으로부터도 맹렬히 비난받았다. 미군정도 그것이 모스크바 선언에 어긋난다며 비난했다. 그 때문에 이승만은 정치적으로 고립될 위기에 놓였다. 그를 지지하는 정치세력은 독립촉성국민회와 한민당, 언론은 〈대동신문〉과 〈동아일보〉 정도였다.

그러나 국제관계 전문가로서 이승만은 그 같은 비난을 무릅쓸 각오가 되어 있었다. 남한이 오랫동안 정부가 없는 "정치적 미해결 지역"의 상태로 남게 되면 강대국들의 흥정 대상이 될 위험이 있기 때문이다. 즉, 미국은 세계의 다른 지역에서 소련의 양보를 얻어 내기 위해 남한 지역을 넘겨줄 위험이 크다고 본 것이다. 그러므로 이승만에게는 남한 과도정부라도 빨리 수립되는 것이 중요했다.

이승만은 정읍 발언을 실천할 조직을 만들려고 했다. 그래서 1946년 6월 11일 정동감리교회에서 조선독립촉성국민회 제2차 전국대표대회를 열었다. 그것을 토대로 6월 29일에는 배은희(裵恩希) 목사를 중심으로 하는 민족통일총본부(민통)를 조직했다. 그것은 미군정이 추진하고 있는 좌우합작위원회에 대항하기 위한 것이기도 했다.

(2) 미군정은 좌우합작 추진

미 국무부의 진보파지지

미소공동위원회가 실패했는데도 미국은 계속 소련과 협의하려고 노력했다. 즉, 미소공동위원회를 다시 열 준비를 하고 있었던 것이다. 그래서 미 국무부는 1946년 6월 6일 도쿄의 맥아더 장군을 통해 서울의 하지 중장에게 새로운 지시를 내렸다.

그 내용은 이승만과 김구 같은 "늙은 망명객들"을 정계로부터 퇴출시키고 진보적인 인사들로 한국인들의 입법기관을 만들라는 것이었다. 그리고 진보적인 한국인들을 행정기관에 등용해 미군정의 '한국화'를 실현하라는 것이었다.

미 국무부가 말하는 진보적 인사들이란 토지개혁 같은 '진보적인 정강'을 추진할 개혁적인 인물들이었다. 즉, 사회주의적인 '뉴딜 정책'을 추진하는 미국 민주당 정부 노선에 맞는 인물들을 의미했다. 하지 중장은 그 같은 유형의 한국인은 김규식, 여운형 같은 중도파라고 생각했다. 하지는 김규식을 중도우파, 여운형을 중도좌파로 보았다. 그러나 이승만은 그들을 모두 좌파로 생각했다.

1946년 7월 하지 중장의 주도 아래 김규식과 여운형의 좌우합작위원회가 조직되었다. 그는 좌우합작 운동을 격려하기 위해 특별성명까지 발표하고, 레오나드 버치 중위를 내세워 돕도록 했다. 버치는 변호사 자격을 가진 미군 장교로 미국에 있을 때 진보적 인권단체인 미국인권연맹(ACLU)에서 활동한 인물이었다.

미 군정의 중도파 육성책

미군정은 좌우합작위원회를 돕기 위해 우파와 좌익을 모두 견제하려고 했다. 그래서 미군정은 우파의 〈대동신문〉을 정간시키고, 이승만과 김구를 정계에서 퇴출시키려고 했다. 다른 한편에서 미군정은 공산당 기관지 〈해방일보〉를 정간시키고, 위조지폐를 발행한 조선정판사 사건에 연루된 공산주의자들을 재판에 넘겼다.

그러나 이승만은 미군정의 좌우합작 정책을 위험스럽게 생각했다. 그가 볼 때 김규식과 여운형은 중도파가 아니라 모두 좌파였다. 그러므로 좌우합작은 남한을 공산화로 이끌어 결국은 한반도 전체가 소련의 위성국이 될 것이라고 생각했다.

이승만은 미군정의 좌우합작 정책을 막기 위해서는 한국독립 문제를 미소공동위원회(모스크바 협정)로부터 유엔으로 넘기는 길뿐이라고 생각했다. 그는 1946년 10월 23일부터 열리게 될 제2차 유엔총회에 한국독립 문제를 상정해 보려고 했다.

이승만은 그 준비를 위해 자신의 심복인 조선여자독립당의 임영신(任永信)을 민주의원 대표로 뉴욕에 파견했다. 임영신은 워싱턴 한국위원회(옛 구미위원부)의 임병직과 함께 움직였다. 두 사람은 루스벨트 대통령의 부인 엘리노 여사의 도움으로 1946년 11월 2일 유엔사무총장 트리그브 리를 만났다. 그러고는 한국독립 문제를 유엔총회에 상정하겠다는 약속을 받아냈다.

그러나 유엔총회 상정은 실현되지 못했다. 미국과 소련이 반대했기 때문이다. 그러자 이승만은 자신이 직접 유엔총회에 가서 그 문제를 해결해 보려고 했다.

'좌우합작 7원칙'을 지지한 미군정

1946년 10월 미군정이 후원하는 김규식과 여운형의 좌우합작위원회는 '좌우합작 7원칙'을 발표했다. 그것은 좌익들의 주장을 토대로 하고 실현 방법에서 약간의 유연성을 보인 절충안이었다. 예를 들면, 농지개혁 문제에서 좌우합작 7원칙은 좌익들의 '무상몰수 무상분배'를 기본으로 했다. 그러면서도 몰수된 농지에 대해 약간의 보상을 보장하도록 했다. 보상 비율에서도 작은 면적의 농지를 우대하는 체감의 원칙을 적용했다. 친일파 문제에서도 좌우합작 7원칙은 좌익의 숙청 원칙을 기본으로 삼았다. 그러면서도 시행 시기를 정부수립 이후로 미루는 융통성을 보였다.

그러므로 김구의 한독당은 좌우합작 7원칙을 지지하게 되었다. 그러나 이승만의 독립촉성국민회와 김성수의 한민당은 반대했다. 이유는 그것이 지주의 입장을 너무 무시했다는 것이었다. 좌익들도 반대했는데, 이유는 그것의 혁명적 성격이 약하다는 것이었다.

하지 중장은 좌우합작 7원칙을 성공으로 보았다. 그래서 그는 다음 단계로 중도파 중심의 한인 대의기관인 '남조선과도입법의원'을 설치하려고 했다. 그것에 대해 이승만 등 보수우파 세력은 찬성했다. 그들은 한인들의 의사를 대변할 대의기구가 필요하다고 생각했기 때문이다.

그러나 좌익들은 격렬히 반대했다. 그들에게 남조선과도입법의원의 설립은 미군정이 남한 단독정부 수립을 위한 준비 단계로 생각되었기 때문이다. 좌익들에게 남한지역은 정부 없이 혼란 상태를 계속해야만 공산혁명이 가능하다고 생각했던 것이다.

(3) 대한노총 위원장이 된 이승만

파업에 맞선 서북청년회와 대한노총

이 같은 미군정의 중도파 우대정책, 즉 좌우합작 정책에 대해서는 박헌영의 조선공산당도 불만이었다. 중도파가 부각되면 좌익의 혁명의지가 퇴색될 것이기 때문이다. 그러므로 좌익들은 미군정을 혁명으로 위협해 권력을 빼앗으려고 했다. 그들은 그렇게 해서 미군을 남한에서 물러나게 할 수 있다고 믿었다.

그러므로 좌익들은 미군정에게 자신들의 힘을 과시하기 위해 1946년 8월 하순부터 총파업에 들어갔다. 파업은 출판인쇄 노동자로부터 시작되었기 때문에 신문부터 나오지 않았다. 서울과 부산에서 철도파업이 일어나면서 파업은 전국적인 것이 되어 이른바 '9월 총파업' 사태가 일어났다. 그에 따라 남한의 산업, 교통망, 통신망은 마비상태에 빠졌다.

노동자들의 파업에 좌익학생들이 동조해 동맹휴학을 벌였다. 동맹휴학은 대학과 전문학교는 물론 중학교(오늘의 고등학교)로 번졌다. 시위대의 구호는 꼭 같았는데, 미군은 조선공산당의 인민공화국에게 정권을 넘기고 남한에서 철수하라는 것이었다.

그러나 파업과 폭동의 주동세력인 조선공산당은 숨어서 조종만 할 뿐 투쟁 전면에는 나타나지 않았다. 총책임자인 박헌영도 미군정의 체포를 피해 1946년 9월 29일 북한으로 피신한 상태였다.

그 때문에 총파업과 폭동은 허헌·김원봉의 민주주의민족전선(민전)이 주도하는 형식이 되었다. 행동은 그들의 하부조직인 노동조합전국평의회(전평)와 전국농민조합총연맹(전농)이 맡았다. 좌익들은 북한의 소련군 슈티코프 중장으로부터 지시와 함께 자금을 받았다.

파업 분쇄와 폭동 진압의 임무는 미군정 경무부장 조병옥이 이끄는 한국인 경찰들이 맡았다. 경찰력만으로는 부족했기 때문에 그들은 북한에서 월남한 반공청년들의 도움을 받았다. 월남민들은 용산 철도기관구, 영등포 공업 지대, 인천 공업 지대 등지에서 좌익 노동자들과 유혈충돌을 벌였다. 그들은 투쟁 과정에서 연대 의식을 가지게 되어 1947년 9월 서북청년회를 결성하게 되었다. 지도자는 평안도 출신의 선우기성, 김성주, 문봉재 등이었다.

반공청년들은 우파 성향의 노동조합인 '대한독립촉성노동총연맹(대한노총)'도 결성했다. 1946년 9월 26일 그들은 이승만을 대한노총 위원장으로 추대했다. 이승만은 미국에 있을 때 노동문제에 관심을 가지고 미국노총(AFL-CIO) 지도자들과 교분을 가진 경험이 있었다.

대구 10·1폭동의 확산

1946년의 '9월 총파업'은 대구의 '10·1 폭동'으로 이어졌다. 그것은 대구의 좌익들이 식량 부족에 대한 대중의 불만을 교묘히 조종함으로써 일어났다. 그들은 경찰서를 습격하고 보수우파들과 그 가족들을 살해했다. 3주 동안의 폭동으로 경상북도에서만 경찰 63명과 민간인 73명이 희생되었다. 미군정은 대구·경북 지역에 계엄령을 선포하고 탱크까지 동원했다.

대구폭동은 주변의 농촌 지역을 자극해 농민폭동을 일으켰다. 그것은 계속 퍼져 나가 남한 전역의 131개 군 가운데 56개 군이 농민폭동에 휘말리게 되었다.

미군정이 강경 진압으로 나가면서 폭동은 약화되기 시작했다. 경찰에 쫓긴 시위대 일부는 산악지대로 들어가 게릴라 활동을 벌였다. 일부는 태백산맥을 타고 38선을 넘어 북한으로 도피하기도 했다. 그러나 북한정권은 남한에서 쫓겨 온 과격파들을 달가워하지 않았다. 그 때문에 그들은 강동정치학원에서 훈련을 받은 다음 남한에 게릴라로 다시 파견되었다.

좌익3당이 통합한 남로당

남한의 좌익들은 파업과 폭동의 소용돌이에 휘말리는 동안 통합문제로 내부 진통까지 겪었다. 북한의 소련군으로부터 남한의 좌익3당을 남로당(남조선노동당)으로 통합하라는 지시가 내려왔기 때문이다.

소련군은 이미 북한의 좌익들을 통합해 '북로당(북조선노동당)'을 조직해 놓은 상태였다. 그러므로 '남로당'이 결성되면 그것과 통합해 '조선노동당'을 결성할 계획이었다. 통합의 대상이 된 남한의 좌익 3당은 조선공산당(박헌영), 조선인민당(여운형), 남조선신민당(백남운)이었다.

통합은 자발적 방법으로 진행된 것이 아니라 조선공산당이 나머지 두 당을 강제로 흡수하는 방식으로 이루어졌다. 그 때문에 조선인민당과 남조선신민당에서 내부 반발이 심했다. 그러나 소련군의 지령을 어길 수는 없는 것이므로 1946년 11월 23일 남조선노동당이 탄생했다. 여운형의 말대로 공산당이 간판만 바꾼 것이었다.

통합된 정당이 공산당의 이름을 버리고 노동당의 명칭을 가지게 된 것은 소련군의 정략 때문이었다. 북한을 점령한 소련군은 북한인들이 일제시대의 반공 교육 때문에 공산당을 나쁘게 본다는 것을 알게 되었다. 즉, 공산당은 소련에서처럼 혁명으로 개인의 재산과 생명을 빼앗는 무서운 집단으로 본 것이다.

그러므로 소련군은 혁명을 상징하는 공산당 명칭 대신 복지(福祉)를 상징하는 노동당 명칭을 사용하게 했다. 노동당은 영국노동당을 연상케 했기 때문이다. 그리고 공산주의란 말 대신 민주주의란 말을 사용하게 했다. 그래서 좌익들에게 민주주의는 공산주의를 의미하게 되었다.

중도성격의 남조선과도입법의원

1946년 10월 하지 중장은 한국인들의 대의기구인 남조선과도 입법의원을 설치하겠다고 발표했다. 입법의원은 90명의 의원으로 이루어지도록 했다. 간접선거로 선출되는 45명의 민선의원과 하지 중장이 임명하는 45명의 관선의원으로 구성된다는 것이었다.

그에 따라 1946년 10월 17일부터 6일 동안 민선의원을 뽑는 선거가 지역별로 실시되었다. 선거는 20세 이상의 모든 주민이 참여하는 직접선거였다. 하지만 그것은 면, 군, 시, 도의 4단계를 거치면서 실제로는 간접선거가 되었다. 선거 결과도 지방 유지들에게 유리해져 45명의 당선자 가운데 보수우파가 40명을 차지했다. 이승만의 독촉국민회는 17명, 김성수의 한민당은 14명, 김구의 한독당은 3명의 당선자를 냈다.

하지 중장은 크게 실망했다. 그는 중도파 또는 좌우합작파가 승리하기를 바랬기 때문이다. 그래서 그는 선거부정과 함께 친일파가 많이 당선되었다는 김규식의 의견을 받아들여 서울과 강원도의 선거를 무효로 하고 재선거를 지시했다.

또한 하지 중장은 이념적 균형을 유지하겠다는 이유를 내세워 관선의원 45명 대부분을 중도파나 좌파로 임명했다. 그러나 여운형 등 일부 좌파는 의원직을 거부했는데, 주로는 공산주의자들의 압력 때문인 것으로 보였다.

이승만은 하지 중장의 좌편향 인사정책에 분개했다. 1946년 11

월 22일 그는 하지를 방문해 미군정이 좌우합작위원회에 정권을 넘기려는 것은 위험하다고 비판했다. 그 때문에 두 사람 사이에 고성이 섞인 말다툼이 벌어졌다. 하지는 이승만이 절대로 권력을 잡지 못하게 하겠다고 언성을 높였고, 이승만은 앞으로는 하지에게 공개적으로 맞서겠다고 응수했다.

그 순간 이승만은 직접 워싱턴에 가서 미국정부를 설득해 볼 결심을 했다. 미군정의 실책을 폭로하고 한국독립 문제를 유엔에 넘기기 위한 것이었다. 그는 즉시 미국방문 계획을 발표했다.

하지와 대립한 이승만과 김구

'남조선과도입법의원'은 1946년 12월 개원식을 하고 김규식을 의장으로 선출했다. 그러나 입법의원도 하지 중장의 뜻대로 움직이지 않았다. 왜냐하면 그것이 제일 먼저 통과시킨 법안은 미군정이 반대하는 신탁통치 반대 결의안과 친일파 처벌을 위한 민족반역자 특별법안이었기 때문이다. 분개한 하지 중장은 두 법안에 대해 거부권을 행사했다.

신탁통치 반대결의안이 통과될 때 유일하게 반대표를 던진 의원은 언론인 출신의 중도파 안재홍(安在鴻)뿐이었다. 그것을 고맙게 여긴 하지 중장은 1947년 2월에 그를 미군정의 민정장관으로 임명했다.

미국인 군정장관이 있는 데도 한국인 민정장관을 새로 임명한 것은 미군정이 그 권력을 점차 한국인들에게 넘기려는 의도로 보였다. 그에 따라 미군 장교들은 한국인 관리들에게 실무를 넘기고 고문으로 물러나기 시작했다. 미군정의 '한인화'가 시작된 것이다. 그 때문에 미군정은 '남조선과도정부'로 불리게 되었다.

그것은 얼마 안 있으면 남한에 한국인 정부가 세워질 것으로 보이게 했다. 그러자 이승만과 김구(金九)의 관계도 바뀌기 시작했다. 그때까지 신탁통치 반대운동에서 동지적 관계였던 두 지도자는 이제부터는 정부수립 문제에서 경쟁관계로 바뀌게 된 것이다.

이승만의 정부수립 계획은 자유선거(自由選擧)를 통한 것이었다. 그와는 달리 김구의 정부수립 계획은 중경 임시정부의 확대를 통한 것이었다. 미군정이 그것을 거부할 경우에 김구는 쿠데타도 일으킬 생각이었다. 이승만은 김구의 그 같은 과격한 방법에 반대했다. 미군정과의 정면 대결은 현명한 방법이 아니었기 때문이다.

그러나 미 국무부의 지시를 받는 미군정의 정부수립 방법은 그들의 것과 달랐다. 미군정은 여전히 모스크바 선언의 틀 속에서 소련군과 합의해 통일정부를 수립하려고 했다. 그러나 이승만은 그것이 불가능하다고 보았다. 왜냐하면 미·소공동위원회가 성공할 가능성이 없었기 때문이다.

그러므로 이승만은 자신의 정부수립 방안을 가지고 워싱턴에 가서 미국정부를 설득하려고 했다. 거기에는 한국정부 수립문제를 미소공동위원회로부터 유엔으로 넘기는 방안도 포함되어 있었다. 그러한 목적을 위해 이승만이 뉴욕에 파견한 임영신이 워싱턴 한국위원회의 임병직과 이미 움직이기 시작한 상태였다.

이승만의 미국방문 계획에 대해 독립촉성국민회와 한민당은 크게 환영했다. 그래서 여행 경비를 조달하기 위한 모금 운동을 벌였다. 그러나 김구의 중경 임시정부 세력은 반대했다. 그래서 이승만은 미국으로 떠나기 전에 김구를 달래기 위해 자신의 미국방문이 만족할만한 결과를 얻지 못할 경우에 김구가 쿠데타를 일으켜도 좋다고 동의해 주었다.

19
대안 제시를 위한 미국 방문

(1) 선거를 통한 정부수립 건의

미국정부를 설득하기 위해 워싱턴으로

이승만은 그의 미국 방문을 한국인들이 정부를 세울 수 있는 마지막 기회로 보았다. 한반도를 둘러싼 국제관계가 어떻게 바뀔지 예측하기 어려웠기 때문이다. 이번 기회를 놓치면 한국인들은 또다시 오랫동안 나라 없는 시련을 겪게 될지 모른다고 생각했다.

이승만이 미국에 가는 목적은 분명했다. 한국의 독립 문제를 미소공동위원회로부터 유엔으로 넘기고, 그 다음에 자유선거를 통해 남한 과도정부를 세우도록 설득하는 것이었다. 보수우파들은 크게 환영했다. 그래서 민주의원은 그에게 '대한국민 대표'의 직함을 부여하고 1만 달러의 여비를 모아 주었다.

하지 중장은 이승만이 자기를 제치고 미국정부를 직접 상대하려는 것에 대해 불쾌하게 생각했다. 그 때문에 그는 이승만의 미 군용기 탑승을 허락하지 않았다. 당시 한국에서 미국으로 가기 위한 빠른 교통편은 미 군용기뿐이었다. 그러므로 이승만은 인천에서 배를 타야 했다.

출발 예정일인 1946년 12월 2일 인천항에서는 보수우파들이 준비한 환송행사가 열렸다. 그러나 도쿄의 맥아더 원수로부터 군용기를 보내겠다는 연락이 왔기 때문에 이승만은 환송행사를 마치는 즉시 서울로 돌아왔다. 그리고 12월 4일 김포 비행장에서 미 군용기를 타고 일본으로 출발했다. 이승만은 도쿄에 도착해 맥아더를 잠시 만나고 미 군용기를 타고 하와이로 떠났다.

'한국독립 문제 해결안'

하와이를 거친 이승만은 1946년 12월 7일 워싱턴에 도착했다. 백악관 근처의 칼튼 호텔에 숙소를 정한 뒤 미국정부를 상대로 '로비' 활동을 시작했다. 그는 독립운동 시절 자신을 도왔던 미국인들을 다시 불러 전략팀을 구성했다.

그들은 한미협회의 임원들인 파운드리교회 목사 프레데릭 브라운 해리스, 변호사 존 스태거스, 언론인 제이 제롬 윌리엄스였다. 그리고 그의 개인 로비스트인 로버트 올리버 박사, 한국에 와서 5개월 동안 그를 돕고 돌아온 굿펠로 대령이 있었다. 한국인으로는 이승만이 뉴욕에 파견한 임영신(任永信)과 워싱턴 한국위원회(구미위원회)의 임병직(林炳稷)이 있었다.

이승만은 그들과 상의해 6개 항의 '한국문제 해결안'을 작성한 다음, 1946년 12월 12일 올리버 박사를 통해 미 국무부에 제출했다. 그 내용은 다음과 같았다.

(1)남한만의 선거로 과도정부(過渡政府)를 세운 다음 유엔에 가입시킨다(남북한 총선거 실시 때 까지만 존속).

(2)남한 과도정부는 미국, 소련과 협상할 권한을 가지고 미·소 양군의 철수 문제 등을 협의한다.

(3)미군은 남한의 안보를 위해 계속 주둔한다.

(4)남한 경제를 복구하기 위해 일본에 배상을 청구한다.

(5)남한에게는 다른 나라들과 대등한 통상권을 부여한다.

(6)남한의 통화를 안정시키기 위해 국제 외환제도를 수립한다.

정부수립은 선거를 통해

이승만은 북한의 남침 가능성에 대해서도 미 국무부에 경고했다. 북한의 소련군은 50만의 공산군을 양성하고 있는데도 남한의 미군은 아무 대책도 세우지 않는다고 비판했다. 그래서 지금 남한은 북한에 끌려다닐 위험이 있다고 비난했다. 하지 중장이 남한의 좌파들에게 유리한 좌우합작 정책을 시행하게 된 것은 미 국무부 좌파 관리들의 책임이라고 주장했다.

그런 다음 이승만은 미국정부가 빨리 한반도에 정부를 세우겠다는 약속을 하도록 요구했다. 그리고 정부수립 문제를 미·소공동위원회로부터 유엔총회로 넘길 것을 요구했다.

그러나 이승만의 그 같은 요구는 모스크바 선언에 충실하려는 미 국무부 정책에 어긋나는 것이었다. 그 때문에 미 국무부 관리들은 이승만을 만나 주지도 않았다. 점령지역 담당 차관보 존 힐드링 장군만이 예외였다. 제2차 세계대전 중에 이승만은 반공·반소주의자라는 이유로 미 국무부의 기피 인물이 되었는데, 전쟁이 끝난 지금도 그의 처지는 전혀 바뀌지 않았던 것이다.

(2) 트루먼 선언에 대한 감사

뒤늦게 소련의 야심을 간파한 미국

그러나 다른 한편에서 미국의 여론은 이승만에게 유리한 방향으로 바뀌고 있었다. 늦게나마 미국 국민들이 소련의 팽창야욕과 공산주의의 위험성을 깨닫기 시작했기 때문이다. 미국인들은 소련의 약속 파기와 일방적인 독주에 분개하고 있었던 것이다.

소련은 폴란드 등의 동유럽 국가들에서 민주 정권을 수립하겠다고 약속하고도 공산정권을 세우고 있었기 때문이다. 또한 소련은 베를린 공동 점령에 합의하고도 서방 연합국의 점령지역인 서베를린을 봉쇄했기 때문이다. 그리고 소련은 제2차 세계대전 중에 전략적인 고려에서 이란을 일시적으로 점령한다고 약속하고도 전쟁이 끝났는데도 철수하지 않고 있었기 때문이다. 그래서 미국에서는 소련에 대한 유화정책(宥和政策)을 버려야 한다는 목소리가 커졌다.

그 같은 배경 속에서 미국정부는 1947년 2월 서울의 하지 중장을 워싱턴으로 불렀다. 이승만의 주장이 타당한지 확인하려는 목적이었다. 그 때문에 이승만과 하지 중장은 국방부 건물에서 마주치는 경우도 있었다. 하지만 그들은 의례적인 인사만 나누고 지나치는 차가운 태도였다.

하지 중장은 트루먼 대통령을 면담하고 상원 군사위원회 청문회에서 증언했다. 그러나 그의 증언은 놀랍게도 이승만의 주장을 뒷받침하는 것이었다. 하지 중장은 군인의 양심에 따라 사실대로 증언한 것이다.

그에 따라 미 국무부 고위층에서 중대한 변화가 일어나기 시작했다. 그래서 국무장관 마셜은 국무부, 육군부, 해군부 3부의 정책조정위원회 밑에 한국문제특별위원회를 설치하도록 지시하게 되었다. 그리고 남한에 정부를 세우고 그것을 일본경제와 연계시킬 방법을 검토하라고 지시했다.

미 국무부의 이승만 기피는 여전

그 같은 고위층의 인식 변화는 아직 실무자 차원에서는 구체화되지 못하고 있었다. 그 때문에 미 국무부 관리들의 이승만 기피는 여전했다. 이승만은 국방장관 패터슨을 만나려고 했지만 국무부의 방해로 뜻을 이루지 못했다. 이승만은 남한의 미군정을 궁지에 빠뜨린 위험한 인물이라는 국무부의 의견서 때문이었다.

게다가 한반도는 전략적 가치가 없는 지역이라는 미 육군의 입장도 바뀌지 않고 있었다. 그 때문에 미 육군은 남한에서 미군을 철수시켜야 한다는 종전의 주장을 되풀이하고 있었다.

그러므로 이승만이 워싱턴에 4개월 체류하는 동안 미국정부의 고위관리들을 제대로 만나지 못했다. 그를 만나 준 관리는 국무부 피점령국 담당 차관보인 존 힐드링 장군뿐이었다. 힐드링은 이승만과 로버트 올리버 박사를 수시로 만나 의견을 나누고 그들의 주장에 동감했다.

트루먼 대통령에 감사 편지

1947년 3월 12일 그 유명한 '트루먼 선언'이 발표되었다. 그것은 소련과 공산주의의 팽창을 억제하기 위한 '포위 정책'의 선포였다. 따라서 그것은 미국 대외정책의 큰 변화를 예고한 선언이었다.

'트루먼 선언'이 나오게 만든 직접적인 계기는 그리스 내전이었다. 그리스 내전은 왕정에 대한 공산주의자들의 반란이었다. 주변국가들인 유고슬라비아, 불가리아, 루마니아의 공산주의자들이 그리스 반군을 도왔기 때문에 정부군은 위기를 맞고 있었다. 그러므로 영국은 그리스 왕정을 돕기 위해 아테네에 군대를 파견하게 되었다.

하지만 제2차 세계대전으로 국력이 크게 약해진 영국은 그리스

정부를 계속 도울 능력이 없었다. 그래서 미국이 영국을 대신해서 그리스 내전에 개입하게 되었다. 그러므로 '트루먼 선언'은 그리스 정부에 대한 미국의 군사적, 경제적 원조의 약속이었다. 그 같은 원조 약속은 소련의 침공 위협을 받고 있던 터키에도 적용되었다.

더 나아가 '트루먼 선언'은 공산주의자들의 위협을 받는 모든 나라에 적용될 수 있을 것으로도 생각되었다. 이승만은 한국도 언젠가는 원조 대상이 될지도 모른다고 생각했다. 왜냐하면 바로 다음 날 마셜 국무장관은 그동안 소련이 한국독립 문제 해결에 협조하지 않은 데 대해 비난했기 때문이다. 마샬 국무장관은 그 같은 일이 계속될 경우에 미국은 단독으로라도 한반도에서 정부 수립을 추진하겠다고 말했기 때문이다.

그래서 이승만은 트루먼 대통령에게 감사하는 편지를 보내게 되었다. 편지에서 그는 트루먼이 반공(反共)의 대의명분을 뚜렷이 천명해 준 용기에 대해 감사했다. 그러고는 서울의 하지 중장이 좌우합작(左右合作) 운동을 중지하도록 지시해 줄 것도 요청했다. 그렇게 되면 남한에 과도정부가 세워져 공산주의의 확산을 막는 방파제 역할을 하게 될 것이라고 주장했다.

논란을 부른 이승만의 정부수립 계획

'트루먼 선언'으로 미국의 한반도 정책이 이승만이 바라던 방향으로 바뀌고 있는 듯이 보였다. 그래서 그는 미국에 좀 더 머물면서 그 정책이 굳어지는 것을 확인해 보려고 했다.

그러나 이승만은 국내 사정 때문에 귀국을 서두르게 되었다. 왜냐하면 김구가 대담하게도 1947년 3월 1일 중경 임시정부를 정식 정부로 선포함으로써 미군정과 충돌하고 있었기 때문이다.

이승만은 서울로 떠나기 전에 바뀌어져 가는 미국의 정책 기조를 그대로 유지시켜 가도록 국무부를 압박하려고 했다. 그것은 남한의 보수우파들에게 희망을 줄 수도 있을 것으로 생각되었다. 그래서 그는 1947년 3월 22일 〈뉴욕타임즈〉에 다음과 같은 내용을 발표하게 했다.

(1)미국정부의 과도정부(過渡政府) 수립 계획에 따라 남한은 한 달 안에 독립하게 될 것이다.

(2)그렇게 세워진 남한 과도정부는 미국의 도움으로 유엔에 가입하고 미국 등 여러 나라에 외교대표부를 설치하게 될 것이다.

(3)미국은 남한에 대사급의 민간인 고등판무관을 파견하고, 남한 과도정부는 미국인 고문관들을 고용하게 될 것이다.

(4)미국정부는 남한 과도정부를 위해 대규모 차관을 의회에 요청하게 될 것이다.

(5)총선거로 남북통일 정부가 수립될 때까지 미군은 안보군으로 남한에 주둔하게 될 것이다.

물론 그 같은 이승만의 발언은 미 국무부와 협의한 것이 아니었다. 그것은 이승만이 평소에 존 힐드링 장군과 나눈 대화를 정리해 놓은 희망 사항이었을 뿐이었다.

격노한 국무차관 애치슨은 이승만의 발언을 강하게 부인하고, 다른 신문에 실리지 못하게 막았다. 그러고는 국방부에 요청해 4월 1일로 예정된 이승만의 도쿄행 군용기 탑승 예약을 취소시키도록 했다.

(3) 귀국길에 중국의 장개석 방문

김구와 미군정의 충돌을 우려

이승만이 미국에 있는 동안 서울의 김구는 미군정과 충돌했다. 김구는 하지 중장이 보수우파 진영을 제쳐 놓고 김규식의 남조선과도입법의원을 중심으로 남한 정국을 이끌어 가려는 데 대해 분개했다. 그러므로 김구는 신탁통치 반대운동을 다시 벌여 미군정의 중도파 우대정책을 중단시키려고 했다.

이승만이 볼 때 미군정과의 정면충돌은 위험한 것이었다. 그래서 그는 서울의 민주의원에 전보를 보내 김구가 신탁통치 반대운동을 벌이지 않도록 설득하라고 지시했다.

그러나 김구는 자기의 길을 갔다. 1947년 1월 그는 비상국민회의, 민족통일총본부, 독립촉성국민회를 동원해 자주독립반탁운동협의회를 조직해 신탁통치 반대 시위를 지시했다. 김구는 비상국민회의가 국민을 대표하는 기구임을 과시하기 위해 그 명칭을 '국민의회'로 바꾸었다. 그런 다음 김구는 중경 임시정부를 정식정부로 선포해 미군정으로부터 권력을 빼앗아 올 계획이었다.

1947년 3월 1일 서울운동장에서 3·1운동기념식이 열렸을 때 국민의회는 김구의 지시로 중경 임시정부를 정식정부로 선포했다. 3월 3일에는 정식정부의 주석으로 이승만을 추대했다. 물론 이승만의 동의를 받지 않은 결정이었다. 그런 다음 그는 워싱턴의 이승만에게 "주권선언의 시기가 왔다"는 전보를 쳤다.

김구는 3월 5일 미군정장관 앨버트 브라운 소장을 만나 국민의회가 선포한 정부를 승인하고 그것에 정권을 넘길 것을 요청했다. 그러나 미군정은 그것을 쿠데타로 보고 김구를 처벌하려고 했다. 미군정은 김구가 귀국할 당시 중경 임시정부의 주석 자격이 아닌 개인자격이었다는 사실을 상기시키고 자제를 당부했다.

김구의 대담한 행동에 대해서는 서울의 이승만 지지자들도 찬성하지 않았다. 그 때문에 이승만 지지자인 민족통일총본부의 배은희(裵恩希) 목사가 김구 지지자들에게 폭행을 당해 죽음 직전까지 가는 일이 일어났다. 마지막 순간에 그는 함경도 출신의 우파청년운동가 김윤근의 도움으로 간신히 목숨을 구하기는 했다. 김윤근은 함경도 출신의 반공투사로 나중에 국민방위군 사건으로 처형당하게 된 불운의 인물이었다.

이승만은 워싱턴에 좀 더 머물면서 미국의 한국정부 수립계획이 확정되는 것을 보고 싶었다. 하지만 김구가 미 군정과 충돌하고 있었기 때문에 그는 귀국을 서둘러야 했다.

또다시 귀국방해를 당하다

이승만은 이번 귀국에서도 또다시 미 국무부의 방해를 받았다. 이승만은 귀국하기 위해 1947년 4월 1일에 도쿄로 출발하는 미 군용기 탑승 예약을 해 놓았다. 900달러의 많은 운임도 지불해 놓은 상태였다.

그런데 출발 전날 저녁 갑자기 국방부로부터 그의 군용기 탑승이 취소되었다는 전화가 왔다. 이승만의 귀국이 군용기를 배정할 만큼 중요한 일이 아니라는 연락이 국무부로부터 왔다는 것이었다.

난처해진 이승만은 다행히 국무부 피점령지역 담당관 존 힐드링 장군의 도움으로 민간 여객기를 타게 되었다. 그것은 노스웨스트 항공사가 동경 노선을 개설하고 시험 비행으로 띄우는 항공기였다. 그래서 이승만은 1947년 4월 4일 미니애폴리스를 출발했다. 하지만 서울의 하지 중장이 발급하는 남한 입국 허가서는 받지 못했다.

장개석을 만나기 위해 중국 남경으로

이승만은 노스웨스트 항공편으로 1947년 4월 6일 도쿄에 도착했다. 그러고는 4월 8일 맥아더가 마련해 준 군용기를 타고 중국 상해로 출발했다. 난징(南京)에서 중국 국민당 정부의 장개석(蔣介石) 주석을 만나기 위한 것이었다.

장개석은 독립운동 시기에 중경 임시정부에 대해 재정 지원을 했기 때문에 이승만보다 김구와 더 가까운 사이였다. 그러나 국민당 정부와 모택동의 공산당 사이에 내전(內戰)이 일어나면서 장개석은 반공주의자인 이승만을 높이 평가하게 되었다. 그래서 그는 미국에서 서울로 가는 이승만을 잠시 중국으로 불렀던 것이다.

4월 13일 남경에서 이승만은 장개석과 만났다. 만남은 한 차례 더 있었다. 두 지도자는 중국과 한반도의 공산주의 문제를 놓고 오랜 시간 의견을 나누었다. 이때 이승만은 말로만 듣던 명승지를 몇 군데 둘러 보았는데, 그때 다음과 같은 한시를 남겼다.

상해 남경 기차 안에서

삼월(*음력)이라 강남길은
집집이 봄이로고
무석리(*강소성의 마을)엔 매화피고
진강(*강소성의 강)가엔 버들개지
천리라 아득한 들에
일생을 떠도는 사람
외로운 한식절이라
해는 지고 구슬프이

1947년 봄

上海南京汽車中作

三月江南路, 家家爛漫春
千里微茫野, 一生漂泊人
梅花無錫里, 楊柳鎭江濱
天涯寒食節, 日暮獨傷神

丁亥春

서울로 오는 비행기는 장개석이 제공했지만 이때도 이승만의 귀국은 순조롭지 못했다. 이승만을 태운 중국 군용기가 김포공항에 착륙하기 위해서는 하지 중장이 발급한 남한 입국 허가서를 얻어야 했다. 그러나 그 비행기는 출발 전까지도 그것을 얻지 못했다. 맥아더의 도움으로 이승만은 서울로 돌아올 수 있었다.

20 유엔으로 넘긴 한국독립 문제

(1) 다시 열린 미·소공동위원회

성대한 귀국 환영식

이승만은 1947년 4월 21일 중국 비행기로 서울에 도착했다. 그 비행기에는 광복군 사령관 지청천과 미국에서 비서 역할을 했던 장기영이 동행했다. 이승만은 미국정부를 움직여 정부 수립 방안을 확정 지은 것으로 국민들에게 알려졌기 때문에 열렬한 환영을 받았다. 4월 27일 서울운동장에서는 성대한 환영대회가 열리고, 신문에는 그를 환영하는 광고로 가득 찼다.

환영대회에서 이승만은 이제 정부수립의 길이 열리게 되었다는 말로 군중을 열광케 했다. 지금까지 남한에서 과도정부(過渡政府)가 설 수 없었던 것은 하지 장군이 소련군과의 합의를 고집했기 때문인데, 이제는 미국정부가 그것을 포기했기 때문에 가능하게 되었다는 것이었다. 그러므로 이제 남한인들은 실현 불가능한 남북 통일정부(統一政府) 수립에 집착하기보다는 남한 과도정부 수립에 온 힘을 기울여야 한다고 주장했다.

또한 그는 중경 임시정부(대한민국 임시정부)의 법통을 계승한다는 명분에 매달릴 필요도 없다고 주장했다. 왜냐하면 앞으로 정부 수립은 총선거(總選擧)를 통해 이루어질 것이기 때문이다.

이승만의 그 같은 발언은 김구와 충돌할 위험성이 있었다. 왜냐하면 김구는 중경 임시정부를 확대해 정식정부로 선포해야 한다고 주장했기 때문이다. 실제로 김구는 이미 국민의회를 움직여 정식정부를 선포하고 그 주석에 이승만을 추대해 놓았기 때문이다. 물론 이승만은 아직 그 자리를 받아들이지 않고 있었다.

환영대회 후에 가진 기자회견에서 이승만은 미 국무부 차관보 힐드링 장군과 정부수립 절차에 대해 합의를 보았다고 말했다. 그러자 하지 중장은 미국정부가 그 같은 합의를 한 적이 없다고 반박했다. 그 때문에 이승만과 하지의 악화된 관계는 개선될 틈이 없었다.

미·소공위가 다시 열린다는 소식에 당황

그러나 얼마 안 있어 나온 미 국무부의 발표는 이승만과 보수 우파들을 크게 당황하게 만들었다. 지난해에 중단된 미·소공동위원회를 다시 개최한다는 발표였다. 그것은 이승만의 주장을 완전히 뒤집어 놓는 발언이었기 때문에 그는 갑자기 거짓말쟁이가 될 위기에 놓였다.

미·소공동위원회를 다시 열자고 제의한 사람은 미 국무장관 마셜이었다. 1947년 4월 8일 그는 모스크바 외무장관 회의에서 소련 외무장관 몰로토프에게 그것을 제의했고, 한 달 후에 소련으로부터 동의한다는 연락을 받았던 것이다.

그 소식은 이승만과 보수우파 세력에게는 큰 충격이었다. 왜냐하면 미소공동위원회가 다시 열리게 되면, 1947년 3월의 트루먼 선언과 마샬 발언은 사실상 무효가 될 것이기 때문이다. 즉, 한반도의 정부수립 문제는 제1차 미소공동위원회가 열리던 1946년 3월의 상태로 되돌아갈 것이기 때문이다.

마침내 제2차 미·소공동위원회는 1947년 5월 21일 서울 덕수궁에서 열렸다. 이번의 미소공동위원회는 성공할 것도 같아 보였기 때문에 남한 사회도 환영하는 분위기였다. 좌익들은 곧 임시정부가 세워진다며 기뻐했다. 김규식과 여운형의 좌우합작위원회도 환영했다.

보수파의 동요

그러자 보수우파 진영이 동요하기 시작했다. 그래서 한민당 등 온건한 보수파들이 미·소공동위원회를 지지할 기세였다. 그들은 그것을 거부하면 나중에 정부수립 과정에서 완전히 배제될지 모른다고 두려워했다. 그러므로 그들은 모스크바 결정을 지지한다는 미·소공동위원회 공동성명 제11호에 서명했다.

이승만은 그들의 확고하지 못한 태도를 개탄했다. 그 때문에 그는 자기와 개인적으로 가까운 한민당 정치부장 장덕수를 불러 나무라기까지 했다. 그런 다음 그는 서울대 학생 박용만에게 신탁통치 반대를 위한 군중대회를 열도록 은밀히 지시했다.

이승만은 이번의 제2차 미·소공동위원회도 실패할 것으로 확신했다. 그래서 그는 김구와 함께 반탁투쟁위원회의 이름으로 미군 측과 소련군 측 모두에게 항의성의 질의서를 보냈다. 제2차 미·소공동위원회의 진정한 의도가 무엇인가를 묻는 질문이었다. 즉, 서로 어긋나는 목표인 신탁통치와 독립정부 수립은 앞으로 어떤 관계에 놓이게 되는가를 물는 것이었다. 그리고 미·소공동위원회가 말하는 민주주의는 '소련식 민주주의'인가 아니면 '미국식 민주주의'인가도 밝히라고 요구했다.

이승만의 예상대로 제2차 미·소공동위원회도 1차 때처럼 시작부터 헛돌았다. 누구를 협의 대상으로 삼을 것인가 하는 문제로 미군 측과 소련군 측은 또다시 충돌했기 때문이다. 좀 더 구체적으로는 신탁통치를 반대했던 정당, 단체, 개인을 협의 대상으로 받아들일 것인가 하는 문제를 놓고 충돌한 것이다.

반탁운동을 다시 시작

소련군 측의 입장은 작년의 1차 회의 때와 같았다. 신탁통치를 반대하는 개인이나 정당·사회단체는 협의 대상으로 받아들일 수 없다는 것이었다. 즉, 미·소공동위원회를 지지한 다음부터는 반탁투쟁을 할 수 없다는 주장이었다.

미군 측은 그 같은 소련군 측 주장에 반대였지만, 회의가 중단되는 것을 막기 위해 양보하게 되었다. 그것은 미군 측이 지금까지 가장 중요한 가치로서 고수해 온 표현(表現)의 자유를 포기함을 의미했다. 그 때문에 분개한 우파들 속에서는 "미국놈 믿지 말라"는 말이 유행하게 되었다.

이승만도 미국의 태도 변화를 '배반'이란 말로 표현했다. 그리고 보수우파들에게 제2차 미·소공동위원회에 참여하지 말 것을 권유했다. 김구도 마찬가지였다.

그에 따라 1947년 6월 23일부터는 우파 단체들의 격렬한 반탁, 반소 시위가 시작되었다. 학생 시위는 이철승, 손도심, 이동원이 이끄는 전국학생총연맹(전학련)이 주도했다. 반공청년들의 시위는 선우기성, 김성주가 이끄는 서북청년회가 주도했다. 시위자들은 회의장인 덕수궁 앞에서 슈티코프 등 소련군 대표들이 탄 자동차에 돌을 던지는 등의 과격한 행동을 했다. 시위는 7월 내내 계속되었다.

우파를 철저히 배제하려는 소련군

그럼에도 불구하고 제2차 미·소공동위원회는 성공할 가능성이 아주 커 보였기 때문에 한민당 등 온건한 보수파들은 참여하자는 분위기였다. 김구의 한독당 안에도 참여하려는 분위기가 강했다. 미·소공동위원회에 반대함으로써 임시정부 수립 과정에 참여하지 못하면 권력에서는 멀어질 것이기 때문이다. 그 때문에 한민당은 참여해서 민주정부도 세우고 신탁통치도 반대하겠다는 비현실적인 이유를 내세워 자기들의 행동을 정당화했다.

그 때문에 참가 신청 마감일인 1947년 6월 23일까지 공동성명 11호에 대한 동의서를 제출한 정당과 사회단체는 425개에 이를 정도로 많았다. 이승만은 그들이 소련의 전략에 말려들고 있는 것이라고 개탄했다. 왜놈들이었다면 자기 말을 알아들었을 것이라고 한탄하는 말을 했다.

그러나 문제는 그것으로 끝이 아니었다. 소련군 측이 또다시 새로운 요구사항을 들고 나왔기 때문이다. 즉, 미·소공동위원회의 협의대상이 되려는 정당·사회 단체는 '반탁투쟁위원회'에서 탈퇴해야 한다는 것이었다. 그것은 남한의 보수우파는 물론 중도파까지 배제하겠다는 의도였다. 간단히 말해, 그것은 앞으로 세워질 임시정부에는 좌익만 참여시키겠다는 의도였다.

미군 측은 그 같은 소련군 측의 요구를 받아들일 수 없었다. 그렇게 하면 지금까지 미국이 민주주의의 핵심 가치로 주장해 왔던 표현(表現)의 자유를 완전히 부정하게 되기 때문이다. 그 때문에 제2차 미·소공동위원회는 7월 말에 아무 성과 없이 결렬되고 말았다.

미군정의 이승만 가택 연금

제2차 미·소공동위원회가 열리고 있는 동안 이승만은 미군정의 가택 연금 상태에 있었다. 미군정은 그가 회의를 깨뜨릴 행동을 할까 우려했던 것이다. 그 때문에 이승만은 라디오 방송 출연은 물론, 외부와의 접촉도 철저히 금지당했다. 전화는 끊기고 편지도 검열을 받았다. 갑자기 이승만은 미국의 적(敵)이 되어 있었다.

그런데도 제2차 미소공동위원회는 실패로 돌아갔다. 그에 따라 1947년 여름 남한 사회는 사공 없는 배처럼 표류하게 되었다. 정부가 설 가망이 전혀 보이지 않으므로 어떤 계획도 세울 수 없었기 때문이다. 이승만과 김구는 미군정의 제약으로 정부 수립을 위한 활동을 할 수 없었다. 그렇다고 해서 미군정이 지지하는 김규식이 적극적으로 움직이는 것도 아니었다. 게다가 7월에는 김규식과 함께 좌우합작위원회의 중심축을 이루었던 여운형이 암살당했다. 그 배후에는 중도파의 활동을 귀찮게 여기던 공산주의자들이 있었던 것 같았다.

정치적 공백기가 다시 나타나게 되자, 해방직후처럼 좌익들이 정국의 주도권을 잡기 위해 나섰다. 그들은 1947년 8월 15일 해방 2주년을 계기로 폭동을 일으켜 자신들의 혁명 역량을 과시하려고 했다. 그렇게 하면 미군들이 자기들에게 권력을 넘겨주고 철수할 것으로 믿었다.

하지만 폭동 계획은 미군정 경찰에 미리 탐지되어 실패로 돌아갔다. 그에 따라 좌익들은 지하로 숨거나 북한으로 도주하게 되었다.

총선거에 대비한 민족대표자회의

이승만은 미군정의 견제를 받으면서도 정부수립을 향해 조용히 움직였다. 그가 제시한 정부수립의 방법은 총선거(總選擧)를 통한 것이었다. 그는 자유민주주의의 신봉자로서 자유선거를 통해 획득한 권력만이 합법성을 가진다고 믿었다.

이승만은 언젠가는 총선거가 실시될 수밖에 없을 것으로 믿고 그때를 대비해 민의(民意)를 대변할 대의기구를 만들려고 했다. 그 기구가 민주적인 것이 되기 위해서는 선거를 통해 조직되어야 했다.

그래서 이승만은 1947년 7월 5일부터 일주일 동안 독립촉성국민회 조직을 통해 전국적인 대의원(한국민족대표자) 선거를 실시했다. 그것에는 보수우파야말로 진정한 민주세력임을 미군 측과 소련군 측에게 보여 주려는 의도도 있었다.

선출된 200명의 대의원들은 1947년 7월 10일 정동 제일감리교회에 모여 한국민족대표자회의를 구성했다. 의장은 경북 출신으로 전주에서 목회를 하는 배은희 목사였다. 부의장은 독립촉성국민회의 명제세와 박순천이었다. 한국민족대표자회의는 선거로 이뤄졌기 때문에 위로부터 임명된 김구의 국민의회보다 민의를 더 잘 대변한 것으로 보였다.

한국민족대표자회의는 이승만의 정부수립 계획을 실현하려고 했다. 그것은 우선 남한에 과도정부(過渡政府)를 세우고 나중에 조건이 갖추어지면 남북한 총선거(總選擧)를 실시해 정식정부를 세운다는 계획이었다.

한국민족대표자회의는 1947년 8월 26일 총선거대책위원회를 설치하고 신익희를 위원장으로 선임했다. 신익희는 중경 임시정부 요인이었지만 한 달 전에 김구의 한독당을 떠나 이승만 진영으로 옮긴 인물이었다.

정부수립 방법에서 김구와 대립

이와는 달리 김구의 정부수립 계획은 중경 임시정부를 확대해 정식정부로 바꾸는 것이었다. 그 때문에 이승만과 김구의 충돌이 불가피해 보였다. 충돌을 막기 위해 배은희의 한국민족대표자회의와 조소앙의 국민의회를 통합하려고 했지만, 그 노력은 성공하지 못했다.

이승만은 김구와의 관계를 정리할 때가 왔다고 생각했다. 왜냐하면 김구의 한독당은 이승만의 총선거 주장에 반대할 뿐만 아니라 이승만에 적대적인 중도파들과 손을 잡으려 했기 때문이다.

그래서 1947년 9월 16일 이승만은 6개월 전에 김구의 국민의회가 그에게 제의했던 주석 자리를 거부한다는 입장을 분명히 밝혔다. 지난 3월 김구는 중경 임시정부를 정식정부로 선포하면서 이승만을 그 정부의 주석으로 임명해 놓았던 것이다. 하지만 이승만은 수락하지 않고 있었던 것이다.

이승만이 우려한 대로 김구는 1947년 10월 15일 군정장관 브라운을 만난 다음부터는 이승만의 총선거 계획을 반대하는 중도파와 급속도로 가까워졌다. 김구의 한독당은 11월 5일 10여개의 중도파 군소정당들과 함께 발표한 공동성명서에서 외국군의 철수와 남북 정당대표자회의 개최를 요구했다.

그런데도 미군정은 여전히 이승만의 총선거 추진을 견제했다. 1947년 3월의 트루먼 선언 이후 미 국무부는 내부적으로 남한만의 총선거를 결정해 놓고 있었다. 그러면서 미 국무부는 이승만의 총선거 운동을 지지하지 않았다. 선거가 이승만의 주도로 치러지는 것을 원하지 않았기 때문이다.

(2) 유엔의 남북한총선거 결의

소련과 합의가 불가능함을 깨달은 미국

그럼에도 불구하고 미국의 한반도 정책이 바뀌어 가고 있던 것은 확실했다. 늦게나마 소련의 팽창 의도를 간파한 미국이 유화정책을 버리고 반소·반공 정책으로 바꾸었기 때문이다. 그것은 바로 이승만이 바라던 변화의 방향이었다.

1947년 7월 말에 제2차 미·소공동위원회가 실패로 돌아가자, 미국은 모스크바선언을 대신할 새로운 한국정부 수립 방안을 찾고 있었다. 그래서 미 국무차관 로버트 로벳은 1947년 8월 26일 소련·

영국·중국에게 4개국 회의를 제의했다. 그 방안은 남한과 북한에서 각기 유엔 감시 아래 선거를 실시해 통일국회를 구성한 다음, 그것을 토대로 남북 통일정부를 수립하자는 계획이었다.

영국과 중국은 미국의 제안에 즉각 동의했다. 그러나 9월 4일 소련은 그것을 거부하고, 다시 미·소공동위원회 개최를 제안했다.

빨리 손 떼고 떠나려는 미국

미국은 한반도에서 가능한 한 빨리 한국인의 정부를 세워 놓고 품위 있게 물러나려고 했다. 그 다음에 한반도 전체가 공산화하고 안 하는 것은 중요하지 않았다. 그들에게 당장 중요했던 문제는 제2차 세계대전이 끝난 지 2년이 지났는데도 미군들이 아직 집에 돌아가지 못하고 있다는 사실이었다.

게다가 한반도는 전략적으로 중요하지 않고 막대한 주둔비만 소요되는 지역이었다. 그러므로 미 국방부는 남한에서 미군을 철수시켜 소련에 대항해 유럽 방위를 강화하려고 했다. 남한주둔 미군의 철수 압박은 미국 안에서 일어나고 있는 동원해제와 군비축소에 대한 요구와도 관련이 있었다. 그 요구는 너무나 컸기 때문에 제임스 포레스탈 국방장관이 자살할 정도였다.

4개국 회의 제안을 소련이 거부하자, 미 국무부는 한국독립 문제를 유엔에 넘기려고 했다. 그래서 9월 17일에는 한국독립 문제가 유엔총회 의제로 올라갔다. 그리고 국무장관 마셜은 미국이 그렇게 밖에 할 수 없었던 이유를 유엔총회에서 설명했다. 10월 17일 미국의 유엔대표단 단장 존 포스터 덜레스는 그 같은 미국 안을 토론에 부치기 위해 유엔 정치위원회에 제출했다.

한국독립 문제는 유엔에 넘겨야

미국이 한국독립 문제를 유엔으로 넘긴 것은 소련의 미군 철수 요구를 받아들이게 되었음을 의미했다. 소련은 그동안 미·소 양군의 동시 철수를 요구해 왔던 것이다. 미국이 소련의 미군 철수 요구에 동의한 것은 한반도를 포기하겠다는 의사 표시이기도 했다.

그러나 소련은 미국이 한반도 문제를 유엔총회로 넘긴 것에 대해 맹렬히 비난했다. 이유는 유엔이 한반도 문제를 다룰 권한이 없다는 것이었다. 그러므로 한국독립 문제는 미소공동위원회가 계속 맡아야 한다는 것이었다.

아직 그 같은 문제를 생각할 단계가 아니었던 이승만과 남한의 보수우파들은 미국이 한반도 문제를 유엔에 넘긴 것을 크게 환영했다. 유엔에서 미국의 총선거안이 통과될 가능성이 커 보였기 때문에 이승만은 한국민족대표자회의에 지시해 총선거대책위원회를 서둘러 구성할 것을 독촉했다. 그리고 미군정에 대해서는 선거일을 빨리 공포하라고 요구했다.

남한의 보수우파 71개 정당·사회단체는 유엔총회에서 미 국무장관 마셜의 총선거안이 빨리 통과되기를 희망했다. 그들은 그것의 통과를 돕기 위해 이승만을 한국민족대표로 유엔에 파견하려고 했다. 그러나 미국의 유엔대표 오스틴의 발언 때문에 이승만은 미국으로 떠나지 못했다. 왜냐하면 오스틴은 한국민족대표의 자격이 이승만이 아닌 남조선과도입법의원 의장인 김규식에게 있다고 선언했기 때문이다.

그러므로 보수우파들은 1947년 10월 5일 서울운동장에서 마샬 총선거안의 통과를 기원하는 국민대회를 개최하는 것으로 만족해야 했다. 대회에서 이승만은 정부가 하루라도 빨리 수립되어야 할 새로운 이유로 북한의 남침 위협을 지적했다. 그는 정규군을 창설하기 위해서라도 빨리 나라가 서야 한다고 주장했다.

유엔총회의 총선거 결의

1947년 11월 14일 유엔총회에서는 정치위원회를 통과한 미국의 총선거안을 놓고 토의를 벌였다. 미국안의 골자는 유엔 감시 아래 한반도에서 총선거를 실시해 남북한 통일 정부를 세우자는 것이었다. 그 때문에 그것에 반대하는 소련의 그로미코와 미국의 덜레스와 사이에 격렬한 논쟁이 벌어졌다.

결국 그것은 표결에 부쳐졌다. 결과는 찬성 43, 반대 0, 기권 6으로 통과였다. 한반도 정부 수립 문제에 관한 최종 결정이 난 것이다.

11월 14일의 유엔총회 결정은 소련에 대한 미국의 승리였다. 동시에 그것은 남한의 좌익과 중도파에 대한 이승만과 보수우파의 승리였다. 그에 따라 이승만은 선견지명이 있는 지도자로 위신이 올라가게 되었다. 11월 15일 독촉국민회, 한민당 등 보수우파의 단체들과 정당들은 서울운동장에서 유엔 결정을 감사하고 총선거를 촉진하는 국민대회'를 열었다.

유엔 결의와 이승만 주장의 차이

그러나 유엔총회가 통과시킨 미국안은 이승만이 지금까지 내세워 오던 주장과는 약간 차이가 있었다.

지금까지 이승만이 추구한 일차적 목표는 남한 과도정부(interim government)의 수립이었다. 현실주의자였던 이승만은 우선 분립(分立)정부인 남한 과도정부를 세워 유엔으로부터 전국적인 국민정부로 인정받는 것이 중요하다고 생각했다. 그러고 나서 점차 조건이 갖추어지면 남북 통일정부를 세울 수 있다고 생각했다. 그러나 이승만과는 달리 유엔총회의 결정은 영구적(permanent)인 정부, 남북을 아우르는 전국적인 정부(national government)의 수립이었다.

또한 이승만은 새로운 정부가 안정을 찾을 때까지는 미군이 계속 주둔해야 한다고 주장해 왔다. 그러나 그것과는 달리 유엔총회의 결정은 정부 수립 후 90일 안에 미군과 소련군은 완전히 철수해야 한다는 것이었다. 1947년 9월 24일에 소련군의 슈티코프가 1948년 초까지는 미군과 소련군을 모두 철수시키자고 제안했던 것을 유엔총회가 받아들인 것이다.

그러나 현실주의자인 이승만은 그 같은 유엔총회의 결정에 대해 이의(異議)를 제기하지 않았다. 그 때문에 이승만과 미 국무부는 협력관계에 놓이게 되었다. 지금까지 이승만이 미 국무부와 대립했던 사실에 비추어 보면, 그것은 놀라운 변화였다.

그 같은 변화는 1947년 11월 윌리엄 딘 소장이 미군정장관에 새로 임명되었을 때 나타났다. 딘 소장은 서울로 부임하기 전에 먼저 이승만의 심복인 워싱턴 한국위원회의 임병직을 찾아 자문을 구했던 것이다.

그러므로 이제부터 미 국무부와 이승만은 같은 방향의 길을 가고 있는 것이 확실해졌다. 그러한 변화는 미 국무부 안에서도 나타났는데, 그 한 가지 사례로 지금까지 이승만을 괴롭히던 극동국장 존 카터 빈센트가 물러난 것이다.

21

유엔 결의 실행을 둘러싼 대립

(1) 좌파와 중도파의 선거저지 운동

총선거를 반대하는 세력들

그럼에도 불구하고 이승만의 앞길은 여전히 험난했다. 국내, 외에서 그의 총선거 계획을 반대하는 세력들이 여전히 강했기 때문이다.

가장 큰 방해세력은 소련이었다. 소련은 유엔의 총선거 결정은 불법적인 것이며, 남북분단을 영구화하려는 음모라고 비난했다. 그리고 미·소공동위원회를 다시 열어야 한다고 주장했다. 소련의 그 같은 주장을 지지하기 위해 북한의 김일성 정권은 연달아 군중대회를 열었다.

미 국무부와 그 지시를 받는 미군정도 이승만의 총선거 추진 운동을 적극 지지하지 않으려 했다. 1947년 11월 14일 유엔총회에서 마셜의 총선거안이 통과되자, 미 국무부는 내부적으로 총선거를 준비하고 있었다. 북한이 선거를 계속 거부할 경우에는 남한에서만이라도 실시할 방침이었다.

그럼에도 불구하고 미 국무부와 미군정의 하지 중장은 이승만의 총선거 추진 운동에 계속 제동을 걸었다. 선거가 이승만의 주도로 치러지는 것을 원하지 않았기 때문이다.

김구도 선거에 부정적

김구의 한독당도 총선거 실시에 부정적이었다. 김구는 1947년 10월 15일 미군정장관 브라운과 만난 다음부터는 이승만의 한국민족대표자회의와 관계를 끊고 있었다. 그러고는 조소앙의 남북대표회의 주장에 동조했다. 김구가 남북협상론으로 기울어지자, 근민당, 조선공화당, 사회민주당 같은 중도파 군소정당들이 호응하고 나섰다. 그에 따라 남한 정국에서 '남북요인회담'이 중요한 문제로 떠오르게 되었다.

1947년 11월 5일 김구의 한독당은 근민당, 민중동맹, 사민당, 신진당, 청우당 등의 10여개 중도파 정당들과 함께 공동성명을 발표했다. 그때는 유엔총회에서 미국의 총선거안이 통과될 가능성이 아주 커 보이던 시기였다. 공동성명은 총선거를 실시하기 전에 미군과 소련군이 모두 철수한 상태에서 남북정당대표자회의부터 열어야 한다고 요구했다.

그것은 소련과 북한이 내세우고 있는 주장이기도 했기 때문에 한민당은 당황했다. 그래서 한민당 간부들은 김구를 찾아가 한독당이 보수우파 진영에서 이탈하지 말도록 간청했다.

그 같은 상황에서 12월 2일 한민당 정치부장 장덕수가 암살당했다. 그리고 그 배후세력으로 김구와 가까운 김석황이 의심을 받았다. 그 때문에 김구와 한민당, 이승만과의 관계는 더욱더 멀어지게 되었다.

이승만과 우파들은 분개했다. 그래서 서북청년회를 중심으로 우파 단체들은 남산에서 그것을 성토하는 집회를 열었다. 그리고 청원의 대표자인 미군정 경무부장 조병옥은 이승만을 찾아가 사과했다.

재미한족 대표들도 이승만 배격에 가담

이승만의 총선거 추진을 반대한 사람들 가운데는 미국에서 온 재미한족연합위원회 대표들도 있었다. 그들은 이승만이 미국에 있을 때 그의 독립운동 방식을 비판했던 중도파 또는 좌우합작파들이었다. 그들 가운데는 과거에 안창호를 지지했던 서북지방 출신들이 적지 않았다.

1945년 8월 해방이 되자, 그들은 미 국무부와 육군부에 편지를 보내 고국에 돌아와 영어통역 등의 방법으로 미군정을 돕겠다고 제의했다. 그래서 그들은 미국정부가 최초로 인정한 한인단체의 이름으로 귀국하게 되었다. 그것은 이승만이 미국정부로부터 아무 자격도 인정받지 못해 개인 자격으로 귀국해야 했던 것과 대조되는 경우였다. 1945년 11월 서울에 도착한 재미한족연합위원회 대표는 한시대, 송종익, 정두옥 등 14명이었다. 그들은 미군정의 지시에 따라 남한의 정치상황을 분석한 보고서를 12월에 제출했다. 결론은 모든 정치세력이 김구를 중심으로 통합해 좌우합작의 연립정부를 세워야 한다는 것이었다.

그러나 그들은 곧 김구와 멀어지게 되었다. 신탁통치 반대운동에서 김구가 이승만과 손을 잡고 비상국민회의를 결성한 데 대해 반발했기 때문이다. 미군정은 그들 가운데 몇 명을 민주의원 의원으로 임명했다. 그러나 그들은 사회주의자 여운형이 사퇴하는 것을 계기로 같이 물러나고 말았다. 민주의원의 의장이 이승만이었기 때문이다.

재미한족 대표들의 선거반대 운동

김구의 반탁총동원위원회와 이승만의 독립촉성중앙협의회가 연합해 독립촉성국민회를 결성하자, 그들은 김구와 완전히 손을 끊었다. 그러고는 좌우합작을 지지하는 중도파 정당들과 손을 잡았다. 한시대는 김규식과 여운형의 좌우합작운동을 지지하고, 도진호는 미소공동위원회에 나가서 좌우합작위원회를 옹호했다.

1946년 9월 그들은 중경 임시정부의 온건한 좌파들인 유동열, 김붕준과 함께 신진당을 창당했다. 신진당은 좌우합작파를 통합해 민족통일 전선을 구축한다는 명분을 내걸었다. 하지만 그 당은 그처럼 거창한 목표를 달성하기에는 너무나 미약했다. 한국의 런던 올림픽 참가를 추진하던 전경무가 비행기 사고로 사망하면서 그들의 힘은 더욱더 약해졌다. 그에 따라 그들 대부분은 미국으로 돌아가는 수밖에 없었다.

그러나 김호와 김원용은 서울에 남았다. 하지 중장이 그들을 남조선과도입법의원의 관선의원으로 임명했기 때문이다. 두 의원은 민족반역자처벌특별법을 제정하기 위해 힘을 기울였다. 하지만 하지 중장의 거부권 행사로 그것마저도 수포로 돌아갔다.

그러자 김호와 김원용은 방향을 바꾸어 김구와 김규식의 남북협상을 지지하고 나섰다. 두 의원은 이미 1947년 5월에 남조선과도입법의원과 북조선인민위원회의 교류를 촉구하는 긴급결의안을 제출한 상태였다. 김호는 신진당 공동대표의 한 사람으로 제2차 미소공동위원회에 참석해 남북협상을 지지하는 발언을 했다.

1947년 9월 김호와 김원용은 다시 홍명희, 이극로, 박용희 등의 중도좌파와 함께 민주독립당을 조직했다. 그러고는 북한이 주장하는 것과 같이 자주적인 민족통일정부 수립과 미군 철수를 주장했다. 1947년 12월에 김호와 김원용은 김규식이 주도하는 중도파 대연합인 '민족자주연맹'에 참여했다.

그러나 그들의 역할은 거기서 끝이었다. 1947년 11월 14일 유엔총회가 총선거를 통해 정부를 수립하는 결정을 내렸기 때문이다. 그들이 속한 민족자주연맹은 총선거에 반대하는 입장이었기 때문에 그들에게는 할 일이 없었다. 그러므로 그들은 미국으로 돌아가서 이승만과 대한민국 정부를 계속 비판할 수밖에 없었다.

(2) 총선거를 못하게 될 위험성

총선거를 반대한 소련과 북한

1948년 1월 8일 8개국 대표로 구성된 유엔한국임시위원단이 서울에 왔다. 유엔총회의 총선거 결의를 집행하기 위한 목적이었다. 그들을 환영하기 위해 서울운동장에 20만의 군중이 모였다. 한국인들의 정부수립에 대한 열망은 그처럼 컸던 것이다.

이와는 달리 평양에서는 유엔한국임시위원단에 반대하는 군중대회가 열렸다. 김일성은 그들이 북한 땅에 한 발짝도 들어오지 못하게 하겠다는 강경한 태도를 보였다. 그럼에도 불구하고 서울의 유엔한국임시위원단은 평양의 소련군 슈티코프 중장에게 협조를 부탁하는 공문을 보냈다. 북한에서도 선거를 실시해야 했기 때문이다.

그러나 소련은 1948년 1월 22일 유엔대표 그로미코를 통해 유엔한국임시위원단에 협조하지 않겠다는 회답을 유엔 사무총장을 통해 보내 왔다. 소련은 그렇게 할 수밖에 없었다. 왜냐하면 총선거를 실시하게 되면 북한에 1946년 2월에 이미 세워 놓은 사실상의 공산정부, 즉 북조선임시인민위원회를 해체해야 했기 때문이다.

미군정 한인관리들이 이승만 집권에 반대

총선거 실시 문제로 이승만과 하지 중장은 오래간만에 같은 편이 되었다. 그렇다고 해서 두 사람 사이의 갈등이 완전히 해소된 것은 아니었다. 왜냐하면 하지 중장은 정부가 세워질 경우에 김규식을 대통령으로 내세울 생각을 가지고 있었기 때문이다.

미군정 관리들과 사회의 저명한 인사들 가운데도 이승만의 집권을 반대한 사람들이 적지 않았다. 그들은 대체로 서북지방 출신들로 과거에 안창호를 따르던 흥사단 계열의 인사들이었다. 대표적인 인물은 미군정 인사총무부장을 지낸 정일형 목사와 유명한 의사인 백인제 박사였다. 그들 가운데는 미군정 경무부장인 조병옥도 있었다. 그는 충남 출신이었지만 평양에서 숭실학교를 다니고 거기서 근무했기 때문에 흥사단 계열의 서북인들과 가까웠다.

그들이 이승만의 집권을 반대했던 가장 큰 이유는 독재자가 될 위험이 있다는 것이었다. 그래서 그들은 하지 장군을 움직여 이승만을 대신할 인물로 미국으로부터 서재필(徐載弼) 박사를 불러 왔다. 1947년 7월에 서재필은 그의 딸과 함께 미군정 특별고문 자격으로 서울에 왔다. 그러나 미국 시민권자인 서재필은 한국어가 서툴고 나이가 너무 많아 그들이 기대했던 역할을 해내지 못했다.

그러자 미군정의 일부 한인 관리들은 정부수립을 연기함으로써 이승만의 집권을 막아 보려고 했다. 그래서 그들은 1947년 9월 5일 남조선과도정부 정무위원회 이름으로 '시국대책 요강'을 몰래 하지 중장에게 제출했다. 대표자는 미군정 경무부장 조병옥이었다.

그러나 11월 3일 그 사실이 일반인들에게 알려지면서 그들은 큰 비난을 받았다. 서북청년회는 그들을 규탄하기 위해 남산에서 성토대회까지 열었다. 그들은 미군정 연장 청원을 철회했다. 그리고 그 청원 대표인 조병옥은 이승만을 찾아가 사과했다.

북한 선거에 미련이 있는 유엔한국임시위원단

그런데도 유엔한국임시위원단은 남한에서 선거를 실시하려 하지 않았다. 그들의 임무는 남북 통일정부를 수립하는 것이라고 생각했기 때문이다.

그 같은 입장은 서울운동장에서 유엔한국임시위원단 환영대회를 열었을 때 드러났다. 단장인 인도 대표 메논이 북한에도 애국자들이 있다고 발언한 것이다. 그것을 불쾌하게 여긴 이승만은 감기에 걸렸다는 이유로 대회 중간에 자리를 떠났다. 메논은 1월 21일의 라디오 방송에서도 반드시 남북 통일정부를 세우겠다는 의지를 보였다.

그러므로 이승만과 남한의 보수우파들은 남한에서만이라도 선거를 하도록 유엔한국임시위원단을 설득해야 하는 어려운 과제를 안게 되었다. 우선 단장인 인도의 메논부터 문제였다. 메논은 나중에 소련주재 인도대사를 오랫동안 지낼 정도로 공산주의에 호의적인 인물이었다. 게다가 당시의 인도는 미국과 소련의 냉전(冷戰)에서 제3의 중도노선을 내세우며 사회주의 경제를 채택하고 있었다.

부단장인 시리아 대표 무길도 껄끄러운 인물이었다. 당시에 시리아는 아랍국가의 하나로 이스라엘의 건국에 반대함으로써 미국과 대립하고 있었다. 서방국가들인 프랑스, 오스트레일리아, 캐나다의 대표들도 이승만과 남한 보수우파에 호의적이 아니었다. 왜냐하면 그들의 나라도 좌파정부나 좌우합작 연립정부 밑에 있었기 때문이다.

그러므로 유엔한국임시위원단 8개국 가운데서 이승만과 남한 보수우파를 지지할 나라는 필리핀, 중국, 엘살바도르의 3개국뿐이었다. 그 때문에 이승만이 주장하는 대로 남한만의 선거로 남한 과도정부를 세울 가능성은 별로 없어 보였다.

'가능한 지역에서'만이라도 선거를

이승만은 유엔한국임시위원단 설득에 앞장 섰다. 한민당의 김성수와 미 군정청의 조병옥과 장택상이 그를 도왔다. 그들은 영어 잘하는 사람들로 환영위원회를 구성해 환영만찬과 환영음악회를 열어 유엔한국임시위원단과 접촉할 기회를 늘이려고 했다.

다행히 문학을 좋아하는 메논이 여류 시인 모윤숙(毛允淑)을 알게 되면서 남한 보수우파의 입장을 이해하기 시작했다. 나중에 메논은 그의 회고록에서 자신은 그때 한반도 문제에 대한 결정에서 어느 정도 감정에 휩쓸렸다고 썼는데, 그 부분은 그가 한국인들에게 설득당했음을 인정한 것이었다. 메논의 태도가 바뀌자 시리아의 무길도 바뀌기 시작했다.

그런데도 유엔한국임시위원단은 남한에서만이라도 선거를 실시하겠다는 결단을 내리지 못했다. 그래서 그들은 메논을 유엔으로 보내 유엔소총회(정치위원회)의 지시를 받으려고 했다.

남한만의 선거에 동의하지 않는 김구·김규식

그러자 이승만은 단장인 메논과 사무국장인 중국의 호세택이 뉴욕으로 떠나기 전에 김구와 김규식이 남한만의 총선거에 찬성하도록 설득하려고 했다. 3인의 민족 지도자가 합의하게 되면 메논이 유엔소총회를 설득하는 데 큰 도움이 될 것으로 생각했기 때문이다. 그러나 김구와 김규식은 끝내 이승만의 제안에 호응하지 않았다.

그러자 중국대표 유어만이 이승만을 돕기 위해 나섰다. 당시 중국의 장개석 국민당 정부는 모택동의 공산당과 내전(內戰) 상태였기 때문에 남한에서 이승만을 중심으로 하는 반공(反共)정부가 들어서기를 희망했던 것이다. 그래서 유어만은 음력설인 1948년 2월 10일 이승만, 김규, 김규식 세 지도자가 만나도록 자리를 마련했다.

그러나 김구와 김규식은 끝내 남한만의 선거에 동의하지 않았다. 그날 김구는 "3천만 동포에게 읍고함"이란 성명서를 발표해 남한만의 선거에 공개적으로 반대했다.

메논이 뉴욕으로 출발한 지 이틀이 지난 2월 12일에는 하지 중장도 세 지도자가 남한만의 총선거에 대한 합의를 이끌어 내려고 했다. 그래서 하지는 세 지도자를 자신의 공관으로 초청했다. 그때까지 하지 중장은 남한만의 선거에 줄곧 반대해 왔지만, 1948년 1월 13일 서울에 온 미 국무부의 앨리슨을 이승만과 함께 만난 다음부터는 태도를 바꾸었던 것이다.

그러나 끝내 김구(金九)와 김규식(金奎植)은 남한만의 총선거에 동의하지 않았다.

22

남한만의 선거를 허락한 유엔

(1) 남한만은 '선거가 가능한 지역'

유엔소총회의 격론

당시 유엔본부는 뉴욕시 동쪽 롱아일런드의 레이크 석세스에 있었다. 한국문제를 논의하기 위해 유엔소총회(유엔정치위원회)가 1948년 2월 19일부터 열렸다. 소련대표는 유엔이 한반도 문제를 논의하는 것 자체가 유엔헌장을 위반하는 것이라며 참석하지 않았다.

메논은 유엔소총회에서 다음의 3가지 방안을 제시하고 결정해 줄 것을 요청했다.

(1)선거는 북한을 제외한 남한에서만 실시하든가,

(2)선거는 정부수립과는 관계없이 유엔의 협의대상이 될 한국인 대표들만을 뽑기 위한 것이 되든가,

(3)선거는 하지 말고 통일정부 수립을 위한 남북협상을 촉구하든가.

메논은 남한만의 선거를 제시한 제1안을 지지하는 입장이었다. 그 때문에 그는 이승만이 한국인들로부터 극도의 존경을 받고 있다고 소개했다.

미국대표 필립 제섭도 제1안을 지지했다. 북한이 선거를 거부했으므로 유엔한국임시위원단이 활동할 수 있는 남한에서만이라도 선거를 실시하는 것이 옳다는 주장이었다. 남한 인구는 한반도 전체인구의 3분의 2가 되므로 선거는 합법적인 것이라고 주장했다. 나중에 북한이 선거를 하게 될 경우를 대비해서 의석의 3분의 1만 남겨 두면 된다는 것이었다.

그러나 좌파 성향의 캐나다와 오스트레일리아 대표들은 반대했다. 이유는 남한만의 선거가 한반도의 분단을 고착화한다는 것이었다. 캐나다 대표는 한반도 문제를 종전대로 미·소공동위원회에 맡겨야 한다는 소련의 주장을 되풀이했다. 오스트레일리아 대표는 남한에서 선거는 하되, 정부수립을 위한 것이 아니라 유엔과 협의할 대표들을 선출하기 위한 것이어야 한다고 주장했다.

이처럼 의견이 갈라졌기 때문에 유엔소총회는 1948년 2월 26일 미국안을 놓고 표결에 들어갔다. 결과는 찬성 31, 반대 2, 기권 11로 통과였다. 이승만이 바라던 남한만의 총선거가 가능해진 것이다.

대한민국이 태어나지 못했을 뻔

메논은 유엔소총회의 결정을 받아 들고 서울로 돌아왔다. 하지만, 유엔한국임시위원단은 그것을 즉각 받아들이지 않았다. 그 때문에 나흘 동안 격렬한 토론이 벌어졌다. 결국 1948년 3월 12일 표결에 부쳐졌다. 결과는 찬성 4표, 반대 2표, 기권 2표로 통과였다. 이승만과 김성수의 보수우파 진영에서는 환호성이 터졌다.

필리핀, 중국, 엘살바도르 3개국은 예상대로 찬성이었다. 그런데 찬성이 4표로 늘어난 것은 메논의 인도가 찬성했기 때문이다. 캐나다와 호주는 예상대로 반대였다. 그러나 시리아와 프랑스는 다행히 기권을 했다. 만일 처음 예상했던 대로 인도와 시리아가 반대했다면, 반대는 5표가 되어 남한 선거안은 부결되었을 것이다. 그렇게 되었다면 대한민국은 세워지지 못했을 수도 있었다.

선거를 거부하는 좌파와 중도파

남한만의 총선거가 확정되자, 좌익은 선거를 방해하기 위해 도처에서 파업과 폭동을 일으켰다. 그들에게 선거의 실시는 남한에서 정부가 세워진다는 것을 의미했기 때문이다.

좌익들의 폭동은 이미 1948년 2월 7일부터 '2·7구국투쟁'이라는 이름으로 시작되고 있었다. 남로당이 주동 세력이었지만, 그들은 지령만 내리고 표면에는 나타나지 않았다. 그 때문에 폭동은 좌파

연합인 민주주의민족전선(민전)이 주도하는 형식이 되었다. 직접 행동은 남로당의 외곽조직들인 노동조합전국평의회(전평)와 전국농민조합총연맹(전농)이 맡았다.

좌익들은 선거를 못하도록 경찰서와 관공서를 습격하고 불 질렀다. 전신·전화선을 끊고 전신주와 기관차도 파괴했다. 민주학생연맹의 좌익학생들은 동맹휴학을 벌였다. 그들의 공통된 구호는 남한만의 선거 거부, 유엔임시한국위원단의 철수, 미·소 양군(실제로는 미군)의 철수였다. 그리고 친일반동분자의 숙청, 인민위원회로 정권을 넘길 것 등이었다.

미군정은 선거를 방해하기 위한 폭동에 강력하게 맞섰다. 경찰력만으로는 부족해 서북청년회 같은 우익청년 단체들의 도움을 받았다. 경찰에 쫓긴 좌익들은 산 속에 들어가 '야산대'로 불리는 무장게릴라로 활동했다. 이른바 빨치산 투쟁이 벌어진 것이다.

그 같이 어수선한 분위기 속에서 1948년 2월 10일 김구는 '3천만동포에 읍고함'이란 제목의 감동적인 성명서를 발표했다. 성명서에서 그는 남한만의 총선거를 반대하고, 남북 통일정부를 세우기 위해 남북협상에 나서겠다고 선포했다. 그리고 자기는 통일조국을 건설하려다가 38선을 베고 쓰러질지언정 자신의 안일을 위해 단독정부 수립에는 협력하지 않겠다는 비장한 각오를 보였다.

그리고 김구는 남한의 보수우파들이 통일정부 수립을 두려워하는 것은 박테리아가 태양을 싫어하는 것과 같다고 비난했다. 비난은 주로 김성수의 보수적인 한민당을 향했던 것으로 보였지만, 실제로는 이승만과 독립촉성국민회도 겨냥했음은 물론이다.

1948년 2월 10일의 성명을 계기로 김구는 확실하게 남북협상파와 좌우합작파로 이루어진 좌파 진영과 협력하게 되었다. 그리고 통일정부 수립의 명분을 내세우면서 북한과도 협조하는 듯이 보였다. 그에 따라 김구는 이승만, 김성수의 보수우파 진영과 관계가 완전히 끊어졌다.

김구의 손을 끝까지 잡으려는 이승만

이승만은 그렇게 바뀐 김구의 손을 끝까지 잡으려고 했다. 정부 수립 과정이 순조롭기 위해서는 김구의 협력이 필요했기 때문이다. 이승만은 독립운동 시절부터 김구를 우파로 생각해 왔다. 실제로 김구는 중국에서 공산주의자의 총에 맞아 생명을 잃을 뻔했던 적도 있었다(남목청 사건). 게다가 김구는 당시의 국제관계에 비추어 남한만의 정부수립 말고는 대안이 없다는 것을 알 정도로 현실주의적인 인물이라고 이승만은 생각했다.

그러한 김구가 실현 가능성이 없는 남북협상에 매달리게 된 것은 엄항섭, 엄도해 같은 소수의 측근들 때문이라고 이승만은 생각했다. 그래서 이승만은 김구가 자신을 얽매고 있는 '썩은 동아줄'을 과감히 끊어 버리지 못하는 것을 안타까워했다.

김구가 좌파 진영에 가까워지는 것에 대해 장개석의 중국 국민당 정부도 우려하고 있었다. 당시 장개석은 공산당의 모택동과 내전을 벌이고 있었기 때문에 자신이 도왔던 김구가 반공진영(反共鎭營)에 가담하기를 희망했다. 그 때문에 중국 국민당정부 안에는 이승만을 대통령으로 하는 정부가 세워지면 김구를 부통령, 조소앙을 국무총리로 추천하자는 의견도 나왔을 정도였다.

그 같은 중국 국민당 정부의 입장을 김구에게 전달한 중국 외교관이 유어만(劉馭萬)이었다. 유어만은 유엔임시한국위원단 중국대표로 서울에 왔다가 공사로 남게 된 인물이었다.

총선거파와 남북협상파가 대결하는 구도

이승만과 다른 길을 가게 된 김구와 김규식은 1948년 2월 16일 비밀리에 북한의 김일성과 김두봉에게 편지를 보냈다. 남북통일정부를 세우기 위해 남북요인 회담을 열자는 것이었다. 이른바 남북협상이 시작된 것이다.

2월 22일 이승만도 두 김 씨와의 관계를 정리하려고 했다. 그 때문에 그는 이제 남은 길은 남한만의 선거로 정부를 세우는 것밖에 없다는 태도를 분명히 천명하게 되었다. 이 말 저 말 듣느라고 아무것도 못 하다가 남한은 정부도 세워보지 못한 채 공산화하고 말 것이라는 것이 평소의 주장이었기 때문이다. 죽은 나라를 살리기 위해서는 반쪽 정부라도 세워야 전체를 살릴 희망이 있다는 주장이었다.

그러므로 이승만은 그동안 잠시 중단했던 남한 총선거 운동을 다시 시작했다. 그 때문에 남한 사회는 총선거 문제를 둘러싸고 이승만·김성수의 총선거파와 김구·김규식의 남북협상파로 뚜렷이 갈리게 되었다. 그것은 보수우파와 좌우합작파·좌파 사이에서 벌어진 이념적 대결이었다. 동시에 그것은 권력을 잡기 위한 두 세력의 정치적 대결이기도 했다.

1948년 3월 1일 서울운동장에서 서울시 주최로 3·1절 기념식이 열렸을 때 김구와 김규식은 참석하지 않았다. 김구는 숙소인 경교장에서 별도의 기념식을 가지고 이승만과는 행동을 같이 할 수 없다고 선언했다. 그들은 뒤이어 중앙청에서 정부수립결정안 축하 국민대회가 열렸을 때도 참가하지 않았다.

(2) 평양에 간 남북협상파

좌파와 중도파의 5·10선거 거부운동

미군정은 총선거일을 1948년 5월 10일로 발표하고, 3월 말부터 유권자 등록을 받기 시작했다. 그에 따라 남한 사회는 선거 열풍에 휩쓸리게 되었다.

좌익들은 선거를 못 하도록 유권자 등록을 방해하고 선거사무소에 불을 질렀다. 그리고 입후보자, 선거관리위원, 경찰관과 그의 가족들을 살해했다. 북한의 김일성은 남한의 선거 반대를 부추기기 위해 성명을 발표했다. 그리고 평양에서 대규모 군중집회를 열었다.

남한에서도 1948년 3월 12일에 남한만의 총선거에 반대하는 이른바 '7거두 성명'이 나왔다. 그들은 김구, 김규식, 조소앙, 조완구, 조성환, 김창숙, 홍명희였다. 이유는 선거를 하게 되면 남북분단이 영구화된다는 것이었다. 4월 3일 통일운동자협의회 결성대회가 열렸을 때, 김규식은 남한에 정부가 세워진다 하더라도 20만의 북한군 때문에 얼마 가지 못할 것으로 전망했다.

총선거 반대 운동의 중심세력은 공산당에서 이름을 바꾼 남로당이었다. 하지만 그들은 숨어서 조종만 하고 전면에는 중도파 정당들을 내세웠다. 당시 중도파 정당들은 대부분 남로당 프락치들의 조종을 받고 있었다. 그러한 중도정당 가운데는 재미한족연합위원회의 김호, 김원용이 공동대표로 있는 신진당도 있었다.

미군정이 선거일을 공표했음에도 불구하고 남한만의 총선거를 반대하는 목소리는 여전히 컸다. 그 때문에 1948년 5월 10일에 과연 선거를 치를 수 있을까 하는 의문이 들게 되었다.

통일운동에 나선 김구와 김규식

김구와 김규식은 북한과 협의해 남북 통일정부를 수립하겠다는 명분을 내세워 남북협상을 추진했다. 남북협상론은 1947년 10월 중도파 정당들의 연합인 '각 정당 협의회'에서 처음 제시되었다. 그러다가 1947년 12월에 14개 중도파 군소정당들이 연합해 김규식 중심의 민족자주연맹을 결성하면서 그 문제가 중요하게 떠올랐다.

그러나 남북협상론이 실행에 옮겨지게 된 것은 1948년 2월 16

일에 김구와 김규식이 북한의 김일성과 김두봉에게 비밀리에 편지를 보낸 다음부터였다. 당시는 좌익들의 총선거 반대운동('2.7구국투쟁')이 절정을 이루고 있었기 때문에 북한정권은 두 김 씨의 제안에 반응을 보이지 않았다.

그러다가 한 달이 지난 1948년 3월 16일 갑자기 북한 정권은 평양에서 남북지도자 연석회의를 열겠다는 서한을 보내 두 김 씨의 참가를 요구했다. 북한정권이 두 김 씨에게 따로 보낸 서한에는 비난하는 내용과 무례한 표현이 있었다.

김구와 김규식은 불쾌했지만 남북회담을 먼저 제의한 이상 거부하기도 어려웠다. 두 김 씨는 북한과의 회담에 대비해 남북협상 지지자들로 '통일독립운동자협의회'를 조직했다.

북한 정권은 또다시 한 달 동안 아무 반응을 보이지 않았다. 그러다가 갑자기 4월 14일 라디오 방송을 통해 전조선 정당사회단체 대표자 연석회의를 평양에서 열겠다며 두 김 씨의 참석을 요구했다. 그리고 남한의 17개 정당과 단체를 초청했는데, 모두가 남한의 5·10 선거를 반대하는 좌파나 중도파였다. 우파 인사나 우파 단체는 하나도 없었다.

게다가 북한 정권이 개최하겠는 회의의 형식도 김구·김규식이 처음 제의한 소수의 남북요인 회담이 아니라, 다수의 정당·사회단체 대표가 참석하는 연석회의였다. 따라서 그것은 두 김 씨의 제안과는 전혀 관계없는 북한 정권의 자체 행사로 보였다. 그러므로 김구와 김규식은 과연 그 같은 회의에 참석해야 하는 것인지 망설이게 되었다.

군중대회로 끝난 평양 연석회의

북한의 제안에는 회의를 어떻게 진행할 것인지에 대한 사전협의도 없었다. 따라서 두 김 씨가 평양에 간다하더라도 그 결과는 불확실했다. 그렇다고 남북협상을 먼저 제의한 이상 두 김 씨는 안 갈 수도 없는 형편이었다.

이승만은 김일성에게 이용만 당한다며 두 김씨의 평양행을 말렸다. 이승만이 볼 때, 북한 정권의 연석회의 제안은 남한이 총선거를 못 하도록 시간을 끌려는 술책이었다. 남한에서 선거를 못해 정부가 서지 않아 혼란 상태가 계속되어야만 공산화가 가능할 것이기 때문이다.

그때 북행(北行)을 주저하는 두 김 씨를 다그친 것이 4월 14일의 '문화인 108명의 남북회담 지지성명'이었다. 서명자들은 작성자인 동아일보 주필 설의식을 비롯한 유력인사들이었다. 그 때문에 남한 사회는 큰 충격에 빠졌다.

결국 김구는 1948년 4월 19일 북한으로 출발했다. 출발 당시 광복군총사령관 지청천 등 400여명의 친지들이 그들의 북행을 반대했다. 그러나 38선에 도착한 김구 일행은 북한 측으로부터 모욕적인 대우를 받았다. 밤11시까지 기다려서야 안내원을 만날 수 있었기 때문이다.

김규식은 건강문제로 출발을 미루다가 4월 21일에야 떠났다. 김규식 일행도 9시간을 기다리면서 짐을 샅샅이 검사받는 수모를 당했다. 그리고 새벽 1시에야 평양 가는 열차를 탈 수 있었다.

평양회의는 두 김씨 도착 전에 시작

1948년 4월 20일 김구가 평양에 도착했을 때는 회의는 이미 그 전날부터 시작된 상태였다. 남한의 주요 인물들이 오기도 전에 회의가 시작되었다는 것은 남북연석회의가 두 김 씨의 제안과는 아무 관계가 없는 북한정권의 행사임을 말해 주는 증거였다.

회의 형식도 두 김 씨가 제의했던 소수의 요인회담이 아니라, 모란봉극장에 600여 명이 모인 군중대회였다. 그 때문에 회의장은 남북통일 방법을 논의하기는커녕 김일성과 북한 정권을 찬양하는 박수 소리와 구호로 요란했다.

회의 일정에 관한 사전협의가 없었기 때문에 두 김 씨는 언제 어떤 형식으로 참석해야 할지도 몰랐다. 김구는 회의 3일째인 4월 22일에 잠깐 참석해 간단히 축사만 하고 퇴장했다. 그러나 북한 측의 일방적인 처사를 불쾌하게 여긴 김규식은 참석조차 하지 않았다.

그러므로 연석회의는 남한의 참석자들을 철저히 무시한 채 진행되었다. 남한인들의 참석 사실은 언급조차 되지 않았다. 남한의 참석자들은 북한 정권이 마련한 잔치에 참여만 하는 꼴이 되었다.

남한의 5·10선거를 부정한 4·30공동성명

그런데도 김구와 김규식은 회의 마지막 날 북한 정권이 마련한 1948년의 '4·30 선언'에 서명하고 말았다. 그 문서의 핵심 내용은 남한에서 5월 10일의 선거로 세워지게 될 정부를 절대로 인정하지 않는다는 것이었다. 또한 그것은 미국과 유엔, 그리고 이승만과 김성수를 향해 미군 철수와 남한 단독선거 중지를 요구했다. 그러면서도 북한 정권에 대해서는 '민주개혁(공산혁명)'을 통해 민주적이고 자주적인 독립국가로 발전할 기반을 마련하고 있다고 찬양했다.

회의가 끝났을 때 두 김 씨는 허탈감에 빠졌다. 그래서 그들은 자신들이 처음 제의했던 소수의 요인회담을 요구했다. 그 때문에 1948년 4월 30일 김두봉의 집에서 남쪽의 김구와 김규식, 북쪽의 김일성과 김두봉이 참석하는 4인 회담이 열렸다.

그러나 그것은 회담이라기보다는 식사를 겸한 간담회였다. 그 자리에서 김구와 김규식은 38선 때문에 끊긴 북한의 전기를 남한에 계속 보내 줄 것을 요청했다. 그리고 북한의 저수지 물을 연백평야에 계속 보내 줄 것을 요청했다. 김일성은 그렇게 하겠노라고 약속했다.

다음 날인 5월 1일은 노동절이었기 때문에 남한의 참석자들도 평양 역전에서 열린 인민군 열병식을 참관했다. 그것은 중국 공산당 소속의 팔로군까지 참가한 성대한 군사 퍼레이드였다. 남한의 참석자들은 크게 강화된 북한의 군사력을 보고는 놀랐다.

유엔한국임시위원단의 총선거 강행

그러나 두 김 씨가 서울로 돌아와 5월 6일에 발표한 공동성명 내용은 실제와는 상당히 달랐다. 그들은 평양회의가 우리 민족이 주의와 당파를 초월해 단결할 수 있음을 보여준 것이었다고 높이 평가했다.

4·30 공동성명은 통일조국 건설의 방향을 분명하게 제시한 것이었다고 찬양했다. 북한은 계속해서 남한에 전기를 공급하고 연백평야에 저수지 물을 대겠다는 약속을 했다고 말했다. 북한정권은 민족 사이의 내전, 즉 남침도 하지 않을 것이라는 약속을 했다고 말했다.

두 김 씨의 공동성명이 나온 날은 5·10선거가 있기 나흘 전이었다. 그 때문에 남북관계가 그처럼 좋은 상태인데 굳이 남한만의 선거를 해야 되겠는가 하는 의문이 일어나게 되었다. 그래서 유엔한국임시위원단은 그 문제를 논의하기 위해 긴급회의를 열었다. 하지만 지금 와서 선거를 취소하기에는 너무 늦었다는 결론을 내렸다.

23

한반도 최초의 자유민주국

(1) 1948년의 5·10선거

친일부역자의 참정권을 제한

1948년 5월 10일 남한에서는 한반도 최초의 자유선거(自由選擧)가 실시되었다. 좌익들의 테러 활동으로 선거 기간에 100여명이 목숨을 잃었다.

폭력이 그처럼 많았던 것은 감옥의 공산주의자들이 석방되었기 때문이다. 미군정은 자유로운 선거 분위기를 조성하라는 유엔한국임시위원단의 요구를 따라야 했던 것이다. 1948년 1월 유엔한국임시위원단이 처음 서울에 왔을 때도 미군정은 남한에서 정치적 자유가 보장된다는 것을 보여주기 위해 669명의 공산주의자들을 석방했다.

선거는 두 달 전에 과도입법의원이 제정한 국회의원선거법에 따라 실시되었다. 보통선거의 원칙에 따라 21세 이상의 모든 남녀가 투표권을 가지고 25세 이상의 모든 남녀가 피선거권을 가졌다.

그러나 친일부역자로 분류된 사람들에게는 참정권을 주지 않았다. 그들은, (1)일본의 작위나 제국의회 의원직을 받았던 자, (2)판임관 이상의 경찰관, 헌병보, 고등경찰, 밀정행위자, (3)중추원의 부의장·고문·참의, 부·도의 자문결의기관 의원, 3등급 이상의 고등관, 훈7등 이상의 자리를 차지했던 자들이었다.

유엔한국임시위원단의 긍정적 평가

좌익과 중도파는 5·10선거를 방해하기 위해 '남조선단선단정반대투쟁위원회'를 조직했다. 그것은 평양 연석회의에서 남쪽 참석자들과 북쪽 참석자들이 만들기로 합의했던 조직이었다.

미군정은 선거를 보호하기 위해 특별경계에 들어갔다. 그러나 3만 5천 명의 경찰로는 1만 3,800여 개의 투표소를 지키기 어려웠다. 따라서 각 지역의 우익청년들로 조직된 향보단의 도움을 받았다. 그것은 전국적인 조직망이나 중앙 지휘부도 없는 느슨한 조직이었다. 그 때문에 선거가 끝나자 미 군정장관 딘 소장과 민정장관 안재홍은 그 조직을 해체했다.

선거 당일에 유엔한국임시위원단의 대표들과 직원들은 전국에 흩어져서 투표를 감시했다. 외국기자들도 투표 과정을 지켜보았다. 우려했던 것과는 달리 5·10선거는 대체로 평온하게 진행되었다. 투표율이 높아 선거 방해 활동은 위력을 발휘하지 못했다. 등록 유권자 783만 가운데 95%가 투표했는데, 그것은 전체 유권자의 75%에 이르는 높은 투표율이었다.

전국의 200개 선거구 가운데서 제대로 투표를 마치지 못한 곳은 제주도의 2개 선거구뿐이었다. 제주도에서는 좌익들의 방해로 3개 선거구 가운데 1개 선거구만 투표를 마칠 수 있었던 것이다.

그러므로 유엔한국임시위원단은 5·10선거가 자유로운 분위기 속에서 실시되었다는 긍정적인 평가를 내렸다. 북한지역이 참여하지 못했지만, 남한지역에 한반도 전체 인구의 3분의 2가 넘게 살고 있기 때문에 선거는 한국인들의 의사를 충분히 반영했다고 평가했다.

동대문갑구에서 당선된 이승만

이승만은 서울 동대문구 갑구에서 당선되었다. 그는 유력한 대통령 후보였기 때문에 반드시 국회의원이 될 필요는 없었다. 하지만 그가 국회에 있어야 정부 수립이 원만하게 진행될 것이라는 의견에 따라 출마하게 된 것이다.

등록 마감일인 4월 16일까지 그는 단독 후보였기 때문에 당선이 확실해 보였다. 그러나 막판에 도전자가 뛰어들면서 약간의 혼선이 일어났다. 도전자는 평안남도 출신으로 미군정 경무부 수사국장이었던 최능진이었다. 그는 일제시대에 미국에 유학해 안창호의 흥사단에서 활동하면서 이승만에 맞섰던 인물이었다. 조선으로 돌아온 다음에는 평양 숭실전문학교 체육교수가 되었다.

해방과 함께 소련군이 북한을 점령하자, 그는 공산당의 압제를 피해 38선 넘어 남한으로 왔다. 그리고 미군정 경무부 수사국장이 되었다. 그러나 그는 대구 10·1폭동 처리 문제를 놓고 경무부장 조병옥과 충돌해 해임당하고 말았다. 폭동의 원인이 친일 경찰에 대한 불만에 있다고 보고 그들의 숙청을 요구했기 때문이다.

입후보 등록일이 지난 다음 날 최능진은 미 군정청에 나타나 억울함을 호소했다. 이승만 지지자들의 방해로 200명의 추천인을 채우지 못해 후보 등록을 못했다고 주장했다. 미 군정은 그에게 일주일의 시간을 더 주었다. 그 기간에 그는 그 숫자를 채우기는 했지만 명단에 가공의 인물이 많아 후보 등록에는 실패했다. 그는 다시 유엔한국임시위원단을 찾아가 호소했지만, 등록 방해의 증거를 찾을 수 없다는 답변만 들었다.

압도적 승리에는 실패한 건국세력

198명의 당선자들로 국회가 구성되었기 때문에 건국을 위한 헌법 제정이 시작되었다. 그러나 제헌국회는 건국세력(建國勢力)으로 불리는 보수우파가 과반 의석을 차지하지 못하게 됨에 따라 그 앞길은 순탄해 보이지 않았다. 그들은 독촉국민회 55명, 한민당 29명, 대동청년단 12명으로 합쳐 보아야 96명밖에 되지 않았다. 그 같은 결과가 나타난 것은 보수우파 후보들의 난립으로 표가 흩어졌기 때문이다.

그에 따라 제헌국회는 남한만의 건국에 호의적이지 않은 좌파나 중도파 의원이 절반을 넘었다. 그들은 무소속 85명, 군소정당 19명으로 모두 104명에 이를 정도로 많았다. 그들의 상당수는 남북협상파였다. 김구의 한독당과 김규식의 민족자주연맹은 5·10선거를 공식적으로 거부했지만, 그 구성원들은 개별적으로 무소속이나 다른 정당 소속으로 출마해 적지 않게 당선되었던 것이다.

5·10선거가 끝나자, 5월 14일에 북한 정권은 남한에 대한 보복 조치로 전기 공급을 끊고 저수지 물 공급을 중단했다. 평양에서 김구와 김규식에게 했던 약속을 어긴 것이다.

제1대 국회의장

1948년 5월 31일 198명의 의원들은 중앙청에서 처음 제헌국회를 열었다. 그리고 이승만을 임시의장으로 뽑았다. 이승만의 개회사는 우리 민족이 독립을 찾게 된 것은 독립투사들의 노력과 하나님의 은혜라는 말로 시작되었다. 이승만은 종로에서 당선된 조선민주당의 이윤영 목사에게 감사기도를 요청하는 감동적인 행동을 했다. 북한에서 월남한 이윤영이 국회의원이 된 것은 한민당의 김성수가 북한 동포를 배려해 선거구를 양보했기 때문이다.

오후에 정식 의장으로 뽑힌 이승만은 원로 혁명가 서재필 박사에게 축사를 부탁했다. 그것은 서재필이 구한말 〈독립신문〉을 통해 자유민주주의의 씨앗을 한국 땅에 심어 주기 시작한 데 대한 감사 표시였다. 또한 이승만은 하지 중장이 해방 후의 혼란 속에서 질서를 유지해 국가건설의 토대를 마련해 준 데 대해서도 감사의 뜻을 표시했다.

이승만은 그날의 국회를 가리켜 대한민국 독립민주국회 1차회의로 불렀다. 그것은 제헌국회가 1919년의 3·1운동 직후 4월 23일에 서울에서 세워진 민국, 즉 한성(漢城) 임시정부의 법통을 계승하고 있다는 뜻이었다.

그가 상해와 중경의 대한민국 임시정부 대신 한성 임시정부를 언급한 것은 그것에 정통성이 있다고 생각했기 때문이다. 즉, 이승만은 한성 임시정부가 13도 대표들이 모여 국민대회라는 합법적인 절차를 거쳐 세워졌다고 생각했기 때문에 다른 임시정부들에 비해 정통성이 있다고 본 것이다. 그리고 1919년 9월 11일 상해에서 3개의 임시정부를 통합해 대한민국 임시정부를 세울 때도 한성 임시정부의 편제와 내각 명단을 그대로 채택했기 때문이다.

그러므로 이승만은 한성 임시정부가 세워진 1919년을 건국 기점으로 삼아 1948년을 민국 29년으로 불렀다. 그러나 민국 연호는 오래 사용되지 않았다. 왜냐하면 새로운 대한민국 정부가 1949년부터 단기 연호를 채택했기 때문이다.

투표로 결정된 대한민국 국호

앞으로 제헌국회에서 세워지게 될 나라는 1948년 9월부터 파리에서 열리는 제3차 유엔총회에서 국가승인을 받아야 했다. 왜냐하면 나라를 세우게 된 근거가 1947년 11월 14일의 유엔 결의에 따라 실시된 1948년의 5·10선거였기 때문이다. 그러므로 이승만은 유엔총회 개최일에 맞추기 위해 정부 조직을 서둘렀다.

한때 이승만은 미국인 교수에게 헌법 초안의 작성을 맡기려 했다. 그러나 그 일은 국회의원 30명으로 구성된 '헌법 및 정부조직법 기초위원회'가 맡아 잘 수행했다. 일제시대에 육성된 유진오, 권승렬 등 전문가들의 도움이 있었기 때문이다.

그 점에서 그것은 소련이 만들어준 헌법을 그대로 받아들인 북한과 달랐다. 북한 헌법은 소련의 스탈린 헌법을 그대로 베끼다 보니 한반도에는 없는 소수민족에 관한 조항까지 두는 희한한 일도 일어났던 것이다. 북한은 각료 임명에서도 소련의 지시를 따랐다.

국회 헌법기초위원회가 가장 먼저 해야 할 일은 국호(國號)의 결정이었다. 이승만의 독촉국민회 계열 위원들은 대한민국을 원했다. 그것은 군주국인 대한제국을 계승하면서도 새로운 공화국의 정체성을 드러내는 명칭으로 보였기 때문이다. 그래서 이승만은 국호가 결정되기 전부터 대한민국이란 명칭을 사용했다. 이와는 달리 김성수의 한민당 계열 위원들은 고려공화국을 희망했다.

격론 끝에 헌법기초위원회는 1948년 6월 9일 투표로 국호를 결정했다. 결과는 대한민국 17표, 고려공화국 7표, 조선공화국 2표, 한국 1표로 대한민국이 채택되었다.

(2) 자유민주주의 제도들의 도입

대통령중심제를 고집한 이승만

정부의 권력구조에 대해서도 정치세력들의 의견은 달랐다. 이승만의 독립촉성국민회 계열 위원들은 미국식 대통령중심제를 희망했다. 그것은 미국에서 오래 활동했던 이승만에게 친숙한 정치제도였다.

그러나 한민당 등 대부분의 정치세력들에게는 일본식 또는 영국식의 내각책임제가 더 친숙했다. 그 때문에 헌법 및 정부조직법 기초위원회에서 내각책임제가 채택될 가능성이 컸다.

초조해진 이승만은 6월 15일 대통령중심제의 채택을 설득하기 위해 헌법기초위원회에 참석했다. 그에게 내각책임제는 당파 싸움으로 이어진 조선왕국의 낡은 정치제도를 연상시키는 것이었다. 그것은 신하들에게 권력을 집중시켜 왕권, 즉 중앙정부를 약화시킴으로써 나라를 약하게 만든 원인으로 보였다. 그 때문에 이승만은 미국의 국부(國父) 조지 워싱턴처럼 당파나 정파의 폐해를 우려해 자신의 정당을 만들지 않았다.

내각책임제를 주장한 한민당

이승만이 볼 때 해방 직후의 시기는 정파와 정당의 폐해가 우려되던 때였다. 미군정 발표에 따르면, 남한에는 75개의 정당들과 정파들이 각축을 벌이는 혼란상을 보인 때도 있었다.

그러한 정치세력들 가운데서 가장 강력했던 것은 박헌영의 공산당(남로당), 김구의 한독당, 김성수의 한민당이었다. 이승만의 독립촉성국민회가 있기는 했지만, 정당이라기보다는 국민운동 단체였다. 이승만은 끝까지 독립촉성국민회를 정당으로 바꾸기를 거부했다. 그러나 그 같은 이승만의 행동은 그의 정치적 입지를 약화시킴으로써 정국의 불안정을 가져오는 원인이 되었다.

1948년의 5·10선거를 거치고 난 뒤 3당 구도에는 변화가 왔다. 박헌영의 남로당(공산당)은 지하로 숨거나 북한으로 옮겨 갔다. 김구의 한독당도 남북협상 실패 이후 사실상 해체되고 있었다. 따라서 권력을 잡을 수 있는 정당은 지주(地主) 세력을 주축으로 하는 김성수의 한민당뿐이었다.

그러므로 이승만은 한민당을 경계하게 되었다. 그는 한민당이 내각책임제를 주장하는 것도 결국은 자기를 허수아비 대통령으로 세워 놓고 실권을 잡으려는 속셈이라고 생각했다. 그래서 그는 '국회 헌법 및 정부조직법 기초위원회'에 두 번이나 참석해 대통령중심제의 채택을 강력히 요구했던 것이다. 그 요구가 받아들여지지 않으면 자기는 새 정부에서 어떤 직책도 맡지 않고 야인의 입장에서 국민운동이나 벌이겠다고 엄포를 놓았다.

두 제도를 섞은 '비빔밥 정부'

이승만의 강경한 태도에 한민당은 양보했다. 이승만을 빼놓으면 마땅한 대통령 후보가 없었기 때문이다. 그래서 한민당은 김성수와 김준연의 권유를 받아들여 대통령 중심제를 채택하게 되었다.

갑자기 권력구조를 바꾸다 보니 헌법에 내각책임제의 잔재가 남게 되었다. 그래서 부통령이 있는데도 불구하고 국무총리를 두고, 국회가 국무위원에 대한 불신임권을 가지게 되었다. 두 가지 제도가 섞였기 때문에 정부는 '비빔밥 정부'라는 별명을 얻었다.

타협의 과정을 거쳐 작성된 헌법초안은 국회 본회의로 넘겨져 1948년 6월 23일부터 심의에 들어갔다. 그리고 헌법은 7월 12일 국회에서 사실상의 만장일치로 통과되었다. 반대는 1표뿐이었다. 그것은 7월 17일에 공포되었다.

자유민주주의를 지향한 건국헌법

건국헌법에서 신생국 대한민국이 지향한 목표는 민주주의의 실현이었다. 거기서 말하는 민주주의는 개인의 자유를 최고의 가치로 여기는 자유주의(自由主義) 이념과 국민이 통치자를 선출하는 자유선거(自由選擧) 제도를 결합한 자유민주주의였다. 그 점에서 대한민국의 민주주의는 공산주의를 의미하는 북한의 민주주의나 인민민주주의와는 근본적으로 달랐다.

그러나 당시의 세계는 사회주의나 공산주의의 영향력이 커져 가는 '좌경화'의 시대를 맞고 있었다. 그에 따라 대한민국 헌법도 사회민주주의적(社會民主主義的)인 요소를 많이 지니게 되었다. 그 때문에 헌법은 사유재산제를 기본제도로 인정하면서도 사회정의를 위해 재산권을 제한할 수 있다는 단서 조항을 두었다. 그리고 근로자들의 단결권, 단체교섭권, 단체행동권도 인정했다.

국회에서 대통령과 부통령을 선출

건국헌법이 민주주의를 표방한 이상 대통령과 부통령도 국민의 직접선거로 선출되어야 했다. 이승만 자신도 그것을 희망했지만 건국 일정에 쫓겨 논의할 시간적 여유가 없었다. 그 때문에 대통령과 부통령은 국회의 간접선거(間接選擧)로 선출되었다.

당시 대부분의 사람들은 이승만을 대통령 적격자로 생각했다. 그러나 하지 중장과 미군정의 일부 한인 관리들은 김규식이나 미국에서 온 서재필을 생각하기도 했다. 하지만 이승만의 대중적 지지가 너무나 컸기 때문에 그의 추대는 실행되지 못했다.

1948년 7월 20일 국회는 196명의 의원이 출석한 가운데 이승만을 대통령으로 선출했다. 김구 13표, 안재홍 2표, 서재필 1표에 비해 이승만은 180표의 압도적 지지를 받았다. 부통령은 2차까지 가는 투표에서 중경 임시정부 출신의 이시영이 133표를 얻어 62표를 얻은 김구를 따돌리고 당선되었다.

대통령 취임사

1948년 7월 24일 구슬비 내리는 중앙청 광장에서 73세의 노(老) 혁명가 이승만은 대통령에 취임했다. 취임사는 그동안 여러 번 죽었던 몸이 하나님의 은혜와 동포의 애호로 지금까지 살아남아 추대의 영광을 얻게 되어 감격스럽기도 하고 두렵기도 하다는 말로 시작되었다.

그러고 나서 그는 새 나라가 성공하기 위해서는 새 백성이 있어야 하므로 국민은 과거의 부패한 백성의 인습(因襲)에서 벗어나야 한다고 강조했다. 그렇게 해서 우리 민족이 새 정신과 새 행동으로 새길을 찾아야만 잃어버린 40년의 세월을 회복하고 나아가 세계 문명국들과 경쟁할 수 있게 될 것이라고 주장했다.

그의 취임사는 북한 공산주의자들에 대한 경고로 끝났다. 그들이 우리 조국을 소련의 종노릇 하도록 만드는 반역행위를 하게 되면, 온 겨레의 원수가 될 것이라고 말했다.

24
신생국의 불안한 출범

(1) 건국세력의 분열

대통령에 호의적이지 않은 국회

이승만은 1948년 8월 15일을 정부 수립 선포일로 정해 놓았다. 그 때문에 내각 구성을 서둘렀다. 새 나라는 9월부터 파리에서 열리게 될 유엔총회에서 국가승인을 받아야 했기 때문이다.

가장 시급했던 것은 국무총리 임명이었다. 한민당은 동아일보를 대표하는 김성수가 국무총리가 되기를 바랬다. 독립촉성국민회는 중경 임시정부 출신의 신익희를 희망했다. 무소속 의원들은 사회주의 성향의 조소앙을 원했다.

그러나 이승만이 생각하는 총리 자격은 달랐다. 우선 그는 정부에 대해 큰 영향력을 행사할 강력한 정당에서 총리가 나와서는 안 된다는 생각이었다. 그리고 부유층이 총리가 되어서도 안 된다는 생각이었다.

이승만이 7월 27일에 지명한 총리 후보는 일반인들의 예상을 벗어난 월남민 이윤영 목사였다. 이윤영은 북한출신으로 조선민주당 소속이었기 때문에 지역적, 당파적 기반이 약했다. 그 때문에 국가 전체의 이익을 앞세울 것으로 생각되었다. 그리고 북한 출신의 기용은 신생국 대한민국이 통일을 지향하고 있다는 인상을 줌으로써 국제연합의 승인을 받는 데도 도움이 될 것 같았다. 그러나 이윤영은 국회에서 인준을 받는 데 실패했다.

그 때문에 이승만은 8월 2일 다시 중경 임시정부 출신의 이범석을 총리 후보로 지명했다. 이범석은 3·1운동 직후 만주에서 일본군과 싸운 독립군 지도자였을 뿐만 아니라 중경 임시정부의 광복군 지도자이기도 했다. 이범석도 반대에 부딪혔지만 국회 인준을 받는 데는 성공했다. 정부수립 선포일이 얼마 남지 않은 상황에서 국회가 그마저 거부하면, 건국 초기부터 정치적 위기를 조장한다는 비난을 받을 수 있었기 때문이다. 이승만은 8월 4일까지 모든 각료를 임명해 정부 구성을 끝낼 수 있었다.

건국세력의 분열에 따른 정국불안

그러나 이승만의 초대내각에 대해 거의 모든 정치세력들이 불만을 표시했다. 자기 세력에 대한 배려가 없거나 너무 적다는 생각 때문이었다.

가장 크게 반발한 세력은 김성수의 한민당이었다. 그들에게는 이승만에게 자금과 인력을 제공해 건국을 도운 공로가 있었다. 그래서 한민당은 12명의 각료 가운데 절반이 넘는 7명의 자리를 요구할 정도였다. 하지만 이승만은 김도연 재무장관 1명만을 임명했다.

그러자 8월 7일 한민당을 대변하는 동아일보는 새 정부를 '약체내각'으로 비난하고 전면 개각을 요구했다. 내각은 능력이 떨어지는 인사들을 포함하고 있을 뿐만 아니라 국회 안의 세력 관계를 무시했다는 것이었다.

그러나 한민당에 대한 이승만의 입장은 좀 더 기다리라는 것이었다. 이승만은 첫술에 배부른 사람이 어디 있겠는가라는 말로 그들을 달래려고 했다. 일제시대에 국내에서 활동했던 인사들을 첫 내각에 많이 등용하면 친일 시비가 일어날 위험이 있었다. 그러므로 이승만의 초대내각은 거의 대부분 독립운동 경력자로 이루어졌다.

건국을 선포하기도 전에 개헌 요구

그러나 분개한 한민당은 앞으로 야당의 입장에서 정부를 비판하겠다고 선언했다. 그래서 〈동아일보〉는 건국이 선포되기도 전인 8월 13일에 헌법의 권력 구조를 내각제로 바꿀 것을 요구했다. 대통령중심제를 시행도 해보지 않은 상태에서 내각책임제로 바꾸라는 요구였다.

부통령 이시영까지 불만이었다. 이유는 중경 임시정부 출신을 적게 등용했다는 것이었다. 그는 항의 표시로 첫 국무회의부터 참석하지 않았다. 이처럼 출발부터 건국세력이 분열했기 때문에 신생국의 앞날은 어두워 보였다.

결국 건국세력 가운데서 이승만에 불만을 가진 70명의 국회의원들은 1949년 2월에 민주국민당(민국당)을 창당했다. 그것은 김성수의 한민당, 신익희의 대한국민당, 지청천의 대동청년단이 통합한 것이었다. 그것은 내각제 개헌을 정강으로 내세웠다.

그러나 그들이 제출한 내각제 개헌안은 1950년 3월 14일 국회에서 부결되고 말았다. 찬성이 재적 의원의 3분의 2에 훨씬 못 미친 79표에 불과했기 때문이다. 하지만 반대도 겨우 33표밖에 되지 않아 이승만의 국회 지지 기반이 허약함을 보여 주었다.

남북협상파의 5·10선거 무효화 운동

김구와 김규식은 평양회의에서 돌아온 후 실의에 빠져 한동안 조용했다. 북한 정권이 1948년 6월 초에 평양에서 제2차 남북제정당사회단체연석회의를 열겠다며 초청했지만, 그들은 호응하지 않았다. 특히 김규식은 완전히 침묵하고 있었다.

그러나 김구는 조금씩 움직이기 시작했다. 우선 그는 5·10선거가 자유롭지 못한 분위기에서 치러졌다고 비판했다. 그리고 앞으로 세워질 새로운 정부는 중경 임시정부와는 아무 관련이 없다고 주장함으로써 이승만 정부와 분명히 구분하려고 했다.

김구의 그 같은 입장은 5월 31일에 처음 열린 제헌국회에 대한 소감에서 나타났다. 그날의 개회사에서 이승만은 그 국회가 1919년 3·1운동 직후 서울에서 세워진 민국정부(*한성 임시정부)의 법통을 계승한 것이라고 발언했다. 그 발언에 대한 소감을 묻는 기자에게 김구는 이승만이 그렇게 말할 근거는 없다고 대답했던 것이다.

그것은 이승만과 김구가 민국정부(공화정)에 대해 생각이 다름을 보여주었다. 이승만이 생각하는 민국정부는 1919년 4월 서울에서 선포된 한성 임시정부였다. 따라서 1948년에 새로이 세워질 정부는 한성 임시정부를 계승한 것이었다. 하지만 김구가 생각한 민국정부는 1919년 9월에 3개 임시정부가 상해에서 통합된, 그리고 중경으로 옮겨 간 대한민국 임시정부였던 것이다.

김구의 건국 참여를 희망한 중국

김구가 1948년의 건국을 인정하지 않는 태도를 보이자, 중국의 국민당 정부가 당황했다. 당시 장개석은 모택동의 공산당과 내전 상태에 있었기 때문에 김구가 이승만의 반공국가 건설에 협력하기를 바라고 있었다.

그 같은 장개석의 입장을 김구에게 전달한 중국 외교관이 유어만(劉馭萬) 공사였다. 유어만은 유엔한국임시위원단의 중국 대표로 서울에 왔다가 공사로 남게 된 인물로, 김구와 이승만 모두와 가까운 관계였다. 대한민국 헌법의 공포를 일주일 앞두고 있던 1948년 7월 11일 유어만은 예고 없이 경교장으로 김구를 방문했다. 그리고는 이승만과 협조할 것을 권유했다.

그러나 김구는 유어만에게 분명하게 대답하지 않았다. 그러고는 대강 다음과 같은 말로 자신의 입장을 밝혔다. 즉, 자기가 지난 4월 남북협상 때문에 평양에 가서 보니 북한의 군사력은 남한이 맞설 수 없을 정도로 강해져 있었다. 따라서 소련이 결심만 하면 언제든지 북한에게 남침을 명령해 남한에서 인민공화국을 선포할 수 있는 상태에 있었다. 그러므로 남한에 정부가 선다하더라도 북한의 공격으로 곧 무너질 것이므로 이승만의 건국에 참여해도 소용이 없을 것이라는 말이었다.[5)]

그러므로 김구는 남북을 아우르는 전국적인 정부를 세우기 위한 통일운동에 나섰다. 그래서 그는 7월 21일 김규식과 함께 '통일독립촉진회'를 조직했다. 그리고 민족주의자의 입장에서 북한에서든 남한에서든 단독정부를 세우는 데 반대하려고 했다. 그러나 그의 단독정부 반대 운동은 북한에 대해서는 전혀 영향을 주지 못하고 대한민국에게만 위협이 되었을 뿐이었다.

건국을 선포한 정부수립 국민축하식

조각(組閣)이 끝나 정부가 구성이 되자, 대통령 이승만은 해방 3

5) 손세일, 《이승만과 김구》 제7권, 조선뉴스프레스, pp.390-393. 〈조선일보〉 1948년 7월 13일자 '유어만 중국공사 김구씨 요담'. 보다 자세한 내용은 유어만 공사가 작성해 이승만에게 전달한 것으로 생각되는 영문 대화록에 있다. 영문 대화록은 이화장 이승만문서에 들어 있다.

주년이 되는 1948년 8월 15일에 중앙청 광장에서 건국을 선포했다. 그날 행사의 정식 명칭은 '정부수립 국민축하식'이었다. 건국을 축하하기 위해 일본으로부터 더글러스 맥아더 장군 내외가 참석했다.

이승만의 경축사는 북한 대표들이 건국 행사에 참석하지 못한 데 대한 아쉬움으로 시작했다. 북한이 유엔의 총선거 결의를 따랐다면 통일정부를 세울 수 있었을 것이라는 데 대한 유감을 표시한 것이었다.

그런 다음 그는 대한민국이 지향하는 목표가 민주주의라는 것을 분명히 했다. 그리고 민주주의 국가가 어떤 것임을 다음의 세 가지로 설명했다.

첫째, 이승만이 말하는 민주주의 국가는 개인(個人)의 자유가 보장되는 나라였다. 그러므로 그는 대한민국이 미국 등 선진국들의 '권리장전'에서 밝힌 자유(自由)들에 대한 권리를 보장하겠다고 말했다. 그러한 자유는 언론의 자유, 집회의 자유, 종교의 자유, 사상의 자유를 의미했다. 그러므로 그가 말한 민주주의는 자유주의 이념과 결합된 자유민주주의였다.

신생국의 목표는 민주주의 실현

둘째, 이승만이 말하는 민주주의 국가는 자유선거(自由選擧) 제도를 통해 공직자를 선출하게 되는 나라였다. 그 때문에 그는 대한민국 국민이 자기네 나라가 5·10총선거를 통해 세워졌다는 사실을 중요하게 보아야 한다고 말했다. 그 같은 자유선거는 소련의 반대로 북한에서는 실시될 수 없었다는 사실을 강조했다.

민주주의를 지향하게 되었기 때문에 대한민국은 양반계급만을 위하던 조선왕국과는 다르게 될 것이라고 이승만은 강조했다. 왜냐하면 민주적인 제도들을 통해 평민의 자유가 보호받게 될 것이기 때문이다.

그래서 대한민국은 양반과 상놈, 부자와 빈자, 남자와 여자, 남한 출신과 북한 출신이 꼭 같이 대우받는 평등한 나라가 될 것이라고 했다. 다시 말해, 대한민국은 모든 개인이 동등한 기회와 권리를 가지는 나라, 개인의 신분을 존중하는 나라, 법 앞에서 모두가 평등한 나라, 그리고 노동을 우대하는 나라가 될 것이라고 말했다.

이승만의 경축사는 사회민주주의자들이 주장하는 복지정책도 약속했다. 그래서 그는 정부가 노동자들에 대한 "이익균점의 권리"를 인정하고, 사회보험제도의 실시를 약속했다.

그 같은 공약은 당시 세계를 휩쓸던 공산주의와 사회주의의 영향에서 오는 것이었다. 이승만은 1930, 40년대의 미국에서 대공황과 뉴딜 정책을 겪으면서 민주주의의 개념이 정치적 평등에 덧붙여 경제적 평등도 강조하게 되는 것을 보았다. 그 때문에 그는 농민의 빈곤 문제를 해결하기 위한 농지개혁도 약속하게 되었다.

(2) 힘들게 받은 유엔의 국가승인

유엔의 결의로 태어난 신생국

새로 태어난 대한민국은 1948년 9월 21일부터 파리에서 열리는 제3차 유엔총회에서 승인을 받아야 했다. 왜냐하면 대한민국은 유엔의 총선거 결의에 따라 세워진 나라이기 때문이다. 그래서 건국과정에서 결정적으로 중요한 역할을 했던 미국도 국가승인을 미루고 있었다. 그 때문에 미국이 대한민국에 처음 파견한 외교사절인 존 무초의 자격은 대사가 아닌 특사였던 것이다.

이승만은 8월 5일 조병옥을 특사로 임명해 유엔본부가 있는 뉴욕의 석세스로 파견했다. 유엔 회원국들을 설득하기 위한 것이었다. 그리고 8월 11일에는 장면을 수석대표로 하는 유엔대표단을 총회가 열리게 될 파리로 출발시켰다. 대표단 단장으로 가톨릭 신도인 장면을 임명했는데, 그것은 로마 교황청과 가톨릭 국가들의 지지를 얻기 위한 의도였다. 유엔대표단에는 김활란, 장기영, 모윤숙, 정일형 등이 포함되었다. 미국의 로버트 올리버 박사도 파리로 가서 한국대표단을 돕도록 했다.

유엔의 국가승인에 반대하는 남북협상파

유엔의 대한민국 승인 문제에 대해서는 김구를 중심으로 한 남북협상파도 대책을 마련하고 있었다. 그들은 정부 대표단과는 상관없이 별도로 민간 차원의 유엔대표단을 파리에 파견하려고 했다. 목적은 유엔의 대한민국 승인을 막기 위한 것이었다. 왜냐하면 대한민국이 유엔의 승인을 받게 되면 남북분단이 영구화할 것이기 때문이다.

그러므로 1948년 8월 1일 통일독립촉진회는 김규식을 단장으로 유엔대표단을 조직했다. 목적은 파리 유엔총회가 중경에 있던 대한민국 임시정부를 승인해 달라고 호소하기 위한 것이었다. 그래야만 앞으로 남북 통일정부를 수립할 토대를 마련할 수 있다는 것이었다. 그래서 김구는 오랫동안 프랑스에서 대한민국 임시정부를 대표해 왔던 서영해에게 지시해 선발대로 파리에 가도록 했다. 그러나 서영해는 중국에서 행방을 알 수 없게 되어 파리로 떠나지 못했다.

통일독립촉진회 유엔대표단도 파리로 출발하지 못했다. 왜냐하면 단장으로 지명된 김규식이 출발을 거부했기 때문이다. 김규식은 두 개의 한국대표단이 파리에 나타나 대립하게 되는 것을 민족의 수치로 생각했던 것이다. 대한민국이 세워진 이상, 그것을 부정할 수는 없다고 생각한 것이다. 그 후 김규식은 대한민국에 대한 비판을 중지하고 조용히 살았다.

그러나 김구는 남북 통일정부를 세우려는 민족주의자의 입장을 지켜나갔다. 그 때문에 그는 남, 북의 두 단독 정권을 모두 부정했다. 그리고 소련군과 미군의 철수를 주장했다.

그러나 북한은 이미 통일을 할 수 없도록 체제가 크게 바뀌어져 있었다. 그것은 이미 1946년 2월에 사실상의 정부인 북조선임시인민위회를 세우고 1948년 4월에는 헌법까지 제정했기 때문이다. 그런데도 북한은 분단의 책임을 남한에 떠넘기기 위해 국가를 선포하지 않고 1948년 8월 15일의 대한민국 건국을 기다렸다. 그러다가 9월 9일에 가서야 조선민주주의인민공화국을 선포했던 것이다.

북한은 조선민주주의인민공화국이 정통성을 가진 나라라고 주장하기 위해 그것을 탄생시킨 1948년 8월 25일의 최고인민회의 대의원 선거에 600만의 남한 민중도 참가했다고 주장했다. 남한인들은 대한민국 정부의 탄압 때문에 비밀리에 실시된 '지하선거'를 통해 투표했다는 주장이었다.

국가승인에 불리한 사건들

파리 유엔총회에서 대한민국 대표단은 58개국 대표들을 찾아다니며 승인을 호소했다. 그것은 신생국의 힘없고 경험 없는 대표들에게는 힘든 일이었다.

공산주의 종주국인 소련의 방해로 승인 문제를 회의 의제로 올리는 것조차 쉽지 않았다. 소련대표 비신스키는 입에 담지 못할 험한 말로 한국대표단을 비난하고 조롱했다. 사회주의 정권 밑에 있는 영국, 캐나다, 오스트레일리아의 영연방 국가 대표들도 대한민국 승인에 호의적이지 않았다.

한국에서 들려오는 10월 19일의 여수·순천 반란사건 소식도 국가승인에 불리했다. 좌익군인들의 반란으로 여수·순천 일대가 공권력이 통하지 않는 무법지대가 되자, 〈뉴욕타임스〉에는 서울의 미국인들이 대한민국이 완전 붕괴된 것으로 본다는 기사가 실렸다. 그 때문에 신생국 대한민국이 오래 가지 못할 것으로 판단하기도 했다.

당시 이승만 대통령은 일본의 맥아더 장군을 방문하고 있었다. 그 소식을 듣고 급히 귀국하게 되는 이승만을 비행장에서 배웅하는 맥아더는 그의 어깨를 감싸면서 한국이 북한의 공격을 받게 되면 자신은 캘리포니아가 공격받은 것처럼 방어하겠다는 감동적인 말을 했다. 귀국한 이승만은 반란이 남로당의 소행이라고 발표했다.

신생국 대한민국의 위기는 지배층에 의해서도 조장되었다. 여수·순천 사건이 일어나기 일주일 전인 10월 13일 좌파 성향의 소장파 국회의원 40여 명은 미군철수안을 국회에 제출했다. 11월 3일에는 김구가 미군과 소련군을 모두 철수시킨 다음 남북 통일정부를 세우자는 성명서를 발표했다. 성명서는 유엔한국위원단을 통해 파리 유엔총회에 전달되었다.

마지막 순간에 간신히 받은 국가승인

유엔총회가 거의 끝나갈 때까지도 대한민국 승인 문제는 의제에 오르지 못했다. 크리스마스가 다가오고 있었기 때문에 외국 대표들은 자기네 문제가 끝나는 대로 귀국하고 있었다. 초조해진 한국

대표들은 발이 닳도록 각국 대표들을 찾아다니며 승인을 호소했다. 심야 회의가 열릴 때는 새벽 2시까지 회의장 문 앞에서 기다리다가 피곤하다며 뿌리치는 각국 대표들을 붙잡고 설득했다.

다행히 유엔정치위원회는 폐회되기 며칠 전에 한국승인 문제를 다루게 되었다. 그렇게 된 데는 존 포스터 덜레스가 이끄는 미국대표단의 공로가 컸다. 그리고 바티칸 국무장관 몬티니 대주교와 프랑스 주재 교황청 대표 론칼리 신부의 도움도 있었다.

그 때문에 유엔총회는 마지막 날 마지막 시간인 1948년 12월 12일 일요일 오후 3시에 대한민국을 합법적인 정부로 승인하는 문제를 놓고 표결에 들어가게 되었다. 결과는 찬성 47표, 반대 6표로 통과였다.

결의안은 대한민국이 코리아(한반도)의 유일한 합법적인 국가이며 그 권위가 한반도 전체에 미친다는 것을 인정했다. 유엔이 그렇게 인정하게 된 근거는 대한민국 정부가 한국인의 대다수가 거주하는 지역에서 유권자의 자유의사를 정당하게 표현한 선거를 통해 세워졌다는 사실이었다. 그리고 그 선거는 유엔한국임시위원단이 감시하고 협의할 수 있었다는 사실이었다.

그러고 나서 유엔총회는 유엔한국위원단도 설치했다. 목적은 미·소 점령군의 철수를 감독하고 남북통일에 필요한 조치를 강구하기 위한 것이었다. 구성국가는 중국, 필리핀, 엘살바도르, 프랑스, 인도, 시리아, 호주 7개국이었다. 그것은 종전의 유엔한국임시위원단 8개국 가운데 캐나다만을 제외한 구성이었다.

대한민국 승인 소식이 국내에 알려지자, 1948년 12월 15일 전국에서 유엔 승인 경축대회가 열렸다. 1949년 1월 1일에는 미국이 처음으로 대한민국을 승인했다. 그 뒤를 이어 1950년까지 33개국이 승인했다. 그 결과를 토대로 대한민국은 유엔에 가입을 신청했지만, 안전보장이사회 이사국인 소련의 반대로 좌절당하고 말았다.

25
신생국의 취약한 국가기반

(1) 극심한 내부분열

빈곤과 치안불안

유엔의 승인을 받기는 했지만, 신생국의 앞날은 험난했다. 경제는 사실상 마비상태였다. 그것은 일본경제의 한 부분으로 운영되어 오던 한국경제가 해방으로 파행을 걷게 되었기 때문이다. 게다가 대한민국은 38선 장벽 때문에 북한경제와도 관계가 끊어지게 되었다.

그에 따라 국민 1인당 연간생산은 35~60달러로 낮았다. 중국, 일본으로부터 동포들이 귀국하고 북한주민들이 월남함으로써 도시는 실업자로 넘쳐났다. 국민의 지적 수준은 문맹률 80퍼센트로 낮았다. 국민은 오랫동안 일본의 지배를 받아 자치의 경험도 없었다. 게다가 오랫동안 대륙문명권의 중국식 생활방식에 익숙해 왔던 한국인들은 해방으로 새로 도입된 해양문명권의 미국식 생활방식을 낯설어했다. 그래서 민주주의를 한다면서도 국민은 물론 국회의원들과 관리들도 그 의미를 몰랐다.

게다가 신생국은 공산주의자들의 혁명(革命)운동으로부터 위협을 받았다. 치안 유지도 잘되지 않았다. 왜냐하면 나라가 세워졌는데도 제주도와 지리산 등 산간지대에서는 여전히 공산 게릴라들이 활동했기 때문이다. 게릴라들 가운데는 북한 정권이 보낸 북로당 출신도 있었지만, 대부분은 남한에서 북한으로 도피했던 남로당 출신이었다. 그들은 북한의 강동정치학원에서 훈련을 받은 뒤 다시 남쪽으로 파견된 혁명가들이었다.

그러므로 외국인들 가운데는 신생국 대한민국이 오래 가지 못할 것으로 보는 사람들이 많았다. 대표적인 경우가 미국의 좌파 지식인 오웬 래티모어였다. 그는 중국의 국공합작에도 개입했던 인물로 대한민국도 중화민국처럼 곧 무너질 것으로 보았다. 심지어는 그렇게 되기를 바란다고 비아냥거리기까지 했다. 거대한 중국대륙이 공산화된 마당에 그것에 붙어 있는 작은 대한민국이 그렇게 될 가능성은 아주 커 보였다.

인재부족에 친일파 숙청 압박까지

신생국 대한민국은 인재부족(人材不足)이라는 또 다른 심각한 문제에 부딪혔다. 모든 분야에서 경험 있는 행정가와 기술자가 부족했다. 왜냐하면 일제시대에 고위직에 있던 한국인들은 극히 적었기 때문이다.

그러므로 해방 후에 미군정은 일제시대의 한인관리와 한인경찰을 그대로 활용하게 되었다. 그래서 친일파 숙청은 생각조차 할 수 없었다. 중국에서 돌아온 김구와 중경 임시정부 요인들도 친일 행위를 문제 삼지 않았다. 오히려 그들은 신익희의 주도로 행정조사연구원을 설립해 일제시대의 한국인 관리들을 포섭했다. 정권을 잡았을 때 활용하기 위한 것이었다.

그러나 좌익과 중도파는 끈질기게 친일파 숙청을 요구했다. 그들의 영향력은 미군정이 설립한 과도입법의원에 영향을 미쳐 1947년 12월에 부일협력·민족반역자·전범·간상배에 대한 특별법을 제정하게 되었다. 그러나 하지 중장이 거부권을 행사함으로써 그 법은 시행되지 못했다.

그러나 1948년 8월 15일에 대한민국이 탄생하면서 친일파 숙청 문제가 다시 표면으로 떠올랐다. 그에 따라 9월 국회에서는 '반민족행위처벌법'이 제정되었다. 그 법에 따라 1949년 1월 국회에 '반민족행위특별조사위원회(반민특위)'가 설치되고, 그것을 집행할 특별검찰관과 특별재판관이 임명되었다. 뒤이어 친일혐의를 받는 인사들이 체포되기 시작했다.

국회와 대통령의 대립

국회의 그 같은 행동에 이승만 대통령은 당황했다. 인재부족으로 허덕이는 신생국에서 친일파 숙청은 국가운영을 더 어렵게 만들

것으로 생각했다. 그것은 경험 있는 인재들을 희생시키고 국민적 단합을 해칠 위험이 있었기 때문이다.

이승만은 친일 행위를 관대하게 보려고 했다. 대부분은 살기 위해 어쩔 수 없이 일본에 협력한 것으로 보았다. 그 때문에 처벌 대상자를 가능한 한 줄이고, 증거가 애매할 경우에는 관대한 쪽으로 해석하려고 했다. 과거에 얽매어 미래를 그르쳐서는 안 된다는 것이 이승만의 생각이었다.

그러나 무소속 의원들이 우세한 국회의 생각은 달랐다. 그들의 상당수는 대한민국 건국에 호감을 갖지 않은 좌파나 중도파, 또는 남북협상파였기 때문이다. 그러므로 국회와 이승만의 충돌은 불가피해 보였다.

수세에 몰리게 된 국회 반민특위

1949년 1월 말 반민특위 소속의 특별경찰대가 일제시대 고등계 형사였던 노덕술 등을 체포하면서 국회와 대통령의 갈등이 표면화했다. 이승만은 구속된 경찰들의 석방을 여러 차례 요구했다. 이유는 공산주의자들의 살인, 방화, 파괴가 매일 일어나고 있는 때 경험 있는 경찰들을 친일파로 체포하는 것은 현명하지 못하다는 것이었다.

이승만의 발언은 경찰들에게는 고무적인 것이었다. 그 때문에 경찰들은 자신들을 보호하기 위한 반격에 나섰다. 1949년 6

월 그들은 반민특위 소속의 특별경찰대를 습격해 무장을 해제시켰다.

반민특위에 대한 반발은 국회 안에서도 일어났다. 비난은 반민특위 부위원장인 김상돈 의원에게 쏟아졌다. 김상돈은 일제시대 마포에 살면서 친일행위를 했을 뿐만 아니라 최근에는 자동차로 어린이를 치어 죽인 뒤 사건을 은폐했다는 비난을 받았다.

1949년 5월에 터진 '국회 프락치 사건'도 국회 반민특위를 곤란하게 만들었다. 그것은 친일파 숙청을 주장하던 김약수, 이문원, 노일환 등 10명의 좌파적인 국회의원들이 경찰에 체포된 사건이었다. 체포 이유는 그들이 간첩에 포섭되어 북한의 미군 철수 주장에 동조했다는 것이었다. 그러므로 국회 반민특위는 더 이상 활동을 할 수 없게 되었다. 그래서 활동 시한을 앞당겨 끝내고 말았다.

그럼에도 불구하고 국회 반민특위는 682명의 친일협의자를 체포해 221명을 기소하는 성과를 냈다. 그러나 법원에서 유죄판결을 받은 사람은 7명에 불과했다. 그 때문에 친일파 숙청 문제는 계속 분쟁의 원인으로 남게 되었다.

혁명가들의 자유를 제한한 국가보안법

이승만은 청년기에 배재학당을 다니면서부터 미국적 생활방식을 알게 되었다. 그것은 개인(個人)의 자유를 최고의 가치로 보고 그것에 대한 정부 간섭을 줄이려는 자유방임적(自由放任的)인 생활방식이었다. 그 같은 생활방식은 오랜 시간 미국에서 활동하는 동안 그의 몸에 깊이 스며들었다. 그 때문에 올리버 박사는 그를 가리켜 그의 스승 우드로 윌슨 같은 제퍼슨적 자유주의자로 불렀다.

그러나 대통령이 된 다음부터 이승만은 자유주의자로서의 일관된 삶을 유지할 수 없었다. 그가 관리해야 했던 신생국 대한민국은 자유주의의 뿌리가 없는 아시아 국가였을 뿐만 아니라 생존 조건도 가혹한 후진국이었기 때문이다.

무엇보다도 그는 공산주의자들의 자유를 허용할 수 없었다. 왜냐하면 그들은 신생국 대한민국 체제를 무너뜨리고 새로운 사회를 건설하려는 혁명가(革命家)들이었기 때문이다.

1948년 10월 여수·순천 반란사건으로 국가생존이 위태롭게 되자 국회는 국가보안법(國家保安法)을 제정하게 되었다. 그에 따라 대통령 이승만은 그 법을 충실히 집행할 수밖에 없었다. 그러므로 그는 처음부터 '독재자'로 불리게 될 운명이었다.

국가출범 5개월에 내각제 개헌을 시도

이승만은 독재자로 비난을 받았지만, 실제로는 그 말에 적합한 만큼의 강력한 권력을 행사하지는 못했다. 왜냐하면 그는 오랜 미국생활로 국내에는 강력한 지지기반이 없었기 때문이다. 그래서 그는 건국 초기부터 국회(國會)의 강력한 도전에 시달려야 했다.

그것은 대한민국이 탄생한 지 5개월도 안 된 1949년 초에 국회의원 79명이 내각제 개헌안을 제출한 사실에서 확인된다. 대통령 중심제를 제대로 시행도 해보기 전에 내각제로 바꾸자고 요구한 것이다. 그처럼 대통령의 지위는 불안했다.

게다가 내각제 개헌을 주도한 사람들은 보수우파적인 민국당(민주국민당)의 국회의원들이었다. 민국당은 건국 세력들인 김성수의 한민당, 이청천(지대형)의 대동청년단, 신익희의 대한국민당이 통합된 것이었다. 그리고 이승만의 일민주의(一民主義)의 구현을 정강으로 내세우고 있었다.

내각제 개헌안은 국회에서 부결되기는 했지만, 반대표가 33표밖에 되지 않았다는 것이 문제였다. 그것은 국회 안의 대통령 지지 세력이 아주 미약했다는 사실을 드러냈기 때문이다. 이승만을 지지하는 세력은 국민회(독촉국민회의 후신)와 대한청년단이었다. 하지만 그것들은 반공운동에 주력하는 국민운동 단체일 뿐 정당은 아니었다. 이승만은 그 단체들을 정당으로 바꾸지 못했다.

그 때문에 이승만은 처음부터 자기가 원하는 인물을 국무총리로 임명하지 못했다. 그는 1948년 7월 첫 총리 후보로 북한 출신의 이윤영 목사를 지명했지만 국회인준을 받지 못했다. 1950년 4월 이범석 국무총리가 물러났을 때도 이승만은 후임자를 임명하지 못한 채 신성모(申性模) 국방장관을 국무총리 서리로 임명해 내각을 운영해야 했다. 그 상태에서 그는 6·25남침을 당했다.

(2) 서두른 농지개혁

유상분배 원칙의 농지개혁

그러므로 건국 초기에 이승만이 국회에 대항해 자신의 정책을 추진해 어느 정도의 성과를 거둔 것은 농지개혁(農地改革)뿐이었다. 이승만이 그것을 관철시킬 수 있었던 것은 그 당시 농지개혁이 시대의 대세로 생각되어 국회의 지주 세력들이 완강히 거부할 수 없었기 때문이다.

당시 남한은 인구의 73%가 농민이고 그 가운데 절반이 소작농인 농업사회였다. 그 때문에 농지개혁 같은 획기적인 변혁이 없는 한, 새로 도입된 자유민주주의의 정치적 제도들은 의미를 가질 수 없었다. 그러므로 이승만은 신생국의 생존을 위해서 농지개혁을 서둘러야 했다.

문제는 농지개혁의 방법이었다. 당시 가장 인기가 있었던 것은 좌익들이 주장하는 무상몰수 무상분배의 원칙에 따른 분배였다. 그 방법에는 중도파 정당들과 김구의 한독당도 찬성했다.

그러나 이승만의 농지개혁안은 그들의 것과는 달랐다. 이승만도 경자유전의 원칙에서 부재지주와 대지주를 인정하지 않았다. 그러면서도 그는 사유재산을 무상으로 국유화해서 농민에게 무상으로 분배하는 무상몰수 무상분배의 원칙에는 반대했다. 왜냐하면 그의 농지개혁에는 경제적 불평등을 완화시키기 위한 목적도 있었지만,

동시에 농민의 직접경작을 통해 생산성을 높이려는 목적도 있었기 때문이다.

그의 농지개혁안은 그가 귀국한 지 4개월이 지난 1946년 2월에 발표한 '과도정부 당면정책 33항'에서 처음 나타났다. 거기서 그는 일본인과 민족반역자의 토지를 제외한 모든 토지에 대해 유상몰수 유상분배의 원칙을 주장했다. 그것은 토지를 잃은 지주에게는 어느 정도 보상해 주고, 농지를 분배받은 농민에게는 상환금을 부담시킨다는 방안이었다. 따라서 그의 농지개혁은 사유재산(私有財産)의 신성성을 토대로 하면서 빈농이든 지주든 국민의 한 사람으로 같이 살아야 한다는 공생의 원칙에 토대를 두고 있었다.

농지개혁을 서두른 이승만

그러나 농지개혁의 시행은 쉽지 않았다. 우선 국회의원 가운데 지주들이나 농지 관련자들이 많았기 때문이다. 지주들은 농지개혁을 예상하고 미리 소작인에게 농지를 강매하는 일이 흔했다. 그것을 막기 위해서라도 이승만은 농지개혁을 서둘러야 했다.

그래서 이승만은 공산주의 운동 경력이 있는 조봉암을 농림장관으로 임명해 지주세력들의 반대를 극복해 보려고 했다. 그러나 조봉암은 공금유용 문제로 6개월 만에 장관직을 물러나게 되어 실제로는 농지개혁에 기여하지 못했다. 실행은 후임자인 윤영선 농림장관에 의해 이루어지게 되었다.

국회는 몇 가지 농지개혁안들을 참고해 만든 농지개혁법(農地改革法)을 1949년 6월에 통과시켰다. 그러나 그것에 대한 반대가 컸기 때문에 국회는 수정 과정을 거쳐 1950년 3월에야 확정안을 통과시키게 되었다. 6·25남침 3개월 전이었다.

그러나 이승만은 농지개혁이 시급하다고 보고 국회에서 법이 확정되기도 전에 대통령의 행정명령(行政命令)을 통해 농지분배에 관한 구체적인 계획을 추진했다. 그러므로 농지개혁법이 시행될 경우에 농민들은 자기에게 분배될 땅이 어떤 것인지 면사무소에서 확인할 수 있었다. 그러므로 대한민국은 6·25전쟁을 치르면서도 농지개혁을 계속할 수 있었다.

지주들의 협조

정부는 경자유전의 원칙에 따라 지주들이 직접 경작하지 않는 농지를 국유화해서 농민들에게 분배했다. 그리고 농민들로부터 받은 상환금으로 지주들에게 일부나마 보상해 주었다. 즉, 농지개혁은 유상매수·유상분배의 원칙에 따라 이루어졌다.

농지개혁으로 소작제가 폐지되면서 대한민국은 자영농(自作農)의 나라로 바뀌는 거대한 혁명을 경험하게 되었다. 그것은 국가가 농지를 무상으로 몰수해서 경작권(耕作權)만을 농민에게 잠시 빌려준 북한의 이른바 '토지개혁'과는 근본적으로 달랐다.

농민은 1년 생산액의 1.5배에 해당하는 상환금을 5년에 걸쳐 국가에 납부하도록 했는데, 그것은 비교적 관대한 조건이었다. 국가는 상환금을 받아 지주들에게 지가증권(地價證券)의 형태로 보상해 주었다. 산과 임야, 그리고 문중 농지는 농지개혁 대상이 아니었다. 그 때문에 지주들은 자기 농지를 문중 소유로 바꾸어 농지개혁을 회피하기도 했다.

학교가 소유한 농지는 문교재단 농지로 분류되어 농림부와 문교부 두 곳으로부터 지가증권을 받도록 했다. 그 때문에 지주들 가운데는 농지를 학교에 기부해 두 배로 보상받은 다음 학교경영자들과 나누어 가지기도 했다.

다행히 한민당을 중심으로 하는 지주 세력의 저항은 강하지 않았다. 지주들은 농지개혁을 달가워하지는 않았지만, 시대의 대세로 보고 협조할 수밖에 없었던 것이다.

26

미군철수와 안보위기

(1) 1949년의 미군철수

1946년부터 남침을 경고

이승만은 대통령이 되기 훨씬 전부터 북한의 남침 가능성을 우려했다. 그래서 그는 미국에서 귀국한 지 1년이 된 1946년 10월 M. 프레스톤 굿펠로우 대령을 시켜 일본의 맥아더 원수에게 북한의 소련군이 25만의 공산군을 양성하고 있음을 알렸다. 그리고 만주의 중국공산당 8로군이 장개석의 국민당 정부군의 공격을 피해 북한에 숨어들었다는 사실도 알렸다. 이승만은 그 정보를 38선 넘어온 월남민들로부터 얻었다.

이승만은 1946년 12월 민주의원 대표로 워싱턴에 가서도 북한의 남침 가능성을 경고했다. 북한의 소련군은 50만의 공산군을 양성하고 있는 데도 남한의 미군은 아무 대책도 세우지 않고 있다고 비난했다.

1947년 9월 제2차 미·소공동위원회가 실패로 돌아가자, 이승만은 미국에게 더욱더 강력하게 북한의 남침 위험성을 경고했다. 그리고 남한에 대한 군사적 원조와 군사력 양성을 요구했다. 그는 미국이 남북 통일정부를 세우겠다는 환상에서 벗어나 한반도의 분단을 기정사실로 인정하고 대책을 세우도록 요구했다.

1948년 2월 말 5·10선거 실시가 확정되자 정부가 세워지게 되었다며 모두가 흥분했다. 그때도 이승만은 홀로 북한군의 남침 가능성을 경고했다. 1948년 3월 1일 서울운동장에서 '중앙정부 수립 결정안 축하 국민대회'가 열렸을 때도 그는 5·10선거가 끝나는 즉시 20만의 국방군을 조직해야 한다는 독특한 주장을 했다. 국가안보를 심각하게 우려했다는 점에서 그는 당시 대부분의 다른 민족 지도자들과는 달랐다.

군사지원을 미국에 계속 요청

1948년 8월 15일 건국이 선포되어 온 국민이 흥분해 있을 때도 이승만은 국가안보 문제를 걱정했다. 왜냐하면 1947년 11월 14일의 유엔총회 결의안에는 선거로 정부를 수립하라는 내용도 있었지만 미·소 양군을 철수하라는 요구도 있었기 때문이다. 그래서 그는 8월 15일의 경축사에서 우리 민족의 생존이 미국과의 유대에 달려 있다는 것을 강조했다.

안보 불안감 때문에 이승만은 8월 24일 하지 중장과 한·미군사협정을 맺었다. 미군이 철수할 때까지 주한미군사령관이 국방경비대를 지휘하도록 했다. 왜냐하면 아직 대한민국의 정규군인 국군이 창설되지 않은 상태였기 때문이다. 그것은 11월에 국군조직법이 제정된 후에나 창설될 예정이었다.

이승만은 미국에 대해 5만의 국군을 10만 명으로 늘리기 위한 군사원조도 요청했다. 그리고 안보문제를 협의해 줄 미 육군대표부와 미 해군대표부의 설치도 요구했다.

이승만은 중국 내전이 장개석의 국민당 정부군에게 불리해져 가고 있는 상황을 불안하게 보았다. 만일 모택동의 중공군이 승리하게 되면 그것에 고무된 북한이 남한을 공격할 위험이 있었기 때문이다. 그래서 그는 M. 프레스톤 굿펠로우 대령을 통해 동경의 맥아더 장군에게 탱크, 함정, 대포 등의 중무기와 탄약을 요청했다. 그리고 미국에 특사로 파견된 조병옥에게는 트루먼 대통령을 만나 대한민국 방위에 대한 공약을 요청하라고 지시했다.

미군철수의 위험성을 경고

그 같은 안보불안 속에서도 신생국 대한민국은 건국 이듬해인 1949년부터는 안정을 찾기 시작했다. 지리산과 제주도의 공산 게릴라도 진압되어 갔다. 질서가 회복됨에 따라 경제도 살아나기 시작했다.

이 같은 대한민국의 안정화에 대해 북한정권은 초조하게 생각했다. 공산화 통일이 어려워지고 있다고 보았기 때문이다. 그러므로 북한은 남한사회를 흔들기 위한 위협에 나섰다. 김일성의 남한 정복 의지는 1949년의 신년사에서 국토완정(國土完征)이란 말로 표현되었다. 북한의 조국통일민족전선도 무력으로 이승만을 축출하겠다는 결의문을 채택했다.

그것에 호응해 남한의 좌익과 중도파는 미군철수를 요구하고 나섰다. 미군철수안은 이미 1948년 10월에 소장파 국회의원 40여명의 이름으로 제출된 상태였다.

실제로 미군은 건국이 선포된 1948년 8월 15부터 조용히 철수하고 있었다. 소련군이 북한에서 1948년말에 완전 철수했다고 주장했기 때문에 미군도 더 이상 주둔할 명분이 없었던 것이다. 그런데도 미국은 자세한 미군철수 계획을 이승만에게 알려주지 않았다. 그러다가 1949년 6월 29일 철수를 완전히 끝냈다.

그 때문에 대한민국의 생존 문제가 시급한 과제로 떠오르게 되었다. 당시 국군의 탄약 보유량은 겨우 3일 동안 버틸 수 있는 것이었다. 그러므로 이승만의 끈질긴 군사원조 요구를 부정적으로만 보아 오던 미 국무부도 한국의 안보문제를 심각하게 보기 시작했다.

NATO 유형의 태평양동맹 구상

그러나 미 국방부는 여전히 한반도를 전략적으로 중요하지 않은 지역으로 보고 있었다. 아이젠하워를 중심으로 하는 미 육군 수

뇌부는 소련이 유럽을 침공할 가능성이 더 큰 것으로 보고 있었다. 그러므로 그들은 NATO를 강화하기 위해서라도 남한의 미군을 철수시키려고 했다.

트루먼 대통령도 미 육군의 영향을 받아 대한민국의 안보상황을 제대로 파악하지 못했다. 그 때문에 그는 6·25남침이 임박한 1950년 6월 초에 와서도 앞으로 5년은 세계 어디에서도 전쟁이 일어나지 않을 것이라고 확신했다.

미국의 그 같은 안이한 태도에 초조해진 이승만은 동아시아 지역의 집단방위 체제를 구축해 보려고 했다. 유럽의 북대서양조약기구(NATO)와 같은 태평양 반공동맹을 조직하려는 것이었다.

그래서 그는 1949년 3월 23일 필리핀의 퀴리노 대통령을 움직여 태평양동맹을 제안하도록 했다. 5월 2일에는 트루먼 대통령에게 서한을 보내 태평양동맹의 결성과 한·미군사협정의 체결을 제의했다. 그 서한에서 이승만은 북한의 공격위협을 받고 있는 한국은 미국의 도움 없으면 그 앞날은 암담하고 피비린내 나는 것이 될 것이라고 호소했다. 8월 8일에는 대만으로 쫓겨 온 중화민국의 장개석 주석을 진해로 초청해 태평양동맹 결성 문제를 의논했다.

그러나 이승만의 태평양동맹 구상은 실현되지 못했다. 우선 중요한 역할을 기대했던 인도의 네루가 반대했기 때문이다. 당시 인도는 미국과 소련 사이의 냉전에서 어느 편에도 가담하지 않는다는 중립노선을 내세우면서 실제로는 소련을 더 가까이하고 있었던 것이다.

태평양동맹 구상에 반대한 미국

그러나 태평양동맹을 무산시킨 보다 더 큰 원인은 미국의 반대였다. 미국은 태평양동맹을 추진하고 있던 필리핀에게도 압력을 넣어 중지하도록 했다.

다급해진 이승만은 미국과 직접 동맹을 맺어 보려고 했다. 그래서 그는 미국에 있을 때 자신의 독립운동을 도왔던 언론인 제이 제롬 윌리엄스를 내세워 미국과의 동맹체결 가능성을 탐색하도록 했다. 이승만은 진해항을 해군기지로 제공하겠다는 조건도 제시하도록 했다.

하지만 미국은 이승만의 제의를 받아들이지 않았다. 미국이 무초 대사를 통해 보내온 한미동맹 체결의 거부 이유는 다음과 같았다. 즉, 미국은 제퍼슨 대통령 이래 어느 국가와도 방위동맹을 맺은 적이 없다는 것이었다.

미군철수 뒤에 군사고문단장으로 남은 윌리엄 로버츠 장군의 발언도 실망스러운 것이었다. 그는 미군이 철수하면서 한국군에게 넘겨줄 무기는 소형 대포 등 방어용에 한정된다는 것이었다. 그것은 이승만이 통일전쟁을 일으킬 위험성이 있는 인물이므로 전차, 비행기 같은 공격용 무기는 줄 수 없다는 말이었다.

(2) 북한의 오판을 부른 애치슨 발언

중국의 공산화로 고무된 북한

국제정세도 이승만과 대한민국에게는 극히 불리했다. 제2차 세계대전이 끝나면서 공산주의 종주국인 소련이 최대의 승전국으로 나타났기 때문이다. 소련은 전쟁 중에 많은 영토를 점령했다. 그런 다음 공산주의 혁명을 확산시키기 위한 이념적 공세를 벌이고 있었다. 그에 따라 전후의 세계는 공산주의와 사회주의의 물결에 휩쓸리게 되었다.

소련이 점령한 동유럽 국가들에서는 공산정권이 들어섰다. 그 여파는 아시아로 밀려와 북한이 공산화되었다. 중국에서 공산당의 반란이 일어나 국민당 정부 사이에 국·공 내전이 일어났다. 그러나 미 국무부는 1949년 8월 '중국 백서'를 발표해 미국은 중국내전에 간여하지 않겠다고 발표했다. 즉, 국민당 정부에 대한 군사적 지원을 중단하고 공산당에 대한 유화정책을 시행하겠다는 선언이었다. 그에 따라 중국대륙에서는 모택동의 공산당이 정권을 잡으면서 장개석의 국민당 정부가 대만으로 밀려나게 되었다. 그러므로 거대한 중국대륙에 붙어 있는 대한민국과 베트남이 공산화하는 것은 시간문제인 것 같았다.

중국대륙의 공산화(共産化)로 가장 크게 고무된 것은 북한이었다. 그 때문에 북한은 대한민국의 안정을 흔들기 위해 거의 매일 38선에서 군사적 도발을 했다. 그러나 미국은 한국을 돕지 않았다. 북한군의 침입이 있을 때마다 미국은 한국군이 38선 이남 3마일 밖으로 물러나 충돌을 피하라고 요구만 할 뿐이었다.

미국의 그 같은 소극적 태도가 가장 뚜렷이 나타났던 것은 1949년 5월 4일 북한군이 개성에 박격포 공격을 했을 때였다. 항공기가 없는 한국군은 적군을 관측할 수 있는 높은 지점을 확보하기 위해 38선이 지나는 송악산 능선까지 다가갔다. 그리고 참호 안의 북한군을 제압하기 위해서 '육탄 10용사'로 불리는 자살 특공대를 투입했다. 그런데도 미군은 한국군이 무조건 뒤로 물러날 것만을 요구했다.

미국의 그 같은 소극적인 태도는 1949년 8월 4일 북한군 4천 명이 옹진반도를 공격했을 때도 나타났다. 이때도 한국군은 유리한 방어지점을 확보하기 위해 38선 가까이 다가갔다. 그러자 미 군사고문단(KMAG) 단장 윌리엄 로버츠 장군은 한국군에게 즉각 뒤로 물러날 것을 요구했다.

미국은 이승만의 '북진통일' 구호도 북한을 공격할 의도로 보고 경계했다. 그러나 공격용 무기가 없는 한국군은 북한을 침공할 능력이 없었다. 그러므로 '북진통일'의 구호는 이승만 정부가 국민을 안심시키기 위해 발표하는 정치적 엄포에 지나지 않았다.

한국군 전력은 치안유지에 적합한 수준

당시 한국군이 가진 무기는 공비토벌에나 적합한 소화기와 경장비 수준이었다. 따라서 한국군의 전술훈련도 중대 단위에서 그쳤다. 그래서 이승만이 미군에게 탱크를 요구하자, 미군사고문단장 윌리엄 로버츠 준장은 아시아에서 탱크가 있는 곳은 없다고 대답했다. 한국의 국토는 대부분이 산과 논이기 때문에 탱크가 소용없다는 것이었다.

그런데도 이승만이 끈질기게 군사원조를 요청하자, 미국정부는 겨우 1천만 달러의 예산을 배정했다. 그러나 그것마저도 6·25남침이 일어나기 전에는 한 푼도 집행되지 못한 상태였다.

이승만은 미국의 군사원조만 있으면 북한 내부의 봉기를 부추겨 공산정권을 무너뜨릴 수 있다고 생각했다. 왜냐하면 북한주민 대부분이 공산주의 체제를 싫어한다고 믿었기 때문이다. 그래서 이승만은 1949년 2월 한국을 방문한 케네스 로얄 육군장관에게 북한체제를 전복시킬 수 있다고 역설했다. 4월의 기자회견에서도 이승만은 북한정권을 무너뜨리고 남북을 통일할 수 있다고 주장했다.

이승만은 한국군의 강화가 만주의 중공군을 견제함으로써 아시아에서 공산주의가 확산되는 것을 막을 수 있다고 주장했다. 그것은 한국이 10만의 상비군과 20만의 예비군만 갖추어도 가능하다고 했다. 미국이 무기만 주면 민병대인 호국군과 청년단체인 서북청년회로부터 즉각 20만의 병력을 충원할 수 있다고 말했다.

그 같은 이승만의 주장에 대해 미국정부는 아무 반응도 보이지 않았다. 그러므로 이승만은 우선 자력으로 20만의 민병대를 조직하기 위해 1949년 12월 국채 발행을 발표했다. 그렇게 해서 확보된 국민성금으로 그는 미국으로부터 20대의 정찰기를 구입하려고 했다. 그러나 미국이 판매를 거절하자 그는 그것을 캐나다로부터 구입했다.

'중국백서'에 토대를 둔 애치슨 발언

그 같은 비관적인 상황에서 1950년 1월 12일 그 말썽 많은 애치슨의 발언이 나왔다. 그날 미 국무장관 딘 애치슨은 워싱턴의 내셔널 프레스 클럽에서 가진 기자회견에서 미국의 아시아 방어선은 알류산열도로부터 일본을 거쳐 필리핀으로 이어진다고 발표했다. 그리고 대한민국과 중화민국(대만)은 그 방위선 밖에 있기 때문에 두 나라는 외부로부터 공격을 받게 되면 스스로 방어해야 할 것이라고 했다. 그것은 북한의 남침 유혹(誘惑)을 불러일으킬 수도 있는 위험한 발언이었다.

그 같은 발언은 딘 애치슨이 5개월 전에 발표한 〈중국백서〉의 입장을 반영한 것이었다. 즉, 한국의 위기는 중국처럼 내부혁명이나 내전으로부터 오는 것이지 외부의 침략으로부터 오는 것이 아니라는 입장이었다. 따라서 미국은 한반도에서 남한과 북한 사이에 충동일 일어나게 되면 중국처럼 내전으로 보고 간여하지 않겠다는 의

미였다.

자신의 답변이 너무 무책임하다고 느꼈던지, 애치슨은 기자의 질문에 대한 답변에서 대한민국은 외부의 침략을 받을 경우에 유엔의 도움을 기대할 수 있을 것이라고 말했다. 그러나 그때까지 유엔이 침략행위를 막기 위해 군사행동에 나선 적은 없었기 때문에 그의 발언은 믿을 것이 못되었다.

유엔사찰단의 38선 병력배치 확인

그러므로 이승만은 더욱더 강력한 어조로 북한의 남침 위협을 경고했다. 그러자 유엔은 이승만의 위기의식이 너무나 크다고 생각했던지 한국에 군사사찰단을 파견했다. 38선의 병력배치가 남침을 하도록 되어 있는 것인지 조사하기 위한 것이었다.

유엔사찰단 단장은 국제변호사로 미 국무부 고문인 존 포스터 덜레스였다. 그는 6·25남침이 있기 일주일 전인 1950년 6월 17일 서울에 도착했다. 그리고 신성모 국방장관과 함께 의정부 북쪽 이남의 38선을 시찰했다. 그러나 38선 북쪽 북한군의 병력배치는 북한이 거부해 조사하지 못했다.

이승만은 덜레스에게 38선에서 북한군의 공격으로 매일 전투가 벌어지고 있음을 설명했다. 그 때문에 미국과 소련 사이의 냉전은 전쟁을 의미하는 열전(熱戰)으로 바뀔 위험이 있다고 말했다. 만일 두 나라 사이에 전쟁이 일어난다면 한국은 미국 편에 설 것이라고 이승만은 약속했다.

덜레스는 6월 19일에 열린 제2대 국회 개원식에 참석해서 축사를 했다. 그러고는 38선 사찰에 관한 보고서를 작성하기 위해 일본으로 떠났다. 보고서의 결론은 한국군은 38선에서 멀리 떨어져 배치되어 북한을 공격할 위치에 있지 않다는 것이었다. 그 보고서가 완성된 것은 6·25남침 하루 전인 6월 24일이었다. 그 때문에 아무 소용이 없게 되었다.

27
6·25전쟁과 호국투쟁

(1) 대한민국 소멸의 위기

북한의 기습 남침

1950년 6월 25일 일요일 새벽 4시 이승만이 우려하던 북한의 남침이 시작되었다. 잘 훈련된 20만의 북한군은 일제히 38선을 넘어 남한을 공격했다. 북한군은 한국군이 갖지 못한 탱크, 중포, 전투기 같은 공격용 무기로 무장하고 있었다.

처음에 한국정부는 북한의 남침이 전면전의 시작인지 아니면 항상 있던 국지전의 하나인지 정확히 파악하지 못했다. 그것이 전면전의 시작이라는 것은 오전 9시나 되어서야 알게 되었다.

이승만에게 그날 새벽의 남침은 제2차 세계대전의 시작을 알린 나치 독일군의 폴란드 기습을 연상케 했다. 그러나 한국의 현실은 폴란드보다 더 비참했다. 왜냐하면 공격 당시 폴란드는 영국, 프랑스와 동맹 관계였지만, 한국은 어느 나라와도 동맹을 맺지 못한 상태였기 때문이다.

공격용 무기를 갖지 못한 한국군은 북한군의 적수가 되지 못했다. 한국군이 쏜 2.36인치 바주카 포탄은 북한군 탱크를 맞히더라도 탁구공처럼 튕겨 나갈 뿐이었다. 그래서 병사들이 북한 탱크에 올라가 수류탄을 던지고 장렬히 산화하는 비참한 경우도 있었다.

그나마 다행스러웠던 것은 불리한 전황 속에서도 한국군의 싸울 의지가 강했다는 사실이다. 휴가를 나온 병사들은 급히 부대로 돌아갈 정도로 애국심이 강했다. 그렇게 되었던 데는 한국군 안에 북한 출신의 반공청년들이 많았던 사실이 중요하게 작용했다.

그럼에도 불구하고 한국군은 전력에서 너무나 열세였다. 그 때문에 사흘 안에 병력의 50%를 잃고 사실상 해체되는 위기를 맞았다. 이제 대한민국에게 남은 것은 항복뿐인 것 같았다.

미국 민간인들의 긴급피난

미국 대사 무초는 자기네 국민을 일본으로 피난시키기 위해 바삐 움직였다. 부녀자들과 아이들은 6월 26일 오후 김포비행장에 모이도록 해서 일본에서 온 미군 수송기를 타게 했다. 그때 북한 전투기들이 미군 수송기를 공격했기 때문에 호위하기 위해 따라온 미군 전투기들과 공중전이 벌어졌다.

또한 무초 대사는 미국인 남자들을 다음날 인천항에 모이게 해서 배를 타게 했다. 중국 산동반도에서 일본으로 가고 있던 노르웨이 상선을 급히 인천으로 부른 것이다.

기습남침을 당하고 있을 당시 대한민국은 태어난 지 1년 10개월 밖에 안 된 신생국이었다. 그러므로 정부는 그의 군대와 국민을 제대로 후퇴시킬 수 있을 정도로 능률적인 것이 못되었다. 그 때문에 많은 국민이 북한군과 남로당 출신의 토착 좌익들에게 잡혀 희생을 당했다.

미국의 참전을 이끌어 내기 위한 전시외교

이승만은 전선의 상황에 대해서는 2개월 전에 국무총리 서리를 겸직하게 된 국방장관 신성모(申星模)에게 맡겼다. 신성모는 이승만의 배재학당 후배로 영국 상선의 선장이었다.

그리고 이승만 자신은 미국의 군사적 지원을 얻기 위한 전시외교(戰時外交)에 집중했다. 당시 대한민국이 살아남을 수 있는 길은 미국의 참전을 이끌어 내는 것뿐이었다. 그러므로 이승만은 그날 오전 11시 35분경 경무대를 찾은 미국 대사 무초에게 끝까지 싸우겠다는 강한 의지를 보였다. 그리고 이 위기를 한반도 통일의 기회로 삼겠다고 했다.

그 시간에 서울 상공에서는 4대의 북한 전폭기가 떠서 용산역 등을 폭격하고 있었다. 지상에서는 북한군의 주력이 동두천·의정부·창동을 잇는 선을 따라 서울을 향해 진격하고 있었다. 한국군은 계속 밀리고 있었다. 하지만 정부는 국민에게 안심하라는 의례적인 방송만 내보낼 뿐이었다.

이승만은 가장 먼저 도쿄의 더글라스 맥아더 원수에게 도움을 요청하려고 했다. 그러나 일요일이라 연락이 잘되지 않아 6월 26일 새벽 3시에야 직접 통화를 할 수 있었다. 이승만은 맥아더에게 오늘의 비극적 사태에 대한 책임이 미국의 무관심에 있다고 질책하고 즉각적인 군사적 지원을 요청했다.

이승만은 워싱턴 한국대사관의 장면 대사와 한표욱 참사관에게도 연락해 미국에 군사적 지원을 요청하도록 했다. 장면 대사는 한국시간으로 6월 26일 오후 2시에 미 국무부를 방문하고, 6월 27일 새벽 4시에는 트루먼 대통령을 만났다.

대전으로 피난한 대통령

북한군은 6월 26일 오후 1시 서울의 북쪽 관문인 의정부를 점령했다. 그러고는 창동을 거쳐 미아리 방어선으로 밀려들었다. 6월 27일 새벽 2시경에는 청량리에 북한군 탱크가 나타났다는 보고가 들어왔다. 그러자 대통령의 측근인 신성모, 이기붕, 조병옥 등은 이승만에게 피난을 권유했다. 이유는 국가 원수가 적군의 포로가 되면 나라에 큰 부담을 주게 된다는 것이었다.

그들의 강권에 못 이긴 이승만은 6월 27일 새벽 4시 서울역에서 특별열차를 타고 남쪽으로 출발했다. 특별열차라고 했자 3등 객차 2간을 연결한 초라한 것이었다. 열차가 달리고 있는 동안 이승만은 성급하게 피난 길에 나선 것을 후회했다. 그래서 그는 11시 40분 대구역에 도착하자마자 기차를 다시 북쪽으로 돌리게 했다. 그러고는 오후 4시 30분 대전역에 도착해 충남도지사 관사에 자리를 잡았다.

놀라운 미국의 신속한 참전

그날 6월 27일 저녁에 미국대사 무초가 충남도지사 관사로 찾아와 이승만에게 기쁜 소식을 전했다. 유엔이 북한군의 철수를 요구하는 결의안을 채택하고, 미국이 한국에 대한 군사적 지원을 결정했다는 것이었다.

감격한 이승만은 라디오 방송을 통해 국민을 격려하려고 했다. 그래서 그는 이철원 공보실장 등의 도움으로 KBS 대전 라디오방송국과 KBS 서울 라디오방송국을 연결해 녹음방송을 하게 했다. 방송 내용은 정부가 서울을 사수할 것이므로 시민들은 안심하라는 것이었다. 녹음은 밤 9시경에 이루어져 밤 10시부터 방송으로 나갔다.

그러나 북한군은 6월 28일 0시경 미아리 방어선을 뚫고 서울 시내로 들어오기 시작했다. 그 때문에 새벽 2시경에는 한강 다리가 폭파되었다. 2시 30분경에는 북한군이 방송국을 점령했기 때문에 대통령의 라디오 방송은 4시간 만에 끝나고 말았다. 중앙방송국이 점령되자 전 내무장관 김효석을 포함한 남한의 저명인사 3명이 북한군 환영 방송을 했다. 최초의 부역자들이 나타난 것이다.

이승만과 맥아더의 수원 회동

미국의 참전 결정은 놀라울 정도로 빨랐다. 그래서 남침 사흘째인 6월 27일에 트루먼 대통령은 일본의 맥아더 장군에게 한국에 대한 군사적 지원을 명령했다. 미국이 그처럼 빨리 움직이게 된 것은 북한의 남침을 소련의 침략으로 보았기 때문이다.

당시 미국은 소련이 서독을 침공할 가능성이 아주 크다고 보고 경계하고 있었다. 그 때문에 미국은 6·25남침을 소련의 공격으로 판단하게 되었다. 그리고 자유진영이 공산진영에게 밀려서는 안 된다고 급히 대응했다.

한국에 대한 미국의 군사적 지원은 우선 공군과 해군만으로 이루어졌다. 일본에 있는 미 지상군은 즉각 출동할 준비가 되어 있지 못했다. 제2차 세계대전이 끝난 지 5년이 지난 때였기 때문에 미군은 제대로 훈련이 되어 있지 못했다. 그래서 맥아더는 우선 전선의 상황부터 알아보기 위해 6월 29일 그의 전용기 바탄호를 타고 수원으로 날아왔다.

맥아더를 만나기 위해 대전의 이승만과 무초가 두 대의 정찰기에 나누어 타고 수원으로 출발했다. 수원 비행장에서 만나던 이승만과 맥아더는 갑자기 북한 전투기의 공격을 받아 급히 논두렁 밑으로 몸을 피해야 했다. 북한 조종사의 서투른 조종술이 두 사람을 살린 것이다.

적기가 사라지자 맥아더가 보리밭에 서 있는 모습이 보였다. 이승만은, "장군! 어린싹을 밟고 있습니다"는 말로 비켜설 것을 요청했다. 곡식을 귀하게 여기는 한국인의 본능이 자연스럽게 나타난 것이다.

미군의 평양 폭격과 스미스 대대의 참패

수원 회동이 끝난 뒤에 이승만과 무초 미국대사는 각기 정찰기를 타고 대전으로 돌아갔다. 그러나 맥아더는 지프로 흑석동 한강 남쪽 뚝의 한국군 진지를 시찰했다.

맥아더는 참호 속에서 경계를 서고 있던 한국군 병사를 보고 "귀관의 임무는 무엇인가"고 물었다. "후퇴 명령이 있을 때까지 진지를 사수하는 것입니다"는 병사의 대답에서 맥아더는 한국군이 싸울 의지를 가지고 있음을 확인했다. 그래서 그는 즉각 일본의 미 공군에 연락해 평양 폭격을 지시했다. 그 때문에 북한은 개전초부터 그 수도가 공중폭격을 받는 수모를 당하게 되었다.

이승만은 맥아더의 요청에 따라 채병덕 육군참모총장을 경질했다. 후임자는 미국에서 군사교육을 받던 정일권 준장이었다. 이승만은 그를 육, 해, 공군을 총괄하는 총사령관에 임명했다.

미 공군의 폭격과 미 해군의 함포사격만으로는 북한군을 저지할 수 없었다. 그 때문에 미 지상군의 투입이 시급해졌다. 지상군의 도움 없는 공중폭격은 한국군과 한국 민간인에 대한 오폭(誤爆)의 위험이 있었다.

맥아더는 급한 대로 일본의 미군 500명 정도로 구성된 대대급의 스미스 특수임무대대를 선발대로 한국에 파견했다. 부산에 도착한 스미스 부대는 1950년 7월 3일 열차로 경기도 오산으로 이동해 죽미령 고개에 배치되었다.

그러나 그들을 상대하게 될 북한군은 잘 훈련되어 있었다. 뿐만 아니라 탱크, 중포, 항공기 같은 공격용 무기도 갖추고 있었다. 그것에 비해 미군은 훈련도 잘 안 되어 있었을 뿐만 아니라 현지의 지형과 주민에 대해서도 모르고 있었다. 그 때문에 미군은 첫 전투에서 200명의 전사자를 내는 참패를 당했다.

대구, 부산으로 옮겨간 정부

한국군은 계속 남쪽으로 밀렸기 때문에 정부가 있는 대전이 위험해졌다. 그 때문에 대통령은 7월 1일 새벽 다시 피난길에 나서야 했다. 대구로 가려고 했으나 경부선에 북한군에 동조하는 무장대가 나타난다는 보고가 들어 왔다. 그래서 방향을 호남선으로 바꾸었다.

대통령 일행을 태운 열차는 전북 이리를 거쳐 목포에 도착했다. 일행이라고 했자 부인 프란체스카 여사와 3명의 수행원뿐이었다. 목포에서 대통령 일행은 해군 함정을 타고 7월 2일 부산항에 도착했다. 그리고 7월 9일 열차로 대구에 올라와 경북도지사 관사에 자리를 잡았다. 기습 남침 이후 두 주 동안의 국가위기 상황은 대통령 자신도 정신을 차릴 수 없을 정도로 복잡하고 힘든 것이었다.

남침 2주가 되는 7월 7일 유엔안전보장이사회는 미군을 주축으로 하는 유엔군을 창설했다. 그리고 그 사령관에 맥아더를 임명했다. 유엔 참전국은 나중에 16개국으로 늘어났다.

전쟁을 효율적으로 수행하기 위해서는 지휘체계의 단일화가 필요했다. 그 때문에 7월 14일 이승만은 한국군의 작전권을 유엔군에 위임하는 '대전협정'을 체결했다. 그에 따라 한국군은 유엔군의 일원으로 싸우게 되었다.

그러나 7월 20일 대전도 적군에게 점령당했다. 대전 방어전투는 미군 24사단장 윌리엄 딘 소장이 직접 바주카포를 들고 적 탱크를 쏘아야 할 정도로 급박한 상황에 놓였다. 그는 행방불명되었다가 전라북도 진안에서 주민의 신고로 북한군의 포로가 되었다.

낙동강 전선의 혈투

한국군과 유엔군은 계속 남쪽으로 후퇴해 8월 1일에는 낙동강까지 밀렸다. '부산 교두보'로 알려진 경상도 일대를 지키기 위해서는 반드시 대구를 지켜야 했다. 그 때문에 낙동강 전선에서 한국군과 유엔군은 필사적으로 저항했다. 그 결과 한국군과 유엔군은 칠곡군의 다부동 전투, 영천 전투, 포항 전투 등에서 승리해 대구를 지키게 되었다.

낙동강 전선에서 양측은 막대한 인명 피해를 입었지만, 북한군의 희생이 훨씬 더 컸다. 왜냐하면 북한군은 왜관 등지에서 미군

B29 폭격기들의 융단폭격을 받았기 때문이다. 게다가 북한군의 대부분은 공산군 점령지역인 서울, 경기도, 충청도, 전라도에서 의용군의 이름으로 강제로 징집된 남한 청년들이었다. 그들은 훈련이 잘 안 되었을 뿐만 아니라 북한 정권에 충성심도 없는 사람들이었다. 그러므로 북한군의 전력은 약했다.

전투는 낙동강 서쪽의 마산·창원 지역에서도 벌어졌다. 그 지역을 공격한 북한군은 대전에서 호남선을 따라 전라남도 광주로 와서 다시 동쪽으로 부산을 향해 공격하던 병력이었다. 그러나 그들의 진격은 마산 외각에서 멈추었다. 왜냐하면 대구에서 이동한 미군과 진해에 상륙한 한국군 해병대에게 저지당했기 때문이다.

그 때문에 대구, 마산, 부산을 잇는 '부산 교두보' 의 경상도 지역은 북한군에게 점령되지 않았다. 그것은 대한민국 영토의 4분의 1밖에 되지 않는 작은 면적의 땅이었다. 그 지역이 보존됨으로써 대한민국은 나라의 명맥을 유지하게 되었다. 동시에 그 지역 안에 숨어 있던 좌익세력도 살아남게 되었다.

(2) 통일의 기회가 된 38선 소멸

인천상륙으로 시작된 반격

그러는 동안 대한민국을 돕기 위한 유엔군이 계속 도착하고 있었다. 그 때문에 부산항은 유엔군의 상륙과 군수물자 하역으로 분주해졌다.

한국군의 인력 충원도 계속 이루어졌다. 그들 가운데 일부는 북쪽에서 피난 온 반공청년들이었지만 대부분은 현지에서 징집된 경상도 청년들이었다. 그 사실은 나중에 영남 세력이 한국군의 주축을 이루게 되는 원인의 하나가 되었다.

유엔군 사령관 맥아더는 불리한 전세를 획기적으로 바꾸기 위한 대규모의 반격작전을 구상하고 있었다. 그것은 적군 후방에 대규모 병력을 상륙시켜 보급로를 끊는 전략이었다. 맥아더는 상륙지점으로 인천항을 지목했다. 하지만 미 합동참모부가 반대했다. 이유는 인천항은 밀물 때와 썰물 때 수심의 차이가 너무 커서 작전할 시간이 짧다는 것이었다. 그 문제를 논의하기 위해 도쿄에서는 미군 최고위 관계자들의 회의가 열렸다. 거기서 맥아더는 자신의 주장을 관철하는 데 성공했다.

1950년 9월 15일 이른 새벽 인천상륙작전이 시작되었다. 그것은 3척의 항공모함과 250여 척의 함선을 동원한 대규모 상륙작전이었다. 팔미도 등대가 켜지는 것을 신호로 함포사격이 시작되었다. 뒤이어 항공기 폭격이 따랐다. 그런 다음 미군 2개 사단이 3개 방향에서 상륙했다. 한국군은 육군 17연대와 해병대가 참가했다. 상륙전이 진행되고 있는 동안 맥아더는 기함(旗艦) 마운트맥킨리호에서 전체 과정을 지켜보았다.

인천상륙에 성공한 유엔군과 한국군은 서울을 향해 천천히 진격했다. 그들은 군용기가 착륙할 수 있는 김포비행장부터 점령했다.

그리고 9월 28일에 서울을 수복했다. 적군에게 빼앗긴 지 3개월만이었다.

북한군의 사실상 해체

인천상륙작전이 성공하자 낙동강 전선의 유엔군과 한국군도 북쪽으로 공격하기 시작했다. 그 때문에 낙동강 북쪽의 북한군이 퇴로가 막혔다. 그래서 그들은 뿔뿔이 흩어져 항복하거나 태백산맥 줄기를 타고 북한으로 도주했다.

낙동강 서쪽 마산·창녕 외각에 있던 북한군도 서쪽으로 퇴각했다. 그들은 서해안에서 배를 타고 북한으로 가려고 했다. 그러나 한국군과 유엔군은 북진에 몰두한 나머지 그들을 2개월이나 방치하는 실수를 저질렀다. 그 때문에 서해안 지방에서 많은 양민이 북한군과 토착 좌익들에게 학살당하는 불행한 일이 일어났다. 인명 피해는 특히 전라남도 영암군(염산면)과 전라북도 부안군에서 심했는데, 희생자 가운데는 기독교인이 많았다.

1950년 9월 28일 서울이 수복되자, 이승만은 북진을 계속해 38선 이북의 북한지역을 해방시키려고 했다. 즉, 이승만은 남침을 통일의 기회로 삼으려 했던 것이다. 그래서 이승만은 이미 7월 19일 트루먼 대통령에게 서한을 보내 38선을 존속시킬 이유도 없고 남침 이전의 상태로 돌아갈 이유도 없다고 주장했던 것이다. 북한이 남침하는 순간 38선은 이미 경계선의 의미를 잃었기 때문이다.

이승만은 38선 넘어 북진할 결심이었다. 그래서 그는 9월 29일 맥아더 원수에게 남북통일을 위한 전쟁에 유엔군이 동참해 줄 것을 요청했다.

38선을 넘은 국군

맥아더 원수도 이승만의 북진 제안에 찬성했다. 하지만 그는 미국정부의 지시를 따라야 했다. 실제로 맥아더는 이미 워싱턴으로부터 38선을 넘지 말고 유엔의 결정을 기다리라는 지시를 받은 상태였다.

그러나 이승만이 볼 때 진격의 중단은 적군에게 전열(戰列)을 정비할 시간만 줄 뿐이었다. 그러므로 이승만은 한국군 단독의 북진(北進)을 결심하고 정일권 총참모장에게 진격을 명령했다.

그에 따라 1950년 10월 1일 동부전선에서 한국군 3사단이 38선을 넘었다. 유엔의 항의를 피하기 위해 유리한 방어거점을 확보하기 위한 작전상의 필요성 때문이라는 이유를 내세웠다. 38선을 처음 넘은 그 날은 나중에 '국군의 날'로 기념하게 되었다.

다음 날 유엔군도 38선을 넘었다. 그러나 유엔군의 38선 돌파는 사후(事後) 승인을 받게 되는 결과를 가져 왔다. 왜냐하면 10월 7일에 유엔총회가 한국통일안을 통과시켰기 때문이다.

당시는 전쟁 중이기 때문에 문제가 표면화되지는 않았지만, 유엔총회의 한국통일 결의는 대한민국에게 정치적 부담이 되는 측면도 있었다. 왜냐하면 거기에는 남, 북한 모두가 유엔 감시 아래 선거를 하도록 권고하는 내용이 포함되어 있었기 때문이다. 남한에서도 선거를 한다는 것은 대한민국의 건국을 무효화한다는 것을 의미할 수도 있었다.

그러므로 이승만의 입장은 선거를 한다면 북한에서만 하면 된다는 것이었다. 왜냐하면 대한민국은 1948년 5월 10일 유엔 감시 아래 실시된 선거에서 세워진 나라이기 때문이다.

이승만의 평양 방문

북한군은 사실상 궤멸했기 때문에 유엔군과 한국군의 북진 속도는 빨랐다. 그래서 10월 19일에는 평양을 점령했다. 평양 점령의 영광은 그 지방 출신 장군인 백선엽의 한국군 1사단이 차지했다. 10월 29일에 이승만은 평양 시민들을 찾았다. 그의 평양 방문에는 이승만과 이념적으로 공감하고 있는 캘리포니아 출신의 공화당 상원의원 윌리엄 노울랜드가 동행했다.

평양시청 앞 광장에 마련된 연단에 이승만이 오르자, 그를 환영하는 어느 교회의 종소리가 울렸다. 이승만은 시민들을 향해 빠른 시일 안에 선거를 실시해 평안남도 도지사를 뽑겠다고 약속했다. 그리고 질서가 회복되는 대로 국회의원 선거도 실시해 북한 땅에서 대한민국의 주권을 회복하겠다고 약속했다.

연설을 끝낸 이승만은 자동차가 있는 곳으로 가기 위해 군중 속을 파고들었다. 군인들이 위험하다며 그를 말렸지만, 그는 사람들을 헤쳐 가며 자동차가 있는 곳까지 걸어가는 대담성을 보였다.

통일이 눈앞에 온 듯

서부전선의 유엔군은 평양으로부터 경의선 철도를 따라 서북쪽으로 계속 진격했다. 그리고 평안북도 정주 근처에 도달했다. 중부전선의 한국군은 북쪽으로 진격해 평안북도 운산까지 진출했다. 10월 26일에는 국군 6사단 선발대가 압록강변의 초산까지 도달했다. 병사들은 철모에 압록강 물을 담아 이승만 대통령에게 보냈다. 통일이 눈앞에 오는 것 같았다.

이와는 달리 동부전선의 유엔군은 어려운 상황에 놓였다. 그것은 맥아더 장군이 유엔군 병력을 낭림산맥을 중심으로 서쪽의 미8군과 동쪽의 미10군단으로 나누어 운용하려 한데서 오는 혼란이었다.

38선을 넘은 동부전선의 한국군은 일찌감치 10월 10일에 원산을 점령했다. 그래서 이승만 대통령은 10월 12일 원산을 방문해 한국군 1군단을 표창했다.

그런데도 맥아더 장군이 인천상륙에 참가했던 미10군단을 배에 실어 원산에 상륙하도록 지시한 것이 문제를 일으켰다. 미 10군단은 원산 앞바다에 깔린 수많은 기뢰를 제거한 다음 10월 26일에야 상륙할 수 있었기 때문이다.

뒤늦게 원산에 상륙한 미 10군단은 두 방향으로 나뉘어 진격했다. 장진호 동쪽으로 북진한 미7사단은 큰 어려움이 없었다. 하지만 장진호 서쪽으로 북진한 미 해병1사단은 중공군의 기습공격으로 많은 사상자를 내고 후퇴해야 했다. 그들은 혹독한 추위와도 싸워야 했다. 그들은 힘들게 흥남 부두에서 배를 타고서야 남쪽으로 후퇴할 수 있었다.

(3) 중공군 참전과 통일의 좌절

북한 통치를 둘러싼 갈등

다른 한편에서 대한민국 정부와 유엔군 사령부는 북한통치 문제를 놓고 대립했다. 이승만은 수복된 북한을 대한민국 영토로 보았다. 그 때문에 그는 10월 17일 조병옥 내무부 장관에게 지시해 평양 출신의 조선민주당원인 김병연을 평안남도 지사로 임명하도록 했다.

그와는 달리 유엔군 사령부는 북한에 대한 통치권이 유엔에 있다고 보았다. 그래서 북한에서 군정을 실시한 다음 질서가 회복되면 1948년의 남한처럼 유엔 감시 아래 총선거를 실시할 계획이었다. 그래서 유엔군 사령부는 서북청년회의 김성주를 평안남도 지사로 임명했다. 그 때문에 평양에는 잠시나마 두 명의 도지사가 나타나는 일이 벌어졌다.

중공군의 인해전술에 급히 후퇴

그러나 그 같은 논쟁도 곧 소용이 없게 되었다. 왜냐하면 중공군의 대대적인 공격으로 유엔군과 한국군은 급히 후퇴해야 했기 때문이다. 중공군은 이미 6·25전쟁 개전초기인 1950년 7월부터 만주로 이동하고 있었다. 그리고 10월 19일부터는 비밀리에 한반도로 들어오기 시작했다. 그러다가 10월 26일 갑자기 공격에 나섰던 것이다.

중공군의 공격은 대규모적이면서도 빨랐다. 그것은 병사들을 제대로 훈련도 시키지 않고 개인 화기도 주지 않은 채 전선에 대량으로 무모하게 투입해 희생시키는 인해전술(人海戰術)의 산물이기도 했다.

그러한 의심은 중공군 병사 대부분이 중국 내전에서 포로로 잡힌 국민당 정부군이었다는 사실로 증명된다. 그들 장개석 군대의 포로들은 모택동의 공산당에게는 귀찮은 존재였다. 그 때문에 전장의 소모품으로 생각될 수도 있었다. 그 같은 분석은 전쟁 당시 미국대사 무초가 본국에 보낸 보고서에도 나타난다.

밀려오는 중공군에게 서부전선의 유엔군은 평안북도 운산과 평안남도 군우리에서 크게 패배했다. 그 때문에 6·25전쟁은 11월 28일의 맥아더 말처럼 "전혀 새로운 전쟁"이 되었다. 그러므로 유엔군과 한국군은 12월 4일 평양을 중공군에게 내주고 남쪽으로 계속 후퇴해야 했다. 급박한 전황으로 맥아더와 트루먼은 원자탄 사용을 언급하기도 했다.

유엔군과 한국군은 저항하지 않고 남쪽으로 후퇴했다. 그들을 따라 수많은 피난민도 남쪽으로 향했다. 1951년 1월 4일 유엔군은 중공군에게 서울을 내주었다(1·4후퇴). 후퇴는 계속되어 평택-안성-제천-삼척을 잇는 선까지 내려왔다.

트루먼의 맥아더 해임

전황이 크게 불리해지자, 전쟁의 목표를 놓고 워싱턴의 트루먼 대통령과 전선의 맥아더 원수가 충돌했다. 트루먼은 승리가 어렵다고 보고 공산군 측과 휴전하려고 했다. 미국정부는 처음부터 소련과 중공이 개입하지 않을 경우에만 북진을 허용한다는 방침이었다. 그 때문에 미국은 압록강-두만강 접경지대에서 일어나는 군사행동은 한국군에게 맡기려 했던 것이다.

휴전에 대해서는 미국정부보다 영국정부가 더 서둘렀다. 영국은 조차지인 홍콩을 그대로 보유하고 중국과의 무역도 계속하려 했기 때문이다. 그러므로 영국 노동당정부의 애틀리 수상은 1950년 12월 4일 워싱턴으로 가서 트루먼으로부터 원자탄을 사용하지 않고 전쟁을 38선 근처에서 끝낸다는 약속을 받아 냈다. 한반도 문제를 전쟁 이전의 상태로 돌리려는 것이었다.

그러한 입장은 그 뒤를 이은 보수당 정권의 처칠 수상도 마찬가지였다. 처칠은 이승만을 위한 북한 정복에는 나서지는 않겠다는 말로 휴전을 지지했다. 아시아·아랍의 13개 유엔 회원국도 유엔군이 38선을 넘는 것에 반대했다.

그러나 전선의 맥아더 원수는 이들과는 입장이 달랐다. 전쟁을 시작한 이상 이길 때까지 싸워야 한다는 것이었다. 그의 말대로 "전쟁에서 승리를 대신할 것은 아무 것도 없기 때문" 이다. 그러므로 맥아더는 6·25전쟁에서 이기기 위해서는 전선을 확대해 중공군의 출발기지인 만주를 폭격하고 중국 해안을 봉쇄해야 한다고 주장했다.

맥아더는 트루먼 행정부의 정치적 계산이 전선의 미군들을 위험에 빠뜨리고 있다는 불만도 터뜨렸다. 미국정부는 중공을 자극하지 않는다고 압록강 주변에 대한 폭격을 제한하고 있었는데, 그것이 미군 조종사들을 위험에 빠뜨린다는 불만을 일으켰던 것이다.

그 같은 의견 차이를 조정하기 위해 트루먼과 맥아더는 1950년 10월 15일 태평양의 웨이크섬에서 만났다. 하지만 두 사람은 의견을 좁히지 못했다. 그 때문에 트루먼 대통령은 1951년 4월 11일 맥아더를 유엔군사령관으로부터 해임하고 그 자리에 8군 사령관인 매슈 릿지웨이 장군을 임명했다.

릿지웨이의 반격과 북한폭격의 강화

전세가 나아질 가망이 없었기 때문에 미국과 유엔은 전쟁을 계속하는 문제를 놓고 고민에 빠졌다. 그들은 유엔군을 한반도로부터 완전히 철수시키거나 한국정부를 제주도나 사이판으로 옮기거나 하는 문제까지 검토했다. 일본군이나 대만의 중국 국민당군을 투입하는 문제도 거론했다.

그 같은 최악의 상황에서도 이승만의 전쟁의지는 꺾이지 않았다. 그는 미국이 한국을 포기하지 못할 것으로 확신했다. 6·25전쟁에서 공산 세계는 자유 세계의 투쟁 의지를 시험하고 있었다. 그러므로 미국이 한국에서 밀리면 다른 곳에서도 계속 밀리게 된다고 믿었기 때문이다.

이승만의 단호한 태도에 대해 신임 유엔군사령관 리지웨이도 감동했다. 그래서 그는 "나는 여기에 머물려고 왔다"는 말로 더 이상 후퇴하지 않겠다는 의지를 보였다. 그런 다음 그는 평택-안성-제천-원주의 방어선을 벗어나기 위해 북진을 시작했다. 그에 따라 1951년 3월 4일에는 서울을 다시 찾게 되었다. 그러나 리지웨이의 북진은 38선 근처에서 멈추었다. 왜냐하면 휴전의 방법을 찾고 있던 미국정부와 유엔이 제동을 걸었기 때문이다.

게다가 인해전술을 쓰는 중공군 앞에서 유엔군과 한국군의 희생은 너무 컸다. 그 때문에 리지웨이는 지상군에 의한 공격보다는 공중폭격에 주력했다. 그 결과 평양, 진남포, 원산, 흥남, 청진 등 북한의 주요 도시와 산업지대는 폐허가 되었다. 저수지까지 파괴되어 농사조차 지을 수 없게 되었다.

28
전쟁 중의 정치적 위기

(1) 국회와 대통령의 충돌

전시에도 대통령을 혹독하게 공격하는 국회

1950년 6월 25일에 북한이 남침했을 때는 제2대 국회의원 선거(5·30선거)가 있은 지 한 달도 지나지 않았다. 그 때문에 국회는 개원식만 마치고 피난길에 오르게 되었다.

이승만에게 제2대 국회는 껄끄러운 것이었다. 210명 의원 가운데 절반이 넘는 126명이 무소속(無所屬)이었고, 그 가운데 상당수가 이승만에게 비판적이었기 때문이다. 무소속구락부에는 김구·김규식을 따르는 남북협상파나 중도파들이 많았다. 한국민주당과 대한국민당이 통합한 민국당(민주국민당)은 24석으로 세력이 약해져 있었다. 하지만 이승만에게는 비판적인 입장이었다. 이승만을 지지하는 세력은 3·1구락부를 중심으로 하는 57석뿐이었다.

6·25남침으로 국회는 남쪽으로 후퇴하는 국군을 따라 대전으로

옮겨 갔다. 그 사이에 30여명의 국회의원이 북한군에게 피살되거나 납치당했다. 그 때문에 국회는 피난을 가면서도 이승만과 행정부를 혹독하게 비판했다.

국회에 대한 이승만의 분노가 7월 16일 대전에서 폭발했다. 나라가 난리가 나서 야단인데도 국회의원들은 국가 안위는 생각지 않고 소인배처럼 사리사욕만 채우려 한다고 비난했다. 제갈공명이 국무총리가 되고 관우, 장비가 군사령관이 되었던들 무슨 수로 공산군의 탱크와 대포를 막아낼 수 있었겠는가고 반문했다. 미리 대책을 세우지 못했다고 비난하지만, 미국이 무기지원을 계속 미루는 상황에서 정부가 할 수 있는 일에는 무엇이 있었겠는가고 반박했다.

국회에 대해서는 국민도 반감이 컸다. 그들은 국회의원들이 피난 도중에도 특권층 행세를 하는 것에 분개했다. 8월에는 50여명의 국회의원이 부산 다대포항에서 배를 구해 대마도로 도주하려다가 발각되는 일도 일어났다. 정부는 국민사기에 미칠 영향을 고려해 그 사건을 덮고 말았다.

대통령을 수세에 몬 거창·국민방위군 사건

정부가 임시수도 부산에 자리 잡으면서 대통령과 국회의 갈등은 더욱더 격렬했다. 첫 계기가 된 것은 1951년 2월에 일어난 '거창사건'이었다. 그것은 공비토벌을 위해 출동한 국군이 경상남도 거창군 신원면에서 주민 수백 명을 살해한 비극적인 사건이었다. 사건이 일어나기 얼마 전 공산 빨치산이 수십 명의 경찰을 살해한 것이 군인들을 자극한 것이다. 군인들은 주민들이 공비들과 내통하고 있다고 의심했던 것이다.

그 사건이 그 지역 출신 국회의원의 폭로로 알려지자, 국회는 정부와 국군을 맹렬히 비난하고 진상 조사를 요구했다. 국회조사단이 파견되기는 했지만 군인들의 방해로 현장에 접근조차 못했다.

1951년 3월에 폭로된 국민방위군 사건도 대통령과 국회의 갈등을 격화시켰다. 그것은 6·25남침 초기에 일어났던 불행한 사태를 1·4후퇴에서는 되풀이하지 않도록 정부가 대책을 세우는 과정에서 일어난 불상사였다.

즉, 6·25기습남침 때 정부는 주민들을 제대로 피난시키지 못한 채 남쪽으로 후퇴했다. 그 때문에 적 치하의 3개월 동안 40만의 남한 청년들이 의용군의 이름으로 북한군에게 끌려가 상당수가 희생되었다.

인천상륙작전 후에 압록강까지 진격했던 한국군과 유엔군은 1950년 말 다시 중공군에게 밀리기 시작했다. 그러자 정부는 청년들을 미리 남쪽으로 피난시키기 위해 1950년 12월에 국민방위군법을 제정하고 17~50세의 장정 50만을 동원했다. 국민방위군은 정규군이 아닌 민병대에 불과했다.

국민방위군은 수송수단이 없었기 때문에 훈련소가 있는 경상남도 지역까지 먼길을 걸어야 했다. 식량은 지방 행정기관에서 제공하기로 되어 있었지만 제대로 공급되지 않았다. 그 때문에 1천여명의 장정들이 굶주림과 질병으로 길 위에서 목숨을 잃었다. 희생자가 늘어난 원인에는 국민방위군 간부들의 정치자금 살포와 예산낭비도 있었다.

국회의원의 국군장교 살해사건

대통령과 국회의 갈등은 1951년 4월 국회의원이 국군 장교를 권총으로 살해한 사건으로 격화되었다. 그것은 광주의 전남병무청 소속의 군의관 서창선 대위가 징병검사 업무를 위해 전남 순천에 갔다가 고흥 출신 민국당 국회의원 서민호에게 살해당한 사건이었다. 서 대위는 동료 군의관을 만나려고 문제의 식당을 찾았다가 살해당하는 불행을 당했던 것이다.

이승만은 전시에 군인을 살해한 서민호 의원을 엄중히 처벌하기를 희망했다. 그렇지만 국회는 그를 보호하기 위해 석방결의안을 통과시켰다. 그리고 이승만에게 호의적이지 않은 법원은 그에게 무죄를 선고했다. 그 때문에 이승만은 대법원장 김병로가 이끄는 사법부와도 대립하게 되었다.

연달아 일어나는 사건들 때문에 대통령과 행정부는 수세에 몰렸다. 국회와 〈동아일보〉 등 언론의 혹독한 비판 때문이었다. 이시영 부통령도 이승만 대통령에 대한 항의의 표시로 1951년 5월에 사임했다.

이승만은 분노한 민심을 달래기 위해 6월 신성모 국방장관을 해임하고 그 자리에 이기붕(李起鵬)을 임명했다. 신임 국방장관 은 김윤근 등 5명의 국민방위군 간부를 서둘러 처형했다. 김윤근은 함경도 출신의 우파 청년으로 대한청년단 단장을 맡았던 인물이었다. 이승만 정부는 북한과의 전쟁 중에도 반공청년들을 처형해야 할 정도로 심각한 정치적 곤경에 빠져 있었던 것이다.

이승만의 제거를 희망한 미 국무부

1952년은 제2대 대통령과 부통령을 뽑는 선거가 예정된 해였다. 미국이 지켜보고 있었기 때문에 전시라 할지라도 선거는 중지되거나 연기되기 어려웠다.

당시 헌법은 국회의 간접선거(間接選擧)로 대통령과 부통령을 선출하도록 되어 있었다. 그러나 국회의 세력판도는 이승만의 재선을 어렵게 했다. 그것은 1951년 6월 국회에서 실시된 부통령 보궐선거에서도 미루어 볼 수 있었다. 이승만이 지지했던 이갑성이 민국당의 김성수에게 패배했기 때문이다. 국회에서 이승만을 지지하는 세력은 신정동지회 뿐이었다.

그즈음 미 국무부도 한국의 정권 교체를 희망하고 있었다. 그들은 고집스러운 이승만보다는 온건한 장면(張勉) 국무총리에게 호감을 가졌다. 그 때문에 무초 미국대사가 장면의 비서실장인 선우종원과 접촉하기도 했다. 평안도 출신인 장면과 선우종원은 같은 지역 출신의 육군작전참모부장 이용문의 지지를 받았다. 이승만은 정치적으로 고립된 듯이 보였다.

그러나 이승만은 자신이 국민 대중의 절대적 지지를 받고 있다고 믿었다. 실제로 전쟁 중에 국회에 대한 국민 대중의 반감은 컸다. 왜냐하면 국회의원의 상당수가 지주 출신 등 기득권 세력으로 국민의 눈에는 특권층으로 보였기 때문이다. 이승만도 그들을 가리켜 자기네 생명과 재산의 보호만을 생각하는 세력가, 재정가로 부르며 비난했다.

국회의원들은 가족들의 병역 기피 문제로 비난을 사는 경우가 많았다. 그들의 자녀들은 일본, 미국, 대만으로 도피하기도 했다. 또한 국회의원들은 1951년 2월 초에 자신들의 세비를 크게 올림으로써 비난을 받았다. 그들은 군인들을 위한 예산을 줄이면서도 정부로부터 원호비까지 받고 있었다.

대통령 직접선거제를 도입하려는 이승만

이승만은 국회에 대한 국민의 반감을 이용해 헌법을 개정하려고 했다. 대통령 선출 방식을 국회의 간접선거로부터 국민의 직접선거(直接選擧)로 바꾸려는 것이었다. 그래서 정부는 1951년 11월에 대통령 직선제 개헌안을 국회에 제출했다. 하지만 그것은 부결되고 말았다. 그것을 지지한 국회의원은 신정동지회의 19명뿐이었기 때문이다.

그러자 국회는 이승만에 반격하기 위해 1952년 1월 내각책임제 개헌안을 통과시켰다. 대통령에 정면으로 맞선 것이다. 국회의원들이 그처럼 대담하게 행동할 수 있었던 데는 미국의 지지를 받고 있다는 자신감 때문이기도 했다. 그들은 미국이 지지하는 주미대사 장면을 대통령으로 선출할 계획이었다.

그러므로 이승만은 장면을 극도로 경계했다. 평소에도 이승만은 장면이 주미 한국대사로서 미 국무부를 향해 한국의 입장을 제대로 대변하지 못한다는 불만을 가지고 있었다. 그러므로 이승만은 장면을 미국 대사에서 물러나도록 하기 위해 국무총리로 임명했다.

하지만 장면은 미국을 떠나기 원하지 않았기 때문에 몇 달 동안 귀국을 늦추었다. 그러다가 장면이 국무총리 자리를 받아들이고 귀국했다. 4월 18일 미국대사 무초는 장면을 찾아와 미국이 이승만을 배제하고 있음을 알리면서 집권하기 위해 움직일 것은 은근히 부추겼다.

이승만은 대통령 직선제로 헌법을 개정하기만 하면 자신이 당선될 수 있다고 믿었다. 그것은 최근의 지방의회 선거에서 이승만 지지자들이 많이 당선된 사실로 입증된 것 같았다. 1952년 4월의 시·읍·면 의원 선거와 5월의 도 의원 선거에서 이승만 지지세력은 60퍼센트 이상의 지지를 얻었던 것이다.

그러므로 이승만은 대통령 직선제 개헌을 추진하기 위해 행동했다. 그는 1952년 5월 장면 국무총리를 해임하고 그 자리에 초대 내각의 외무부 장관이었던 장택상(張澤相)을 임명했다. 민국당과 가까운 내무장관 조병옥도 해임했다. 이승만은 조병옥의 능력을 인정하면서도 그가 민국당, 흥사단 세력과 연결되어 있는 것을 불안하게 생각했던 것이다. 이승만은 이범석(李範錫)을 새 내무장관에 임명했다. 이범석은 초대 국무총리를 지낸 다음 중화민국(대만) 대사로 갔다가 최근에 귀국해 있었다.

미국대사 무초는 이승만이 장면과 조병옥을 해임한 데 대해 강력히 항의했다.

(2) '부산 정치파동'과 대통령 직선제

직선제 개헌를 둘러싼 갈등

이승만에게 적대적인 국회의원들은 1952년 5월 29일 국회에서 장면을 대통령으로 선출한다는 계획을 세웠다. 장면은 미 국무부의 지지는 물론, 옛 한민당 세력을 포함하는 민국당 세력, 천주교 세력, 흥사단 세력으로부터 지지를 받고 있었다.

이승만은 국회의 대통령 선출을 막으려고 했다. 그래서 그는 5월 26일 임시수도 부산과 경상남도, 전라남북도 일대에 비상계엄령을 선포했다. 이유는 그 지역에 공비들이 수시로 출몰해 치안이 불안하다는 것이었다. 그에 따라 국군 장교를 살해했다가 석방되었던 서민호 의원이 다시 구속되었다.

육군참모총장 이종찬은 이승만의 지시를 따르지 않았다. 그는 이승만이 군대의 정치적 중립을 무시했다는 이유로 계엄사령관 취임을 거부한 것이다. 그러므로 이승만은 예비역으로 물러나 있던 원용덕(元容德) 장군을 불러내 경남지구계엄사령관에 임명했다.

원용덕은 이승만에게 적대적인 14명의 국회의원을 헌병을 동원해 체포하려고 했다. 이유는 그들이 국제공산당 사건에 연루되어있는 반(反)민족적인 국회의원들이라는 것이었다. 헌병사령부 발표에 따르면, 그들은 홍콩을 통해 북한 자금을 받아 남북한을 통일하려는 국제공산당의 음모에 가담했다는 것이다. 그러자 국회의원들은 체포를 피해 몸을 숨기기 시작했다. 이른바 '부산 정치파동'이 시작된 것이다.

1952년 5월 26일 아침 헌병들은 그러한 반민족적인 국회의원들을 체포한다는 이유로 국회의원들의 출근 버스를 검문하려고 했다. 국회의원들이 버스 문을 열어 주지 않자 헌병들은 버스를 경남계엄사령부로 끌고 갔다. 그것은 국회의사당 바로 옆의 건물이었다. 10여명의 의원들이 구속되자, 그것에 항의해 5월 29일 김성수 부통령이 사임했다.

5월 30일에 내무장관 이범석은 이른바 국제공산당 사건의 진상을 발표했다. 그 발표에 따르면, 공산주의 사상을 가진 일부 국회의원들이 장면의 측근인 선우종원, 오위영 등과 공모해 이승만을 암살하고 장면을 대통령으로 추대하려 했다는 것이다. 그러고 나서 정부는 서범석, 이용설 등 국회의원 7명과 민간인 7명을 재판에 넘겼다.

미 국무부의 이승만 비난

그 같은 이승만 정부의 행동에 대해 미국대사관과 유엔한국통일부흥위원단(UNCURK)이 강력히 항의했다. 그들은 계엄령 해제와 구속의원 석방을 요구했다. 당시 무초 대사는 워싱턴에 출장 중이었으므로 대리대사 라이트너가 이승만을 제재하기 위해 강경한 태도를 보였다. 워싱턴의 무초 대사도 트루먼 대통령을 만난 자리에서 이승만은 조선왕조, 일본제국주의, 미 국무부와 연달아 싸운 늙은 혁명가라고 좋지 않게 평가했다.

다른 한편에서 미 국무부는 이승만 제거를 위한 군부 쿠데타도 부추겼다. 미국의 포섭 대상은 육군총참모장 이종찬, 정보국장 김종면, 작전교육국장 이용문과 그 밑의 박정희 등이었다. 미 국무부는 클라크 유엔군사령관에게도 이승만 제거계획을 세우도록 지시했다. 명령을 내리면 유엔군을 동원해 이승만을 연금시키고 이승만 일파를 체포하라는 것이었다.

이승만은 그 같은 미국정부의 조치가 전쟁 중에 적들을 돕는 적절하지 못한 행동이라고 비난했다. 그리고 미국에 맞서기 위해 이승만은 국제공산당 사건을 날조라고 비난한 '미국의 소리' 방송을 16일간 중단시켰다. 1952년 6월 6일에 이승만은 미국이 대한민국을 일본에게 떠넘기고 떠나려 한다고 비난했다. 그리고 대사직을 마치고 미국으로 떠나는 무초에게는 자기가 물러나면 누가 대한민국을 지키기 위해 계속 싸울 것인지 걱정이라고 한탄하기도 했다.

직선제 명분의 위력

'부산 정치파동'이 진행되고 있는 동안 이승만은 국민 대중에게 분명히 전달하려고 하는 자신의 생각이 있었다. 그것은 전쟁이란 국가위기 상황에서는 국회의원, 언론인, 법조인 같은 기득권 세력들도 제약(制約)을 받아야 한다는 생각이었다.

그래서 그는 전쟁 중에 정부를 비판만 하는 자기의 정적들을 '돈 가진 자', '선동이나 하는 자'로 비난했다. 그리고 자신은 그 같은 소수의 엘리트에 대항해 국민 대중을 대변하는 민주주의자로 자처했다. 그는 대통령 자리에 있기는 했지만 평생 가난하게 살았기 때문에 늘 자신은 민중의 편을 드는 민중주의자(populist)라고 생각해 왔던 것이다.

그러므로 이승만은 민주주의의 명분을 내세워 국민이 대통령을 직접 선출하도록 헌법을 개정하려고 했다. 원래 그는 1948년 건국 당시에도 대통령 직선제를 생각했다. 하지만 그때는 정부수립으로 시간이 촉박하고 국민의 자치능력도 불확실했기 때문에 부득이 국회의 간접선거로 대통령을 선출하는 데 동의했다는 것이었다.

그러나 6·25전쟁을 거치면서 국민 대중은 나라를 지킬 의지와 능력을 보여주었기 때문에 이제는 대통령을 직접 선출할 자격이 있다는 것이었다. 그래서 자기는 대통령 선출권을 국민에게 돌려주기 위해 직선제를 도입하려는데, 기득권 세력인 국회와 언론이 반대한다는 것이었다.

직선제 개헌 지지자들

그 같은 이승만의 전략은 성공했다. '부산 정치파동'을 거치면서 국민 여론은 대통령 지지의 방향으로 바뀌었기 때문이다. 그에 따라 시·읍·면의 지방의회 의원들도 직선제 개헌안을 지지하고 나섰다. 그들은 부산의 국회의사당을 에워싸고 직선제 개헌을 촉구하는 시위를 벌였다.

반공청년들도 국회의사당 앞과 길거리에서 대통령을 지지하는 시위를 벌였다. 대표적인 경우가 1952년 5월 23일의 시위였다. 그날 그들은 국회의사당의 정문과 후문을 막고 국회해산과 새로운 총선거를 요구했다. 그리고 대통령 직선제와 양원제(민의원, 참의원) 국회를 보장하기 위한 헌법개정을 요구했다. 그들은 민중자결단, 백골단으로 비판받기도 했다. 하지만 그들은 문봉제의 서북청년회와 이갑성의 삼우장파에 속한 반공청년들이었다.

정국의 흐름을 바꾼 대통령 저격사건

그 같은 여론변화의 추세는 1952년 6월 25일 부산 충무로광장에서 일어난 대통령 암살 기도 사건으로 더욱더 가속화했다. 그것은 정부가 주최한 6·25남침 2주년 기념행사에서 연단에 앉았던 참석자가 갑자기 일어나 연설하는 대통령을 향해 권총을 쏜 사건이었다. 탄환이 나가지 않아 대통령은 무사했지만, 행사장은 아수라장이 되었다.

범인은 일제시대 김원봉의 의열단에서 활동했던 유시태였다. 권총을 마련해 준 사람은 의열단 출신의 민국당 국회의원 김시현이었다. 자금을 댄 사람은 민국당 국회의원 서상일이었다. 그 때문에 그 사건에 연루된 민국당 사람은 국회의원 3명과 당원 2명이었다. 유시태와 김시현은 무기징역을 받고 복역하다가 1960년의 4·19학생혁명으로 석방되었다. 김시현은 국회의원이 되었다. 저격사건을 계기로 여론은 이승만 지지로 확실하게 바뀌었다. 그 때문에 국군장교를 살해한 서민호 의원도 군사법정에서 사형언도를 받게 되었다. 그는 사형은 당하지 않고 복역하다가, 1960년의 4.19학생혁명으로 석방되어 국회의원이 되었다.

국회에서도 이승만을 지지하는 세력이 형성되어 갔다. 그래서 배은희 목사를 대표로 하는 삼우장파 국회의원들은 이승만을 비판한 유엔통일부흥위원단(UNCURK)을 찾아가 내정간섭의 중지를 요구했다. 자유당합동파 의원들은 국회 자진해산 결의안을 제출했다. 국회가 대통령과의 싸움에서 패배했다고 판단한 것이다.

'발췌 개헌안'의 통과

미국독립기념일인 1952년 7월 4일이 오면 부산 정치파동의 정국이 이승만의 승리로 끝나게 될 것이 확실했다. 국회의 소극적인 행동에 대해 미국대사 무초는 크게 실망했다. 그래서 그는 미국

대사관 행사에 참석한 조병옥에게 전세가 이미 기울었다고 말했다. 이승만에게 강경했던 라이트너 참사관도 대사관 행사에 참석한 신익희 국회의장과 이종찬 육군참모총장에게 미국정부는 더 이상 그들을 지지하지 않을 것이라고 말했다.

수세에 몰리게 된 국회는 그날 저녁 당장 회의를 열어 사태를 종결지으려고 했다. 그래서 국회는 윤치영(尹致暎) 의원의 제안으로 대통령 직선제가 포함된 '발췌 개헌안'을 표결에 부쳤다. 국회의원들이 각자의 의사를 확실하게 표명할 수 있도록 1948년에 건국헌법을 채택할 때처럼 기립투표 방식을 사용했다. 개헌안은 166명 참석에 163명 찬성으로 통과되었다.

국회가 이승만에게 패배한 것은 우선 명분(名分) 싸움에서 밀렸기 때문이다. 민주주의 문제를 둘러싼 논쟁에서 국회의 간접선거 주장은 대통령의 직접선거 주장보다 명분이 약했던 것이다. 국회의원의 상당수가 소신이 뚜렷하지 못한 무소속이었다는 사실도 국회의 입지를 약하게 했다. 무소속 의원들 가운데는 정당을 수시로 옮겨 다닐 정도로 소신이 없는 중도파들이 많았기 때문이다. 그들에게는 응집력이 없었던 것이다.

이승만 정적들의 우유부단함

1952년 3월에 자유당(自由黨)이 창당된 것도 이승만에게는 유리했다. 창당의 주역들이 국회의원이 아닌 대중조직인 민족청년단

(족청)이었다는 사실도 국민 대중의 마음을 돌리는 데 도움이 되었다. 대통령 직선제 도입을 적극적으로 추진했던 내무장관 이범석은 민족청년단 단장이었다.

국회 안에서도 변화가 일어나 1952년 5월이 되면 이승만을 지지하는 국회의원은 50여명에 이르렀다. 대표적인 국회의원은 윤치영, 이갑성, 남송학, 이진수, 양우정이었다. 그들의 선봉장은 대구에서 국회의원으로 당선된 배은희 목사였다. 그들은 모인 장소 이름을 따라 삼우장파로 불렸다. 그리고 국무총리 장택상이 이끄는 신라회의 경북 출신 의원들과 협조했다.

이와는 달리 이승만의 정적(政敵)들은 우유부단하고 구심점이 없었다. 그것은 1952년 6월 2일 원용덕의 헌병들을 제압할 병력 동원을 논의하는 육군본부 회의에서 나타났다. 그 회의에는 육군참모총장 이종찬과 작전교육국장 이용문이 참석조차 하지 않았다. 그들은 그같이 중요한 회의를 육군참모총장 부관에게 맡길 정도로 소극적이었다. 이승만의 또 다른 정적들인 장면과 김성수도 6월 20일 국제구락부의 호헌구국선언대회에 참석하지 않았다. 그 시간에 그들은 미군병원에 입원해 있을 정도로 소극적이었다. 분개한 미국대사관 측은 조병옥에게 더 이상 지지하지 않겠다고 공언했던 것이다.

미국도 이승만 제거계획을 포기

미 국무부의 태도도 이승만의 계속 집권을 인정하는 방향으로 바뀌었다. 전쟁의 위기상황에서 그들은 이승만을 대신할만한 강력한 지도자를 찾지 못했던 것이다. 미 국무부가 호감을 가졌던 장면이나 조병옥은 강인함과 단호함에서 이승만에 못 미치는 것 같았다.

유엔군사령관 마크 클라크와 미8군사령관 제임스 밴플리트의 적극 지지가 이승만에게 큰 도움이 되었다. 그들 미군 지휘관들은 전쟁을 수행하는 과정에서 미국 대통령보다 한국 대통령의 의견을 더 존중할 정도로 이승만을 높이 평가하고 있었던 것이다.

1952년 6월 4일 애치슨 국무장관의 주재로 열린 미 국무부 회의가 부산정치파동을 끝내게 했다. 이승만이 직접선거를 통해 대통령이 되는 것을 반대하지 않기로 결정했기 때문이다. 국방부도 그것에 이견(異見)이 없었다. 국방부장관 로벳은 그 전부터 이승만이 한국인들의 전쟁의지를 모으는 구심점이 되고 있다고 옹호해 왔던 것이다.

1952년 국민 직접선거로 대통령에 당선

1952년 7월 4일에 국회를 통과한 대통령 직선제 개헌안은 타협과 절충의 산물이었다. 그것은 정부 측 개헌안에서 대통령 직선제를 고르고 국회 측 개헌안에서 국무위원 불신임제를 골라 만들어졌기 때문이다. 그래서 그것은 '발췌개헌안'으로 불렸다. 그것을 제의한 사람은 국무총리 장택상이었지만, 발상은 미국대사관과 유엔통일부흥위원단(UNCURK)으로부터 나온 것이었다.

개정된 헌법에 따라 1952년 8월 5일 정·부통령을 뽑기 위한 국민의 직접선거가 실시되었다. 전쟁 중이었는데도 유권자의 88%가 참여하는 높은 투표율을 보였다. 이승만은 74.6%의 압도적 지지를 얻어 대통령에 당선되었다. 대통령 후보로 조봉암, 이시영, 신흥우도 나섰지만, 모두 적은 표를 얻는 데 그쳤다.

부통령 후보로는 이범석, 임영신 등 9명이 출마했다. 그래서 이승만이 개인적으로 지지하는 무소속의 함태영 목사가 당선되었다. 이승만이 자유당 창당의 주역인 이범석을 지지하지 않은 것은 민족청년단(족청)이란 거대 조직에 대한 경계심 때문이었다.

대통령 재선 이후의 정치적 안정

1952년 8월 5일의 정·부통령 선거는 여러 가지 의미를 가지고 있었다. 우선 그것은 대통령과 부통령까지 국민의 직접선거로 선출함으로써 정치적 민주주의의 발전된 형식을 갖추게 했던 선거였다. 또한 그것은 현직 대통령이라 할지라도 다시 집권하기 위해서는 전쟁 중에도 선거를 거쳐야 한다는 선례를 남겼던 선거였다. 따라서 그것은 한국에서 민주주의 제도들이 유지될 가능성이 있음을 보여준 선거였다.

그 때문에 선거를 참관한 유엔선거감시위위원단은 긍정적인 평가를 내렸다. 경찰의 선거개입이 있기는 했지만, 대세에 영향을 줄 정도로 심각하지는 않았다고 주장한 것이다. 유엔한국위원단도 대한민국의 정치는 대의제와 민주제의 골격을 유지하고 있다고 인정하는 보고서를 유엔에 제출했다.

그러므로 1952년 8월의 대통령 선거가 끝나자 대한민국은 빠르게 정치적 안정을 찾아갔다. 그것은 그동안 뚜렷한 주관이 없이 이합집산을 거듭하던 많은 무소속 의원들이 이승만의 자유당에 합류한 사실에서 드러났다.

제2대 대통령 취임식은 1952년 8월 15일 서울로 올라와 중앙청 광장에서 열렸다. 이승만이 취임식 장소를 임시수도 부산이 아닌 서울을 선택한 것은 북진(北進) 의지를 드러내기 위한 것이었다. 그때 이승만은 목사인 배은희 의원에게 기도를 부탁했는데, 그것은 6·25전쟁 중에도 대한민국이 살아남은 것은 인간의 힘만으로는 안 된다고 생각한 기독교인 이승만의 의지를 표현하기 위한 것이었다.

취임사에서 이승만은 국민에게 6·25전쟁의 목적을 다시 확인시켰다. 지금 대한민국이 공산제국주의에 대항해 싸우는 것은 세계의 자유를 지키기 위한 것이라고 했다. 그러고는 전쟁 지휘관으로 자신을 정치적으로도 도와준 유엔군사령관 마크 클라크와 미8군사령관 밴플리트에게 특별히 감사의 뜻을 표시했다.

29
휴전과 한미동맹

(1) 재침략의 기회가 될 휴전

유엔과 미국의 휴전 모색

미국은 휴전할 방침이었다. 그러므로 공산군 측이 그것에 동의만 한다면 그들의 요구를 전부 들어줄 태세였다. 다른 유엔 참전국들의 입장도 마찬가지였다. 특히 사회주의적인 노동당 정부 아래 있는 영국의 휴전 의지가 강했다. 그들은 이미 모택동의 중공정권을 승인한 상태였다.

그러므로 유엔은 캐나다의 피어슨을 중심으로 유엔정전3인위원회를 구성했다. 목적은 공산군 측이 받아들일 수 있는 휴전 조건이 무엇인지 검토하기 위한 것이었다. 유엔정전3인위원회는 1951년 1월 3일 보고서를 제출했는데, 결론은 유엔 감시 아래 남북한 총선거를 실시해 통일정부를 세우라는 것이었다. 즉, 그것은 1947년 11월 14일의 유엔총회 결의로 되돌아가라는 권고였다. 그렇게 되면 대한민국의 건국은 무효화(無效化)되는 것이었다.

이승만은 그 제안에 찬성할 수 없었다. 선거를 다시 하게 된다 하더라도 북한만 하면 된다는 것이 그의 입장이었다. 남한은 1948년에 유엔 감시 아래 5·10선거를 실시해 대한민국을 세웠기 때문에 선거를 다시 할 필요가 없다고 생각했다.

그 때문에 유엔은 정전3인위원회의 제안을 더 이상 내세우지 않았다. 오히려 유엔총회는 1951년 2월 1일 미국의 제안으로 한국통일안을 통과시킴으로써 중공을 침략자로 규정했다. 그것은 한반도에서 중공군을 물리친 다음 통일(統一)된 민주적인 독립국을 세우라는 결의였다.

휴전에 반대한 이승만

그러는 동안 미국과 소련은 휴전을 위한 비밀협상을 벌이고 있었다. 그 결과, 1951년 6월 유엔주재 소련 대사 말리크가 휴전을 제의하게 되었다. 이승만은 소련의 위장된 평화 제안에 속지 말 것을 경고했다. 휴전은 더 무서운 전쟁의 시작일 뿐이라는 것이었다.

그럼에도 불구하고 7월 휴전 회담이 시작되었다. 유엔군은 회담장소로 원산 앞 바다의 덴마크 병원선 유틀란디아호를 제의했지만, 공산군 측의 요구로 개성으로 정했다. 10월부터는 장소를 판문점으로 옮겼다. 공산군 측이 두 차례나 자기네 점령지역을 회담장소로 고집한 것은 그 지역을 자기네 영토로 확보하려는 의도였다. 즉,

유엔군의 북진을 막기 위한 책략이었다.

그러나 공산군 측과 유엔군 측은 휴전선의 위치, 휴전 감시 방법, 포로교환 방법 등을 놓고 날카롭게 대립했다. 그 때문에 휴전회담은 휴회와 속개를 되풀이했다. 그러는 동안에도 전선에서는 치열한 전투가 계속 벌어졌다. 그러나 전투는 전선의 이동은 거의 없이 인명의 희생만 늘리는 고지전과 참호전의 형태였다.

휴전 회담 도중에 공산군 측이 불만을 드러내며 회의장을 박차고 나가는 경우가 적지 않았다. 그때마다 유엔군 측은 그들이 다시 회담장으로 돌아오도록 압박하기 위해 공중폭격을 강화했다. 그 같은 일이 반복되면서 양측의 인명 손실은 더욱더 커져만 갔다.

소련과 중공이 전쟁을 계속하려는 이유

그 과정에서 가장 큰 피해를 입은 것은 북한이었다. 그 때문에 김일성은 스탈린과 모택동에게 전쟁의 중단을 호소했다. 하지만 그 같은 요구는 소련과 중공의 정치적 계산 때문에 묵살당했다.

소련이 6·25전쟁을 계속하기 원했던 것은 유럽에서 공세로 나가기 위해 많은 미군 병력을 한반도에 묶어 놓으려 했기 때문이다. 그리고 중공이 전쟁을 계속하려고 했던 것은 소련으로부터 무기지원을 받으려 했기 때문이다. 특히 중공은 공군(空軍)을 창설하려고 안간힘을 썼다.

그러나 1953년 3월 남침의 주역인 소련의 스탈린이 죽으면서 휴전의 계기가 마련되었다. 스탈린이 없는 상태에서 모택동과 김일성은 전쟁을 계속할 수는 없었던 것이다. 그에 따라 지루하게 끌던 휴전 회담도 진전을 보게 되었다.

휴전이 확실하게 되자, 이승만은 반대입장을 분명히 했다. 왜냐하면 휴전은 한국인들에게 죽음과 파괴만을 남긴 채 분단상태로 되돌아가게 할 것이기 때문이다. 국회도 이승만의 입장을 지지해 주었다.

1953년 4월 9일 이승만은 트루먼에게 휴전에 반대한다는 정식 서한을 보냈다. 만일 중공군을 북한에 그대로 둔 채 휴전한다면, 한국군은 통일을 위해 단독으로 북진할 것이라고 주장했다. 그 경우에 미군은 철수해도 좋지만, 항공기, 야포, 함포의 지원은 계속해 줄 것을 희망했다.

그러나 미국이 이승만의 서한에 대해 분명한 회답을 주지 않았다. 그러자 이승만은 4월 23일 양유찬 주미대사를 통해 보다 강경한 어조로 미국을 압박했다. 한국의 요구를 무시한 채 휴전하게 된다면, 한국군은 더 이상 유엔군의 지휘를 받지 않고 단독으로 행동하겠다는 것이었다.

미국과 유엔의 강한 휴전의지

휴전의 조건들 가운데서 이승만이 가장 분개했던 것은 반공포로 문제였다.

1949년의 제네바 협약 118조에 따르면 모든 전쟁포로는 전쟁이 끝나는 즉시 자기 모국으로 송환되어야 했다. 그 조항은 제2차 세계대전이 끝난 후에도 소련이 독일과 일본의 포로들을 계속 잡아 두고 강제노동을 시킨 불법행위를 막기 위한 것이었다. 그 조항을 근거로 해서 중공과 북한은 모든 공산군 포로의 무조건 송환을 요구했다.

그러나 그 조항을 6·25전쟁의 경우에 그대로 적용하는 데는 문제가 있었다. 공산군 포로들 가운데는 북한과 중공으로 돌아가지 않으려는 반공포로들이 아주 많았기 때문이다. 그러므로 유엔군 측은 인도적 차원에서 포로 개인의 자유의사(自由意思)를 존중하려고 했다.

그러나 공산군 측이 강제송환을 계속 고집했기 때문에 유엔군 측은 휴전을 성사시키기 위해 양보했다. 그래서 반공포로들을 중립국송환위원회에 넘겨 개인 의사를 확인하도록 했다. 그러나 그 경우에 반공포로들은 회유와 협박을 받아 자기 의사와는 달리 북한이나 중공으로 돌아갈 위험이 컸다.

게다가 중립국송환위원회에 대한 경비를 친공적인 인도군이 맡게 됨으로써 포로들을 공정하게 다룰 것인가 하는 의문이 생겼다. 인도는 중립을 표방하면서도 실제로는 중공과 소련의 입장을 대변하고 있었기 때문이다. 그래서 이승만은 인천항에 도착한 인도군의 상륙을 거부했다. 그 때문에 인도군은 미군 헬리콥터를 타고 판문점 지역으로 이동할 수밖에 없었다.

(2) 동맹확보를 위한 '벼랑끝 외교'

휴전을 방해하기 위한 반공포로 석방

그러나 약소국 지도자인 이승만으로서는 휴전을 막을 수가 없었다. 그러므로 그는 미국과 유엔이 한국정부의 의사를 무시한 채 일방적으로 휴전을 추진하는 것에 대해 제동을 걸려고 했다. 그것만이 국가의 최대 이익을 얻을 수 있는 방법이었기 때문이다. 그래서 그는 개인적으로 신뢰하는 헌병총사령관 원용덕(元容德)에게 비밀리에 지시해 반공포로들을 석방할 계획을 세우도록 했다.

전쟁 초기에 공산군 포로들은 20개의 포로수용소에 수용되어 있었다. 그러나 반공포로들에 대한 친공포로들의 잔혹 행위로 수용소는 편안한 날이 없었다. 친공포로들은 반공포로들을 인민재판에 회부해 학살했다. 위장포로로 잠입한 북한군 장교들의 조종으로 폭동이 일어났다. 1952년 2월 거제도 포로수용소에서 일어난 폭동은 77명의 포로와 1명의 미군을 사망케 했다. 5월에는 포로수용소장 돗드 준장이 친공포로들에게 납치당하는 불상사가 일어났다. 그 같은 사건들은 모두 휴전회담에서 공산군 측이 유엔군 측을 공격하는 근거로 이용되었다.

그러므로 유엔군은 반공포로들을 분리시켜 거제도, 광주 등 5개 수용소에 수용했다. 이승만은 그들을 석방해 휴전을 방해하려 했던 것이다. 그것은 반공포로들에게 자유를 줄 뿐만 아니라 한국이 미국을 동맹국으로 잡는 수단이 될 것으로 생각했다.

1953년 6월 18일 새벽 2시, 헌병총사령관 원용덕의 명령에 따라 헌병들의 카빈 총소리를 신호로 전국의 반공포로 2만 7천명이 일제히 철조망을 뚫고 탈출했다. 그 과정에서 60여명이 미군들의 총에 맞아 희생되었다. 인천 부평수용소의 4천여명은 탈출조차 못했다. 탈출에 성공한 반공포로들은 경찰과 공무원의 안내로 민가에 숨었다.

동맹을 맺어주면 휴전에 반대하지 않겠다

이승만의 전격적인 반공포로 석방은 세계를 놀라게 했다. 그것은 공산군 측을 분노케 함으로써 휴전협상을 깨뜨릴 위험이 있었기 때문이다. 그러므로 아이젠하워 대통령을 비롯한 유엔 참전국 수뇌들은 이승만을 맹렬히 비난했다. 영국의 처칠 수상은 그 소식을 듣는 순간 놀라 면도기를 떨어뜨렸다는 소문도 있었다. 미 국무장관 덜레스는 잠자고 있는 아이젠하워 대통령을 깨웠을 정도로 그 사건을 심각하게 생각했다.

그러나 이승만의 반공포로 석방은 다른 한편에서 많은 미국인들의 동정심을 불러일으켰다. 이승만의 강한 반공의지와 자유의식을 높이 평가한 것이다. 유엔군 사령관 마크 클라크부터 이승만에게 동정적이었다. 그 때문에 미국 정부는 이승만을 달래지 않고서는 휴전하기 어렵다고 생각하게 되었다.

이승만의 요구는 간단하고 명확했다. 휴전에 반대하지 않는 대가로 미국은 한국과 동맹(同盟)을 맺어야 한다는 것이었다. 휴전으로 미군이 철수하게 되면 대한민국은 또다시 북한과 중공의 공격을 받을 것이기 때문이다. 이승만은 미국을 확실하게 붙잡아 두려고 했던 것이다.

그러나 미국은 한국과 동맹을 체결할 마음이 없었다. 한국은 그렇게 할만한 전략적 가치가 없는 나라로 생각되었기 때문이다. 그리고 동맹은 국제사회에는 영원한 친구도 영원한 적도 없다고 당부한 조지 워싱턴의 유훈에도 어긋나는 것이었다.

이승만과 로버트슨의 지루한 협상

어떻든 아이젠하워 대통령은 이승만에 호감을 가진 미 국무부 차관보 월터 로버트슨(Robertson)을 특사로 서울에 보내 협의하도록 했다. 로버트슨은 금융가 출신의 외교관으로 중국에서 국공합작 문제에 개입했다가 중국공산당에 대해 크게 실망해 반공주의자가 된 인물이었다. 1953년 6월 25일 서울에 도착한 로버트슨은 외교가에서는 이례적으로 3주 동안 길게 머물렀다. 그만큼 이승만과의 협상이 어려웠던 것이다.

이승만과 로버트슨의 협상은 길었다. 그러므로 협상이 진행되고 있는 동안, 이승만은 미국 국민의 지지를 얻기 위해 감동적인 성명을 발표하기도 했다. 대표적인 경우가 미국 독립기념일인 1953년

7월 4일의 라디오 방송연설이었다. 거기서 그는 한국인들의 반공투쟁(反共鬪爭)이 18세기 미국인들의 독립전쟁과 같은 것이라고 주장했다. 그 방송이 나간 뒤 그는 미국인들로부터 수천 통의 격려 편지를 받았다. 보수우파적인 허스트 계통의 신문들은 미국정부에 한미동맹 체결을 촉구했다. 주 의회들 가운데는 한미동맹 체결을 권고하는 결의안을 채택하는 곳도 있었다.

결국 이승만과 월터 로버트슨의 협상은 결실을 보게 되었다. 미국은 이승만이 요구한 대로 한국이 휴전에 반대하지 않는 대가로 한미상호방위조약 체결에 동의한 것이다. 그에 따라 1953년 7월 27일 유엔군 측과 공산군 측은 판문점에서 휴전협정서에 조인했다. 북한의 남침이 시작된 지 3년 1개월 만이었다.

북한 동포들에 대한 미안감

그러나 대한민국은 휴전협정서에 서명하지 않았다. 그것은 이후의 사태에 대한 책임을 미국에게 지우려는 이승만의 정치적 계산 때문이었다. 그는 앞으로 한국이 통일을 위해 전쟁을 계속할 수 있도록 여지를 남겨 두려고 했던 것이다.

그러나 휴전은 한반도에 파괴와 희생, 그리고 분단상태를 그대로 남겨 놓음으로써 이승만과 대한민국 국민에게는 깊은 실망감과 좌절감을 주었다. 그러나 강대국들의 '힘의 정치'가 좌우하는 국제사회에서 약소국의 대통령은 더 이상 어떻게 할 수 없었던 것이다.

그는 “당분간 공산 압제 밑에서 계속 고생해야 할” 북한 동포들에게 특별한 미안감을 느꼈다. 그래서 그는 휴전협정이 조인되던 날 북한 동포들을 향해 다음과 같은 성명을 발표했다. “우리는 여러분을 잊지 않을 것이고 모른 체하지도 않을 것이다. 왜냐하면 한국 민족의 기본목표, 즉 북쪽에 있는 우리의 강토와 동포를 다시 찾고 구해 내자는 목표는 계속 남아 있기 때문이다. 그것은 결국 성취되고야 말 것이다.”

덜레스의 방한과 한·미상호방위조약 가조인

1953년 8월 3일 존 포스터 덜레스 국무장관이 서울에 왔다. 한미동맹 체결에 따른 세부적인 문제들을 정리하고 동맹조약에 가조인(假調印)하기 위한 것이었다.

이승만과 덜레스는 학교 동문이기도 해서 남다른 친근감을 가지고 있었다. 이승만은 조지워싱턴대학을 졸업하고 프린스턴대학에서 박사학위를 받은 데 비해, 덜레스는 프린스턴대학을 졸업하고 조지워싱턴대 법학전문대학원을 다녔다. 덜레스는 6·25남침 일주일 전 유엔 군사사찰단을 이끌고 서울에 와서 38선의 병력배치를 시찰하고 제2대 국회 개원식에서 축사를 한 적도 있었다.

그럼에도 불구하고 두 사람은 한미동맹에 대해서는 의견을 달리했다. 존 포스터 덜레스는 한미동맹으로 미국이 가지게 되는 의무는 대한민국이 무력공격을 받을 경우에 군사적으로 지원하는 것으로 생각했다. 그와는 달리 이승만은 미국이 대등한 동반자로서 한국을 폭넓게 도울 의무가 있다고 생각했다. 왜냐하면 한국은 공산세계와의 대결에서 자유세계의 최전선을 담당하고 있기 때문이다.

그 같은 의견 차이에도 불구하고 1953년 8월 8일 덜레스와 변영태 외무장관은 한미상호방위조약에 가조인을 할 수 있었다. 정식 조인은 10월 1일 워싱턴에서 이루어졌다. 조약에 대한 한국국회와 미국상원의 비준은 1954년 1월에 가서야 이루어지고, 조약의 발효는 그보다 한참 뒤인 11월에 가서야 시작되었다.

이처럼 한미상호방위조약의 효력이 늦게 발생한 것은 이승만이 계속 새로운 요구를 했기 때문이다. 이승만이 가장 강하게 요구한 것은 미·일동맹에 있는 것과 같은 미군의 자동개입(自動介入) 조항이었다. 그리고 미국의 군사, 경제 원조의 확대도 요구했다. 그때마다 미국은 그 요구들이 지나친 것이라며 반대했기 때문이다.

한·미동맹은 일본도 겨냥한 것이라고

이처럼 한국과 미국의 의견 차이가 컸기 때문에 한·미상호방위조약은 모호한 문구로 이루어지게 되었다. 그 때문에 그것은 두 나라의 공동방위를 선언한 군사동맹 조약임을 분명하게 밝히는 문구가 없었다. 그것은 조약의 목적이 잠재적(潛在的)인 침략국들이 두 나라가 태평양 지역에서 고립되어 있다고 착각하지 못하게 하려는 것이라고 에둘러 표현했던 것이다. 그러므로 조약문만 보고는 그것이 군사동맹인지 확신하기 어려웠다.

한·미상호방위조약이 군사동맹조약이라는 것은 미국이 대한민국의 영토와 그 주변 수역에 그의 육군, 해군, 공군을 주둔시킬 수 있다는 문구뿐이었다. 그러므로 그 뒤에 조약 내용이 계속 보완되어야만 했다. 결국 미국은 주둔 병력을 2개 사단으로 확정하고, 한국군 20개 사단을 무장시키기 위한 원조를 약속했다. 원조의 규모와 세부 내용은 1954년 7월 이승만이 미국을 공식 방문할 때 조인된 한·미합의의사록에서 확정되었다.

한·미상호방위조약은 무기한(無期限) 효력을 가졌다. 그러나 어느 한쪽이 연장을 원하지 않으면 상대방에게 그 의사를 알리고 1년이 지나면 자동적으로 끝나도록 했다. 한미동맹의 주목적은 북한, 중공, 소련 등 공산국가들의 침략을 막기 위한 것이었다. 하지만 이승만은 그것을 일본의 침략을 막기 위한 것으로도 해석했다. 그것은 그가 브릭스 주한미국 대사에게 했던 다음의 말에서 나타났다. "그것은(한·미상호방위조약은) 오늘에는 공산 침략에 대항하기 위한 것이지만, 내일에는 일본에 대항하기 위한 것이다."

자동개입 조항의 채택을 계속 요구

한·미상호방위 조약은 자동개입(自動介入) 조항이 없기 때문에 군사동맹의 요건을 갖추지 못한 것으로 보였다. 그것은 단지 두 나라가 무력으로 위협받고 있다고 인정할 때 서로 협의하고 각자의 헌법에 따라 행동한다고 애매하게 규정하고만 있기 때문이다.

그러나 실제에 있어서 한·미상호방위조약은 자동개입의 효력을 가진 군사동맹으로 운영되었다. 왜냐하면 북한군의 남침 예상로에 미군을 배치함으로써 공격과 동시에 자동으로 폭발하는 인계철선(引繼鐵線) 역할을 하도록 했기 때문이다. 그리고 1978년에는 한미연합사령부가 설치되어 두 나라의 장교들이 같이 근무하면서 항상 협의하도록 했기 때문이다.

이승만은 한미동맹이 앞으로 한국인들에 큰 도움이 될 것으로 보았다. 그 같은 전망은 그가, "한·미방위조약이 체결되었으므로 우리의 후손들은 이 조약으로 누대(累代)에 걸쳐 갖가지 혜택을 누릴 것이다"고 말한 데서 잘 나타나고 있다.

그 후 한국인들은 이승만의 예상대로 미국의 군사적 보호막 안에서 경제발전과 정치발전에 전념할 수 있게 되었다. 그 결과, 자유와 번영을 누리게 되었다. 그리고 일본과의 분쟁에서도 미국을 중재자로 활용함으로써 한국이 일방적으로 손해를 보는 일이 없게 되었다.

(3) 이승만을 달래려는 제네바 정치회의

이승만을 달래기 위한 정치회의

1953년 7월 27일의 휴전협정 서명으로 한반도에 평화가 온 것은 아니었다. 휴전협정은 단지 무력충돌을 일시적으로 정지시키기 위한 군사적 합의였기 때문이다. 그러므로 이승만은 통일하기 위해 전쟁을 계속해야 한다고 주장했다. 미국은 그 같은 이승만을 달래기 위해 한반도의 지속적인 평화와 통일을 논의할 정치회담을 열려고 했다.

그 때문에 스위스 제네바에서 1954년 4월 26일부터 3개월 동안 정치회의가 열렸다. 제네바 정치회의에는 한국 측을 위해 유엔참전국 16개국 대표들(남아프리카 공화국은 불참)이 참석했다. 북한 측을 위해서는 소련, 중공 대표들이 참석했다.

이승만은 변영태 외무부장관을 수석대표로 하는 한국대표단을 파견했다. 그들을 돕기 위해 미국의 양유찬 주미대사와 임병직 유엔대사도 불렀다. 이승만의 개인 고문인 펜실베이니아주립대학의 로버트 올리버 교수도 불렀다.

이승만은 제네바 정치회의에 대해 별다른 기대를 하지 않았다. 전쟁에서 이루지 못한 한반도의 통일과 평화를 회의에서 얻을 수 있다고 생각하지 않았기 때문이다. 이승만이 그 회의에서 기대한 것은 공산 측과의 협상이 아무 소용 없음을 미국이 깨닫게 하려는 것이었다. 그 때문에 그는 회의가 열리기에 전에 특별성명을 발표해 제네바 정치회의는 한반도 평화통일을 논의하기 위해 한국이 참가하는 마지막 회의가 될 것이라고 선언했다. 따라서 제네바 정치회의가 실패하면 휴전협정도 무효가 되는 것이라고 선언했다.

너무나도 다른 남, 북한의 통일관

미국도 제네바 정치회의에 기대하지 않았다. 그 때문에 미국대표단 단장인 국무장관 덜레스는 개회사만 하고, 나머지 일은 부단장 베델 스미스 장군에게 맡긴 채 미국으로 돌아갔다.

제네바 정치회의 기조연설에서 한국대표단의 변영태(卞永泰) 외무장관은 한반도 평화와 남북한 통일에 대한 대한민국의 기본 입장을 밝혔다. 우선 북한이 유엔 감시 아래 총선거를 실시해 남한과 함께 통일정부를 세우겠다는 데 동의해야 한다는 것이었다. 남한은 이미 1948년에 유엔 감시 아래 5·10선거를 치렀기 때문에 선거는 북한만 하면 된다는 것이었다. 북한 선거는 중공군을 철수시킨 다음에 실시해야 한다는 것이었다.

그러나 북한 대표 남일은 남한도 선거를 해야 한다고 주장했다. 선거관리도 유엔이 아닌 전(全)조선위원회가 맡아야 한다고 했다. 전조선위원회는 중립국감시위원단의 감시 아래 남, 북한의 대표들로 구성되어야 한다고 했다. 남, 북한의 국회의원 숫자도 인구비례에 따라 배분될 것이 아니라 꼭 같아야 한다고 주장했다. 그것은 해방과 6·25전쟁으로 북한의 인구가 크게 줄어든 현실을 반영한 요구였다.

유엔 참전국들이 제시한 평화통일 방안

남, 북한의 입장이 달랐기 때문에 제네바 정치회의가 어떤 합의를 이끌어 낼 가능성은 전혀 없어 보였다. 그럼에도 불구하고 유엔참전국 15개국의 대표들은 어떤 성과를 얻으려고 했다. 그래서 그들은 1954년 6월 15일 자신들의 합의안을 만들어 한국대표단에게 수락을 요구했다.

그들의 합의안은 남한도 선거를 다시 해야 한다는 북한의 주장을 인정하는 것이었다. 그러므로 그것은 1951년 1월 초에 피어슨의 유엔 휴전3인위원회가 대한민국 건국의 무효를 전제로 만든 건의안과 근본적으로 같은 것이었다. 그것을 가장 강력히 주장한 나라들은 영연방의 오스트레일리아, 뉴질랜드, 캐나다였다.

그러므로 미국도 그들의 제안을 지지하지 않을 수 없었다. 입장이 난처해진 변영태 외무장관은 어쩔 수 없이 그들의 주장에 대해 동조하는 듯한 태도를 보이게 되었다. 미국대표단은 로버트 올리버 박사를 통해 서울의 이승만을 설득하려고 했다. 그것을 거부하면 대한민국은 국제적으로 고립하게 될 것이라는 위협도 따랐다.

그러나 서울의 이승만은 단호하게 반대했다. 대한민국은 유엔 감시 아래 치러진 5·10선거를 통해 탄생한 나라이므로 선거는 북한만 하면 된다는 입장이었다. 그 때문에 유엔참전국 대표들은 그들의 합의안을 철회할 수밖에 없었다.

제네바 정치회의는 3개월 동안 말싸움만 하다가 아무 소득 없이 1954년 7월 21일에 끝나고 말았다. 그 회의를 통해 유엔참전국들이 확인하게 된 한 가지 사실이 있었다. 북한은 자유선거(自由選擧)를 통한 남북통일 방안에는 결코 찬성하지 않으리라는 것이었다. 따라서 남북통일의 방법이 있다고 한다면, 그것은 무력통일뿐이라는 것이었다.

이승만은 그후 대한민국의 공식적인 통일방안으로 북진통일(北進統一)을 내세우게 되었다.

30

휴전 後 국가의 안정과 발전

(1) 자유민주주의 제도들의 정착

양당제도의 출현

1953년 7월 27일에 휴전협정이 체결되면서 대한민국은 전쟁의 중압감으로부터 벗어나 정상국가의 길을 가기 시작했다. 전쟁의 파괴가 복구되면서 경제도 활기를 찾았다. 그에 따라 자유민주주의의 제도들도 하나씩 뿌리를 내려가기 시작했다.

그 같은 발전적인 현상 가운데서 첫째로 지적할 것은 양당제도(兩黨制度)가 출현할 가능성이 보였다는 것이다. 그것은 1954년 5월 20일 제3대 국회의원 선거를 치르면서 나타나기 시작했다. 그 선거에서 이승만의 자유당(自由黨)은 전체 의석의 절반이 넘는 안정된 의석수를 확보했기 때문이다. 따라서 제3대 국회는 무소속이 지배했던 이전의 국회들보다 안정감을 가지게 되었다.

여당이 뚜렷한 모습으로 나타나자, 그것에 맞설 야당도 형체를 갖추기 시작했다. 1956년 9월 민주당(民主黨)이 탄생한 것이다. 민주당은 구파와 신파로 구성되었다. 구파는 한민당에서 민국당으로 이어지는 온건한 보수주의자들로, 지역적으로는 호남지방이 중심이었다. 그와는 달리 민주당 신파는 서북지방의 흥사단 세력과 일제시대의 관료 출신들을 주축으로 하는 자유주의자들로, 지역적으로는 서울 등 대도시가 중심이었다.

언론자유의 신장

전후에 나타난 민주주의의 발전 현상 가운데서 두 번째로 지적할 것은 언론자유(言論自由)의 확대였다. 휴전 직후부터 언론활동이 활발해지면서 1954년에 411종의 정기 간행물이 발행되고 있었다. 그 가운데서 일간신문은 56종, 월간지는 177종이었다. 그들의 대부분은 이승만 정부에 비판적이었지만 자유당 정부는 그들을 통제할 적절한 수단이 없었다. 경찰이 통제하려고 했지만 방법이 서툴러 비난만 샀을 뿐이다.

비판여론을 주도한 언론은 민주당 구파를 대변하는 〈동아일보〉였다. 그리고 민주당 신파를 대변하는 가톨릭계열의 〈경향신문〉과 흥사단계열의 월간지 〈사상계〉였다. 그것들은 서울 등 대도시 지식인들에 파고들어 야당 성향의 정치적 풍토를 형성해 나갔다.

이와는 달리 농촌 지역에서는 이승만과 자유당 정부를 지지하는 경향이 강했다. 그것은 농민들이 대체로 보수적이고 전통주의적인 성향을 가지기 때문이기도 했지만, 이승만의 농지개혁으로 자작농이 된 데 대해 감사하는 마음이 있었기 때문이다. 농촌에서는 "이박사 덕에 쌀밥을 먹게 되었다"는 말이 유행했다.

자유주의 문화의 확산

전후에 나타난 민주주의의 발전적인 현상 가운데서 세 번째로 지적할 것은 '자유주의(自由主義) 문화'로 불리는 새로운 생활방식의 확산이었다. '자유주의 문화'는 개인의 자유를 최고의 가치로 여기는 개인주의적(個人主義的)인 생활방식을 의미했지만, 보통은 평등주의, 실용주의, 물질주의를 강조하는 '미국적 생활 방식'을 가리켰다.

남한사회가 자유주의 문화와 접촉(接觸)하기 시작한 것은 해방 직후 미군정이 들어섰을 때부터였다. 남한인들은 미군정의 문교정책과 홍보정책을 통해 미국문화에 대해 알아 가기 시작했다.그같은 추세는 대한민국의 건국으로 자유민주주의(Liberal Democracy)의 제도들이 도입되면서 촉진되었다.

그러나 미국문화를 본격적으로 받아들이게 된 결정적인 계기는 6·25전쟁이었다. 전쟁의 참화 속에서도 미국의 군인들과 민간인들이 몰려오고, 반대로 한국의 군인, 공무원, 기술자, 유학생들이 미국을 배우기 위해 태평양을 건넜기 때문이다. 그 같은 문화교류 과정에서 중요한 역할을 했던 인물이 문교부장관 백낙준(白樂俊)이었다. 그는 미국에서 박사학위를 받은 개화파 지식인으로 학교 교과서를 통해 미국적 생활방식을 알리려고 노력했다.

미국문명에 대한 선망

일반 국민 대중에게 자유주의 문화를 전달하는 데서 중요한 역할을 했던 것은 신문, 라디오, 영화 같은 대중매체였다. 그 가운데는 주한미군과 그 가족들을 위해 1957년에 개설한 미군방송(AFKN)도 있었다. 그 방송은 영어가 출세의 수단으로 생각되어 가던 시대에 영어 학습열(學習熱)을 부추겼다. 오랫동안 미국에서 활동한 이승만 대통령 내외가 경무대에서 영어를 주로 사용한 것도 영어학습 열기를 높이는 원인이 되었다.

게다가 1950년대는 국민의 대다수가 미국과 미국문화를 동경하던 시기였다. 그 때문에 나라가 가난했음에도 불구하고 많은 청년들이 미국으로 유학을 떠났다. 구한말 서양을 배워 문명개화하려던 개화파(開化派)의 전통이 되살아난 것이다. 그 때문에 개인의 자유를 강조하는 자유주의 문화는 식자층을 중심으로 국민 속에 빠르게 파고들었다.

그러나 자유주의 문화의 확산을 가로막는 전통의 장벽도 여전히 두꺼웠다. 가장 큰 장벽은 조선시대 500년 동안 뿌리 내려온 봉건주의적이고 공동체주의적인 유교 문화였다. 또다른 장벽은 일제시대가 남긴 군국주의 문화였다.

자유주의 문화의 확산을 막는 장애물 가운데는 사회혁명을 추구하는 공산주의 문화도 있었다. 그것은 소련과 중공의 영향으로 전체주의적이고 집단주의적인 성격을 띠고 있었다. 그 때문에 그것은 자유주의 문화와 가장 날카롭게 대립하는 이념이었다. 그것은 국가보안법의 제약 때문에 표면에 나타나기는 어려웠다. 하지만 그것은 소수의 진보좌파적 지식인들을 통해 은밀하게 강한 생명력을 유지해 나갔다. 그것은 온건한 사회주의나 사회민주주의의 형태로 존재감을 표시하기도 했다.

남한사회의 점진적인 해양문명권 편입

그럼에도 불구하고 1950년대의 대한민국 사회에서는 느리게나마 자유주의 문화가 우세해져 가고 있는 것이 분명했다. 그것은 넓게 보면 대한민국이 문화적으로 중국 중심의 대륙문명권(大陸文明圈)에서 벗어나 미국 중심의 해양문명권(海洋文明圈)으로 옮겨가는 과정이기도 했다. 그것은 '문명의 전환'으로 부를 수 있는 거대한 변화였다. 그리고 그 중심에는 구한말 개화파의 전통을 이어받은 이승만이 있었다.

이승만은 구한말 청년시절부터 조선인으로서는 드물게 시장경제와 자유방임의 장점을 알고 있었다. 그래서 그는 1904년에 감옥에서 쓴 《독립정신》에서 모든 개인이 힘껏 일해 성공할 수 있도록 자유의 길을 열어 놓아야 한다고 역설했다. 그러므로 이승만을 오랫동안 가까이서 지켜본 로버트 올리버 박사는 그를 가리켜 제퍼슨적 자유주의자(Jeffersonian Liberal)로 불렸던 것이다. 즉, 그의 스승 우드로 윌슨과 같은 자유방임주의자(自由放任主義者)라는 뜻이었다.

그러나 1948년에 대통령이 된 이후 이승만은 자유주의 이념에 충실하는 일관된 행동을 하기 어려웠다. 왜냐하면 그가 관리해야 할 대한민국은 자유주의적인 기반이 거의 없는 동양국가의 하나였기 때문이다. 게다가 그것은 밖으로부터는 전체주의적인 북한의 남침 위협과 안으로부터는 좌파들의 체제전복 위협으로 생존이 불안한 신생국이었기 때문이다.

국가통제의 개념을 아는 자유방임주의자

이승만의 집권기는 국제적으로 공산주의와 사회주의의 영향력이 강했던 시기였다. 그러므로 그는 그 이념의 국가통제(國家統制) 개념을 어느 정도나마 받아들이지 않을 수 없었다. 그래서 그는 1948년의 건국헌법에 철도, 전기 같은 주요산업의 국유화와 공영화 조항을 포함시키는 데 동의하지 않을 수 없었다.

그러나 사회주의적인 국가통제 개념은 이승만에게는 낯선 것이 아니었다. 왜냐하면 그는 1930, 40년대의 미국에서 사회민주주의적인 뉴딜정책을 경험했기 때문이다. 뉴딜 정책은 프랭클린 루스벨트 대통령이 대공황에 따른 대량 실업과 경제적 불평등의 문제를 해결하기 위해 소련의 국가통제 개념을 부분적으로 도입한 것이었다. 그때 이승만은 노동문제에도 관심을 가지고 미국노총(AFL-CIO)

지도자들과 교분을 가지게 되었다. 그 같은 인연으로 그는 해방 직후 대한노총위원장으로 좌익들의 과격한 노동조합인 전평(전국노동자평의회)에 대항했던 것이다.

그럼에도 불구하고 그의 사상 밑바닥에 자유방임적인 자유주의 이념이 확고하게 자리 잡고 있었다. 그것은 1953년 3월의 화폐개혁에서 나타났다. 당시 경제관료들은 전쟁 중에 급격히 늘어난 통화량을 줄이기 위해 구화폐와 신화폐의 교환을 크게 제한하려고 했다. 그러자 이승만은 정부가 개인(個人)의 사유재산권을 침해해서는 안 된다고 주장해 경제관료들과 충돌하게 되었다. 며칠 동안의 실랑이 끝에 이승만은 그들의 주장에 굴복했다. 하지만 정부가 개인의 자유와 재산권을 침해해서는 안 된다는 그의 자유주의 사상은 그처럼 강했던 것이다.

그 같은 자유주의 사상은 1954년의 개헌에서도 나타났다. 그것은 대통령 3선 제한을 폐지해 이승만에게 장기집권의 길을 열어 놓은 '4사5입 개헌'으로만 부정적으로 알려져 왔다. 하지만 1954년의 개헌안에는 자유기업(自由企業) 체제의 발전을 위한 경제개혁이 포함되어 있었다. 그것은 1948년의 헌법에서 자유로운 기업활동을 억제하기 위해 설치한 규제조항들을 폐지했던 것이다.

외국의 자본과 기술을 얻지 못해 공업화는 부진

이승만은 자유민주주의 제도들이 생존하기 위해서는 경제발전이 있어야 한다는 것을 잘 알았다. 그 때문에 그는 대통령이 되자마자 상공업의 진흥을 강조했다.

그는 대한민국이 정식으로 출범하기도 전인 1948년 8월 4일에 "우방과 함께 부강 전진하자"는 담화를 발표했다. 거기서 그는 나라가 부강해지기 위해서는 나라의 문을 열고 다른 나라들과 통상을 해야 한다고 주장했다. 1948년 12월 31일의 "3천만 동포에게 고(告)하는 담화문"에서 그는 국가부강의 근본이 생산과 수출에 있음을 강조했다.

그러나 당시 신생국인 대한민국에는 수출할 물건이 별로 없었다. 제조업이 발달하지 못했기 때문이다. 수출품이라고 했자 파철이나 분철, 주석 제품, 촛대 같은 빈약한 물품뿐이었다.

그러므로 이승만 정부는 공업화 정책을 실행하기 위해 1949년에 '산업부흥 5개년계획'과 '물동 5개년계획'을 세웠다. 궁극적인 목표는 자립경제의 수립이었지만, 우선은 수입대체 품목을 개발하기 위한 국산화(國産化) 정책에 주력했다. 그러나 공업화 정책은 원론적인 선언에 그치고 말았다. 그것을 실현하는 데 필요한 외국(外國)의 자본과 기술을 얻지 못했기 때문이다.

최초의 산업혁명을 일으킨 영국을 제외하고는 세계의 어느 나라도 자기 힘만으로 공업화를 시작하지 못했다. 그것에는 선진국의 자본과 기술이 필요했기 때문이다. 그래서 이승만은 1950년 2월에 외국의 자본과 기술이 들어올 수 있도록 법 개정을 지시했다.

그렇지만 당시 한국에 자본과 기술을 빌려줄 나라는 없었다. 가능성이 가장 컸던 나라는 일본이었지만, 아직 패전의 후유증에서 완전히 벗어나지 못한 상태였다. 게다가 한국과 일본은 국교도 수립되어 있지도 않았고, 또한 국민감정도 서로를 받아들일 분위기가 형성되지 못했다.

그러므로 이승만은 1954년 8월 미국을 국빈 방문했을 때 록펠러 등 미국 기업가들에게 한국에 대한 투자를 직접 호소했다. 그러나 투자하겠다고 나서는 미국 기업가는 없었다. 전쟁으로 파괴된 가난한 나라에서 투자로 얻을 것이 없다고 생각되었기 때문이다.

(2) 미국문명과 기독교의 영향

대한민국의 건국을 지지한 개신교

한국에서 자유민주주의 제도들이 뿌리를 내리게 되는 데는 개신교(Protestantism)의 역할이 중요했다. 기독교의 근대적(近代的) 형태인 개신교는 자유민주주의의 종주국인 미국과 영국의 사회를 구성하는 중요한 요소의 하나였기 때문이다.

일제시대에 개신교는 평양과 선천을 중심으로 하는 평안도 지역에서 강했다. 하지만 해방과 함께 소련군이 들어오면서 북한의 개신교는 탄압받기 시작했다. 그것에 저항하는 최초의 반공운동(反共運動)은 1945년 11월 평안북도 용암포 제일교회에서 일어났다. 그리고 그것은 신의주 학생 사건으로 이어졌다. 그 사건을 계기로 개신교도들은 38선을 넘어 남한으로 탈출하기 시작했는데, 대부분이 장로교도들이었다. 이와는 달리 38선 이남에서 개신교는 서울에서 강했는데, 그들의 상당수는 감리교도들이었다. 그들은 대한민국의 건국을 도우려고 했다. 그래서 그들은 1945년 11월 28일 정동 제일감리교회에서 임시정부 요인 환영대회를 열었다. 그날 초청받은 이승만, 김구, 김규식의 세 지도자는 모두 젊었을 때 교회 생활을 했던 경험이 있었다. 그 때문에 그들은 모두 기독교를 새 나라의 정신적 토대로 삼겠다고 약속했다.

그러나 시간이 지나면서 세 지도자의 정치적 노선에 차이가 나타났다. 그에 따라 그들에 대한 개신교의 입장도 달라지게 되었다. 개신교는 대체로 신탁통치에 반대하는 입장이었기 때문에 그 문제에 대해 침묵하는 김규식과 멀어졌다. 또한 개신교는 공산주의에도 반대하는 입장이었기 때문에 좌우합작과 남북협상으로 기울어진 김구에 대해서도 냉담해졌다.

결국 개신교 세력의 대부분은 이승만과 대한민국의 건국을 지지하게 되었다. 그래서 건국(建國)이 거의 완성되어 가고 있던 1948년 7월 조선기독교연합회(KNCC)는 제헌국회의원들을 정동 제일감리교회로 초청해 새 나라의 출범을 축하했다.

미국과 결부된 국가의 안보

그러나 1949년 6월 미군이 완전히 철수하게 되면서 신생국 대한민국의 안보(安保)가 불안해졌다. 그러자 개신교도들은 자신들의 운명을 이승만의 정치생명과 미국원조에 결부시키기 시작했다.

그래서 6월 23일 서울운동장에서는 수만 명의 기독교인이 모여 미국의 군사원조를 촉구하는 궐기대회를 열었다. 대회를 주도한 사람들은 남궁혁, 김유순, 황금천, 이윤영 같은 감리교 목사들이었다. 그들은 미국과 유엔을 향해 대한민국과 한국교회를 지키기 위한 군사원조를 요청했다. 궐기대회에는 미국대사관의 참사관 도널드 맥도널드가 개인자격으로 참석했다.

이승만 대통령도 직접 미국의 개신교회를 향해 신생국 대한민국에 대한 지원을 요청했다. 1948년 12월 오하이오주 콜럼버스에서 해외선교부연합회의가 열리자, 이승만은 그들에게 서한을 보냈다. 그리고 건국 후 첫 겨울을 힘들게 맞고 있는 가난한 한국인들을 기독교도로 도와줄 것을 호소했다. 학교와 병원부터 지어줄 것을 요청했다. 그리고 대한민국과 기독교는 북한으로부터 공산화와 말살의 위협을 받고 있다고 호소했다.

미국 선교사들의 이승만 지지

미국인 선교사들도 대부분이 이승만과 대한민국 건국을 지지했다. 그 대표적인 인물이 장로교 선교사로 미군정 문교부장을 지낸 호러스 H. 언더우드(원한경)였다. 그는 대한민국이 4천 년 만에 자유선거로 탄생한 민주국이라고 높이 평가했다. 그것과는 달리 북한은 소련의 꼭두각시로 비하했다.

이승만 대통령은 일제시대에 한국의 독립운동을 도운 미국 선교사들에게 감사의 뜻을 전달했다. 대표적인 경우가 호머 헐버트였는데, 그는 죽어서 웨스트민스터 사원보다 한국 땅에 묻히기를 더 바란다고 말했을 정도로 한국인들에 대한 애정이 컸던 인물이었다. 이승만은 1949년 8월 15일에 열리는 건국 1주년 기념행사에 그를 초청했다. 그러나 연로한 헐버트는 긴 여행으로 건강이 악화되어 서울에 도착하자마자 청량리 안식교회 병원에 입원했다. 이승만은 병원으로 그를 찾아 위문하고, 그가 사망하자 이승만은 국장으로 장례를 치르도록 지시했다.

아펜셀러 목사의 딸인 앨리스가 죽었을 때도 이승만은 사회장으로 장례를 치르게 했다.

이승만은 10여명의 다른 선교사들에게도 독립운동을 도운 공로로 훈장을 주었다. 그들 가운데는 의료선교사로 연희전문학교 교장을 지낸 올리버 애비슨 박사가 있었다. 그리고 3·1운동 때 숭실전문학교 학생들을 숨겨준 엘리 마우리가 있었다.

그러나 미국인 선교사들이 모두 이승만에게 호의적이었던 것은 아니었다. 미군정 경제고문이었던 아서 번스, 그리고 미군정 공보부 정치교육 담당자였던 J. 어네스트 피셔는 진보파의 입장에서 이승만의 반공노선을 비판했다.

개신교는 민주주의의 버팀목

개신교 교리는 개인구원을 강조하는 칼빈의 종교적 개인주의(個人主義)에 토대를 두고 있었기 때문에 신분제(身分制)와 집단주의(集團主義)의 사고방식을 거부했다. 그 때문에 개신교는 대한민국의 자유민주주의 정치체제와 잘 맞았다.

그래서 이승만은 1949년 11월 서울에 온 미 감리교 선교본부 총무인 브럼보에게 한국 민주주의의 장래가 기독교에 달려 있다고 말했는데, 그것은 민주주의와 개신교가 개인주의 철학을 공통으로 하고 있음을 지적한 말이었다. 그리고 개신교는 이승만의 반공정책(反共政策)과도 잘 맞았다. 개신교의 종교적 개인주의는 집단화와 획일화를 강조하는 공산주의적인 전체주의와 어긋났기 때문이다.

개신교의 반공적(反共的) 성향은 북한으로부터 장로교인들이 대거 월남(越南)함으로써 더욱더 강화되었다. 그러므로 6·25남침전쟁이 일어나자 개신교회는 1950년 10월 '대한기독교구국회'를 조직해 반공전선(反共前線)에 나섰던 것이다.

정부에 대한 개신교의 영향력

그 때문에 개신교는 이승만 집권기 12년 동안에 다른 종교들보다 정부에 대해 더 큰 영향을 미칠 수 있었다. 그것은 이승만 정부에서 기독교인들이 많이 등용된 사실에서도 나타난다. 이승만이 그의 대통령 임기 중에 임명한 135명의 장관급 부서장 가운데 47.7%가 개신교도였던 것이다. 그것은 개신교도들 가운데 일찍 개화해 근대적인 교육을 받은 인재가 많았기 때문이기도 했지만, 이승만 자신이 개신교도였다는 사실도 작용했던 것이다.

그러므로 이승만 정부의 정책 가운데는 개신교에 유리한 것도 있었다. 그것들 가운데는 건국 초기에 감옥선교를 허용한 형목(刑牧) 제도가 있었다. 6·25전쟁 중에는 병영선교를 위해 군목(軍牧)제도가 도입되었다. 국영 라디오 중앙방송에 개신교 관련 프로그램이 편성되기도 했다. 1955년에는 라디오 선교방송인 기독교방송(CBS)과 극동방송의 설립을 허가했다.

그 때문에 이승만 집권기에 개신교 신도는 크게 늘어났다. 그에 따라 그가 대통령직을 물러나게 되는 1960년에 오면, 개신교도는 인구의 5%에 가까운 100만 명에 이르렀다.

불교계를 돕기 위한 사찰농지 반환

그렇다고 해서 이승만이 불교와 유교를 홀대하거나 탄압한 것은 아니었다.

이승만은 어릴 적부터 독실한 불교도인 어머니로부터 많은 영향을 받았다. 생일이면 어머니를 따라 북한산 대남문 밑의 문수사에 가서 불공을 드렸다. 82세가 되던 1957년에 그는 어머니에 대한 추억을 되살리기 위해 문수사까지 걸어 올라갔다. 그때 그는 현판을 써 주었는데, 아직도 남아 있는 것으로 알려져 있다. 이승만은 유능한 불교도를 등용하기도 했는데, 대표적인 경우가 사회부장관 전진한, 내무부 장관 백성욱, 문교부 장관 김법린이었다.

이승만은 농지개혁(農地改革)으로 불교계가 심각한 재정난에 빠지게 된 것을 뒤늦게 알게 되었다. 정부가 사찰이 직접 경작하지 않는 농토를 수용해 농민에게 분배했기 때문이다. 그러므로 이승만은 사찰들을 돕기 위해 1952년 4월 사찰보호를 위한 유시를 내렸다. 농민들에게 분배된 사찰 농지를 다시 회수해서 승려들이 직접 경작케 하라는 것이었다.

그러나 대통령의 지시는 농지개혁법에 어긋나는 것이기 때문에 농림부도 시행하기를 주저했다. 그러자 이승만은 행정명령으로 자신의 생각을 실현하려고 했다. 그래서 그는 1953년 5월 '사찰을 보호 유지하자'는 담화문을 발표해 이미 농민에게 분배된 사찰농지를 회수하기 위한 구체적인 방법을 제시했다.

그에 따라 농림부는 1953년 7월 사찰 자경(自耕)농지 사정(査定)요강을 도지사들에게 보냈다. 농민들에게 분배된 농지를 환수해서 사찰에 돌려주라는 지시였다. 그 때문에 많은 농민들이 분배받은 사찰농지를 포기하게 되었다. 거부하는 경우에는 경찰의 제재를 받았다. 그 결과, 1957년 말에 오면 사찰들은 88퍼센트의 옛 농지를 돌려받게 되었다.

농민들의 거부로 회수하지 못한 사찰 농지에 대해서는 학교 농지처럼 문교재단 농지로 분류해 2중의 혜택을 받도록 했다. 농림부와 문교부 양쪽으로부터 지가증권(地價證券)을 받도록 한 것이다.

비구승 편에서 불교계 분쟁에 개입

불교에 대한 이승만의 관심이 그처럼 컸기 때문에 그는 불교계 분쟁에도 휘말리게 되었다.

당시의 사찰들은 일본 불교의 영향으로 대부분이 대처승들 손에 놓여 있었다. 이승만은 한국의 전통적인 불교를 복원한다는 명분에서 그들의 사찰을 비구승들에게 넘기려고 했다. 그래서 그는 1954년 "왜식 종교관을 버려라"라는 유시를 통해 대처승들의 퇴진을 요구했다. 그 같은 유시는 몇 차례 더 나왔다. 이승만의 발언에 고무된 비구승들은 행동에 나서 대처승들로부터 사찰을 하나씩 접수해 나갔다. 그 때문에 불교계는 폭력이 일어나는 분란에 휩싸이게 되었다.

그러나 1960년의 4·19 학생혁명으로 이승만이 대통령직을 물러나면서 비구승들은 위기를 맞았다. 1960년 11월 장면 정권 밑에서 내린 대법원 판결은 대처승의 승리를 선언했기 때문이다. 그 때문에 판결에 항의하기 위해 500여명의 비구승들이 법원을 점거하는 일이 일어났다.

휴전 후의 유교윤리 강조

이승만은 유교에 대해서도 깊은 관심을 가지고 있었기 때문에 유교계 분쟁에도 휘말리게 되었다.

이승만은 어렸을 적부터 과거시험을 준비하면서 유교경전을 깊이 공부했다. 그 때문에 유교는 그의 정신세계를 형성한 중요한 요소가 되었다. 배재학당에 입학한 다음부터 그는 서양의 기독교와 자유주의 사상에 빠져들었다. 하지만, 어려서부터 그의 의식 속에 깊숙이 파고든 유교윤리는 평생 그의 머리 속에 남아 있었던 것이다.

이승만의 깊은 유교적 뿌리는 6·25전쟁이 휴전에 들어가면서 되살아나기 시작했다. 휴전 후에 그는 여러 차례의 대통령 담화를 통해 유교의 삼강오륜을 강조했다. 1954년의 대통령 담화에서는 유교와 예수교가 서로 어긋나지 않는다고 주장했다. 그리고 한국이 예의지국으로 남기 위해서는 삼강오륜이 필요하다고 주장했다. 삼강오륜에 대한 강조는 1957년의 대통령 담화에서도 나타났다. 1954년부터 그는 유도회 총재가 되어 성균관 대성전의 석전을 봉행하기도 했다.

1958년의 베트남 방문에서 《명심보감》을 선물로 받자, 그는 최재유 문교부 장관에게 지시해 우리말 번역본을 청소년들에게 보급하도록 했다. 그 해에는 《대통령 이승만 박사 유교 담화집》이 발간되었다.

당시 유도회는 이승만을 지지하는 소수의 이성주 일파와 그에게 비판적인 다수의 김창숙 일파로 갈려 있었다. 두 세력은 1956년 5월의 대통령 선거에서 이승만 지지 문제를 놓고 충돌했다. 그들의 갈등은 법정분쟁으로까지 이어졌다. 그러나 1960년의 4·19학생혁명으로 이승만 정권이 물러나면서 유도회의 주도권은 김창숙 일파에게 넘어가고 말았다.

31
국민교육과 인재양성

(1) 전쟁으로 높아진 고등교육 열기

의무교육제도의 도입

1948년의 5·10선거는 대한민국이 자유민주주의 체제를 지향하게 되는 계기였다. 자유선거(自由選擧)와 보통선거(普通選擧)라는 민주적인 제도들이 시행되면서 대한민국 사회는 느리게나마 자유화와 민주화의 방향으로 나가기 시작했기 때문이다. 선거 때만이라도 유권자 모두가 꼭 같이 한 표의 주권을 행사하는 것만으로도 평등의식을 고취하고 신분의식을 약화시켰던 것이다.

그 같은 민주적인 제도들이 제대로 운영되기 위해서는 선거에서 현명하게 판단을 내릴 수 있는 개명(開明)한 국민이 있어야 했다. 그러나 당시 국민의 지적 수준은 문맹률이 80%일 정도로 낮았다. 그 때문에 이승만 정부는 1949년 서둘러 의무교육(義務教育) 제도를 도입했다.

글을 모르는 성인들을 위해서는 정부와 민간단체들의 협력으로 문맹퇴치 운동이 일어났다. 1950년의 6·25남침전쟁으로 의무교육 시행은 잠시 중단되었다. 그러나 휴전 다음 해인 1954년부터 그것은 다시 시작되었다.

그에 따라 이승만의 대통령 임기 마지막 해인 1959년에 오면 문맹율은 22.1%로 크게 낮아졌다. 학생 수도 크게 늘어 중학생은 10배, 고등학생은 3.1배, 대학생은 12배의 증가를 보였다.

6·25전쟁으로 촉발된 대학교육 열기

대학생의 증가폭이 유난히 컸던 것은 6·25전쟁 때 대학생들에게 준 병역연기 혜택 때문이었다. 전시에 병역연기는 생명보존의 수단이기도 했기 때문에 농민들은 소까지 팔아 아들을 대학에 보내는 경우가 많았다. 그래서 대학은 상아탑이 아닌 우골탑으로 불리기도 했다.

그러므로 6·25전쟁은 한국인의 교육열(教育熱)을 높이는 중요한 계기가 되었다. 전쟁이라는 극한상황에서 사람들은 교육이 최선의 생존수단임을 실감했기 때문이다. 그 같은 국민 여망에 부응하기 위해 이승만 정부는 가난한 나라의 적은 예산임에도 불구하고 10% 이상을 교육에 쏟아 넣었다. 그 때문에 로버트 올리버는 이승만을 '교육대통령'으로 불렀던 것이다.

그에 따라 한국사회는 점차 교육을 통해 신분상승이 일어나는 개방사회(開放社會)로 바뀌어 가기 시작했다. 그 같은 변화의 상징이 바로 이승만이었다. 그는 교육을 통해 빈민의 위치에서 지도자의 자리로 올라간 모범적 사례였던 것이다.

그러나 이승만 정부는 1950년대에 형성된 '교육받은 대중'에게 일자리를 만들어 주지 못했다. 아직 산업혁명이 본격적으로 진행되지 못했기 때문이다. 그리고 그것은 사회불안을 가져오는 중대한 원인이 되었다.

대학생의 급증과 미국 유학 '붐'

1950년대는 고급인력의 양성이 두드러졌던 시기이기도 했다. 그것은 일제시대에 억눌렸던 한국인의 교육열(敎育熱)이 해방으로 폭발하면서 시작되었다. 교육열은 6·25전쟁 중에 더욱더 뜨거워져 피난지 부산의 천막 교실에서도 대학강의가 이루어질 정도였다. 대학생에 대한 병역연기 혜택도 교육열을 높이는 역할을 했다. 그에 따라 1945년에 19개였던 대학이 1960년에는 63개교가 되고, 대학생 수도 10만 명으로 크게 증가했다. 양적인 측면에서만 본다면 고등교육 혁명이 일어난 것이다.

휴전이 되면서부터는 미국 유학 '붐'이 일어났다. 그것은 6·25전쟁을 통해 미군과의 접촉이 크게 늘어난 데서 오는 결과였다. 그 때문에 가난한 나라인 대한민국에서 1950년대 말까지 매년 평균 600명 이상의 청년들이 미국 등의 선진국으로 유학을 떠났다. 특히

1956년부터 시행된 미네소타 계획은 서울대학 교수들에게 미국 유학의 기회를 열어줌으로써 과학기술 인력 양성의 중요한 계기가 되었다.

외국인과의 접촉이 늘면서 국제관계 전문가의 필요성이 커졌다. 그래서 이승만은 외국어대학의 설립을 문교부에 지시했으나 그것에 필요한 자금을 마련하지 못했다. 그 때문에 실업가 김홍배의 힘으로 한국외국어대학(韓國外國語大學)이 설립되었다. 이승만은 백두진 국무총리와 영어학자인 박술음 사회부차관에게 지시해 그 대학의 설립을 행정적으로 돕게 했다.

'한국의 MIT'를 목표로 출발한 인하공과대학

이승만의 고급인재 양성 의지는 그보다 조금 앞선 1954년 4월에 인하공과대학(仁荷工科大學)을 설립함으로써 실현되기 시작했다.

6·25전쟁 중에 이승만은 전쟁이 끝나면 복구사업과 공업화로 많은 기술자가 필요할 것으로 예측했다. 그러던 1951년에 하와이 교민들이 그에게 15만 달러를 보내 왔다. 이승만이 독립운동기에 세운 한인기독학원의 부지를 판 대금의 일부였다. 돈을 보낸 사람들은 이승만의 독립운동을 도왔던 대한인동지회 회원들이었다.

이승만은 그것을 종잣돈으로 삼아 미국의 MIT 같은 최고 수준의 공과대학을 세우려고 했다. 그러나 그것만으로는 자금이 부족해 공무원들로부터 성금을 모았다. 이승만이 공과대학부터 세우려 했던 데는 전통적으로 문과를 강조해 온 한국인들의 지적 풍토를 이공계 중심으로 바꾸려는 의도가 있었다.

1952년 말 이승만은 문교부에 인하공과대학 설립을 지시했다. 그리고 1953년 6월에는 대학 설립에 관한 대통령 담화를 발표했다. 인하(仁荷)라는 학교 이름은 1903년에 첫 하와이 이민이 출발한 인천항과 그들이 도착한 하와이의 앞글자를 조합한 것이었다.

이승만은 인하공과대학의 위상을 높이기 위해 문교부장관 김법린을 이사진에 포함시키고 자유당 2인자인 국회의장 이기붕을 이사장에 앉혔다. 이사 가운데는 하와이 출신으로 조달청장이 된 노디 킴(김혜경)이 있었다. 그녀는 하와이 한인기독학원 출신으로 오벌린 대학을 나온 다음 대한인동지회를 통해 이승만의 독립운동을 도운 평생 동지였다.

군 엘리트 집단의 형성

이승만 집권기에 양성된 고급인력들 가운데서 가장 먼저 두각을 나타낸 전문가 집단은 군(軍) 엘리트였다. 6·25전쟁을 거치면서 한국군은 1954년에 정부예산의 40%를 사용하는 65만의 거대한 조직으로 커졌다. 그에 따라 군 엘리트 집단이 사회의 중요한 세력으로 떠오르게 되었다.

이승만은 거대한 군대조직을 유지하기 위해 미국으로부터 막대한 군사원조를 받아냈다. 군사원조와 경제원조의 규모는 한미상호방위조약을 보완하기 위한 1954년의 한미합의의사록 조인으로 더욱더 커졌다. 이승만은 미국 원조를 받으면서도 당당하게 요구했다. 왜냐하면 공산세계와 자유세계의 싸움에서 대한민국이 최전선을 맡고 있다는 자부심 때문이었다.

무기체계의 운용 방법을 배우기 위해 매년 1천 명 이상의 장교가 미국에 파견되었다. 그에 따라 한국군 안에는 기술자 집단이 형성되어 갔다. 그들은 미군의 조직관리 방법도 배워옴으로써 미국식의 기획 개념을 한국사회에 확산시켰다.

무기를 조작하고 정비하기 위해 군 하사관들이 미국에 파견되었는데, 그 숫자는 1950년대만도 1만 명에 가까웠다. 1960, 70년대에 공업화가 본격적으로 시작되면서, 그들 가운데 상당수는 숙련공과 기술자로 활용될 수 있었다.

(2) 전쟁으로 형성된 전문가 집단

미국 영향을 받은 전문관료

정부 안에서는 새로운 유형의 전문관료(technocrats) 집단이 형성되고 있었다. 그들의 대부분은 일제시대에 관공서나 금융기관에서 근무하다가 새롭게 미국식의 관리 방법을 배우게 된 전문가들이었다. 대표적인 인물로는 부흥부 장관이 된 송인상과 신현확이었다.

그 같은 전문관료들의 대부분은 짧은 기간의 미국 시찰이나 미국 연수를 통해 미국식의 기획과 관리를 배운 공무원들이었다. 그들 가운데는 소수이기는 하지만 미국 대사관의 경제 담당자들과 정기적으로 만나 경제이론을 배운 엘리트 관료들도 있었다. 그 결과, 그들의 경제지식은 1959년 말에 3개년 경제계획안을 세울 정도로 높은 수준에 이르렀다.

그러나 1950년대에 미국의 영향을 받은 새로운 엘리트는 아직 소수세력에 지나지 않았다. 그 때문에 그들은 다수세력인 기존의 엘리트로부터 견제를 받았다. 그럼에도 불구하고 이승만 집권기에 미국식 제도를 경험하거나 미국식 교육을 받은 새로운 엘리트가 점차 많아져 가고 있었던 것은 확실했다.

미국원조에 따른 과학기술 도입

일제시대에 일본인 통치자들은 한국인들에 대한 과학기술 교육을 극도로 억제했다. 그 때문에 해방이 되었을 때 이공계(理工系) 대학이나 전문학교를 졸업한 한국인은 400여명밖에 되지 않았다. 그러나 미군정에서 대한민국으로 이어지는 시기에 한국인들의 미국과의 접촉이 활발해지면서 과학기술자는 늘어나기 시작했다.

그러나 과학기술 도입의 획기적인 계기가 된 것은 6·25전쟁에 따른 대대적인 미국의 경제원조와 군사원조였다. 전쟁 중에 미국의 경제원조는 유엔한국부흥위원단(UNKRA), 대외활동처(FOA), 국제협력처(ICA) 같은 기구를 통해 이루어졌는데, 그 속에 과학기술에 대한 지원이 포함되었던 것이다.

'한·미상호방위조약'을 이행하기 위한 1954년의 한·미합의의사록이 조인되면서, 미국의 군사원조와 경제원조는 훨씬 더 큰 규모로 이루어지게 되었다. 그에 따라 미국에 파견되는 기술자와 과학자의 숫자도 크게 늘어났다.

과학기술의 도입은 한국사회를 자유화(自由化)하고 합리화(合理化)하는 데도 기여했다. 과학적인 사고방식은 합리주의와 실용주의를 강조함으로써 인습적인 사고방식을 깨뜨리는 요인으로 작용했기 때문이다.

원자력 기술 도입에 적극적

이승만 집권기에 미국으로부터 도입된 기술 가운데서 오늘날과 관련해 가장 중요했던 것은 원자력이었다. 이승만이 원자력 도입의 결단을 내리게 만든 계기는 1956년 7월 미국인 전기 기술자 W. L. 시슬러의 경무대 방문이었다. 이승만은 그로부터 에너지 문제의 해결책은 원자력밖에 없다는 것을 알게 되었다.

이승만은 즉각 행동에 나서 그 해에 미국과 원자력의 평화적 이용을 위한 협정을 맺었다. 그에 따라 한국은 농축 우라늄을 공급받을 수 있게 되었다. 같은 해에 한국은 국제원자력기구(IAEA)에 가입했다. 문교부에 원자력과도 설치했다. 그리고 원자력 전문가를 육성하기 위해 매년 2명의 기술연수생을 미국 아르곤 연구소에 파견하게 되었다.

1958년에 정부는 원자력연구소를 설립했다. 그리고 서울대학교에 원자력공학과를 설치하고 신입생을 뽑았다. 1959년에 정부는 연구용 원자로 트리가마크 투(II)를 미국으로부터 사들여 설치에 들어갔다. 필요한 자금은 미국 원조자금 35만 달러에 정부자금 73만 달러를 보태 조달했다.

이승만이 대통령직을 물러나는 1960년까지 정부가 미국에 파견한 원자력 기술연수생은 100명에 이르렀다. 하지만 그들은 배워온 기술을 당장 에너지 생산에 활용하지 못했다. 아직 그것을 필요로 하는 산업이 없었기 때문이다. 그럼에도 불구하고 의학과 농학 분야에서만은 방사성 동위 원소를 활용하기 위한 연구가 계속되었다. 그 때문에 원자력 기술이 발전할 토대는 마련되어 갔다.

정부예산의 대부분을 차지한 미국원조

한민족에게 6·25전쟁은 상상할 수 없을 정도의 큰 재앙(災殃)이었다. 남, 북한을 합쳐 죽거나 행방불명되거나 부상당한 군인과 민간인은 400만에 이르렀다. 재산피해도 엄청나게 커서 대한민국이 입은 손실만도 2년간의 국민 총생산을 넘는 액수였다. 그 때문에 파괴의 복구는 대한민국의 힘만으로는 불가능할 정도로 힘겨운 것이었다.

그래서 미국원조가 한국경제에서 결정적으로 중요한 비중을 차지하게 되었다. 정부예산에서 미국원조가 차지했던 비율은 1950년대 전반을 통해 연평균 86%에 이를 정도로 압도적이었다. 전후 복구가 대체로 끝난 1957년에 와서도 미국 원조액은 정부예산의 53%를 차지할 정도로 컸다.

부흥부의 설치와 산업화의 시작

그러므로 이승만은 경제 성장을 이루기 위해 휴전이 되는 즉시 산업화에 착수했다. 우선은 산업발전에 대한 국민의 관심부터 일깨우기 위해 1955년에 창경궁에서 해방 10주년 기념 산업박람회를 열었다. 그리고 산업화를 추진할 정부부서로 내각에 부흥부(復興部)를 설치했다.

당시 산업 가운데서 가장 시급했던 것은 에너지 분야였다. 경제발전을 위해서나 국민생활 안정을 위해서나 제일 먼저 필요한 것은 에너지였기 때문이다. 그러므로 이승만 정부는 강원도의 석탄을 서울 등의 대도시로 수송하기 위해 철도망부터 확보하려고 했다. 그래서 정부는 전쟁으로 파괴된 철도를 보수하고 새로운 철도를 부설하는 데 집중했다. 그에 따라 함백선, 영월선, 영암선 등의 철도가 확장되거나 신설되었다.

식량 생산을 위해서는 비료가 시급했기 때문에 이승만 정부는 우선 작은 규모의 호남비료공장을 세웠다. 그러나 그것만으로는 턱없이 부족했기 때문에 정부는 1958년 미국 원조자금으로 충주비료

공장 건설에 착수했다. 완공에는 긴 시간이 걸렸기 때문에 생산은 이승만이 대통령을 물러난 다음에야 가능했다.

전쟁으로 파괴된 건물을 보수하고 새 건물을 짓기 위해서는 건축 자재가 필요했다. 그래서 이승만 정부는 문경 시멘트공장과 인천 판유리공장을 세웠다. 그것은 나중에 박정희 정권이 중화학공업을 본격적으로 추진할 수 있게 하는 토대가 되었다.

32

해양문명권 편입에 따르는 진통

(1) 미국과의 군사적·문명적 결합

중국대륙과 관계가 끊긴 대한민국

해방, 분단, 6·25전쟁의 과정을 거치면서 대한민국은 국제사회에서 차지하는 위상도 크게 달라졌다. 그것은 대한민국이 미국과 군사동맹(軍事同盟)을 맺음으로써 중국대륙과의 오랜 관계를 완전히 끊게 된 데서 오는 변화였다.

이승만은 청년시절부터 중국에 대해 강한 반감을 가졌다. 특히 그는 1882년의 임오군란으로 청나라 군대가 10여년간 주둔하면서 문명개화(文明開化)의 기회를 놓치게 된 것을 크게 안타까워했다. 그때 원세개의 극심한 내정간섭으로 조선왕국은 변화의 기회를 놓치게 되었다고 생각했던 것이다.

1945년의 해방으로 남한사회가 혼란에 빠졌을 때 중국인들이 저지른 불법행위에 대해서도 이승만은 크게 분개하고 있었다. 그때 중국인들은 암거래, 밀수, 불법통화 유통으로 경제를 교란시켰다고 생각한 것이다.

그럼에도 불구하고 이승만은 국가안보를 위해 중국의 반공세력과 협력하려고 했다. 그래서 1949년 8월에는 대만으로 옮겨간 중국국민당 정부의 장개석 주석을 진해로 초청해 태평양동맹 결성을 논의했다. 6·25전쟁이 휴전에 들어간 직후인 1953년 11월에는 이승만이 직접 대만(타이완)을 방문해 반공을 위한 협력 관계를 강화하려 했다.

일본과의 동맹을 독촉하는 미국

대한민국은 6·25전쟁 직후에 미국과 군사동맹을 맺음으로써 중국대륙과의 관계를 완전히 끊게 되었다. 문명사(文明史)의 측면에서 그것은 아주 드문 결과를 가져 왔다. 대한민국은 중국의 '대륙문명권'에서 벗어나 미국의 '해양문명권(海洋文明圈)'으로 옮겨 가는 '문명의 전환'을 겪게 되었기 때문이다. 그에 따라 대한민국은 어제의 적국(敵國)인 일본과 같은 해양문명권에 속하게 되는 특이한 위치에 놓이게 되었다.

그에 따라 대한민국은 미국의 동아시아 정책에 보조를 맞추어야만 했다. 왜냐하면 미국은 소련, 중국, 북한 등의 공산주의 국가들에 대항하기 위해 일본, 자유중국(타이완), 한국 등의 자유주의(自由主義) 국가들을 하나의 지역공동방위체로 통합하려 했기 때문이다. 그래서 미국은 한국이 일본과 동맹을 맺기를 희망했다. 그러나 한·일 동맹의 체결은 쉬운 일이 아니었다. 한국인들은 과거의 일본인들의 지배에 대해 나쁜 기억을 가지고 있었다. 그리고 일본의 독도 영유권 주장에 대해서도 분개하고 있었다. 그래서 이승만 대통령은 일본의 주장에 맞서기 위해 1949년 1월 대마도 반환을 요구하기도 했다.

그럼에도 불구하고 이승만은 반공(反共)의 필요성에서 일본과 어느 정도의 협력은 필요하다고 생각했다. 그렇지만 한·일동맹이 체결되기 위해서는 좀 더 시간이 필요하다고 생각했다. 한국의 국력이 일본의 그것과 어느 정도 경쟁할 수준에 이를 때까지 기다려야 했기 때문이다. 게다가 한국은 6·25전쟁으로 크게 파괴되었기 때문에 그 시기는 더 늦추어질 것으로 생각했다. 그때까지 이승만은 일본과 어느 정도 거리를 두려고 했다.

일본에 대항한 평화선 선포

대한민국이 6·25전쟁에 몰두하고 있는 동안 일본 어부들은 동해와 독도를 넘나들며 불법으로 물고기를 잡았다. 두 나라 사이에 '맥아더 라인'이 그어져 있기는 했다. 하지만 해군력이 약한 한국으로서는 일본의 불법어로를 막기 어려웠다. 얼마 안 있어 미국과 일본 사이에 샌프란시스코 평화조약이 체결되면, '맥아더 라인'마저도 사라질 형편이었다.

그러므로 이승만은 1952년 1월 18일 자구책으로 대한민국의 주변 수역에 평화선(平和線)을 선포했다. 한국의 수자원과 독도를 지키기 위한 것이었다. 한국정부는 그 선을 넘는 일본 선박들을 나포하고 일본인 어부들을 억류했다. 그 같은 조치에 대해 일본은 물론 미국도 이승만을 맹렬히 비난했다.

한·일회담의 중단

그럼에도 불구하고 이승만은 일본과 국교를 정상화하는 데 동의했다. 미국도 그것을 강력히 요구했다. 그에 따라 1951년 10월 한국과 일본 사이에 예비회담이 열렸다. 회담은 몇 차례 더 열렸다.

그러나 1953년 10월의 이른바 '구보다 발언'으로 한·일회담은 즉각 중단되고 말았다. 일본대표가 일본의 통치가 한국을 발전시킨 요인이었다는 모욕적인 주장을 했기 때문이다. 그러므로 한·일관계의 개선 문제는 나중의 장면 정부와 박정희 정부로 넘어가게 되었다.

이승만은 평생 일본을 경계했다. 1941년에 출간한 《일본내막기》에서도 밝혔듯이, 그에게 일본은 침략의 야심을 가진 군국주의(軍國主義) 국가였다. 6·25전쟁 중에 중공군의 파상 공세로 전세가 불리해지자, 미국은 일본군의 참전을 검토하게 되었다. 이승만은 크게 반발했다. 그래서 그는 1951년 1월 12일 만일 일본이 개입한다면 한국군은 먼저 일본군부터 격퇴한 다음 공산군과 싸울 것이라고 강경한 태도를 보였다.

그러므로 이승만은 1953년의 '한·미상호방위조약'도 일본의 침략을 막기 위한 수단으로 보게 되었다. 그 같은 이승만의 입장은 브릭스 미국대사에게 했던 다음의 말에서 나타났다. "한국은 오늘은 공산주의자들의 위협으로부터 보호받기 위해 방위조약이 필요하지만, 내일은 일본의 위협으로부터 보호받기 위해 그것(방위조약)이 필요할지도 모른다"는 말이었다.

그러나 일본은 대한민국에게 당장 위협이 되지는 않았기 때문에 이승만은 북한, 중국, 소련에 대항하는 반공(反共) 정책에 주력했다. 그래서 그는 1954년 6월에 진해에서 아시아 민족 반공대회를 열었다. 그리고 7월에 그는 미국 상, 하 양원 합동회의 연설에서 미국 국민을 향해 반공노선을 더욱더 뚜렷이 천명할 것을 역설했던 것이다.

(2) 1954년의 미국 국빈 방문

일본에 대한 한국과 미국의 시각 차이

6·25전쟁의 문제는 1953년 7월의 휴전협정과 1954년 5월의 제네바 정치회의를 거치면서 어느 정도 마무리되었다. 그에 따라 한반도를 둘러싼 국제정세도 어느 정도는 안정을 찾았다. 왜냐하면 6·25전쟁을 통해 공산진영과 자유진영은 모두 어느 쪽도 남, 북을 통일할 수 없다는 것을 알게 되었기 때문이다. 무력충돌의 가능성이 적어져 보임에 따라 한반도 문제는 세계의 관심에서 멀어지기

시작했다. 그러자 그동안 덮어져 왔던 한국과 미국 사이의 갈등이 표면화하기 시작했다.

첫째, 이승만과 미국은 일본문제를 둘러싸고 대립하고 있었다. 미국은 동북아시아에서 공산주의 세력을 막기 위해 한국과 일본을 모두 필요로 했다. 그러면서도 일본을 동아시아 정책의 중심축으로 삼으려고 했다. 그와는 달리 이승만은 한국이 그 정책의 중심축이 되어야 한다고 생각했다. 따라서 미국원조도 한국에 우선적으로 제공되어야 한다고 생각했다. 한국은 자유세계를 위한 반공전선(反共戰線)에서 선봉을 맡고 있기 때문이다.

그 같은 의견 차이를 조정하기 위해 아이젠하워 대통령은 1954년 7월 이승만을 미국으로 초청했다. 이승만은 미국의 의도를 잘 알고 있었기 때문에 출발 전에 이번의 미국 방문에서는 한·일동맹 결성 문제를 거론하지 않기 바란다는 뜻을 미리 백악관에 전달했다. 그래서 이승만은 미국 방문 길에 먼저 일본에 들르라는 아이젠하워의 권유도 뿌리쳤다.

미 국회 연설에서 반공을 역설

1954년 7월 25일 이승만은 워싱턴 공항에 도착했다. 도착 즉시 미 국무부에 대한 불만을 드러낸 성명서를 발표했다. 6·25전쟁은 이길 수 있는 전쟁이었지만 '워싱턴의 겁쟁이들'이 서둘러 휴전했다고 비난했다. 그래서 그것은 한국인들의 통일의지를 꺾고 공산주의자들의 위세만 높여 주었다고 비난했다.

이승만은 7월 28일의 미국 상, 하 양원 합동회의 연설에서도 강하게 반공주의를 피력했다. 하원의장 조셉 마틴(Martin)으로부터 "미국 국민들이 경탄하는 불굴의 자유 전사"로 소개받고 나자, 이승만은 연단에 섰다. 그러고는 유창한 영어로 자유세계가 공산세계를 타도하기 위해서는 용기가 있어야 한다는 말로 연설을 시작했다. 그리고 그러한 '자유의 싸움'에서 한국은 선봉을 맡겠다고 제안했다.

그는, "공산주의자들의 혁명(革命) 운동으로 온 세계가 거칠어졌기 때문에 '자유세계'도 강해지지 않으면 그들의 노예가 되고 말 것"이라는 말로 미국인들에게 경고했다. 그리고 세계가 지금처럼 공산주의 세력과 민주주의 세력으로 반반씩 나누어진 좌우합작(左右合作)의 어정쩡한 상태로 남아 있어서는 결코 세계평화가 오지 않을 것이라고 경고했다.

또한 그는 6·25전쟁을 통해 중공의 군사력이 강화된 데 대한 우려를 나타냈다. 언젠가는 중공이 '자유세계'를 위협하게 될 것이므로 지금 무력으로 타도해야 한다는 예방전쟁론(豫防戰爭論)도 피력했다.

40분간 연설하는 동안 이승만은 33회의 박수를 받았다. 그런 다음 그는 의원들의 기립박수를 받으며 퇴장했다. 그러나 대부분의 미국인들은 이승만의 연설이 지나치게 강경하다고 생각했다. 미국인들에게 공산주의는 한국인들처럼 그렇게 심각한 위협으로 생각되지 않았기 때문이다.

한·일동맹 문제로 아이젠하워와 충돌

한·미정상 회담에서 아이젠하워 대통령은 이승만 대통령이 미국의 태평양동맹(태평양아시아조약기구) 구상에 찬성하도록 설득하려고 했다. 그 때문에 그는 정상회담 후에 발표할 공동성명서에 한·일동맹 체결의 가능성을 시사하는 내용을 포함시키려고 했다. 그러나 이승만에게 한·일동맹은 시간이 더 지난 다음에나 생각할 수 있는 문제였다.

1954년 7월 30일 아침 이승만은 백악관에서 두 번째로 열리게 될 한·미정상회담에 참석하기 위해 숙소인 영빈관을 출발하려고 했다. 그때 그는 미국 측이 마련한 한·미공동성명서에 한·일동맹의 가능성을 시사하는 내용이 포함되어 있음을 알게 되었다. 분노한 이승만은 출발하기를 거부했다. 측근들의 간청으로 백악관에 가기는 했지만, 약속시간보다 많이 늦었다. 그 때문에 두 정상은 만나는 순간 가벼운 실랑이를 벌이게 되었다.

아이젠하워는 그 전날 한국에서 원용덕 헌병총사령관이 중립국휴전감시위원단의 공산군 측 대표들을 추방한 것에 대해 항의했다. 그러자 이승만은 그들이 간첩행위를 했기 때문이라고 대답했다. 아이젠하워는 다시 과거는 어떠했든 간에 이제 한국과 일본은 국교정상화를 필요로 한다고 말했다. 그러자 이승만은 자신이 대통령으로 있는 한 일본과는 상종하지 않겠다고 대답했다.

화가 난 아이젠하워는 흥분을 가라앉히기 위해 회담장을 나가

옆 방으로 갔다. 이승만은 밖으로 나가는 아이젠하워를 향해 한국어로 "고얀 사람"이라며 불쾌감을 드러냈다. 잠시 후 화를 삭인 아이젠하워가 돌아와 한일 국교정상화 문제는 보류하고 다른 문제를 논의하자고 제의했다. 그러자 이승만은 외신기자클럽 연설을 준비해야 한다며 일찍 일어섰다.

약소국 대통령이 강대국 대통령에게 그처럼 도전적인 태도를 보인 것은 한국인의 자존심을 지키기 위한 것이었다. 그것은 약소국을 장기판의 졸(卒)로 보는 강대국의 오만함에 대한 경고였다.

그가 그처럼 대담하게 행동할 수 있었던 것은 개인적인 자신감 때문이었다. 그는 개인적으로 학력과 국제적 안목에서 아이젠하워에 뒤떨어지지 않았기 때문이다. 게다가 그는 영어를 모국어처럼 사용하는 능력도 있었다. 간단히 말해 그는, "나라는 약했지만 그 지도자는 강했다"는 말에 맞는 지도자였다.

뉴욕 시민들의 열렬한 환영

1954년 8월 2일 이승만은 뉴욕 시민들의 열렬한 환영을 받았다. '영웅의 행진'으로 불린 그날의 행사는 맥아더 장군과 같은 중요한 인물들에게만 주어지는 특별한 환영행사였다. 따라서 외국인에게는 극히 드문 파격적인 것이었다.

이승만의 자동차 행렬은 숙소인 월도프아스토리아 호텔을 출발해서 브로드웨이를 거쳐 뉴욕 시청을 향했다. 앞에서는 3군 군악대가 행렬을 이끌었다. 길거리는 환영하러 나온 15만 시민들로 가득 찼다. 고층 빌딩에서 쉴새 없이 뿌리는 색종이가 그들을 덮었다. 무개차를 탄 이승만은 모자를 벗어 계속 손을 흔들어 군중에게 답례했다. 뉴욕 시민들의 열렬한 환영은 소련과 세계 공산주의에 맞서 용감하게 싸운 한국 국민에 대한 감사의 표현이었다. 행렬이 행사장인 뉴욕 시청에 도착하자 밴플리트 장군이 환영사를 했다.

그날 오후 이승만은 컬럼비아대학에서 명예법학박사 학위를 받았다. 그 대학은 이승만이 프린스턴대학에 들어가기 전까지 입학을 진지하게 생각했던 학교였다. 그러고 나서 그는 록펠러 등 미국인 기업가들을 만나 한국에 투자해 줄 것을 요청했다.

8월 4일 이승만은 비행기를 타고 미주리주 인디펜던스로 가서 병석의 트루먼 전 대통령을 위문했다. 6·25남침 당시 한국에 대한 군사지원을 신속히 결정해 준 데 대해 감사하기 위한 것이었다. 그리고 난 뒤 이승만은 로스앤젤레스, 샌프란시스코, 호놀룰루를 거쳐 1954년 8월 13일 서울로 돌아왔다.

원조자금 사용과 환율에 대한 의견 충돌

둘째, 이승만과 미국은 원조자금의 사용문제를 놓고 대립하고 있었다. 그 같은 갈등은 주로는 미국이 동북아시아에서 한국과 일본 두 나라를 모두 동맹국으로 확보하려는 경제원조 정책에서 오는 것이었다. 그것은 한국을 군사강국(軍事强國)으로 키우고 일본을 경제강국으로 키우려는 정책이었다. 즉, 한국이 원조받은 달러화로 일본 제품을 사면 미국은 두 나라를 모두 동맹국으로 잡게 된다는 정책이었다.

그러나 그 정책은 한국에게는 불리했다. 한국은 항상 일본의 공산품을 사는 농업국으로 남아야 하기 때문이다. 그래서 이승만은 건국 당시부터 공업화를 추진하려고 했다. 하지만 외국의 자본과 기술을 얻을 수 없어 시작부터 어려웠던 것이다.

일본인들이 남기고 간 약간의 산업시설이 있었지만, 그것마저도 북한의 남침전쟁으로 거의 모두 파괴된 상태였다. 그와는 달리 일본은 6·25전쟁을 통해 경제적으로 크게 부흥했다. 그 사실에 대해 이승만의 마음은 크게 상해 있었다.

그러므로 이승만은 휴전이 되자 다시 공업화에 착수하려고 했다. 우선 수입제품을 국산화하기 위한 수입대체(輸入代替) 산업을 육성하는 데 역점을 두었다. 그리고 그 목적에 미국의 원조자금을 사용하려고 했다.

그러나 미국의 생각은 달랐다. 미국은 한국이 미국의 원조자금으로 일본의 소비재를 수입해 국민생활부터 안정시키기를 희망했다. 그래야만 한국이 공산주의에 휩쓸리지 않고 반공의 보루 역할을 할 것으로 생각했기 때문이다.

셋째, 이승만과 미국은 환율(換率) 문제를 둘러싸고도 대립했다. 6·25전쟁으로 한국은 극심한 인플레이션을 겪었다. 그 때문에 달러화와 원화의 공식환율은 암시장 환율의 3분의 1밖에 되지 않을 정도로 낮았다. 그 때문에 미국은 환율을 올릴 것을 요구했다.

그러나 이승만은 환율을 그대로 낮게 유지하려고 했다. 환율을 올리게 되면 미국원조의 실제 액수가 줄어들 것이기 때문이다. 그래서 이승만은 미국의 환율인상 압박에도 불구하고 500대 1의 환율을 계속 고집했다.

한국 국내정치에 대한 의견 충돌

넷째, 이승만과 미국은 한국의 국내정치 문제를 놓고 대립했다. 미국은 이승만의 확고한 반공노선을 지지하면서도 그의 독단적인 정치적 행보에 대해서는 불만을 표시했다. 그 때문에 미 국무부 안에서는 고집 센 이승만을 몰아내고 장면이나 조병옥 같은 온건한 인물로 바꾸려는 움직임이 일어났다.

미국의 이승만 제거 움직임은 6·25전쟁 중인 1952년에 처음 드러났다. 당시는 부산 정치파동으로 미국이 한국의 정권교체(政權交替)를 검토하고 있던 때였다. 그러나 미국은 정권교체에 성공하지 못했다. 이승만의 국내 정적들이 적극적으로 움직이지 않았기 때문이다.

이승만을 제거하려는 미국의 두 번째 시도는 그가 휴전에 강력히 반대하고 있던 1953년 봄에 있었다. 그것은 미군을 직접 동원해 이승만을 제거하려던 계획으로, 흔히 '상시대비 작전(Ever Ready Operation)'으로 불렸다. 그러나 그때도 미국은 그 계획을 실천하지 못했다. 전쟁 중에 이승만을 대신할 강력한 지도자를 찾을 수 없었기 때문이다.

휴전 후에도 이승만과 미국은 한국의 국내정치 문제를 놓고 계속 대립했다. 1954년의 4사5입 개헌, 1958년의 신국가보안법 파동, 1959년의 조봉암 사형집행 등의 정치문제를 놓고 이승만과 미국은 계속 갈등을 보였다. 그때마다 미국은 이승만의 독단적인 행동에 대해 강한 불만을 표시했다.

미국은 한국국민들로부터 인기가 떨어져 가는 이승만 정부와 거리를 두려고 했다. 그래야 앞으로 집권하게 될 새로운 정치세력과 손을 잡을 수 있기 때문이다. 인기 없는 집권세력과 점차 관계를 끊으려는 미국의 '절연(絶緣) 정책'이 작동하기 시작한 것이다.

33
시련의 '건국 대통령'

(1) 자유당의 인질이 된 이승만

'사사오입' 개헌의 이중적 의미

1956년은 제3대 대통령과 부통령 선거가 예정된 해였다. 그러나 이승만은 3선 출마를 금지한 헌법 조항 때문에 더 이상 출마할 수 없었다. 이승만이 출마하지 못할 경우에 정권은 야당인 민주당에 넘어갈 가능성이 커 보였다.

그러므로 자유당은 이승만이 대통령에 계속 출마할 수 있도록 헌법을 개정하려고 했다. 그래서 1954년 11월 초대 대통령에 한해 중임(重任)을 제한하지 않는다는 내용을 골자로 하는 개헌안을 국회에 제출했다.

1954년의 개헌안에는 긍정적인 조항들도 있었다. 정치적 민주주의의 발전을 위해 국민투표제를 도입하는 조항도 있었다. 대통령 중심제를 보다 뚜렷이 부각시키기 위해 국무총리제, 국무위원 연대

책임제와 같은 내각제 요소를 없애는 조항도 있었다.

그리고 기업에 대한 정부규제를 줄여 자유기업(自由企業) 체제를 강화하려는 자유방임주의의 경제조항도 있었다. 간단히 말해, 1954년의 개헌안은 1948년 건국헌법의 사회주의적인 통제와 간섭을 줄이고 자유주의적인 경쟁체제를 강화하려 했던 것이다.

그러나 자유당의 개헌안은 국회에서 부결되고 말았다. 가결을 위해서는 국회의원 198명의 3분의 2인 136명 이상의 지지를 얻어야 했는데, 찬성은 1명이 부족한 135명에 그쳤기 때문이다.

그러나 자유당은 사사오입(四捨五入)의 수학적 원리를 적용해 표결 결과를 뒤집었다. 수학적 관점에서 198의 3분의 2는 135.333이지만 사람의 경우에는 소수점이 있을 수 없으므로 그것은 136명이 아닌 135명이 된다는 주장이었다. 자유당은 다음 날 다시 국회를 열고 최순주 부의장의 사회로 개헌안 통과를 선포했다. 따라서 그것은 '사사오입' 개헌으로 불리게 되었다.

그러나 그것은 민주당과 언론의 거센 반발을 불러일으킴으로써 정국은 극한 대치 상황에 빠져들었다. 미국도 강경한 태도로 반대했다.

보수야당인 민주당의 거센 반발

개정된 헌법에 따라 1956년 5월 15일 제3대 정·부통령선거가 실시되었다. 이승만은 세 번째로 대통령에 출마했다. 선거가 있기 전에 이승만은 자유당에 서한을 보내 두 번밖에 출마하지 않았던 조지 워싱턴의 선례를 들면서 출마하지 않겠다는 의사를 밝혔다.

그러나 자유당은 프랭클린 루스벨트가 4번 출마했던 사례를 들어 불출마 결정을 번복하도록 요청했다. 결국 이승만은 그들의 강력한 권유에 못 이겨 출마를 결심하게 되었다. 신생국의 안정을 위해서는 자신의 집권이 좀 더 필요하다고 생각했던 것이다.

그러나 이번의 정·부통령 선거전은 그전의 것과는 달리 격렬했다. 민주당의 신익희(申翼熙) 후보가 "못 살겠다 갈아보자"는 구호를 내세워 정권교체를 호소한 것이 주효했기 때문이다. 그에 맞서 자유당의 이승만(李承晩) 후보는 "'갈아 봤자 쓸데없다. 구관이 명관이다"는 구호를 내세워 지속을 통한 안정을 호소했다.

신익희의 한강 백사장 유세에 많은 군중이 모이면서 정권교체가 될지도 모른다는 전망이 나오기도 했다. 그러나 신익희는 투표 열흘을 앞둔 5월 5일 호남지역으로 유세를 떠나는 도중 열차 안에서 심장마비로 사망했다. 지지자들은 크게 실망했고 일부 지지자들은 경무대(청와대)로 가서 시위를 벌이는 과격한 행동도 했다. 유력한 야당 후보가 없어졌기 때문에 이승만은 쉽게 당선되었다.

그러나 자유당에게는 자기 당의 이기붕이 아닌 민주당의 장면(張勉)이 부통령에 당선되는 곤혹스러운 일이 일어났다. 81세의 이승만이 대통령 재임 중에 사망이라도 한다면 권력은 부통령인 장면에게 넘어갈 것이기 때문이다.

혁신계 세력 출현에 대한 불안감

1956년의 정·부통령 선거는 또 다른 측면에서도 자유당을 불안하게 했다. 혁신계의 조봉암이 무소속 대통령 후보로 출마해 총 투표수의 23.8%를 얻는 약진을 보였기 때문이다. 그것은 반공국가 대한민국에서도 언젠가는 혁신계 세력이 집권할지도 모른다는 우려를 낳게 했다. 그 사실은 보수야당인 민주당에게도 충격적인 것이었다.

조봉암은 일제시대에 이르츠크파 공산당에서 활동하다가 옥살이를 했다. 해방 후에 조선공산당에서 활동을 다시 시작했으나 곧 박헌영과 손을 끊고 혁신계 정치인으로 남았다. 이승만은 그가 농지개혁을 추진할 적임자로 보고 초대내각의 농림부 장관으로 임명했다. 하지만 그는 공금유용 혐의로 5개월 만에 물러났기 때문에 실제로는 농지개혁에 기여하지 못했다.

6·25남침이 있기 한 달 전 조봉암은 제2대 국회의원으로 당선되었다. 그리고 무소속 의원들의 지지를 받아 국회 부의장이 되었다. 전쟁 중인 1952년 8월에는 제2대 대통령 선거에도 출마했다. 그때 그는 이념적으로 민감해 보이는 "피해 대중 뭉쳐라"하는 구호를 내세워 경상도와 전라도의 좌파 유권자들로부터 지지를 받았다. 그러므로 1954년에 창당된 민주당은 그의 사상을 의심해 입당 요청을 받아들이지 않았다.

1956년의 대통령 선거에서도 조봉암은 북한이 주장하는 '평화

통일'을 선거구호로 내세웠다. 당시는 6·25전쟁의 총성이 멈춘 지 2년밖에 되지 않았기 때문에 그것은 반공세력들을 놀라게 했다.

그 때문에 보수야당인 민주당도 신익희의 사망으로 대통령 후보가 없었음에도 불구하고 조봉암을 지지하지 않았다. 민주당은 지지자들을 향해 차라리 죽은 신익희에 투표해 무효표로 만들라고 호소했다. 그런데도 조봉암은 210여만의 적지 않은 표를 얻었다.

자유당·민주당의 양당정치 발전

1956년의 대통령 선거가 끝난 다음 양당제(兩黨制)에 토대를 둔 의회정치가 정착할 가능성을 보이기 시작했다. 1958년 5월의 제4대 민의원 선거에서는 민주당이 79석을 얻었기 때문이다. 그것은 여당인 자유당을 어느 정도 견제할 수 있는 의석이었다. 여당과 야당의 존재감이 뚜렷해짐에 따라 무소속이 27석으로 크게 줄어드는 결과가 나타났다.

1958년 5월의 민의원 선거에서는 자유당이 126석을 얻음으로써 이승만은 국회에서 확실한 안정세력을 확보하게 되었다. 이승만은 독재자로 불리기는 했지만 그 전까지는 국회의 저항에 부딪혀 그 명칭에 맞는 만큼의 강력한 권한을 행사하지는 못했던 것이다. 그가 행사했던 권력은 그 뒤의 대통령들과 비교해 그렇게 강하지는 못했다.

그것은 이승만이가 미국에 오래 있으면서 국내에 확고한 지지기반을 갖지 못했기 때문이었다. 그리고 그가 황해도에서 출생해 서울에서 자라면서 뚜렷한 지역적(地域的)인 지지기반을 갖지 못했기 때문이었다. 지역의식이 없었기 때문에 그는 인재 등용에 있어서 대체로 능력을 위주로 선택할 수 있었다.

이승만은 1952년과 1956년의 대통령 선거에서 각각 74.6%와 70%의 높은 지지를 받았다. 그리고 대다수의 국민들로부터 '이 박사'로 불릴 정도로 존경을 받았다. 선거 때 관권개입 시비가 벌어지곤 했지만, 대부분은 그와는 관련이 없는 것이었다. 그의 대통령 재임 시에 선거는 예정된 해에 실시되었다. 선거는 6·25전쟁 중에도 실시되었다. 그 때문에 이승만 집권기에 자유민주주의의 정치체제는 느리게나마 뿌리를 내려가게 되었다.

대한민국 생존을 위협한 공산주의

이승만이 독재자 소리를 듣게 만든 가장 큰 원인은 공산주의 혁명가(革命家)들의 자유를 허용할 수 없었기 때문이다. 그의 집권기에 신생국가 대한민국은 북한의 남침 위협으로 항상 생존의 위협을 받고 있었던 것이다. 1948년의 건국도 공산 게릴라들의 활동이 완전히 사라지지 않은 불안한 상태에서 이루어졌다.

그런데도 건국 당시에 대한민국은 공산주의를 법적으로 금지하지 않았다. 그것은 미국의 압력으로 공산당을 합법화한 일본의 경우와 비슷했다. 그 때문에 정부가 공산주의를 규제하기 위해 사용할 수 있는 수단은 신문에 공산당과 북한정권에 대한 찬양 기사의 게재를 금지하는 언론준수 7개 조항뿐이었다.

그러나 건국 두 달 후인 1948년 10월 19일에 여수에 주둔하던 국군 14연대에서 좌익군인들이 반란을 일으키면서 상황은 바뀌었다. 여수·순천 지역 일대에서 무정부 상태가 발생하자, 국회는 12월 1일 국가보안법(國家保安法)을 제정했던 것이다. 대한민국이 자유민주주의를 표방했다 하더라도, 국가 자체를 무너뜨리려는 혁명가들의 자유까지 인정할 수는 없었던 것이다. 그 같은 정부의 반공정책은 6·25전쟁을 거치면서 더욱더 강화되었다.

휴전 후에도 세계는 제3세계의 등장으로 공산주의가 부활하는 추세였다. 그 시기에 이승만과 자유당 정부에 대한 야당과 언론의 비판도 거세지기 시작했다. 이승만과 집권세력의 입장에서 그들의 비판은 공산주의자들의 비난과 크게 다르지 않아 보였던 것이다.

간첩행위를 넓게 해석한 신국가보안법

그 때문에 1957년 12월 17일 이승만은 국내의 비판세력들에게 경고하기 위해 자유의 한계(限界)를 지적했다. 북한 공산정권의 위협이 사라지지 않는 한, 국가 전체의 자유를 위해서 개인의 자유는 어느 정도 제한할 수밖에 없다는 것이었다. 그 때문에 이승만 정부는 진보당의 조봉암, 박기출 등 혁신계 정치인들을 체포하게 되었다.

이승만 정부는 반정부적인 비판을 보다 더 적극적으로 규제하기 위해 1958년 12월 신국가보안법(新國家保安法)을 제정했다. 그것의 목적은 반정부 행위에 대한 처벌을 강화하기 위해 간첩행위의 범위를 넓게 해석하려는 것이었다. 즉, 언론의 비판도 공산주의자들의 주장과 같다면 간첩죄로 처벌할 수 있다는 것이었다. 그리고 처벌의 강도를 높여 간첩죄에 대해서는 극형을, 간첩 방조죄에 대해서는 중형(重刑)을 부과하려는 것이었다.

민주당은 신국가보안법을 야당 탄압의 수단으로 보고 국회 통과를 막으려고 했다. 그러나 의석수가 적었기 때문에 민주당은 표결 자체를 막기 위해 국회의사당을 점거하고 농성에 들어갔다. 그러자 자유당 의원들은 1958년 12월 24일 밤 경찰들을 동원해 야당 의원들을 밖으로 끌어냈다. 그러고는 단독으로 신국가보안법안을 통과시켰다.

그러자 국내외 여론은 비난으로 들끓게 되었다. 아이젠하워 대통령도 다울링 주한미국대사를 소환하는 방법으로 강한 불만을 표시했다.

새 국가보안법에 따라 이승만 정부는 비판 세력에 대한 제재를 강화해 나갔다. 1959년 2월에는 민주당과 장면 부통령을 지지해 온 가톨릭계의 〈경향신문〉을 압수·수색했다. 그리고 4월에는 그것을 폐간시켰다. 폐간 이유는 그 신문이 정부의 권고를 무시하고 간첩체포 사실을 보도함으로써 또 다른 간첩의 체포를 막았다는 것이었다.

1959년 7월에 이승만 정부는 미국의 강력한 반대에도 불구하고 진보당 당수 조봉암을 간첩죄로 처형했다. 이유는 간첩 양명산을 통해 북한으로부터 정치 자금을 받고 불법으로 권총을 소지했다는 것이었다.

(2) 물러날 때를 놓친 지도자

이기붕을 위한 무리한 선거전략

이승만 정부는 경제적(經濟的) 위기도 맞고 있었다. 경제 위기의 가장 큰 원인은 1957년부터 미국의 경제원조가 크게 줄어든 것이었다. 그에 따라 1950년대에 평균 4.8%를 유지해 오던 경제성장률은 1960년에 2.5%로 떨어졌다. 실업률(失業率)도 높았는데, 그것은 특히 대학 졸업자들에게서 심각했다. 6·25전쟁 때 베푼 병역연기 혜택으로 대학생 수가 지나치게 많이 늘어났기 때문이다.

이같이 어려운 상황에서 대한민국은 1960년 3월 15일 정·부통령 선거를 치르게 되었다. 자유당은 이번에도 1956년과 같이 이승만·이기붕 카드를 내세웠다. 이승만으로서는 대통령직에 대한 네 번째 도전이었다. 그것에 맞서 민주당은 조병옥·장면 카드를 내세웠다. 그러나 이승만의 당선이 확실해 보였기 때문에 관심은 주로 부통령 선거에 쏠렸다.

자유당은 4년 전과 꼭 같은 고민에 빠졌다. 이승만이 당선된다

하더라도 85세의 고령이라 임기를 못 채울 위험이 있었기 때문이다. 그 경우에 권력은 부통령에게 넘어갈 것이므로 자유당으로서는 이기붕(李起鵬)을 반드시 당선시켜야만 했다. 그 때문에 자유당은 무리한 선거전략을 세우게 되었다.

대구와 마산의 시위

자유당의 선거전략에 대한 도전은 1960년 2월 말 대구의 고등학생 시위로 시작되었다. 시위의 발단은 학생들이 민주당 선거 유세장에 가지 못하도록 일요일에도 등교를 시킨 것이었다.

시위의 또 다른 원인은 민주당 대통령 후보 조병옥의 사망이었다. 조병옥은 선거를 앞두고 워싱턴의 월터리드 육군병원에서 수술을 받았는데, 회복 과정에서 사망했던 것이다. 대통령 후보를 잃은 민주당과 그 지지자들은 1956년에 신익희를 잃었던 것과 같은 허탈감에 빠졌다. 그 때문에 열혈 지지자들은 경무대 앞으로 가서 시위를 벌이기도 했다.

시위는 투표일인 1960년 3월 15일 마산에서도 일어났다. 그리고 부정선거를 중지하라고 요구했다. 시위대는 경찰과 충돌해 7명이 사망했다.

어수선한 가운데 정부는 이승만과 이기붕의 당선을 발표했다. 각기 유효투표의 97%와 76%를 얻었다는 것이었다. 그러나 여론은 선거 결과를 인정하지 않았다. 경쟁자가 없었던 이승만의 당선은 특별히 문제 되지 않았지만, 장면과 경쟁한 이기붕의 당선에 대해서는 심각한 의문이 제기되었다. 뒤이어 부정선거 사례들이 폭로되면서 대중은 분노하기 시작했다.

제2차 마산시위와 4·19혁명

그러는 가운데 4월 11일 마산에서는 2차 시위가 일어났다. 1차 시위 때 행방불명된 중학생의 시신이 참혹한 모습으로 바다 위에 떠 오르면서 분노는 더욱더 커졌다. 그러자 정부는 시위 배후에 공산주의자들의 선동이 있었다고 발표했다. 그것은 구체적인 조사에 기초한 발표였다기 보다는 1952년의 대통령 선거 결과로부터 이끌어낸 추측성의 발표인 것 같았다. 즉, 그 당시 경상남도 지역에서 좌파 성향의 조봉암 지지표가 많이 나왔던 것이다.

마산시위는 서울에까지 영향을 미처 4월 18일에는 고려대 학생들의 시위가 일어났다. 그것은 서울 중심지역에서 일어난 평화적인 시위였다. 그러나 학생들이 학교로 돌아가는 길에 조직 폭력배들의 습격을 받으면서 사태가 악화되었다. 그 영향으로 다음 날 4월 19일에는 서울에서 대규모 학생 시위가 일어났다.

시위대는 "부정선거 다시 하라"는 구호를 외치며 대통령이 있는 경무대로 향했다. 그러한 시위대를 저지하기 위해 경찰이 총을 쏘면서 180여 명이 사망하는 대참사가 일어났다. 그에 따라 시위사태는 새로운 정치적 국면에 들어서게 되었다.

“부정을 보고 일어서지 않는 백성은 죽은 백성”

당황한 정부는 선거를 다시 하겠다고 발표했지만 소용이 없었다. 대학생 시위에 고등학생과 시민이 가담함으로써 그 규모가 훨씬 더 커졌기 때문이다. 미국정부도 한국정부의 시위진압 방법을 강하게 비판했다.

자유당 정부는 치안유지를 위해 계엄령을 선포하고 군대를 서울 시내로 출동시켰다. 계엄사령관 송요찬 육군참모총장은 평화적 시위는 보장하겠다고 말함으로써 시위대에 동조하는 듯한 태도를 보였다. 그 때문에 시위대가 국군 차량에 올라가 시위를 벌이는 기이한 일도 일어났다. 4월 25일에는 미국대사관의 격려를 받은 대학교수단이 “피의 값에 보답하라”는 플래카드를 들고 뒤늦게 시위에 참가했다.

이승만은 4월 26일에 가서야 사태의 심각성을 알게 되었다. 85세의 늙은 대통령은 국민과 소통할 길이 막혀 상황을 제대로 파악하지 못했던 것이다. 이승만은 4월 19일의 유혈사태를 알고 나서는 큰 충격을 받았다.

그 때문에 그는, “부정을 보고 일어서지 않는 백성은 죽은 것”이라는 말로 시위 학생들에 대한 동정을 표시했다. 그리고 부상 학생들이 있는 병원을 찾아, “이 젊은 학생들은 참으로 장하다!”며 위로했다. 그는 그 학생들에게서 청년시절 독립협회 회원으로 조선왕조에 저항했던 자신의 모습을 보았던 것이다,

"국민이 원한다면 물러나겠다"

이승만은 자신이 아주 어려운 처지에 놓였음을 알게 되었다. 그러므로 그는 1960년 4월 27일 "국민이 원한다면 대통령직에서 하야(下野)하겠다"는 성명서를 발표했다. 그리고 대통령 사임서를 국회에 제출했다.

이승만의 사임 결정이 누구의 영향을 받아 이루어졌는가 하는 문제로 약간의 논란이 있었다. 미국대사 월터 매카나기를 포함한 일부의 사람들은 대통령의 하야 결정을 이끌어낸 공로가 자기들에게 있다고 주장했기 때문이다. 하지만 마지막까지 대통령 곁을 지킨 국방장관 김정렬(金貞烈) 장군에 따르면, 하야는 이승만 자신의 결단으로 이루어진 것이었다.

김정렬 장군은 그의 회고록 《항공의 경종(警鐘)》에서 대통령의 하야 결정 과정을 다음과 설명하고 있다. 4월 19일의 대참사가 있은 다음부터 장관들은 중앙청 국무위원실에서 침식을 같이 하며 사태에 대기하고 있었다. 4월 26일 아침 9시경 그 전날 밤도 중앙청에서 보낸 김정렬은 대통령을 만나기 위해 경무대로 출발했다. 비상계엄 연장에 대한 재가를 받고 이기붕 국회의장의 서대문 집이 파괴된 사건을 보고하기 위해서였다. 중앙청을 나서기 직전에 미국대사 매카나기로부터 전화를 받았다. 경무대로 여러 번 연락했지만 응답이 없으니 대통령을 만나게 주선해 달라는 전화였다.

경무대에서 김정렬의 보고를 받은 이승만 대통령은 침통한 표정으로 잠시 침묵했다. 그런 다음, "내가 그만두면 한 사람도 안 다치겠지?"하고 말을 꺼냈다. 그 말을 듣는 순간 김정렬은 자신도 모르게 눈시울이 뜨거워져, "각하, 저희들이 보좌를 잘못해 이렇게 되었습니다. 죄송합니다"고 말했다. 그러자 잠시 침묵하고 있던 대통령은, "그래, 그렇게 하지. 사임 결정을 속히 사람들에게 알리지" 하고 난 뒤, 박찬일 비서관을 불러 하야(下野) 성명서를 받아 쓰게 했다는 것이다.

물러나는 순간에도 공산주의 위협을 경계

대통령의 하야 성명서는, "나는 해방 후 본국에 돌아와 지금까지 우리 동포들과 더불어 잘 지냈으니, 이제는 세상을 떠나도 원한이 없다"는 말로 시작했다. 그리고 국민에게 공산주의를 조심하라고 당부하는 말로 끝났다.

김정렬은 하야 성명서를 다듬은 다음 새로 외무부 장관이 된 허정(許政)과 함께 대통령의 확인을 받았다. 그러고 나서 대통령의 하야 소식은 라디오 방송을 통해 전국에 퍼져 나갔다. 시위대는 이겼다며 만세를 불렀다.

잠시 뒤에 이승만은 계엄사령관 송요찬이 데리고 온 대학생 대표들을 만났다. 거의 같은 시간에 매카나기 미국대사와 매그루더 미8군사령관이 도착했다. 이승만은 학생들을 먼저 만나고 보낸 다음, 매카나기 일행이 있는 응접실로 들어왔다.

하야 소식을 이미 알고 있던 매카나기 대사는 이승만에게 "대통령 각하께서는 한국의 조지 워싱턴이십니다"라는 찬사의 말을 건냈다. 그러자 대통령은 혼자 말로, "저 사람, 무슨 잠꼬대야!" 하면서 무시하는 태도를 보였다. 무색해진 미국대사는 잠시 앉아 있다가 돌아가고 말았다는 것이다.

김정렬 국방장관의 증언은 대통령의 하야 결정이 누구의 권고를 따른 것이 아닌, 자신의 판단에 따른 것이었다는 말이었다. 따라서 이승만의 결단이 없었다면 하야 성명은 결코 나오지 않았으리라는 것이었다.

하야 한달만에 하와이로

1960년 4월 26일에 대통령 하야 성명이 발표되자, 그 전날 경무대로 피신해 들어 온 부통령 당선자 이기붕과 그의 가족이 자살했다. 대통령이 물러난 이상, 그들에게는 더 이상 기댈 데가 없었던 것이다. 그에 따라 자유당 정권의 핵심 세력은 순식간에 해체되고 말았다.

4월 27일 이승만은 경무대를 떠나 사저인 대학로의 이화장(梨花莊)으로 돌아갔다. 길에는 수 많은 시민들이 나와 집으로 돌아가는 노(老) 대통령을 환송했다. 그에게 잘못이 있다고 한다면 좀 더 일찍 대통령 자리에서 물러나지 못했다는 것이 그들의 일반적인 생각이었다.

그러나 이승만은 이화장에 한 달밖에 머물지 못했다. 4·19 후의 복잡한 정치적 상황에서 그의 국내 체류를 부담스럽게 생각하는 정치인들이 많았기 때문이다. 게다가 6월에는 아이젠하워 대통령이 일본을 방문한 뒤 한국에 올 예정이었다. 그 때문에 주한 미국대사도 이승만의 서울 체류를 거북하게 생각했다.

그러므로 이승만은 5월 29일 아침 일찍 프란체스카 여사와 함께 조용히 미국 하와이로 떠나게 되었다. 혁명으로 격앙된 사회 분위기 때문에 허정(許政) 과도정부는 대통령을 배려할 여유가 없었다. 그 때문에 그가 타고 갈 전세 비행기 대금도 하와이 교민 윌버트 초이가 개인적으로 부담하게 되었다.

(3) 4·19혁명 이후의 이승만 지우기

대통령 직선제의 폐지

대통령 자리가 비었기 때문에 그 권한은 자유당 정부의 마지막 외무부장관인 허정(許政)이 대행했다. 허정 과도정부에게는 민주당과 협력해 새로운 정부를 세워야 할 책임이 있었다.

민주당이 주도하고 있는 국회는 우선 헌법개정에 들어갔다. 민주당이 오랫동안 주장해 온 대로 정부의 권력구조를 대통령중심제에서 내각책임제로 바꾸기 위한 것이었다. 그에 따라 1952년에 어렵게 도입된 대통령의 국민 직선제(直選制)가 9년 만에 폐지되고 말았다. 새 헌법에 따라 1960년 7월 29일에는 제5대 국회를 구성하기 위한 총선거가 실시되었다. 결과는 민주당의 압도적인 승리였다. 새로 구성된 국회는 8월 23일 민주당 구파의 윤보선을 제5대 대통령으로 선출했다.

그러나 내각책임제 정부에서 실권(實權)을 가지게 될 국무총리 임명이 주요한 문제로 떠올랐다. 윤보선 대통령은 국무총리 후보로 자기와 같은 민주당 구파의 김도연을 지명했다. 하지만 그는 국회 인준을 받는 데 실패했다. 그래서 총리 자리는 민주당 신파의 장면(張勉)에게 넘어갔다.

실권 장악에 실패한 민주당 구파는 야당이 되기로 결심하고 신민당을 창당했다. 그에 따라 정계는 민주당 구파의 신민당(新民黨)과 민주당 신파의 민주당(民主黨이) 대결하는 구도가 되었다. 집권세력인 민주당이 분열했기 때문에 장면 정권의 앞날은 어두워 보였다.

시위에 시달린 민주당 정부

4·19학생혁명으로 자유당 정권이 무너지면서 사회 도처에서 불만이 폭발했다. 기성 권위(權威)에 대해 도전하는 수많은 시위가 일어남으로써 사회는 큰 혼란에 빠졌다. 심지어는 경찰들과 초등학생들까지도 시위를 했다. 진보좌파 성향의 교사와 교수들은 대구에 모여 전국교원노조(全國教員勞組)를 결성했다. 그 때문에 학원가도 권력투쟁으로 흔들리게 되었다.

지하에 숨어 있던 좌파들은 밖으로 나와 사회대중당, 한국사회당 같은 혁신계 정당을 조직했다. 그들은 제도권 정치에 들어가기 위해 1960년의 7·29총선거에 참가했지만, 예상과는 달리 두드러지게 진출하지는 못했다.

기성 권위에 도전했던 세력들 가운데서 가장 강력했던 것은 학생들이었다. 그들은 자유당 정권을 무너뜨렸다는 자부심에 부풀어 민주당 정부의 정책수립에도 간여하려고 했다. 학생들 가운데는 사회혁명을 꿈꾸는 사회주의자와 공산주의자도 있었다.

그러는 동안 3·15부정선거와 4·19 발포 책임에 대한 재판이 진행되어 1960년 11월에 그 결과가 나왔다. 그러나 처벌이 너무 가볍다고 생각한 급진적인 학생들과 '4월 혁명유족회'는 국회에 몰려가 거칠게 항의했다. 그러나 민주당 정부는 그들에게 강력히 맞서지 못했다. 그들은 자신들의 힘으로 정권을 잡은 것이 아니었기 때문이다.

사회 혼란이 너무 심했기 때문에 장면 정부는 질서유지를 위해 반공법과 시위규제법을 제정하려고 했다. 그러나 그것도 학생들과 좌파들의 격렬한 반대에 부딪혀 이루지 못했다.

외국자본이 절실했던 장면 정권

장면 정부는 대외정책에 있어서도 진보좌파들로부터 혹독한 비판을 받았다. 장면 정권은 사회안정에 미국의 도움이 절대로 필요하다고 생각하고 미국과의 유대를 강화하려고 했다. 그래서 그들은 새로운 한미경제협정에서 원조자금 사용에 대한 감독권을 미국에 넘겨주었다. 그러나 그것은 이승만이 오래전부터 미국에 양보하기를 완강히 거부해 온 권한이었다. 그 때문에 장면 정권은 이승만 정권에 비해 미국에 굴종적인 태도를 보인다는 비난을 받았다.

장면 정부는 환율(換率) 문제에서도 미국의 요구에 굴복함으로써 비난을 받았다. 그동안 이승만 정부는 미국의 계속된 환율인상 요구에도 불구하고 500대 1의 환율을 고집해 왔다. 그런데 민주당 정부가 그것을 1300대 1로 크게 올린 것이다. 환율이 갑자기 올라가자, 악성 인플레이션이 발생하고 국가자산 평가액도 크게 줄었다.

장면 정부는 사회안정을 위해서는 경제성장이 중요하다고 보았기 때문에 경제개발을 서둘렀다. 그러나 그것을 실행하기 위해서는 외국의 자본과 기술이 필요했기 때문에 그들은 일본을 끌어들이려고 했다. 그래서 민주당 정부는 일본 외무상이 이끄는 친선사절단을 받아들이고, 일본 상품의 수입을 허용했다. 그러한 조치들은 이승만 정부 밑에서는 상상도 할 수 없었던 것들이었다. 그 때문에 그것들은 국민의 반일(反日) 감정을 불러일으킴으로써 민주당 정부를 더욱더 곤란하게 했다.

혁신계와 남북협상파의 위협

좌파적인 학생들은 장면 내각의 퇴진까지 요구했다. 그리고 미군 철수를 외치고 북한의 공산체제도 옹호했다. 학생운동의 좌경화가 일어난 것이다. 그것은 1961년 4·19 일주년을 기념해 발표된 '4·19혁명 제2선언문'에서 뚜렷하게 나타났다. 그 선언문은 1948년에 김구가 내세웠던 통일정부 수립의 대의명분(大義名分)을 다시 떠올리게 했다.

그러고 나서 학생들은 남북협상의 정신을 실천한다며 판문점에서 남북학생회담을 열려고 했다. 그래서, "가자 북으로, 오라 남으로!"라고 외치게 되었다.

남북협상에 대한 요구는 혁신계 정당들로부터도 나왔다. 그들은 외세(外勢)를 배제한 '중립화 통일'을 주장했다. 그 때문에 반공국가 대한민국에서 그동안 금기시해 온 해방 직후의 정치구호들이 되살아났다. 그것들은 좌우합작, 남북협상, 민족주의, 중립화 통일, 미군 철수 등이었다.

34

마지막 5년의 하와이 생활

(1) 국내체류를 어렵게 만든 상황

하와이 교민이 부담한 전세 비행기

1960년 5월 29일 새벽에 서울을 떠난 이승만과 프란체스카는 같은 날 호놀룰루 공항에 도착했다.

국내는 혁명의 분위기로 들끓고 있었기 때문에 이승만을 돕기 원하는 사람들조차 선뜻 나서기가 어렵게 되었다. 게다가 이승만에게 호의적이 아니었던 미국대사 매카너는 6월에 일본 방문을 거쳐 한국에 올 아이젠하워 대통령에 대한 한국인들의 관심에 촉각을 세우고 있었기 때문에 이승만의 빠른 출국을 압박하고 있었다.

그 때문에 이승만의 충실한 추종자이자 이승만 정부의 마지막 외무장관으로 과도정부의 수반이 된 허정도 이승만 내외에게 출국의 편의조차 제공할 수 없는 애매한 처지에 놓이게 되었다. 그래서 결국 이승만 내외가 호놀룰루까지 가는 데 이용했던 캐세이퍼시픽 전세기의 항공료를 하와의 대한인동지회 회원인 윌버트 초이가 부담하게 되는 기이한 상황이 되고 말았다.

이 박사 내외는 길어야 한달이나 지낼 것으로 생각했기 때문에 짐은 간단한 옷가지뿐이었다. 가진 돈이라고는 3천 달러뿐이었다. 교포들도 이 박사 내외가 잠시 머물 것으로 생각하고 동지회 회원인 윌버트 초이의 별장으로 모셨다.

그러나 시간이 흐르면서 이승만의 귀국이 늦어질 것 같았다. 그러자 그들은 윌버트 초이가 팔려고 내놓은 마키키 스트리트 2033번지의 빈집으로 이승만 내외를 모셨다. 침실 2개의 작은 목조 주택이었다.

85세의 이승만은 건강이 좋지 않아져 트리플러 미 육군병원을 자주 가게 되었다. 혈압이 올라갈 것을 우려해 측근들은 그에게 세상일을 전혀 알리지 않았다. 그래서 그는 생애 마지막 날까지 5·16 군사정변과 박정희(朴正熙) 정권의 성격에 대해 알지 못했다.

교민들과 미국인들의 따뜻한 손길

이승만과 프란체스카는 5년 2개월 동안 하와이에 머물렀다. 한국정부로부터 재정지원이 전혀 없었기 때문에 그들은 재미 교포들과 미국인 친구들의 도움으로 어렵게 살았다. 하와이 체류 마지막 기간에는 프란체스카의 오스트리아 친정 언니가 매월 200달러씩 생활보조비를 보내 주기도 했다.

하와이에서 이승만을 도운 교포들은 주로 독립운동 시절부터 그와 인연을 맺은 동지회 회원들이었다. 대표적인 인물은 윌버트 초이, 최백열(崔栢烈), 노디 킴(김혜경) 등이 있었다. 미국인 후원자들 가운데는 오랜 친구인 윌리엄 보스윅이 있었다. 그는 1920년 11월 이승만이 임시정부 대통령직을 수행하기 위해 중국의 상해로 갈 때 중국인 시체를 넣은 관 틈에 숨어 배를 타도록 도와준 인물이었다.

이승만을 도운 미국인들 가운데는 6·25전쟁으로 인연을 맺게 된 미군 장성들이 있었다. 아이잭 화이트 대장은 이승만이 트리플러 육군병원을 이용하도록 해주었다. 미 합참의장과 주한 유엔군 사령관을 지낸 라이먼 렘니쩌 장군은 하와이에서 회의가 있을 때마다 그를 찾아 주었다. 더글라스 맥아더 장군, 그리고 6·25전쟁 중에 특별히 친해진 제임스 밴플리트 장군도 멀리서 이승만의 하와이 생활을 걱정해 주었다.

이인수를 양자로 영입

이승만은 1912년에 외롭게 돌아가신 아버지 이야기를 자주 했다. 그리고 조상을 모실 아들이 없음을 한탄했다. 그에게는 1899년에 출생한 아들이 있었지만, 1906년 7세의 어린 나이에 필라델피아에서 질병으로 사망했던 것이다. 그래서 그는 82세가 되는 1957년에 이기붕의 큰아들 이강석을 양자로 맞아들였다. 하지만 양자는 1960년의 4·19학생혁명 때 가족과 함께 경무대에서 자살하고 말았던 것이다.

그 때문에 하와이의 이승만 주변 사람들은 새로 양자를 들이는 문제를 생각했다. 그리고 뉴욕에 사는 먼 친척 이순용(李淳鎔)을 한국으로 보냈다. 이순용은 일제시대 미국에서 이승만의 독립운동을 도왔던 인물로 6·25전쟁 기간에는 내무부 장관을 지내기도 했다.

서울에 간 이순용은 전주 이씨 양녕대군(讓寧大君)의 17대손인 이인수(李仁秀)를 양자로 발탁했다.[6] 이승만은 양녕대군의 다섯째 아들인 장평정(長平正)의 후손이었다. 하지만 그 파에는 계대(系代) 등의 조건이 맞는 청년이 없었기 때문에 양녕대군의 둘째 아들인 함양군(咸陽君)의 후손인 이인수(李仁洙)를 양자로 맞게 되었다.

좌절당한 귀국 의지

그러나 이승만과 가까웠던 한국의 고위층 인사들은 대부분 그를 피하려고 했다. 박정희 정부의 눈치를 보아야 했기 때문이다. 그래서 그들은 미국에 갈 때 이승만과 마주치지 않기 위해 호놀룰루 대신 알래스카를 경유하는 비행기를 탔다.

그러나 국방장관 김정렬(金貞烈) 장군 같은 예외적인 인물들도 있었다. 그는 1961년 박정희 군사정부의 미국대사로 임명받고 워싱턴으로 가는 길에 하와이에 들러 이승만을 만났다. 같은 해에는 박정

6) 이인수는 1931년생으로 고려대 경영학과를 거쳐 New York University(NYU)에서 정치학 박사를 받은 뒤 명지대 정외과 교수를 역임했다. 그리고 이화여대 불어불문학과 출신인 조혜자(曺惠子)와 혼인해 이병구(李丙久), 이병조(李丙朝) 두 아들을 두었다.

희 장군도 케네디 대통령을 만나기 위해 워싱턴으로 가는 길에 하와이에 들렀다. 하지만 이승만을 만나지는 않고 꽃다발만 전달했다.

노인(老人) 이승만의 머리 속에는 온통 한국으로 돌아갈 생각뿐이었다. 하와이에 온 지 두 해가 지난 1962년이 되면, 그의 귀국 열망은 더욱더 커졌다. 트리풀러 미 육군병원의 주치의도 이승만의 건강 상태로 보아 비행기를 탈 수 있는 날이 그리 많지 않다는 진단을 내렸다. 그러므로 이승만의 측근들인 프란체스카 여사, 총영사 오중정, 동지회원 최백열 등은 그의 귀국을 서둘렀다.

그러나 박정희 군사정부와 한국 언론들은 이승만의 귀국을 달가워하지 않았다. 그 때문에 이승만의 측근들은 그들을 달래기 위해 4·19학생혁명이 일어나게 된 데 대한 사과 성명서를 발표했다. 물론 이승만과는 상의 없이 작성된 것이었다.

이승만의 측근들은 귀국일을 1962년 3월 17일로 정했다. 출발 예정일 사흘 전부터 이승만의 건강이 갑자기 나빠져 휠체어를 타야 했다. 귀국한다는 소문을 듣고 많은 교포들이 찾아와 작별 인사를 했다.

그러나 출발하는 날 아침 김세원 하와이 총영사가 찾아와 이 박사 내외가 귀국할 수 없게 되었음을 알렸다. 박정희 군사정부가 그의 귀국을 허락하지 않은 것이다. 크게 낙심한 이승만은 몸이 급속도로 나빠져 손발조차 제대로 쓰지 못하게 되었다.

(2) 잊혀져 가는 '건국 대통령'

미국인의 도움으로 요양원 생활

귀국이 좌절당하자 이승만에 대한 하와이 교민들의 동정심이 일어났다. 그리고 박정희 군사정부의 가혹한 처사에 대해 분노했다. 이승만을 독립운동 시절부터 알던 나이 든 사람들일수록 더 분개했다.

이승만은 걷지 못하게 되었기 때문에 거처를 마우날라니 요양병원으로 옮겼다. 병원 측은 입원비를 받지 않았다. 그 병원의 최대 후원자인 딜링햄이 이승만과는 독립운동 시절부터 잘 아는 사이였기 때문이다. 프란체스카도 간병인 자격으로 병원 고용인 숙소에 머물게 되었다.

프란체스카는 이승만 곁을 충실히 지키면서 정성껏 돌보았다. 성경을 읽어 주고 찬송가도 불러 주었다. 한국인 이승만에 대한 오스트리아인 프란체스카의 헌신은, 로버트 올리버 박사가 지적했던 대로, 구약 성서에 나오는 '룻과 나오미'의 관계를 연상시키는 것이었다.

90세까지 장수한 대한인

이승만의 병세는 89세가 되는 1964년에 들어오면서 극도로 나빠졌다. 위 출혈이 심해 거처를 퀸즈 병원으로 옮겼다. 음식물을 삼키지 못해 입에 호스를 꽂고 펌프로 우유와 음료를 넣어 연명했다. 몸 상태가 심상치 않아 보이자, 하와이의 텔레비전 방송 등 언론 매체들은 이승만의 근황을 자세히 보도하기 시작했다. 1965년 3월 26일에 이승만은 90회 생일을 맞았다. 조선왕조 시대에 태어난 한국인으로는 드물게 장수한 경우였다.

1965년 7월 18일 밤 10시가 되면서 이승만에게 죽음이 다가오고 있음이 분명했다. 그 때문에 부인 프란체스카와 최백렬, 그리고 서울에서 급히 달려온 양자 이인수가 침대 곁을 떠나지 않았다. 병실 밖에는 오중정 영사, 윌버트 초이, 그리고 조선일보 통신원 차지수가 대기했다.

1965년 7월 19일 0시 35분, 이승만은 호스를 입에 문 채 조용히 숨을 거두었다. 향년 90세였다. 나라를 찾고 세우고 지키기 위해 온몸을 던졌던 한 위대한 한국인이 멀고 먼 하와이에서 고국을 그리다가 쓸쓸히 최후를 맞은 것이다.

죽어서 돌아온 고국

1965년 7월 21일 고인(故人)의 유해는 그가 세운 한인기독교회에 안치되었다. 하와이의 모든 방송사들이 애도 방송을 내보내는 가운데 많은 교포들과 미국인들이 문상을 다녀갔다. 그날 저녁에 영결예배를 마치고 나서, 고인의 영구는 하와이 경찰차의 호위를 받으며 진주만의 히컴 공군기지로 향했다.

히컴 공군기지에서 이승만의 영구는 미군 의장대 사열을 받았다. 조포(弔砲)가 발사된 뒤, 그를 존경하는 미군 장성들이 추도사를 했다. 영구가 미군 C-118 수송기에 실리자, 제임스 밴플리트 장군 등 16명이 서울까지 동행하기 위해 비행기에 올랐다. 밴플리트는 6·25전쟁에서 B-26 폭격기 조종사인 아들을 잃었을 정도로 한국과 인연이 깊었던 인물이었다. 그는 한국군 증강과 육군사관학교 설립에 도움을 준 인물이기도 했다. 밤 11시 미군 수송기는 서울을 향해 출발했다.

부인 프란체스카는 기력이 떨어져 두 번이나 졸도했기 때문에 수송기를 타지 못했다. 그러다가 얼마 뒤에 그녀는 오스트리아의 둘째 언니집으로 갔다. 서울에 가 보았자 생계조차 막연했기 때문이다.[7]

가족장으로 국군묘지에 묻힌 '건국의 아버지'

1965년 7월 23일 이승만의 영구는 김포공항에 도착해 빈소인 대학로의 이화장으로 옮겨졌다.

그러나 장례 절차를 놓고 유족 측과 박정희 정부 사이에 의견이 갈렸다. 유족 측은 이승만이 나라를 세운 '건국의 아버지'이므로 국

7) 프란체스카 여사는 1970년 한국으로 돌아와 이화장에서 22년 동안 양아들 이인수(李仁秀) 가족(* 각주6 참조)과 함께 살았다. 그리고 1992년 92세의 나이로 동작동 국군묘지 이승만 대통령과 함께 묻혔다.

장의 예우가 당연하다고 주장했다. 하지만 박정희 정부는 정치적 사정을 고려해 한 등급 낮춘 국민장을 권고했다. 합의가 이루어지지 못했기 때문에 장례는 양자 이인수 중심의 가족장(家族葬)으로 치르게 되었다.

1965년 7월 27일 이승만의 영구는 그가 졸업한 배재고등학교 학생들의 만장 행렬과 함께 정동 제일감리교회로 옮겨졌다. 그곳은 그가 평소에 다니던 교회로 그의 스승 아펜젤러의 혼이 담긴 장소이기도 했다.

영결 예배가 끝나자 영구는 자동차에 실려 동작동 국군묘지로 출발했다. 거리는 애국자의 마지막 길을 보기 위해 나온 사람들로 넘쳐났다. 그 때문에 영구차량은 사람이 걷는 속도로 느리게 움직여야 했다. 그래서 영구는 7시간이 지난 오후 3시에야 동작동 국군묘지에 도착했다.

장지에서 다시 간단한 영결식이 있었다. 그런 다음 숭의여자고등학교 합창단의 조가(弔歌)가 울려 퍼지는 가운데 영구는 조용히 땅속에 내려졌다. 그리고 "해 저물어 날 이미 어두니"로 시작되는 찬송가 소리와 함께 조용히 묻혔다.

35
이승만의 유산

(1) 인간적 면모

평생 집 없는 설움

해방이 된 지 두 달이 지난 1945년 10월 19일 이승만은 미국에서 귀국해 일주일 동안 조선호텔에 머물렀다. 망명객으로 떠돌던 그에게는 집이 없었다. 그러다가 황해도 출신 사업가인 장진섭의 돈암장으로 옮겼다. 그리고 그 일부를 빌려 거처와 사무실로 사용했다.

그러나 얼마 안 있어 집주인은 그의 체류를 달가워하지 않게 되었다. 이승만이 하지 중장과 대립하게 되면서 집권할 가망이 없어 보였기 때문이다. 그래서 이승만은 집을 비워주어야 했다.

갈 곳이 없던 이승만은 1947년 7월 비서 윤치영과 미군정 경무부장 조병옥의 도움으로 마포장(평원정)으로 옮기게 되었다. 그 집은 일제시대 조선총독부 정무총감의 여름 별장이었으나 해방 후에 돌보는 사람이 없어서 황폐한 상태였다. 집은 오늘날의 마포대교 북단의 한강 가 언덕 위에 있었다. 강바람이 너무 강해 나이 든 이승만 내외에게는 가을도 겨울처럼 추웠다.

거기서 이승만 내외는 암살당할 위기에 놓이기도 했다. 이승만의 경호원 3명과 마포경찰서 경찰 1명이 남로당원이었기 때문이다. 암살 계획은 사전에 윤우경 마포경찰서장에게 적발되어 이승만 내외는 위기를 넘겼다. 암살 위기는 그 후에도 여러 차례 있었기 때문에 승용차에서 프란체스카는 이승만을 저격으로부터 보호하기 위해 바짝 붙어 앉곤 했다.

집 없는 이승만의 딱한 사정이 알려지자, 백성욱, 권영욱, 전용순, 신용욱 등 33인의 실업가들이 돈을 모아 낡은 한옥을 마련했다. 오늘날 대학로의 이화장이었다. 이승만은 1947년 10월 18일 그 집에 입주했다. 그러나 대통령이 되면서 그는 1948년 8월 18일 경무대(청와대)로 거처를 옮겼다.

검소했던 경무대 생활

이승만의 경무대(景武臺) 생활은 한 마디로 절약정신의 실천이었다. 이승만은 평생 가난하게 살았기 때문에 그의 몸에는 청빈(淸貧)정신이 배어 있었다. 그래서 그는 경무대 건물의 일부만 사용했다.

연회장이 있기는 했지만 전혀 사용되지 않았다. 그러다가 휴전

직후 1953년 8월 존 포스터 덜레스 미 국무장관이 한미동맹에 가조인하기 위해 왔을 때 만찬을 위해 처음 사용되었다. 이승만은 술·담배를 안 했기 때문에 경무대 연회에는 술이 나오지 않았다. 그래서 외국인 참석자들 가운데는 미리 술을 마시고 들어오는 사람들도 있었다.

대통령의 취미는 경무대 뜰을 산책하거나 나뭇가지를 자르는 등의 소박한 것이었다. 하와이 시절에 장작을 패고 가구를 고치며 살았기 때문에 그가 받은 선물 가운데는 렌치, 드라이버, 펜치 같은 공구(工具)가 많았다.

독립운동 시절에 하와이에서 배운 낚시를 하기 위해 가끔 경무대에서 가까운 경복궁 경회루 연못으로 갔다. 멀리 인천까지 가는 경우도 있었다. 6·25전쟁으로 임시수도 부산에 있을 때는 작은 배를 타고 멀리 진해 앞바다까지 가기도 했다.

영어 사용을 강조

이승만 내외는 매일 아침 가정 예배를 보고 자기 전에는 성경을 읽었다. 그의 머리 속에는 언제나 우리 민족이 다시는 다른 민족의 노예가 되어서는 안 된다는 생각으로 가득 차 있었다. 그 때문에 그가 좋아하는 성경 구절은 신약성서의 갈라디아 5장 1절이었다. 그것은, "그리스도께서 우리를 자유케 하려고 자유를 주셨으니, 그러므로 굳세게 서서 다시는 종의 멍에를 메지 말라"는 구절이었다.

신생국 대한민국이 국제사회에서 자리를 잡기 위해서는 무엇보다도 외교(外交)가 중요하다는 것이 그의 생각이었다. 그래서 이승만은 영어 잘하는 사람을 아꼈다. 그러나 건국 초에 그 같은 인재가 많지 않았기 때문에 대통령 자신이 직접 외교문서를 작성하는 경우가 많았다. 그 경우에 영문 타자는 프란체스카 여사가 담당했다.

이승만은 미국에서 독립운동을 하는 동안 언론의 중요성을 알게 되었다. 그래서 그는 건국 초기에는 언론과 가까이하려고 매주 기자 회견을 열었다. 그 경우에 그는 외국인 기자들을 위해 먼저 영어로 말한 다음 국내 기자들에게 한국어로 말했다. 그러나 6·25전쟁이 일어난 다음부터는 정례 기자회견을 중단하고 그가 좋아하는 신문들과 특별 인터뷰를 하는 경우가 많았다.

국민과 가까웠던 재임 초기

건국 초기에 이승만 대통령은 국민과의 접촉을 늘리기 위해 사람들이 모인 곳에 예고 없이 나타나는 경우가 많았다. 대표적인 경우가 1949년 4월 22일부터 8일 동안 특별열차로 지방을 순시하던 때였다. 순시 여행에는 미국에서 온 로버트 올리버 교수와 언론인 제이 제롬 윌리암스가 동행했다.

서울에서 부산으로 가는 동안 그는 작은 간이역이라도 농민들이 그를 보기 위해 모여 있는 것을 보면 열차를 멈추게 했다. 그러고는 잠깐이나마 그들과 악수를 하고 이야기를 나누었다. 그 때문에 부산까지 가는 사흘 동안 26번이나 기차를 세워야 했다. 그 같은 행동은 1948년 선거에서 트루먼이 보여 준 열차 유세를 연상시키는 것이었다.

6·25전쟁 기간에 대통령은 임시수도 부산의 경남 도지사 관사에 머물렀다. 그곳은 난방 시설조차 없는 작고 낡은 건물이었다. 측근들은 좀 더 나은 건물로 옮길 것을 권유했지만, 그때마다 그는 사양했다.

대통령은 항상 전선 상황에 대해 관심을 가지고 있었기 때문에 치안이 불안한 서울에 와서 경무대에 며칠씩 머무는 경우가 많았다. 그러다가 1953년 3월에 전선이 38선 부근에서 굳어지는 듯이 보이자, 대통령은 아예 집무실을 서울로 옮겼다. 장관들도 두 달 후에 서울로 옮겼다.

몸에 밴 서민 기질

이승만은 가난한 선비집안에서 자랐고, 미국에서 독립운동할 때도 항상 가난한 동포들과 함께 살았다. 그 때문에 그에게는 서민의식이 깊이 배어 있었다. 하와이에서 한인 노동자들이 결혼식을 할 때는 그의 양복을 빌려 입는 것이 관행이었다. 그 때문에 그에게는 가난한 사람들의 입장에서 투쟁하는 선동가의 기질이 있었다.

이승만의 서민 기질은 1951년에 자유당(自由黨)을 창당할 때 잘 나타났다. 그는 평소에 자신이 국회의원, 법관, 언론인 같은 엘리트에 맞서 평민을 대변하는 민중주의자라고 생각했다. 그 때문에 그는 새로 창당되는 정당이 노동자와 농민을 대변하도록 당 이름을 통일노농당(統一勞農黨)으로 지을 것을 고집했다. 측근들의 완강한 반대로 그 당명은 채택되지 않았다. 왜냐하면 6·25전쟁이 진행되고 있는 때 노농당은 공산당과 혼동을 일으킬 위험이 있기 때문이었다.

이승만의 서민 의식은 농민의 빈곤 문제를 해결하기 위해 농지개혁을 서두른 데서도 나타났다. 농지개혁 문제를 놓고 논란이 길어져 시행이 쉽지 않아 보이자, 그는 농지개혁법이 확정(1950. 3)되기도 전에 행정명령을 통해 개혁을 추진했다. 그래서 농민들은 농지개혁법이 확정될 경우에 그들이 분배받을 농지의 위치를 면사무소에서 확인할 수 있었다. 그 때문에 농민들은 6·25전쟁 중에 이승만과 대한민국에 대한 충성심을 잃지 않았다.

이승만은 월남민 등 도시빈민을 돕기 위한 사회정책에도 관심이 컸다. 하지만 농지개혁만큼의 성과는 내지 못했다. 나라가 가난해 그것을 실현할 재원이 부족했기 때문이다. 그나마 있는 재원도 6·25전쟁을 수행하고 거대한 군대를 유지하는 데 사용해야 했기 때문이다.

국군에 대한 남다른 애정

6·25전쟁 중에 이승만은 국군에 대해 남다른 애정을 보였다. 그에게 있어서 국군은 멸망 직전의 나라를 구출한 구세주였다. 그

래서 그는 80세에 가까운 나이에도 불구하고 거의 매주 한 번은 전선이나 훈련소를 찾아 군인들을 격려했다. 지프로 위험한 산길을 달리기도 하고, 작은 정찰기로 적의 포화를 피해 위험스러울 정도로 낮게 날았다. 장마와 폭설에도 전선을 누비고 다녔다.

그러한 그의 국군 사랑은 〈라이프〉지에 실린 제임스 밴플리트 장군의 다음과 같은 이야기에서 확인된다. 그것은 이승만이 1951년 9월 강원도 양구 북방에서 벌어질 '단장(斷腸)의 능선' 전투를 앞둔 장병들을 찾아가는 이야기였다.

그날 아침 이승만은 전선으로 가기 위해 임시수도 부산의 수영비행장에서 쌍발기를 탔다. 비행기는 중동부전선의 펀치볼에서 12마일 떨어진 계곡에 마련된 임시 활주로에 내렸다. 거기서 그는 덮개도 없는 작은 2인승 정찰기를 갈아타고 북쪽으로 날았다. 정찰기는 적군의 대공(對空) 포화를 피하기 위해 위험스럽게도 나무에 닿을 정도로 낮게 날았다. 갑자기 전선에 나타난 대통령을 본 병사들은 놀라 환호성을 질렀다. 장병들을 격려한 대통령은 왔던 길로 부산으로 돌아가게 되었다. 그러나 부산 수영비행장이 날씨가 나빠 내릴 수 없다는 연락이 오자, 비행기는 대구의 동천비행장으로 갔다. 그러나 그곳도 짙은 구름 때문에 내릴 수 없었다. 서울로 가기에는 연료가 부족했다.

대구 근처에서 비행기가 내릴 수 있는 곳은 포항뿐이었다. 그곳도 활주로만 있는 곳이었다. 비행기는 낮게 깔린 구름을 뚫고 간신히 착륙했다. 대통령의 도착을 미리 알릴 틈도 없었기 때문에 활주로에는 아무도 나와 있지 않았다. 30분이 지나서야 몇 대의 지프가 달려왔을 정도였다.

대통령 일행은 오후 7시 30분이 되어서야 막사에 도착했다. 하지만 그때는 이미 군인들이 저녁 식사를 끝낸 다음이었다. 그래서 대통령 일행은 야전식(레이션)으로 허기를 채웠다. 그러고는 비좁은 막사에 둘러앉아 비가 그치기를 기다렸다. 그러나 밤 11시가 되어도 비가 멈추지 않자 대통령 일행은 계획을 바꾸어 기차로 부산까지 가기로 했다. 그래서 그들은 지프로 폭우를 뚫고 기차역으로 가게 되었다.

그날의 긴 이동 과정은 젊은이도 견디기 힘든 것이었다. 그럼에도 불구하고 노인인 대통령은 일행의 용기를 북돋우기 위해 계속 농담을 하는 여유를 보였다고 밴플리트 장군은 전하고 있다.

(2) '문명전환'의 시대적 역할

아데나워와 이승만의 공통과제

세계사적인 관점에서 볼 때 이승만(1875-1961)의 역사적 역할은 같은 시대를 살았던 서독의 아데나워(1876-1967)의 그것과 기본적으로 같았다. 두 인물은 멀리 떨어진 극동과 유럽에서 활동했기 때문에 직접 얽히는 일은 없었다. 그럼에도 불구하고 그들은 제2차 세계대전 후의 냉전시대에 소련과 공산주의의 팽창에 맞선다는 공통(共通)된 역사적 역할을 수행했던 것이다.

두 인물은 개인적으로도 비슷한 점이 많았다. 이승만과 아데나워는 각기 1875년과 1876년에 출생해서 모두 90세 이상 오래 살았다. 또한 각각 1948년과 1949년에 집권해서 12년과 14년 동안 권력의 자리에 있었다. 그리고 당시의 집권자로는 드물게 모두 최고 학력인 박사학위를 가졌다.

제2차 세계대전이 끝났을 때 두 인물에게 주어진 과제는 최악의 상태에 놓인 자기 조국을 재건하는 것이었다. 독일은 전쟁으로 완전히 파괴되었고, 한국은 식민지에서 막 벗어난 후진지역이었다. 두 나라는 각기 서독과 동독, 남한과 북한으로 분단(分斷)되어 있었다.

그럼에도 불구하고 그들의 국가 재건은 성공했다. 그들이 세운 독일연방공화국(서독)과 대한민국은 국가로서 살아남았을 뿐만 아니라 국력에 비해 훨씬 더 큰 발언권을 국제사회에 대해 행사하게 되었기 때문이다.

그 같은 결과를 가져오게 했던 가장 큰 원인은 두 나라가 모두 '현대판 로마제국'으로 떠오르던 미국과 동맹을 맺었기 때문이다. 독일연방공화국은 프랑스가 반대했음에도 불구하고 '북대서양동맹(NATO)'에 가입했다. 대한민국은 미국이 원하지 않았음에도 불구하고 한미상호방위조약을 맺을 수 있었다. 그 과정에서 아데나워와 이승만의 적극적인 역할이 중요했던 것은 물론이다.

그 때문에 당시의 국제사회에서 두 인물이 가졌던 비중은 그들의 나라들이 가졌던 것보다 더 중요했다. 이승만의 경우를 보면, 미국인들에게 그의 이름은 한국이라는 나라보다 더 많이 알려졌던 것 같았다. 이승만이 유학생으로 처음 미국 땅을 밟은 1904년부터 하와이에서 죽은 1965년까지 〈뉴욕타임즈〉에만 실린 그의 관련 기사는 1,256건에 이를 정도로 많았기 때문이다.[8)]

미국과의 군사적,문명적 결합

아데나워와 이승만의 역사적 역할에 공통성이 있다는 것은 문명사의 측면에서 보면 더욱더 분명해진다. 미국과의 동맹은 군사적인 결합이었지만 동시에 문명적(文明的)인 결합이기도 했기 때문이다. 그에 따라 서독과 한국은 미국과의 군사동맹을 통해 '대륙문명권'과 손을 끊고 '해양문명권'과 결합하는 '문명의 전환'을 이루었다. 그러므로 두 인물은 제각기 자기 조국을 '팍스아메리카나' 시대에 적응케 만든 문명의 예언자 역할까지 해낸 것이다.

제2차 세계대전 이전에 독일의 문명사적 위치는 영국·프랑스의 서방문명권과 러시아의 동방문명권 사이에서 그네 타듯이 양쪽으로 오가는 중간적인 것이었다. 그러나 제2차 세계대전 이후 독일연방공화국(서독)은 러시아의 동방문명권과 관계를 사실상 끊고 서방문명권에 확실하게 편입하는 변화를 겪었다. 당시 서방문명권은 대서양 건너 북아메리카의 미국과 캐나다까지 확대되어 있었기 때문

---

8) 광복 50주년·조선일보 창간 75주년 특별기획전 도록 《이승만과 나라 세우기》(조선일보, 1995.2) p.40.

에 아데나워는 대서양주의자로 불리게 되었다.

같은 의미에서 이승만은 태평양주의자였다. 해방 후에 대한민국도 중국의 대륙문명권과 손을 끊고 태평양 건너 미국과 연결되었기 때문이다. 그에 따라 그것은 넓은 의미의 서방문명권에 편입될 수 있었다.

그 같은 '문명의 전환' 과정에서 이승만은 아데나워보다 훨씬 더 적극적이었다. 아데나워가 독일연방공화국을 '나토'에 가입시키게 되었던 데는 미국의 도움이 컸다.

하지만 이승만의 한미동맹은 그렇게 쉽지 않았다. 그는 한미동맹이 결성되기 4년 전에 미국의 반대에도 불구하고 한국, 타이완, 필리핀, 인도 등을 미국과 군사적으로 묶는 태평양동맹을 조직하려고 했다. 그 같은 이승만의 의지는 6·25전쟁의 참화를 거치고 난 뒤에야 부분적으로나마 실현될 수 있었다. 동맹을 원하지 않는 미국을 설득하고 압박해 한미상호방위조약을 체결했기 때문이다.

아데나워나 이승만이 미국과 동맹을 맺으려 했던 것은 대륙문명권의 공산주의적인 생활방식에 대항해 해양문명권의 자유주의적인 생활방식을 지키려 했기 때문이다.

해양문명권 적응에 따른 진통

그러나 그 같은 '문명의 전환'에는 진통이 따랐다. 낯선 문명을 받아들이는 데 대한 내부 반발이 컸기 때문이다. 그 점에서 이승만과 대한민국이 겪은 진통은 아데나워와 서독이 겪은 것보다 훨씬 더 컸다. 한국인들은 집단주의적인 '중국적 생활방식'에 너무나 오랫동안 젖어 있었으므로 서독인들보다 개인주의적인 '미국적 생활방식'을 받아들이기가 훨씬 더 어려웠기 때문이다.

남한사회가 낯선 해양문명권에 적응하는 과정에서 얼마나 큰 진통을 겪었는지는 북한사회와 비교하면 분명해진다. 해방 이후 북한사회는 겉으로는 안정된 모습을 보여 왔다. 익숙한 대륙문명권에 그대로 남아 있었기 때문이다. 그러나 새로운 해양문권에 새로 적응해야 하는 남한사회는 시위, 파업, 폭동, 혁명, 정변으로 끊임없이 요동을 쳐 왔다. 하지만 그 같은 진통을 겪었기 때문에 오늘날 남한사회는 자유(自由)와 번영(繁榮)을 누리도록 변화할 수 있었다.

새 문명에 필요한 새 인재의 육성

남한사회가 낯선 해양문명권에 적응할 수 있었던 원인의 하나는 새 문명에 적합한 새로운 엘리트를 양성할 수 있었기 때문이다. 새로운 엘리트는 갑자기 육성될 수 있는 것이 아니므로 해방 후에 남, 북한이 일제시대의 엘리트를 어떻게 처리했는가 하는 문제가 중요하게 된다.

북한에서 김일성은 공산혁명으로 새 사회를 건설한다는 명분을 내걸고 일본식 교육과 경험을 쌓은 일제시대의 엘리트를 친일 반동세력으로 숙청했다. 김일성에게 있어서 과거의 교육과 경험은 엘리트 판단의 중요한 기준이 아니었다. 김일성 자신도 만주에서 중학교를 중퇴한 것이 교육의 전부였기 때문이다. 따라서 북한에서는 해방 후에 과거와의 연결선이 끊어지게 되었다.

그와는 달리 남한에서 이승만은 일제시대에 교육과 경험을 쌓은 엘리트를 보존해야 할 인재로 보았다. 그 때문에 대한민국에서 일제시대의 엘리트는 살아남았을 뿐만 아니라 그 일부는 미국식의 교육과 경험을 새로 획득해 그들의 수준을 더욱더 높이게 되었다. 그것은 대한민국이 과거와의 관계가 끊기지 않고 이어지게 된 결과였다.

그것은 대한민국이 가난한 나라였음에도 불구하고 1953-1960년 기간에 미국 등의 선진국으로 떠난 유학생이 4,884명인 사실로도 확인된다. 그 같은 현상을 설명하기 위해서는 이승만이 미국에서 박사학위까지 받은 새로운 유형의 엘리트였다는 사실이 고려되어야 하는 것이다.

약소국 생존조건인 동맹의 확보

이승만과 아데나워에게는 모두 뛰어난 국제정치 전문가(專門家)라는 공통점이 있었다. 이승만은 국제법에 관해 박사학위 논문을 썼을 정도로 국제정치에 대한 관심과 지식이 깊었다. 아데나워는 총리로서 외무장관을 겸직할 정도로 외교를 중요시했다.

외교전문가로서 두 지도자는 모두 약소국 생존의 가장 중요한 요소가 동맹(同盟)의 확보라고 믿었다. 아데나워는 소련의 침공을 막기 위해서는 미국과의 동맹밖에 없다고 생각했다. 그 때문에 그는 프랑스의 반대에도 불구하고 미국이 주도하는 북대서양동맹(NATO)에 그의 조국 서독을 가입시키려고 노력했던 것이다.

이승만은 북한을 비롯한 공산국가들과 일본의 침략으로부터 대한민국을 지키기 위해서는 미국과의 동맹밖에는 없다고 생각했다. 그 때문에 그는 미국이 원하지 않았음에도 불구하고 한미상호방위조약을 체결하려고 했다.

한국의 경우에 미국과의 동맹은 20세기 초에 대한제국 정부가 마지막으로 추구했던 외교적 목표이기도 했다. 고종 황제를 포함한 일부 집권자들은 미국이야말로 동맹을 맺을 수 있는 강대국으로 생각했기 때문이다. 미국을 한반도에 대한 영토적 야심이 없는 유일한 나라로 생각했던 것이다. 그때 그들의 꿈은 이루어지지 못했다. 그러나 그것은 50년이 지난 1953년에 와서 이승만에 의해 한미상호방위조약으로 성취되었다.

이승만은 동맹의 중요성을 알았기 때문에 독립운동에서도 강대국 미국의 도움을 얻어야 한다는 외교독립론(外交獨立論)을 내세우게 되었다. 그리고 대한민국으로 독립된 다음에는 즉각 미국과 동맹을 맺으려고 했다. 하지만 미국이 거부했다. 그것은 6·25전쟁 중에도 마찬가지였다.

그러므로 이승만은 반공포로 석방 같은 '벼랑 끝' 전술로 미국을 압박했다. 그 과정을 지켜본 유엔군사령관 마크 클라크는 이승만이 어디서 그 같은 외교적 기술을 터득했는지 모르겠다고 감탄했다.

이승만의 외무장관이었던 조정환도 그를 가리켜 '외교의 신(神)'이라고 불렀다.

혁명가들의 자유만은 허용할 수 없었다

아데나워와 이승만은 모두 열렬한 반공주의자(反共主義者)들이었다. 그래서 아데나워는 공산당의 활동을 금지하는 한편, 공산체제의 동독을 국가로 승인한 나라와는 국교를 수립하지 않는다는 '할슈타인 원칙'을 대외정책의 기조로 삼았다. 이승만은 공산주의자들의 혁명운동을 막기 위해 국회가 제정한 국가보안법을 충실히 집행했다.

두 지도자는 꼭 같은 반공주의의 길을 걸었음에도 불구하고, 자기 조국에서 받은 평가는 너무나 달랐다. 독일에서 아데나워는 '건국의 아버지' '라인강의 기적'을 이룩한 영웅으로 추앙을 받았다. 그 때문에 아데나워는 2003년 11월 독일공영방송 ZDF 텔레비전이 330만 명을 대상으로 실시한 설문조사에서 독일 역사의 가장 위대한 인물로 평가받았다.

이와는 달리 한국에서 이승만에 대한 평가는 최하위급이었다. 2008년의 어느 대학 연구소가 조사한 대한민국 역대 대통령에 대한 인기도를 보면 이승만에 대한 지지는 거의 최하위인 0.6퍼센트였다.

문화전쟁의 중심에 서게 된 이승만

이승만이 그처럼 한국에서 잊혀지고 지워지고 왜곡된 것은 주로는 반공정책 때문이었다. 북한의 공산주의자들과 그들에게 동조하는 남한의 좌파들에게는 이승만을 그처럼 미워할만한 이유가 있었다. 이승만이 없었다면 6·25전쟁 때 공산화 통일이 가능했을 것으로 생각될 수 있었기 때문이다.

그 가능성은 6·25전쟁 말기 미8군사령관이었던 맥스웰 테일러 장군의 말에서 확인된다. 그는 나중에 베트남 전쟁에서 미군 총사령관으로 베트남 정권의 패망을 직접 관찰하게 되었다. 그때 그는 베트남에도 이승만 같은 강력한 반공 지도자가 있었다면 공산화되지 않았을 것이라고 말했던 것이다.

바꾸어 생각하면, 그의 말은 이승만이 없었다면 남한도 북한에 흡수되어 중국의 '대륙문명권'에 속하게 되었을 것이라는 뜻이다. 만일 그렇게 되었더라면 남한도 집단주의적이고 전체주의적인 공산주의 체제 밑에 놓이게 되었을 것이다. 자유민주주의 체제는 1980년대까지만 해도 '해양문명권'에서만 나타난 현상이었기 때문이다. 그 체제는 개인(個人)의 자유를 최고의 가치로 여기는 자유주의 사상이 사회를 지배하고 자유선거(自由選擧)를 통해 정부를 구성하는 민주주의 제도가 유지되어야만 나타날 수 있는 것이기 때문이다.

그러므로 오늘날 대한민국이 자유민주주의 체제 밑에서 자유와 번영을 누리게 될 수 있게 된 것은 그것을 해양문명권에 편입시키고 지켜낸 이승만이 있었기 때문이라고 말할 수 있다. 그러한 관점에서 본다면, 지금 한국에서 이승만을 둘러싸고 일어나는 찬성과 반대의 논쟁은 대한민국을 해양문명권에 남게 하려는 세력과 대륙문명권으로 되돌아가게 하려는 세력 사이의 싸움인 것이다.

그러므로 오늘날 한국사회에서 일어나는 갈등은 본질적으로는 문화전쟁(文化戰爭) 또는 문명전쟁의 성격을 띄고 있다. 그것은 이 나라를 어떤 문명권(文明圈)에 두게 될 것인가 하는 문제를 놓고 벌어진 구한말의 갈등과 같은 성격의 것이기 때문이다. 따라서 이승만을 둘러싸고 일어나는 갈등은 구한말 개화파의 문명개화 전통을 계승한 '현대판 개화파'와 그것에 맞서는 '현대판 위정척사파'의 대립인 것이다.

이승만 연보: 독립·건국·호국을 위한 투쟁 일지

* 이승만의 독립운동, 건국운동, 호국활동은 강대국 미국의 협조와 도움을 얻는 데 집중되어 있었다. 따라서 연보는 이승만이 미국정부와 어떤 관계를 유지해 왔는가에 초점을 맞추어 정리했다.

1875. 3. 26	황해도 평산에서 출생했으나 2세부터 서울에서 성장.
1898	협성회보, 매일신문, 제국신문을 발행하면서 애국계몽운동,
1898. 3. 10	독립협회 만민공동회 시위에서 정부개혁과 헌법채택을 촉구.
1898. 3. 19	러시아의 부산 절영도 조차를 규탄.
1899. 1	박영효 정변사건에 연루되어 5년 7개월간 옥살이 시작.
1904. 11	출옥 후 미국 유학길에 민영환, 한규설의 정부밀사 역할,
1905. 1. 15	〈워싱턴포스트〉와의 인터뷰에서 일본의 조선 침략을 비판.
1905. 2. 20	국무장관 존 헤이를 만나 조선의 영토보존을 요청.
1905. 8. 4	시어도어 루스벨트 대통령을 만나 "불쌍한 나라" 조선의 독립 보전을 요청.
1907. 6. 23	한국을 소개한 YMCA강연 내용이 〈워싱턴포스트〉에 실림.
1907. 7	〈뉴저지애즈베리파크프레스〉〈뉴욕모닝포스트〉 등에 일본의 강압을 폭로.
1908. 7	덴버 '애국동지대표자대회'에서 민족 지도자 위치에 오름.
1908. 9	프린스턴대대학원 정치학과 입학해 우드로 윌슨 총장과 교분.
1910. 10	한일합방 직후 서울YMCA에서 와서 1년 반 애국계몽 운동.
1912. 3	'105인 사건'으로 체포위협을 받자 미국으로 망명.
1912. 6~7	민주당 대통령 후보 우드로 윌슨을 3회 면담.
1918. 10	하와이에서 교육·선교 활동을 하면서 국내 지도자들에게 세계에 한인들의 독립의지를 알릴 대중시위를 촉구함으로써 3·1운동 촉발에

기여함.

1918. 12 파리강화회의에서 독립을 호소할 대한인국민회대표로 선임.

1919. 3 파리행이 좌절되자 차선책으로 '국제연맹위임통치 청원서'제출.

1919. 4 서재필과 함께 필라델피아 대한인총대표회의를 열어 독립선언.

1919. 5 한국독립에 호의적인 미국인들로 '한국친우회'를 조직.

1919. 6 한성 임시정부 대통령 자격으로 미, 영, 프 등에 국가승인을 요청.

1919. 7 임시정부의 공사관인 구미위원부를 워싱턴DC에 설치.

1919. 8. 18 호머 헐버트의 한국독립지지 성명서를 미국회의사록에 수록.

1919. 9. 6 3개 임시정부를 통합한 대한민국임시정부 대통령에 선임됨.

1919. 9. 19 고문변호사 프레드릭 돌프의 한국독립 지지문을 미국회의사록에 수록.

1920. 3. 17 두 명의 연방상원의원을 움직여 아일랜드독립안과 함께 한국독립안을 미 상원에 상정. 그러나 한국독립안은 부결됨.

1921. 10. 10 워싱턴군비축소회의에서 서재필, 정한경과 함께 3개월 동안 한국독립을 호소. '한국독립청원서' 제출.

1921. 12. 1 고문변호사 프레드릭 돌프의 한국승인 지지논설을 미 국회의사록에 수록.

1921. 12. 28 이상재의 주도로 국내의 260군 대표가 서명한 '한국인민치태평양야회의서'를 워싱턴 군축회의에 제출.

1922. 2 영국의 문필가 H.G 웰스를 만나 한국독립의 필요성을 설득.

1925. 3 탄핵으로 대통령직을 잃어 독립운동에 지장을 받음.

1932. 11 김구의 임시정부에 의해 국제연맹 전권대표로 임명됨.

1933.1~2 제네바 국제연맹에서 한국독립을 호소. 책자 《만주의 한국인》을 배포하고 〈주르날드제네바〉〈라트리뷴도리앙〉〈데어분트 〉신문들과 인터뷰.

1933. 7 모스크바에 독립지원을 요청하러 갔다가 추방당함.

1934. 1~12 미국전역을 돌며 임시정부 지지를 호소. 〈워싱턴데일리뉴스〉〈몬태나스탠다드〉〈로스앤젤레스타임즈〉〈몬태나크로니클〉 지와 인터뷰를

하고 원고를 실림.

1935. 1. 24 호놀룰루 〈스타불레틴〉지에 이승만의 제네바 활동 보도.

1939. 4 제2차 세계대전 발발 조짐에 활동무대를 워싱턴DC로 옮김.

1939. 11 언론인 에드윈 힐을 고용해 독립의지를 알리는 글을 쓰게 함.

1939. 12. 10 〈워싱턴포스트 〉인터뷰에서 중국내 한인독립투쟁을 소개.

1941. 6 김구의 임시정부로부터 주미외교위원장 겸 주워싱턴전권대표로 임명받음으로써 미국정부를 상대할 공식직함을 가지게 됨. 이승만은 자신을 The Korean Commission의 Chaitman 자격으로 부름.

1941. 6. 6 미 대통령에게 임정승인의 필요성을 설명하는 서한 발송.

1941. 8 일본의 미국공격을 예견한 *Japan Inside Out*《일본내막기》를 뉴욕에서 출간. 루스벨트 등 미 정부 고위층에 전달.

1941. 12, 6 책 출간 5개월 만에 '진주만 기습'이 일어나 베스트셀러가 됨.

1941. 12. 9 임시정부에 요청해 보내온 대일선전포고문을 미 대통령과 국무장관에 전달.

1941. 12. 11 미국정부에 임시정부 승인과 무기지원을 요청. 그 후 같은 내용의 요청은 30여회에 이를 정도로 많음.

1942. 1. 2 미국무부 실세 앨저 히스를 만나 임시정부 승인과 무기지원을 역설.

1942. 1 한국독립을 도울 미국인들로 '한미협회' 조직. 그들 가운데는 미연방상원 원목, 전 캐나다 대사 아메리칸대학 총장, 변호사, 중진언론인이 포함되어 있음.

1942. 2. 7 미국무장관에 임시정부 승인 요청서를 제출. 이에 동의하지 않는 미국무부는 신탁통치를 구상한 랭던보고서를 작성.

1942. 2 한국인을 일본처럼 적성국민으로 취급하지 말 것을 요청.

1942. 3. 1 '한미협회'는 워싱턴 라파예트 호텔에서 '한인자유대회를 개최. 임시정부 승인과 무기지원을 역설. 미국무부는 관리 2명을 참관시킬 정도로 관심을 표시.

1942. 3. 6 '한미협회'는 임시정부를 즉각 승인하고 한인들을 일본과의 전쟁에 활용할 것을 미국무부에 건의.

1942. 3. 24　코델 헐 미국무장관에게 조미수호조약(1882)을 상기시키며 임시정부의 외교적 지위를 인정하라고 요구.

1942. 5. 5　'한미협회'가 미국무장관에게 임시정부 승인을 촉구. 그러나 장관은 전쟁의 승리를 위해 싸우는 민족만 지원한다는 원칙을 제시함으로써 한국인이 싸우지 않는 민족에 속한다는 사실을 간접적으로 지적.

1942. 5　그것에 대해 '한미협회'의 제임스 크롬웰이 강력히 항의.

1942. 6. 13　'미국의 소리(VOA)'를 통해 동포들에 격려방송 시작.

1942. 9. 22　미국인 기독교인들로 '기독교인친한회' 조직(선교사 출신인 헐버트, 애비슨, 피치 부인 등이 포함됨).

1942.10　미육군 전략첩보국(OSS)과 협조해 한인 게릴라조직을 시도. 장기영, 이순용, 정운수 등 12명이 선발되어 훈련을 받음.

1943. 2. 9　'기독교인친한회'가 국회의원들 상대로 임시정부승인을 위한 '편지쓰기 운동'을 벌임.

1943. 2. 16　중경 임시정부를 승인하지 않으면 전쟁 후 한반도에 공산정권이 서는 불행이 일어날 수 있다고 미국무부에 경고.

1943. 2　미육군장관에게 한인게릴라 조직을 제의. 장석윤 등이 특수훈련을 받고 미군에 입대,

1943. 2. 23　루스벨트가 라디오방송에서 한인들의 노예상태를 언급하는 놀라운 일이 일어남. 한인들의 독립의지가 미 대통령에 전달되었다는 증거. 이승만은 감사의 서한을 보냄.

1943. 3. 31　임시정부 승인안이 미 하원에 제출됨.

1943. 4. 22　임시정부 승인안이 미 상원에 제출됨.

1943. 3　하와이 한인들을 일본인들과 다르게 대우하라고 미 육군장관에 요청. 6월에 찬성하는 회답을 받음.

1943. 5. 15　미 대통령에게 소련의 공산화 야욕을 지적하며 임시정부의 즉각 승인을 요청. 한미협의회'와 '기독교인친한회'도 동시에 같은 요청서를 미 대통령에 보냄.

1943. 5. 26　루스벨트의 최측근인 해리 홉킨스로부터 접수 통보를 받음.

1943. 8. 29 같은 내용의 전문을 제1차 퀘벡 회의에 참석한 루스벨트에게 다시 전달.

1943. 11. 19 감리교 목사 존 무어가 루스벨트 대통령에게 미국이 1908년에 일본의 조선합병을 인정했던 실수를 되풀이하지 말라는 편지를 보냄.

1943. 11. 22~27 카이로회담에서 미·영·중 수뇌들이 한국독립을 약속하는 놀라운 일이 일어남.

1943. 11. 28 카이로합의가 테헤란회담에서 소련수뇌의 동의를 얻음.

1943. 12. 1 한국독립을 약속한 '카이로 선언' 발표. 선언문 기초자는 루스벨트의 최측근으로 독실한 감리교도이며 이승만의 지인이기도 한 해리 홉킨스. 그것은 미 감리교계와 관계가 깊은 이승만의 영향을 짐작케 함.

1943. 12. 9 카이로선언에 감사하는 전보·서한을 루스벨트에 보냄.

1943.12.22 그러나 미국정부의 임시정부 승인이 어려울 것이라는 질레트 상원의원의 전갈을 확인하기 위해 직접 방문.

1944. 2 오하이오 주 애쉴랜드 상공회의소가 '한국독립의 날' 행사를 개최. 이승만은 임시정부 승인과 무기지원을 역설.

1944. 9. 11 제2차퀘벡회의에 참석한 루스벨트에게 전보를 보내 '적당한 시기에' 독립을 준다는 카이로 선언의 문구가 독립을 늦출 위험이 있다며 즉각 독립을 요구.

1944. 10 같은 내용의 서한을 백악관의 루스벨트에 다시 보냄.

1945. 2 국무차관 조셉 그루에게 한반도에 대한 소련의 공산화 야심을 알리면서 임시정부의 즉각 승인을 요구.

1945.3 대통령부인 엘리노어 여사를 만나 임시정부 승인과 무기지원의 필요성을 설명. 미국무장관 스테티니우스에게는 서한을 보내 4월에 열릴 샌프란시스코 UN창립총회에 임시정부 대표를 초청해 줄 것을 요청.

1945. 4 한인 게릴라를 한반도에 투입하기 위한 '냅코' 계획 수립. 그러나 태평양 전구 군사령관들이 허가하지 않아 실행되지 못함.

1945. 4 샌프란시스코 UN창립총회에 임시정부의 대표권을 요구.

1945. 3. 8 미 국무장관에 임시정부의 대표권을 요구.

1945. 4 로버트 올리버의 도움으로 《한국의 경우:미국외교의 역설》이란 책자를 제작해 샌프란시스코 유엔창립총회에 배포.

1945. 5. 8 총회 측의 반응이 없자, 얄타회담 때 한반도를 소련에 넘긴다는 비밀합의가 있었다는 얄타 밀약설을 폭로해 파문을 일으킴. 〈시카고트리뷴〉〈샌프란시스코이그재미너〉〈로스앤젤레스이그재미너〉가 대대적으로 보도.

1945. 5. 15 트루먼에게 임시정부 대표의 샌프란시스코 유엔창립총회 초청을 요청.

1945. 5. 24 소련이 이승만의 얄타밀약설을 부정.

1945. 6. 7 영국의 처칠 수상과 미 국무차관도 얄타 밀약설을 부인.

1945. 7. 18 포츠담 회담에 참석한 트루먼에 전보를 보내 얄타밀약이 사실이 아니라면 미, 영 ,소 3대국 정상들이 부인성명을 발표할 것을 요구. 임시정부 승인과 한반도에서 총선거를 통한 정부수립에 대해서 합의해 달라고 요구.

1945. 7. 25 미국무부 극동국장 대리에게 얄타밀약의 진위 확인을 요구.

1945. 10. 16 해방이 되어 귀국. 강대국들이 분열을 이유로 독립을 늦추지 못하도록 단결을 강조.

1945. 10. 31 단결을 위해 공산당의 박헌영에게 독촉국민회 가입을 호소했으나 거절당함.

1945. 11. 21 라디오 방송에서 공산당과 결별 선언.

1946. 1. 7 신탁통치를 결정한 모스크바 3상회의 의정서에 반대.

1946. 2. 14 미군에 협력하기 위해 남조선민주의원 의장을 맡음.

1946. 2. 28 미국무부가 맥아더에게 이승만, 김구를 견제하라고 지시.

1946. 3 미·소공동위원회가 남북통일정부를 세울 수 있다는 주장에 회의적.

1946. 6. 3 정읍발언에서 남한만의 과도정부부터 세울 것을 제의.

1946. 6. 6 미국무부가 하지중장에게 이승만, 김구 등 '늙은 망명객들'을 퇴출시키고 진보적인 인사들을 인사들을 지원하라고 지시.

1946. 6, 29 미·소공동위원회와는 관계없이 자율적인 정부 수립을 위해 민족통일 총본부 설치.

1946. 8. 14 트루먼 대통령에 카이로 선언의 이행을 촉구.

1946. 9 돈화문 앞에서 권총 저격을 받음.

1946. 9. 21 하지 중장에게 좌우합작 정책 중단을 요구.

1946. 9. 10 한국독립 문제를 UN에 넘기도록 설득하기 위해 임영신을 미국에 파견.

1946. 10. 28 모스크바 의정서는 카이로선언과 포츠담선언에 위배된다며 무효화를 요구.

1946. 12. 4 한국독립 방안을 직접 설득하기 위해 워싱턴으로 출발.

1946. 12 남한과도정부 수립을 위한 6개항을 미 국무부에 제출.

1947. 3. 3 김구가 임시정부를 선포하고 이승만을 주석으로 임명했으나 수락을 보류.

1947. 3 반공적인 '트루먼선언'이 발표되자 미대통령에 감사 서한.

1947. 3. 22 미국정부와 남한과도정부 수립에 대한 합의가 이루어졌다는 성명서를 〈뉴욕타임즈〉에 발표해 미 국무부와 충돌.

1947. 4 서울로 오는 길에 중국의 초청을 받아 남경에서 장개석과 공산주의 확산문제를 협의.

1947. 5 예상한 대로 제2차 미·소공동위원회가 실패.

1947. 8 미 국무부도 총선거로 한국정부를 세운다는 앨리슨계획 수립.

1947. 9 마셜 미국무장관이 유엔총회에서 한국문제를 유엔에 넘길 것을 제의.

1947. 11. 14 유엔미국대표 덜레스가 제안한 한국독립정부 수립안이 유엔총회를 통과. 한반도에서 유엔 감시하의 총선거를 통해 통일정부를 세우라는 결정.

1948. 1 선거관리를 위해 유엔한국임시위원단이 서울에 도착.

1948. 2 북한이 선거를 거부하자 유엔소총회가 남한만의 선거를 허락.

1948. 4. 1 김구, 김규식이 추진하는 남북협상은 소련의 의도에 동조하는 것이

라고 비판.

1948. 8. 15 대한민국 정부를 수립선포하고, 파리유엔총회에서 국가승인을 받기 위해 한국대표단을 파견.

1948. 10. 13 40여명의 좌파·중도파 국회의원들이 미군철수안을 제출.

1948. 10. 19 여수·순천 반란사건 발생.

1948. 10. 29 치안을 강화하겠다고 민병대 조직을 선언.

1948. 12. 12 파리유엔총회에서 대한민국이 국가승인을 받음.

1949. 3 필리핀을 설득해 반공적인 태평양동맹을 제의하도록 종용.

1949. 6 미군철수로 신생국 대한민국이 안보위기에 직면.

1949. 10. 16 미군사고문단에 탱크 요청했다가 거절당함.

1949. 12. 16 미군사고문단에 비행기 등 중무기 요청했다가 거절당함.

1950. 6. 1 트루먼은 5년간 전쟁이 없을 것이라고 안일한 발언.

1950, 6. 17 북한의 잦은 38선 도발을 조사하기 위해 덜레스 유엔사찰단 한국 방문. 북한측의 거부로 38선이북의 병력배치는 조사하지 못함. 이승만은 미극동방위계획에 한국 포함을 제의.

1950. 6. 25 북한의 6·25기습남침.이승만은 38선이 소멸된 것으로 판단.

1950. 7. 12 군사작전의 원활한 수행을 위해 한국군의 작전권을 유엔군에 이전(대전협정).

1950. 9. 15 인천상륙으로 38선 이북으로 진격할 발판을 마련.

1950. 10. 12 이승만 원산 방문.

1950. 10 국군의 압록강변 초산 도달로 통일 가능성을 보임.

1950. 10. 30 이승만의 평양 방문.

1950. 11, 중공군의 인해전술에 밀려 유엔군과 국군이 급히 후퇴.

1950. 12. 24 서울 시민에 피난 명령.

1951. 1. 4 서울을 중공군에게 포기(1·4후퇴). 유엔휴전3인위원회는 휴전을 건의하며 대한민국의 해체와 새로운 남북한선거에 따른 정부수립을 제안.

1951. 1. 14 일본군 참전설에 "일본군부터 격퇴해야 한다"고 반발.

1951. 4 확전을 주장하는 맥아더가 트루먼에게 해임당함.

1951. 7. 3 휴전 반대 전문을 미 대통령에 전달.

1951. 9. 20 휴전하려면 중공군 철수,북한군 무장해제, 북한만의 총선거부터 이루어져야 한다고 요구.

1952. 1. 18 해양자원을 일본으로부터 보호하기 위해 평화선 선포.

1952, 12. 2 공산군에 유리한 중립국 인도의 포로교환방안을 반대.

1953. 2. 17 중국(대만) 국민당군 참전설에 강력히 반대.

1953. 3. 12 한·만국경까지 진격해 통일을 이룩해야 한다고 주장.

1953. 5. 8 휴전을 받아들일 수 없다고 미국에 통고.

1953. 5. 31 반공포로를 관리할 인도군이 오면 격퇴하겠다 성명. 인도군이 인천항에 도착하자 상륙을 거부해 미군헬리콥터로 이동.

1953. 6. 3 휴전 전에 한미상호방위조약 체결을 요구.

1953. 6. 6 미국의 지원 없어도 끝까지 싸우겠다고 성명.

1953. 6. 7 한국의 의견이 무시되면 단독으로 북진하겠다고 성명.

1953. 6. 17 아이젠하워는 한국의 요구조건을 받아들일수 없다고 답변.

1953. 6. 18 휴전을 방해하기 위해 원용덕 헌병총사령관에게 반공포로 석방을 지시. 미국정부의 강력한 항의.

1953. 6. 22 클라크 유엔군사령관에게 한미상호방위조약 체결을 요구,

1953. 6. 24 현재상태에서 휴전이 되면 한국군은 유엔군에서 철수하겠다고 통고.

1953. 6. 25 한·미동맹을 논의하기 위해 미대통령특사 월터 로버트슨이 서울에 도착. 이례적으로 3주간 체류하면서 이승만과 14회에 걸친 협상을 벌임.

1953. 7. 11 한·미동맹에 동의하면 미국이 휴전하는 것을 방해하지 않겠다고 약속.

1953. 7. 27 휴전협정 조인.

1953. 8 서울에서 덜레스 국무장관과 변영태 외무장관 사이에 한미상호방위조약 가조인.

1953. 11. 13 서울에 온 닉슨 부통령에게 한국의 독자적 군사행동이 가능하다고 발언.

1953. 12. 9 정치회의가 1954년 1월 말까지 열리지 못하면 전투가 시작된다고 미국을 위협.

1953. 12. 16 정치회의를 90일을 넘기면 한국은 독자행동을 할 수 있다고 미국을 위협.

1954. 1. 30 일본의 재침략 위험을 경고하며 태평양동맹 결성을 촉구.

1954. 2. 12 공산군과 내전이 벌어진 인도차이나에 한국군 파견을 제의.

1954. 3. 10 세계의 공산세력과 싸울 국제반공십자군 창설을 제의.

1954. 4~6 한반도 평화통일을 논의하기 위한 제네바 정치회의 개최.

1954. 7. 28 미 상·하 양원합동회의에서 중공에 대한 예방전쟁을 역설.

1954. 7. 31 휴전감시위원회에서 공산국 대표들의 축출을 요구.

1954. 8 뉴욕에서 록펠러 등 미국 기업가들에게 한국 투자를 호소.

1954. 8. 30 미국의 일본 편향 정책을 비판.

1954. 11. 4 일본의 한국 재침략 몽상을 비판.

1954. 11. 14 일본의 반공동맹 참여에 반대.

1954. 11. 17 한미동맹에 따른 군사·경제원조를 규정한 한미합의의사록이 효력 발생.

1955. 6. 26 인도차이나 내전에 한국군 파견 의지를 피력.

1955, 7. 7 공산권에 대한 미국의 유화정책을 비판.

1955. 8. 13 휴전협정을 즉시 폐기하라고 요구.

1956. 2.1 3 공산권에 대한 일본의 접근을 비판.

1956. 9. 1 미국의 유화적인 극동정책이 실패하고 있다고 비판.

1956. 11. 7 소련에 대한 헝가리의 자유주의 혁명을 돕겠다고 언명.

1957. 3. 28 서방측이 극동문제를 등한시한다고 비판.

1957. 4. 2 유도탄 무기 도입을 역설.

1957. 6. 19 UP기자에게 북한의 남침 위험성을 지적.

1957. 10. 21 미국의 경제원조 삭감을 우려.

1958. 2. 23 유엔군 철수에 반대.

1958. 3. 31 인도차이나 내전에 한국군 파견의지를 표명.

1958. 6. 29 남북통일은 북한만 자유선거하면 된다고 주장.

1958. 9. 13 중공의 대만 포격에 강력히 대응한 미국을 지지.

1958, 10. 28 원자력 기술의 적극 도입을 지시.

1960. 2. 4 공산당보다 일본을 더 경계해야 한다고 발언.

1960. 4. 13 마산시위에 공산분자들이 개입한 혐의가 있다고 언명.

1960. 5. 29 프란체스카 여사와 함께 위해 하와이로 출발.

1962. 2 귀국을 희망했으나 박정희 군사정권의 반대로 좌절당함.

1965. 7. 19 하와이 트러플러 미 육군병원에서 90세로 서거.

참고문헌

〈기초 문헌〉

**아래의 책들은 이승만을 연구하거나 널리 알리는 데 공로가 있는 저자들을 소개함으로써 그동안의 연구동향이나 활동상황을 이해시키기 위한 것이다.

Robert T. Oliver, *Syngman Rhee:The Man Behind the Myth*(New York: DoddMead & Co., 1954

*이승만의 독립운동과 건국투쟁을 도운 펜실베이니아 주립대 교수인 올리버가 쓴 전기로 객관적인 책으로 높이 평가받고 있다.

·박마리아 옮김, 《리승만 박사전》 합동도서주식회사, 1956

·황정일옮김, 《이승만:신화에 가린 인물》 건국대출판부, 2002

·서정락 옮김, 《대한민국 건국대통령 이승만》 단석연구원, 2009

Robert T. Oliver, *Syngman Rhee and American Involvement in Korea, 1942-1960*(Seoul:Panmun Book Co. Ltd, 1978)

*올리버가 1942년부터 이승만을 도와 한국의 독립과 생존을 위해 미 국무부와 협의하고 대립하는 과정을 서술.

·박일영 옮김, 《이승만 비사》 1982

·박일영 옮김, 《대한민국 건국의 내막:이승만과 한미관계》상, 하 계명사, 1998

·박일영 옮김, 《이승만이 없었다면 대한민국 없다》 동서문화사, 2008

·한준석 옮김, 《건국과 나라수호를 위한 이승만의 대미투쟁, 1942-1960》상, 하 비봉출판사, 2013

손세일, 《이승만과 김구, 1875-1949》 전7권, 조선뉴스프레스, 2015

*언론인인 저자가 10년 동안 〈월간조선〉에 연재한 두 역사적 인물의 방대한 전기. 김구가 암살당한 1949년에 이승만에 관한 서술도 끝나고 있다. 7권의 책에는 연재된 전체 원고의 3분의 2만 실린 것으로 알려져 있다.

유영익, 《이승만의 생애와 건국비전》 청미디어, 2019

*역사학자로 오랫동안 연세대 현대한국학연구소를 운영하면서 이화장문서의 활용과 치밀한 고증을 통해 서술된 이승만 전기. 출생부터 대한민국 건국 초까지 다루고 있다.

이정식, 《이승만의 구한말 개혁운동:급진주의에서 기독교 입국론으로》 배재대출판부, 2005

*펜실베이니아대학 교수였던 필자는 이승만이 위정척사파에서 문명개화파로 바뀌는 과정에서 미국선교사들이 전달한 미국의 지적 분위기에 영향을 받았음을 지적하고 있다.

이덕희, 《이승만의 하와이 30년》 북앤피플, 2015

*저자는 하와이 주정부 관리 출신으로 한국의 연구자들이 접근하기 어려운 자료들을 활용해 이승만의 하와이 활동을 설명하고 있다.

이인수, 《대한민국의 건국:이승만박사의 나라세우기》 이화장: 도서출판촛불, 2009(1988).

*이승만의 양자로 명지대 교수를 역임한 저자는 1948년의 대한민국이 1919년 3·1운동 직후 서울에서 기독교인들에 의해 선포된 한성 임시정부를 계승했다는 이 대통령의 생각을 뒷받침하고 있다.

조혜자 편역, 《이승만대통령의 건강:프란체스카 여사 이야기》(이화장: 도서출판촛불, 2017); 《프란체스카의 난중일기:6·25와 이승만》, 기파랑 2010

*저자는 이승만-프란체스카 내외의 며느리로 대통령 가정생활을 통해 드러나는 한국현대사 부분을 설명하고 있다.

김명섭, 《푸랜시스카 사진의 한국사1》 연세대학교 출판문화원, 2021

*저자는 연세대 이승만연구원을 운영했던 정외과 교수로 책은 사진첩의 형식을 보이고 있지만 충실하고 자세한 설명 때문에 이승만과 프란체스카의 전기나 이승만 시대사로도 활용할 수 있다.

정일화, 《대한민국 독립의 문 카이로 선언》 선한약속, 2010

*언론인 출신의 필자는 카이로회담에서 한국독립이 결정되는 데 미국의 역할이 결정적으로 중요했음을 지적하고 있다. 선언문 작성자인 해리 홉킨스가 독실한 감리교도임을 지적함으로써 미국감리교 지도자들과 긴밀한 관계였던 이승만과의 관련성을 암시하고 있다.

김길자·김효선 엮음, 《건국을 기념하지 않는 나라 대한민국》 옥계출판사, 2013

*각기 대한민국사랑회(이승만애국상), 건국이념보급회(이승만포럼)를 통해 이승만 알리기 운동을 벌이고 있는 필자들이 대한민국이 상해에서 세워졌다는 이른바 1919년 건국설을 반박한 글들을 모은 책이다.

남정옥, 《이승만 대통령과 6·25전쟁》 이담북스, 2010

*국방부군사편찬연구소에서 오랫동안 6·25전쟁을 연구해 온 저자는 미군 지휘관들이 전쟁수행 과정에서 미국 대통령 보다 이승만의 의견을 더 의식하면서 행동했던 사실을 지적하고 있다.

인보길, 《이승만현대사:위대한 3년,1952-1954》 기파랑, 2020

*필자는 조선일보 출신의 언론인으로 이승만포럼과 인터넷신문 뉴데일리 운영자이다. 1952년과 1954년의 개헌은 통과 과정에 대한 말썽으로 비판받고 있지만, 그 안에는 대통령직선제 등 민주주의 제도들과 자유기업 체제의 발전을 위한 긍정적인 내용도 있었음을 지적하고 있다.

남시욱, 《한미동맹의 탄생비화》 청미디어, 2020

*동아일보와 문화일보를 거친 언론인이며 현대사가인 필자는 한미상호방위조약 체결에서 이승만과 월터 로버트슨 사이에 벌어졌던 길고 힘든 협상과정을 추적하고 있다.

김인서(이주영 엮음), 《망명노인 이승만 박사를 변호함》 비봉출판사, 2016(독학협회출판사, 1963).

*장로교 목사로 교회언론인인 저자가 4·19 직후에 일어난 이승만에 대한 혹독한 비판을 반박한 책으로 한국의 역사와 정치에는 지역적 갈등이 중요하게 작용함을 지적하고 있다.

안병훈 엮음, 《건국대통령 이승만의 생애:젊은 세대를 위한 바른 역사서》 기파랑, 2008

*조선일보 출신으로 출판사 기파랑을 운영하고 있는 필자가 많은 사진들을 곁들여 알기 쉽게 서술한 이승만 전기. 필자는 1995년 조선일보가 주최한 '이승만과 나라세우기' 전시회를 기획하기도 했다.

이한우, 《우남 이승만, 대한민국을 세우다》 해냄, 2008

*조선일보 기자인 저자가 이승만에 관한 인터뷰를 통해 얻은 사실들을 토대로 쓴 평전을 수정, 보완한 책이다.

남정욱·류석춘 엮음, 《이승만 깨기: 이승만에 씌워진 7가지 누명》 백년동안, 2015

*연세대 이승만연구원을 운영했던 사회학과 류석춘 교수가 문화평론가 남정욱과 함께 이승만에 대한 왜곡된 서술을 바로잡기 위해 쓴 글들을 모은 책이다.

김학은, 《이승만의정치·경제사상,1899-1948》 연세대출판문화원, 2014

*연세대 경제학과 교수로 체코슬로바키아의 초대대통령인 마사리크과 이승만을 비교한 연구로 잘 알려져 있다.

박기봉 편역, 《우남 이승만 한시집(漢詩集)》 비봉출판사, 2019

*비봉출판사를 운영하는 필자가 이승만이 감옥에서 쓴 한시집(漢詩集)인 《체역집》과 다른 데 실린 한시들을 알기 쉽게 번역한 책이다. 이은상, 신호열(1961), 이수웅(2007)의 번역된 한시도 있다.

Eungpyo Choi & Kathryn S.Kim, *Miracle Years,1945-1948:The Birth of Korea,* (Korean History ForumUSA:2025 Lemoine Ave.Fort Lee,NJ) 2017

*저자 최응표는 재미교포로 미국의 한국인 청소년들에게 이승만을 알리기 위해 이 영문만화를 만들었다. Grace Jee Nahm, Lia Lee, Kwanghyun Kim, Chonwook Park, Hyunsook Lee의 도움을 받았다.

김지호, VIDEO·CD 《우남 이승만》 전7권, CTN텔레비전방송국, 2004

*CTN텔리비전방송국 설립자였던 저자가 사재를 털어 제작한 이승만 영상물, 역사적인 영상자료들과 함께 당시까지 생존해있던 관련자들의 인터뷰가 많이 들어 있어 이승만 이해에 큰 도움이 되고 있다.

〈이승만의 저작〉

이승만, 《독립정신》(1904집필,1910 출간)

·김충남·김효선 엮음, 《풀어 쓴 독립정신》 청미디어, 2008

·《축소판 독립정신:민족아 깨어나라》 동서문화사, 2010

·박기봉 교주, 《독립정신》 비봉출판사, 2017

·오영섭 역주, 김명섭 해제, 《독립정신》 연세대이승만연구원, 2019

이승만, 《체역집(替役集)》(1900-1904) 및 기타 한시(漢詩)

·이은상 옮김, 《우남 한시집(漢詩集)》

·신호열 옮김, 《체역집》 1961

·이수웅 옮김, 《이승만 한시선(漢詩選)》 배재대출판부, 2007
·박기봉 옮김, 《우남 이승만 한시집(漢詩集)》 비봉출판사, 2019
이승만, 《한국교회핍박》 호놀룰루, 1913
·《한국교회핍박》 청미디어, 2007
·김영구 역주·해제, 《한국교회핍박 외》 연세대이승만연구원, 2019
이승만 편역, 《청일전기》 (책의 원명은 영 알렌과 채이강이 쓴 중국어 책 《중동전기 본말》), 호놀룰루, 1917
·김용삼·김효선·류석춘 번역·해제, 《쉽게 풀어쓴 청일전기》 북앤피플, 2015
Syngman Rhee, Neutrality as *Influenced by the United States,* Princeton Univ. Press, 1912
·정인섭 옮김, 《전시중립론》 나남, 2001
Syngman Rhee, *Japan Inside Out,* New York:Fleming H.Revell Co., 1941
·이종익 옮김, 《군국주의일본의 실상》 나남, 1987
·최병진 옮김, 《일본, 그 가면의 실체》 청미디어, 2007
·김창주 옮김, 《일본의 침략근성》 행복우물, 2015
·류광현 옮김, 《일본의 가면을 벗긴다》 비봉출판사, 2015
Syngman Rhee, *The Diary of Syngman Rhee,1904-34 &1944*
(Log Book)
·류석춘·오영섭·데이빗 필즈·한지은 옮김, 《국역 이승만 일기》 전3권, 연세대이승만연구원, 2015
Syngman Rhee, "Rough Sketch:Autobiography of Dr. Syngman Rhee," Chong-Sik Lee ed., *Syngman Rhee:Early* Years, Yonsei University:Institute for Modern Korean Studies,n.d.)
·이승만 (박기봉 편집), 《우남 이승만 논설문집》, 비봉출판사, 2022
1898년부터 1941년까지 이승만이 〈협성회보〉〈매일신문〉〈제국신문〉〈태평양잡지〉〈태평양주보〉에 쓴 논설들을 모은 책.
《우남이승만박사서집(書集)》 이화장:도서출판촟불, 1990
*이승만이 붓글씨로 써준 휘호, 비문, 현판을 모은 서예집이다.

〈화 보〉

한국국제보도연맹, 《우리 대통령(80회탄신경축기념사진첩)》 1955
공보실, 《건국10년 행정화보(畫報)》 건국사, 1958
건국사화편찬위원회, 《건국10주년기념사화(史畫)》 영신문화사, 1959
김재민 엮음, 《자유의 영도자:대통령 이승만박사 탄신기념사진첩》 대한언론사, 1967
조선일보사(안병훈 편), 《이승만과 나라세우기(광복50주년 특별기획전 도록)》 1995
유영익, 《(화보)이승만의 삶과 꿈:대통령이 되기까지》 중앙일보사, 1996
안병훈, 《사진과 함께 읽는 대통령이승만》 기파랑, 2011
국방부군사편찬연구소, 《사진으로 보는 6·25전쟁과 이승만 대통령》 2014
건국이념보급회 편, 《대한민국의 탄생 사진전》 2016

〈한국현대사〉

국사편찬위원회(박영석 외), 《대한민국사》 탐구당, 1988
국제역사학회의 한국위원회 편, 《한미수교100년사》 1982
국사편찬위원회, 《자료대한민국사》 1-29권 (1968-2008)
국사편찬위원회, 《한국사연표》 제1권, 2008
남시욱·이인호 외, 《한국현대사》 세종대학교, 2014
이대근, 이주영 외, 《한국현대사 이해》 경덕출판사, 2007
이영훈 외, 《교과서포럼 대안교과서 한국근현대사》 기파랑, 2008

〈일반문헌〉

갈홍기 기록, 《이대통령각하방미수행기》 공보실, 1955
갈홍기, 《대통령 이승만박사 약전》 공보실, 1955
강성희, 회곡집 《파도를 타고 파도를 넘어》 동서문화사, 2006

건국대통령이승만박사기념사업회 엮음, 《내가 만난 이승만 대통령》 2013
고정휴, 《이승만과 한국독립운동》 연세대출판부, 2004
공보실, 《대통령 이승만 박사 담화집》 1953
공보실, 《대통령 이승만 박사 담화집》 제3집, 1959
공보실, 《세기의 위인:외국인이 본 이승만대통령》 1956
공보실, 《우리 대통령 이승만》 1959
김광섭 엮음, 《이대통령 훈화록》 중앙문화협회, 1950
김길자 엮음, 《이승만을 말한다:50인의 이야기》 대한민국사랑회, 2015
김길자·김효선 엮음, 《건국을 기념하지 않는 나라 대한민국》 옥계출판사, 2013
김낙환, 《우남 이승만 신앙 연구》 청미디어, 2012
김명섭 외 편주, 《대한민국 국무회의록1958》 국학자료원, 2018
김명섭, 《전쟁과 평화:6·25전쟁과 정전체제의 탄생》 서강대출판부, 2015
김영호 외, 《이승만과 6·25전쟁》 연세대이승만연구원, 2012
김용삼, 《이승만의 네이션빌딩:대한민국의 건국은 기적이었다》 북앤피플, 2014
김용직, 《하와이에서 만주까지:초대교회 이경직 목사의 삶과 믿음》 성신여대출판부, 2009
김장흥, 《민족의 태양:우남이승만 박사 평전》 경찰도서출판협회, 1956
김정렬, 《항공의 경종:김정렬회고록》 대희, 2010(1993)
김중원, 《이승만박사전》 한미문화협회, 1958
김학준, 《구한말의 서양정치학 수용:유길준,안국선,이승만을 중심으로》 서울대출판원, 개정증보판 2012(2001)
김현태, 《이승만 박사의 반공정신과 대한민국 건국》 비봉출판사, 2016
김효선, 《어린이를 위한 만화:건국대통령 이승만 이야기》 대한민국사랑회, 2010
남시욱, 《6.25전쟁과 트루먼, 애치슨, 맥아더의 역할》 청미디어, 2005
남정옥, 《북한남침 이후 3일간 이승만 대통령의 행적》 살림, 2015
문정인·김세중 엮음, 《1950년대 한국사의 재조명》 선인, 2004
민병문, 《소설 민영환과 이승만》 기파랑, 2020
박명수·안교성·김권정 외 엮음, 《대한민국 건국과 기독교》 북코리아, 2014
박성하, 《우남리승만박사전》 명세당, 1956

박실 옮김(해롤드 노블), 《이승만박사와 미국대사관:한국동란과 서울, 워싱턴의 외교내막》 정호출판사, 1983
박용만, 《제1공화국 경무대 비화》 내외신서, 1995(1965)
배은희, 《나는 왜 싸웠나》 일한도서주식회사, 1955
배재학당, 《배재80년사》 1965
복거일, 《(악극) 프란체스카:우연히 오스트리아에서 태어난 한국여인》, 북앤피플, 2018
서정주, 《이승만박사전》 화산문화기획, 1995(삼팔사, 1949)
손충무, 《한강은 흐른다:승당 임영신의 생애》 동아출판사, 1972
송복 외, 《이승만의 정치사상과 현실인식》 연세대현대한국학연구소, 2011
송인상, 《회남 송인상 회고록: 부흥과 성장》 21세기북스, 1994
신용구, 《소설 이승만 우남의 꿈》 비봉출판사, 2015
신철식, 《신현확의 증언》 메디치미디어, 2017
안호상 편술, 《일민주의의 본바탕(일민주의의 본질)》 일민주의연구원, 1950
양동안, 《이승만의 민족통합주의 연구》 연세대출판문화원, 2017
양우정 편저, 《이대통령 투쟁사》 연합신문사, 1949
양우정 편저, 《이승만대통령 독립노선의 승리》 독립정신보급회, 1948
양우정, 《이대통령 건국정치이념:일민주의의 이론적 전개》 연합신문사, 1949
오영섭·홍선표 외, 《이승만과 하와이 한인사회》 연세대이승만연구원, 2012
오인환, 《이승만의 삶과 국가》 나남, 2013
우남실록편찬회(이위태) 엮음, 《우남실록,1945-1948》 열화당, 1976
우남전기편찬위원회 편, 《우남노선:리승만박사투쟁노선》 동아출판사, 1959
원성옥 역, First Korean Congress 《최초의 한국의회》 범한서적, 1986
월남이상재동상건립위원회 편, 《월남 이상재 연구》 로출판, 1986
유영익 엮음, 《이승만 대통령 재평가》 연세대출판부, 2006
유영익 엮음, 《이승만 연구》 연세대출판부, 2000
유영익, 《젊은 날의 이승만과 한성감옥생활과 옥중잡기 연구》, 연세대출판부, 2002
유영익, 《건국대통령 이승만:생애·사상·업적의 새로운 조명》 일조각, 2013

유영익·이채진 엮음, 《한국과 6·25전쟁》 연세대출판부, 2002
윤석오 외, 《남기고 싶은 이야기들:경무대 4계》 중앙일보, 1979
윤치영, 《윤치영의 20세기:동산 회고록》 삼성출판사, 1991
이 호, 《하나님의 기적:대한민국 건국》 전2권, 복의근원, 2012
이갑수, 《위인 이대통령 전기》 이승만박사전기보급회, 1955
이대근, 《해방후-1950년대의 경제》 삼성경제연구소, 2002
이덕희 《한인기독교회,한인기독학원,대한인동지회》 한국기독교역사연구소, 2008
이덕희, 《하와이 대한인국민회 100년사》 연세대출판문화원, 2013
이도형, 《건국의 아버지 이승만》 한국논단, 2001
이상호, 《맥아더와 한국전쟁》 푸른역사, 2012
이순애, 《프란체스카 리 스토리》, 렌덤하우스중앙, 2006
이원순 편저, 《세기를 넘어서:해사 이원순 자전》 신태양사, 1989
이원순 편저, 《인간 이승만》 이화장(신태양사, 1965)
이정식(권기봉 옮김), 《초대대통령 이승만의 청년시절》 동아일보사, 2002.
이정식(허동현 엮음), 《21세기에 다시 보는 해방후사》 경희대출판원, 2008
이정식, 《대한민국의 기원》 일조각, 2006
이정식, 《이승만의 구한말 개혁운동:급진주의에서 기독교입국론으로》 배재대출판부, 2005
이제훈, 《고도 하와이에서의 이승만박사의 생활》 은성문화사, 1965
이주영 엮음, 《대한민국은 왜 건국을 기념하지 않는가》 건국이념보급회, 2011
이주영, 《대한민국의 건국과정》 건국이념보급회, 2013
이주영, 《이승만과 그의 시대》 기파랑/건국이념보급회, 2009
이주영, 《이승만평전》 살림출판사, 2014
이주영, 《서북청년회》 백년동안, 2015
이주영, 《역사 어떻게 볼 것인가》 교학사, 2017
이주영, 《우남 이승만, 그는 누구인가》 배재학당동창회/김&정, 2008
이지연, 《이승만 이야기》 기파랑, 2019
이택선, 《우남 이승만 평전》 이조, 2021
이택선, 《취약국가 대한민국의 탄생:국가건설의 시대 1945~1950》 미지북스,

2020
이한우, 《거대한 생애:이승만 90년》(상,하) 조선일보사, 1995
이한우, 《대한민국을 세운 독립운동가 이승만》 역사공간, 2010
이현진, 《미국의 대한 경제원조 정책,1948-1960》 혜안, 2009
이현표 옮김, 공보부발행 영문방미일기 《이승만 대통령 방미일기》, 코러스, 2011
이현희, 《대한민국 임시정부사》 집문당, 1982
이현희, 《승당 임영신의 애국운동 연구》 동방도서, 1994
이현희. 《이야기 이승만》 신원문화사, 1995
이 호, 《하나님의 기적: 대한민국 건국》 전2권, 복의근원, 2012
이호재, 《한국외교정책의 이상과 현실,1945-1953》제3증보판, 법문사, 1980
이희재 옮김, 새뮤얼 헌팅턴, 《문명의 충돌》 김영사, 1998
인하대학교총동창회,《인하대학교총동창회50년》 2009
임병직, 《임병직 외교 회고록》 여원사, 1964
임병직, 《임정에서 인도까지:임병직 외교회고록》 여원사, 1966
임영신, 《나의 40년 투쟁사》 민지사, 2008
전광훈, 《이승만의 분노》 퓨리탄, 2016
전성천, 《전성천 회고록:십자가 그늘에서》 동영사, 2001
전택부, 《이상재 평전》 범우사, 1985
정용석, 《해방전후 미국릐 대한정책》 서울대출판부, 2003
정일준 외, 《한국의 민주주의와 한미관계》 대한민국역사박물관, 2014
조선일보사, 《뭉치면 살고:언론인 이승만의 글 모음(1898-1944)》 1995
주인식, 《1952 부산, 이승만의 전쟁》 기파랑, 2018
차상철, 《한미동맹50년》 생각의나무, 2005
최상호·홍선표 외, 《이승만과 대한민국 건국》 연세대현대한국학연구소, 2010
최응표, 영문 만화이승만 《기적의 시대, 1945~1948》 한국사바로보기 미주본부, 2017
최종고, 《대한민국 건국과 한국여성: 이승만과 메논, 그리고 모윤숙》 기파랑, 2012
최태웅, 《사실소설 청년 이승만》 성봉각, 1960
한국반탁반공학생운동기념사업회 편, 《한국학생건국운동사》 1986

한국일보사 편, 《(연재)인간 이승만 백년》 1975
한우성, 《영웅 김영옥》 북스토리, 2005
한철영 편, 《임병직대사 외교연설집》 문화춘추사, 1958
한철영, 《자유세계의 거성 이승만대통령》 문화춘추사, 1954
한표욱, 《이승만과 한미외교》 중앙일보사, 1996"
한표욱, 《한미외교요람기》 중앙일보사, 1984
허동현, 《건국·외교·민주의 선구자 장면》 분도출판사, 1999
허정, 《내일을 위한 증언:허정 회고록》 샘터사, 1979
허정, 《우남 이승만》 태극출판사, 1974
홍선표, 《재미한인의 꿈과 도전:자주독립과 통일정부》 연세대 현대한국학연구소, 2011
황온순문집간행위원회, 《황온순:천성을 받들어 90년》 해돋이, 1992

〈논문·평론·인터뷰〉

고정휴, "올리버,이승만의 충실한 대변자이자 로비스트," 《내일을 여는 역사》24호, 2006
김권정, "1920-30년대 이승만과 국내 기독교세력의 유대관계", 오영섭·홍선표 외 《이승만과 하와이 한인사회》 연세대출판원, 2012
김인선, "개화기 이승만의 한글운동연구", 연세대 박사학위논문, 1999
김종태, "이승만 정부시기 문명담론과 선진국담론에 나타나난 국가정체성과 서구관:대통령 연설문과 조선일보를 중심으로" 《한국사회학》 제46권 2호, 2012
로버트 올리버, "내가 아는 이승만 박사", 〈신동아〉 1979. 9
로버트 올리버(김상도 정리), 자서전 《지나온 길》 미군정은 한반도를 소련에 내주려 했다. 그러나 이박사는 그런 미국을 눌렀다 〈월간 중앙〉 1994. 4
로버트 올리버(김승영 정리),"이승만대통령:전후세계사의 흐름을 꿰뚫어 보고 대미자주노선으로 건국을 지도한 인물", 〈월간조선〉 1994. 6
로버트 올리버 외(김영희·김건진 정리), "외국인이 본 이승만박사" 탄신 백주년특별기고: 로버트 올리버/ 존 무초/ 마크 클라크/ 매듀 리지 웨이/ 알레이 버

크/ 맥스웰 테일러/월터 매카나기/ 카터 매구르더 〈중앙일보〉 1975.3.25-4.3(전9회)
로버트 올리버, "박정희 이전시대:이승만정부와 장면정부", 조리제·카터 에커트 편저, 《한국근대화:기적의 과정》 월간조선사, 2005
류상영, "한국전쟁 전후 이승만정권의 구조와 변화", 《연세대원우론》18집, 1991. 2
박명수, "해방직전 이승만과 기독교친한회의 대한민국 임시정부 승인운동", 한중국제교류재단 학술대회 《대한민국임시정부와 기독교》 2018. 9. 5
박보균, "카이로회담 70년:현장과 진실을 찾아서-루스벨트가 주역, 장제스 역할은 과장된 신화", 〈중앙일보〉 2013. 11. 16
박성진, "서재필과 이승만의 만남과 갈등",《대동문화연구》 제67권, 2009
박혜수, "이승만의 기독교활동과 '기독교국가론'구현 연구", 연세대 박사학위논문, 2012
방선주, "아이프러 기관과 재미한인의 복국운동",《해방50주년,세계속의 한국학》 인하대한국학연구소, 2008, 2
배진영, "위대한 결단, 반탁과 단전이 대한민국을 반석위애 세웠다"(이철승), 〈월간조선〉 2008 .2
서정주, 《좌담》"인간 이승만의 크기와 깊이를 말한다;동서양을 하나의 인격 속에 통합", 〈월간조선〉 1995. 5
서희건, "초대국회의장 건국대통령 우남 이승만 박사 재조명", 〈국회보〉 2000. 5
신우회, "이승만의 역할 인식과 1950년후반의 한미관계", 《한국정치외교사논총》 제26권1호, 2005
오영섭, "대한민국임시정부 초기 위임통치 청원논쟁", 《한국독립운동사연구》 제41호, 2012
유나영, "미군정기 이승만의 방미외교에 대한 재평가" 《정신문화연구》 40권 4호, 2017
유지윤·김명섭,"프레데릭 브라운 해리스의 한국관련 활동:이승만과의 관계를 중심으로" 《한국정치외교사논총》 40집 1호, 2018. 8
윤치영, "남기고 싶은 이야기들:내가 아는 이박사", 〈한국일보 〉1972초-8.25 연재
윤치영, "반공·건국에 영일없던 나날,이승만", 광복주역들의 8·15전후 특집 〈신동

아〉 1977. 8
이경남, "이승만 나라세우기 인촌 김성수 힘 입었다", 〈신동아 〉 1995. 3
이광린, "구한말 옥중에서의 기독교 신앙", 《동방학지》 46·47·48합집, 1985. 6
이규갑, "한성임시정부 수립의 전말", 〈신동아〉 1969. 4
이기동, "피치:한국의 독립운동과 기독교청년회를 도운 은인", 《한국사 시민강좌》 34, 2004
이동욱, "우리의 건국대통령은 이렇게 죽어갔다;이승만의 마지막 나날들-하와이 유폐 5년 2개월 다큐멘터리", 〈월간조선〉 1995. 2
이병주, "우남의 한시와 서예", 안병훈 편, 《이승만과 나라세우기》 조선일보사, 1995
이상호, "이승만과 맥아더 그리고 대한민국 정부수립", 《정신문화연구》31:3, 2008 가을
이은선, "배은희 목사의 서울, 북지역 정치활동", 서울신학대기독교역사연구소 《해방후 한국기독교인의 정치활동》 선인, 2018
이인수, "우남 이승만", 한국국사학회 편 《한국현대인물론》 을유문화사, 1987
이재학, "안에서 본 이승만박사", 〈신동아〉 1965. 9
이정식(역주), "청년 이승만 자서전(Autobiography Notes)", 〈신동아〉 1979. 9
이종숙, "아,! 태산아 !" 〈월간조선〉 2012. 5
이주영, "교과서의 이승만서술과 그 보완방향," 이주영 외 엮음, 《이승만연구의 흐름과 쟁점》 연세대출판문화원, 2012
이주영, "서독총리 아데나워와 이승만 비교 연구", 〈시대정신〉 제36호,2006 가을
이주영, "이승만시대의 보수세력과 민주제도", 〈시대정신〉 제47호, 2008 여름
이주영, "이승만의 건국활동과 좌우합작론의 극복", 〈시대정신〉 제39호,2010 여름
이주영, "이승만의 문명사적 의미," 월간잡지 〈우리 길벗〉 2005. 4
이철순, "이승만정부 시기의 한국민주주의와 한미관계", 정일준 외 《한국의 민주주의와 한미관계》 대한민국역사박물관, 2014
이택선, "이승만의 공화주의와 리더쉽", 남광규 외 《한국근대공화주의자 6인의 리더쉽, 한국학중앙연구원출판부, 2019
이한우, "이승만 대통령과 하야 권고 담판한 4·19시위대 대표 유일라씨의 시간대별 증언;국민이 원한다면 물러나야지…군정은 안돼!", 〈월간조선〉 1995. 4

이한우, "이승만 비판'에 대한 30대 기자의 정면반박;비판할 자격이 없는 이들에 의한 무식한 뭇매질", 〈월간조선〉 1995. 6
이현희(대담), "정운수 지사", 《한국독립운동 증언자료집》 한국정신문화연구원, 1986
장석윤, "나의 회고록", 〈강원일보〉 연2회, 1974.1 & 2. 7
장석윤, "풍상 끝에 얻은 섭리", 이재학 외 《격랑 반세기》 강원일보사, 1988
조갑제, "이승만의 미국 다루기", 〈월간조선〉 2008년 10월호 부록
최승선, "이승만의 기독교 개종과 그의 기독교 이해, 1875~1904",장로회신학대 석사학위 논문, 2010
한표욱, "외교관이 본 이승만의 건국외교", 〈한국논단〉 1993. 8
한표욱, "이승만박사 체미 40년:알려지지 않은 일화들", 〈우남회보〉 3, 1994. 9. 15
허동현, "대한민국 승인을 위한 수석대표 장면의 활동", 허동현·태수경 편 《장면 수첩에 세상을 담다》 경인문화사, 2016
허정, "나의 이력서", 〈한국일보〉 1972. 10. 4-11. 14 전29회 연재
허정, "이승만", 《한국근대인물백선》 동아일보사, 1970
홍선표, "1945년 샌프란시스코회의를 둘러싼 미주한인의 대응과활동", 《한국독립운동사연구》25집, 2012
홍선표, "한국독립운동을 도운 미국인", 《한국독립운동사연구》 43, 2012
한병훈, "이승만과 아데나워의 통일정책 비교". 〈한국논단〉 1998.1

찾아보기